Grundwissen Politik
Band 51

Begründet von Ulrich von Alemann

Herausgegeben von
Prof. Dr. Helmut Breitmeier, Hagen
Prof. Dr. Lars Holtkamp, Hagen
Prof. Dr. Michael Stoiber, Hagen
Prof. Dr. Annette Elisabeth Töller, Hagen

Grundwissen Politik
Band 31

Sabine Kuhlmann • Hellmut Wollmann

Verwaltung und Verwaltungsreformen in Europa

Einführung in die vergleichende Verwaltungswissenschaft

Prof. Dr. Sabine Kuhlmann
Universität Potsdam, Deutschland

Prof. em. Dr. Hellmut Wollmann
Humboldt-Universität zu Berlin, Deutschland

ISBN 978-3-658-00172-8
DOI 10.1007/978-3-658-00173-5

ISBN 978-3-658-00173-5 (eBook)

Die Deutsche Nationalbibliothek verzeichnet diese Publikation in der Deutschen Nationalbibliografie; detaillierte bibliografische Daten sind im Internet über http://dnb.d-nb.de abrufbar.

Springer VS
© Springer Fachmedien Wiesbaden 2013
Das Werk einschließlich aller seiner Teile ist urheberrechtlich geschützt. Jede Verwertung, die nicht ausdrücklich vom Urheberrechtsgesetz zugelassen ist, bedarf der vorherigen Zustimmung des Verlags. Das gilt insbesondere für Vervielfältigungen, Bearbeitungen, Übersetzungen, Mikroverfilmungen und die Einspeicherung und Verarbeitung in elektronischen Systemen.

Die Wiedergabe von Gebrauchsnamen, Handelsnamen, Warenbezeichnungen usw. in diesem Werk berechtigt auch ohne besondere Kennzeichnung nicht zu der Annahme, dass solche Namen im Sinne der Warenzeichen- und Markenschutz-Gesetzgebung als frei zu betrachten wären und daher von jedermann benutzt werden dürften.

Lektorat: Verena Metzger, Monika Kabas

Gedruckt auf säurefreiem und chlorfrei gebleichtem Papier

Springer VS ist eine Marke von Springer DE. Springer DE ist Teil der Fachverlagsgruppe Springer Science+Business Media.
www.springer-vs.de

Inhalt

	Vorwort der Herausgeber	9
	Vorwort der Autoren	10
1.	Einleitung	11
2.	Theorien und Analyseansätze	19
2.1	Vergleichende Verwaltungswissenschaft	19
2.1.1	Typologien des Verwaltungsvergleichs	19
2.1.2	Europäische Verwaltungsprofile	25
2.1.3	Typen kommunaler Selbstverwaltung – comparative local government	30
2.1.4	Personal und Politisierung	36
2.1.5	Europäisierung der Verwaltung	41
2.2	Verwaltungspolitik und Verwaltungsreform	43
2.2.1	Verwaltungspolitik als Policy	43
2.2.2	Typen von Verwaltungsreformen	44
2.2.3	Wirkungen von Verwaltungspolitik	48
2.3	Neo-institutionalistische Erklärungsansätze der Verwaltungsreform	51
2.3.1	Rational Choice oder akteurzentrierter Institutionalismus	52
2.3.2	Historischer Institutionalismus	54
2.3.3	Soziologischer Institutionalismus	56
2.3.4	Konvergenz, Divergenz und Persistenz von Verwaltungssystemen	59
3.	Verwaltungssysteme und -traditionen in Europa: Länderkurzprofile	61
3.1	Das kontinentaleuropäisch-napoleonische Verwaltungsprofil: Frankreich und Italien	62
3.1.1	Frankreich	62
3.1.2	Italien	68
3.2	Das kontinentaleuropäisch-föderale Verwaltungsprofil: Deutschland	74
3.3	Das skandinavische Verwaltungsprofil: Schweden	80
3.4	Das angelsächsische Verwaltungsprofil: Vereinigtes Königreich	84
3.5	Das mittel-osteuropäische Verwaltungsprofil: Ungarn	92
3.6	Ländervergleich	98
3.6.1	Umfang und Entwicklung des öffentlichen Sektors im Vergleich	99
3.6.2	Verwaltungsgliederung nach Ebenen im Vergleich	104
3.6.3	Aufgabenprofile der Verwaltung im Vergleich	109

4.	Verwaltungsreformen in vergleichender Perspektive	111
4.1	Verwaltungspolitische Reformdiskurse	111
4.2	Verwaltungsreform im Mehrebenensystem: Dezentralisierung, Regionalisierung, Föderalisierung	116
4.2.1	Begriffsbestimmung und reformpolitische Einordnung	116
4.2.2	Föderalisierung, Quasi-Föderalisierung, Regionalisierung	119
4.2.3	Dezentralisierung und Dekonzentration	128
4.2.4	Ländervergleich: Konvergenz, Divergenz, Persistenz und Erklärungsfaktoren	142
4.3	Territorialreformen	146
4.3.1	Begriffsbestimmung und reformpolitische Einordnung	146
4.3.2	Nordeuropäisches Reformmuster: Gebietsfusion, Maßstabsvergrößerung, Verwaltungseffizienz	148
4.3.3	Südeuropäisches Reformmuster: Interkommunale Kooperation, territoriale Beharrungskraft und steigender Reformdruck	152
4.3.4	Reformhybrid: Deutschland zwischen Gebietsfusion und Verwaltungskooperation	158
4.3.5	Ländervergleich: Konvergenz, Divergenz, Persistenz und Erklärungsfaktoren	162
4.4	Verwaltungsreform zwischen Staat und Markt: Privatisierung und Re-Kommunalisierung	166
4.4.1	Begriffsbestimmung und reformpolitische Einordnung	166
4.4.2	Privatisierung von Staats- und Kommunalbetrieben	169
4.4.3	Funktionalprivatisierung, Fremdvergabe, Delegation	184
4.4.4	Gegenstrategien: Re-Kommunalisierung und Antiprivatisierungsreferenden	194
4.4.5	Ländervergleich: Konvergenz, Divergenz, Persistenz und Erklärungsfaktoren	200
4.5	Binnenmodernisierung der Verwaltung und Reformen im öffentlichen Dienst	208
4.5.1	Begriffsbestimmung und reformpolitische Einordnung	208
4.5.2	Organisationsstrukturen	210
4.5.3	Verfahren und Steuerungsinstrumente	218
4.5.4	Personal: Modernisierung des öffentlichen Dienstes	230
4.5.5	Ländervergleich: Konvergenz, Divergenz, Persistenz und Erklärungsfaktoren	244
5.	Zusammenfassung und Ausblick	250
5.1	Verwaltungspolitische Reformdiskurse im Vergleich	250
5.2	Reformmaßnahmen und Modernisierungspraxis im Vergleich	253
5.3	Erklärungsfaktoren für Konvergenz, Divergenz, Persistenz	258
6.	Perspektiven der vergleichenden Verwaltungswissenschaft	264
	Literatur	269
	Autorenhinweise	299

Empfohlene Literatur	302
Abbildungsverzeichnis	309
Stichwortverzeichnis	313

Vorwort der Herausgeber

Verwaltungen sind komplexe Gebilde, von denen behauptet wird, dass sie sich gerne der wissenschaftlichen Analyse entziehen möchten. Es gelingt aber der Verwaltungswissenschaft (zum Glück) immer wieder, den Untersuchungsgegenstand öffentliche Verwaltung aus unterschiedlichster und zum Teil interdisziplinärer Perspektive zu fassen und einem wissenschaftlichen Diskurs zuzuführen. Die vergleichende Verwaltungswissenschaft steht dabei vor dem Problem, dass die Vergleichbarkeit von national so unterschiedlichen Strukturen und Prozessen häufig als nicht möglich erachtet wird, da doch die Eigenlogik und Besonderheiten der jeweiligen Einzelfälle einem systematisch-vergleichenden Zugriff zu widersprechen scheinen.

Mit diesem Buch legen Sabine Kuhlmann und Hellmut Wollmann eine Einführung in die vergleichende Verwaltungswissenschaft vor, die zeigt, dass ein solches Vorhaben sehr wohl möglich ist. Aus einer vergleichenden Perspektive gelingt es ihnen nicht nur sechs Länder in ihrer Eigenheit zu behandeln. Vielmehr arbeiten sie auch systematisch Gemeinsamkeiten und Unterschiede sowie deren Ursachen heraus. Das betrifft einerseits die Grundlage der Verwaltungssysteme und -traditionen selbst, aber insbesondere den Bereich der unterschiedlichen Ebenen von Verwaltungsreformen. Der Rückgriff auf neo-institutionalistische Ansätze ermöglicht es, die Ergebnisse des Vergleichs in Hinblick auf Konvergenz, Divergenz und Persistenz zu erklären.

Bei dem vorliegenden Buch handelt es sich um eine überarbeitete Version des Studienbriefs „Verwaltungen im internationalen Vergleich", der seit dem Wintersemester 2011/12 erfolgreich und mit großem Interesse seitens der Studierenden im Bachelorstudiengang „Politikwissenschaft, Verwaltungswissenschaft und Soziologie" an der FernUniversität Hagen eingesetzt wird. Wir freuen uns, dass sich die Autoren bereit erklärt haben, den Studienbrief zu überarbeiten und mit der Veröffentlichung in der Reihe „Grundwissen Politik" einem größeren Publikum die Gelegenheit zu geben, von dieser Einführung in die vergleichende Verwaltungswissenschaft zu profitieren.

Helmut Breitmeier, Lars Holtkamp, Michael Stoiber, Annette Elisabeth Töller

Hagen, im Mai 2013

Vorwort der Autoren

Dieses Buch soll in die vergleichende Verwaltungswissenschaft einführen, die in den letzten Jahren in dem Maße an Relevanz, ja Dringlichkeit gewonnen hat, wie die Europäische Integration und die Internationalisierung der öffentlichen Verwaltung fortschreiten. Dies wirft die Frage auf, ob und in welchem Umfang sich nationale Verwaltungen inzwischen angeglichen haben oder ihre historischen Prägungen und institutionellen Eigenheiten weiterbestehen. Angesichts internationaler Reformdiskurse und Modernisierungskonzepte bilden sich zudem neue Ländergruppierungen heraus, die spezifische gemeinsame Merkmale ihrer öffentlichen Verwaltungssysteme aufweisen und die die Verwaltungswissenschaft damit vor neue konzeptionelle und empirische Herausforderungen stellen.

Die vorliegende Einführung in die vergleichende Verwaltungswissenschaft ist das erste Lehrbuch dieser Art in deutscher Sprache und möchte verschiedene Leser- und Nutzerkreise erreichen. Es zielt zum einen darauf, als „Textbuch" an den Hochschulen unter Lehrenden und Studierenden Interesse und Verwendung zu finden. Zum anderen soll ein Publikum angesprochen werden, das Politiker, Verwaltungspraktiker, Journalisten ebenso wie an komparativen Fragen der öffentlichen Verwaltung, Verwaltungspolitik und -reform allgemein Interessierte umfasst. Das Buch beruht auf langjährigen Forschungsarbeiten, die wir, teilweise in gemeinsamen Projekten, über unterschiedliche Aspekte des internationalen Verwaltungsvergleichs durchgeführt haben. Es stützt sich darüber hinaus auf Materialien, die wir in unseren Lehrveranstaltungen zur Einführung in verschiedene Themenbereiche der vergleichenden Verwaltungswissenschaft erarbeitet und eingesetzt haben. Der Text knüpft an eine frühere Fassung an, die in Lehrveranstaltungen der FernUniversität Hagen und der Deutschen Universität für Verwaltungswissenschaften Speyer einen ersten „Praxistest" erlebte. Für die konstruktiven Hinweise der Studierenden möchten wir uns bedanken. Bei der Überarbeitung des nunmehr vorgelegten Textes waren uns außerdem die zahlreichen Anregungen und kritischen Kommentare überaus hilfreich, die wir von unseren Kolleginnen und Kollegen aus Deutschland und dem Ausland zur ersten Textfassung des Buches erhalten haben und für die wir an dieser Stelle – ohne namentliche Hervorhebungen – danken möchten. Unser besonderer Dank gilt ferner den Speyerer Mitarbeiterinnen und Mitarbeitern, Philipp Richter, Tim Jäkel, Matthias Leowardi, Tobias Ritter, Christina Rostek, Tilman Graf, Una Dakovic, Marcus Dittrich, Michael Opitz und Leif Weinel, für ergänzende Recherchen, die Erstellung von Verzeichnissen sowie sonstige technische und formale Unterstützungsleistungen. Irene Wagener (Speyer) sei für ihre Sorgfalt gedankt, mit der sie die Bearbeitung des Manuskripts bis zur Druckvorlage vornahm. Verbleibende Fehler und Schwächen der Schrift haben selbstredend wir allein zu verantworten.

Sabine Kuhlmann und *Hellmut Wollmann*

Potsdam/Berlin, im Mai 2013

1. Einleitung

> **Lernziele**
> Am Ende des Einleitungskapitels sollten Sie
> - den Gegenstand und das Anliegen des Buches kennen;
> - einen Eindruck über die Vielfalt des Vergleichens in der Verwaltungswissenschaft gewonnen haben;
> - sich einen ersten Überblick über die Entwicklung der vergleichenden Verwaltungswissenschaft verschafft haben;
> - die konzeptionellen und methodischen Schwierigkeiten von Verwaltungsvergleichen reflektieren können;
> - den Aufbau und die Gliederung des Buches verstehen.

„Das Vergleichen ist das Ende des Glücks und der Anfang der Unzufriedenheit" (Kierkegaard)

Dieses Buch soll in das Studium der öffentlichen Verwaltung in vergleichender Perspektive einführen und einen Überblick über Verwaltungssysteme und Verwaltungsreformen in Europa geben. Es verfolgt drei Ziele: Zum einen soll der Leser/die Leserin mit dem Gegenstand und den Analysekonzepten der vergleichenden Verwaltungswissenschaft vertraut gemacht werden. Zum anderen stellt das Buch grundlegende Merkmale öffentlicher Verwaltung in sechs Ländern (Deutschland, Frankreich, Italien, Vereinigtes Königreich, Schweden und Ungarn) vor, die wesentliche Verwaltungsprofile in Europa repräsentieren. Drittens werden aktuelle Verwaltungsreformen verglichen und herausgearbeitet, inwieweit sich die unterschiedlichen Verwaltungssysteme inzwischen angenähert haben oder ihre jeweiligen nationalen Prägungen fortbestehen. *(Ziele des Buches)*

Vergleichende Arbeiten in der Verwaltungswissenschaft befassen sich mit sehr unterschiedlichen Aspekten der öffentlichen Verwaltung. Ein Teil der Forschung ist auf Vergleiche von Bürokratie-, Ministerial- und Beamteneliten gerichtet. Andere Arbeiten konzentrieren sich auf Organisationsstrukturen, formale und informale Regeln in der Verwaltung und wieder andere vergleichen administrative Entscheidungsprozesse, ihre Ergebnisse und Wirkungen. Der Vergleich von Verwaltung kann sich entweder auf die nationale/zentralstaatliche oder auf die subnationale/lokale Verwaltungsebene richten und so zu unterschiedlichen Aussagen kommen. Verwaltungsvergleiche können natürlich – wie Vergleiche generell – über die Zeit (diachron) oder über Systemgrenzen (synchron) erfolgen.

Die Comparative Public Administration (CPA) im engeren Sinne bezieht sich auf die letztgenannte Vergleichsdimension, d. h. Vergleiche zwischen mindestens zwei institutionellen Einheiten (Fitzpatrick et al. 2011: 823). Teilweise wird der Gegenstandsbereich der CPA allerdings noch enger gefasst wird, nämlich als Vergleichen zwischen Nationen (Pollitt 2011: 115). Dabei können Verwaltungsvergleiche auf bestimmte Aufgaben- und Funktionsbereiche der Verwaltung (z. B. Ordnungsverwaltung, Leistungsverwaltung) bezogen sein, also eine *(Vielfalt des Vergleichens)* policy-spezifische Perspektive einnehmen, so dass es weite Überschneidungsbereiche zur Policy-Forschung gibt. Methodisch können sie sich auf viele oder wenige Vergleichsfälle, auf Aggregatdatenvergleiche oder Fallstudien stützen, was zu der bekannten, auch für anderen Teile der Politikwissenschaft typischen Kontroverse zwischen „thick description" und „large-n-studies" geführt hat (Raadschelders 2011: 831 ff.). Bereits an dieser Stelle wird also deutlich, dass wir es in der vergleichenden Verwaltungswissenschaft mit einem vielgestaltigen und dynamischen Gegenstandsbereich zu tun haben, den zu konturieren, und für eine breitere Leserschaft zugänglich zu machen, Anliegen dieses Buches ist. Dabei soll die oben erwähnte Unzufriedenheit, die nach *Kierkegaard* das Vergleichen generell, also auch jenes in der Verwaltungswissenschaft, auslöst, durchaus produktiv verstanden werden. „Comparing is human" (Raadschelders 2011: 831). Denn der Vergleich stellt nicht nur Wissensgrenzen in Frage und Erfahrungshorizonte in Zweifel. Er hilft auch, durch den Kontrast mit anderen das eigene (nationale) Verwaltungssystem zu verstehen, seine Eigenheiten, Vor- und Nachteile, Stärken und Schwächen zu erkennen. Dies kann als eine Voraussetzung dafür angesehen werden, um zu einem breiteren und realitätsgerechten Verständnis dessen zu gelangen, was öffentliche Verwaltung ist und was ihr Funktionieren, ihren Wandel und ihren Fortbestand über die Zeit erklärt. So gesehen wäre das eingangs zitierte „Ende vom Glück" also positiv zu wenden als neugierig suchender Blick über nationale Verwaltungsgrenzen hinweg und als kritische Auseinandersetzung mit öffentlicher Verwaltung im eigenen Land und in der eigenen Zeit.

Aufstieg der Forschungsrichtung

Zunächst sei in wenigen Strichen die Entwicklung der Forschungsrichtung rekapituliert. Nachdem in der Nachkriegszeit zunächst im US-amerikanischen Kontext wichtige Meilensteine gelegt wurden, um die Forschungsagenda und den allgemeinen konzeptionellen Zugang der Comparative Public Administration zu definieren (Heady 1960; Riggs 1954), erlebte sie als empirische Disziplin in den 1960er und 1970er Jahren einen ersten Höhepunkt. So wurde bereits gemutmaßt, dass sie im Begriff sei, zur „„master science in public administration" (Riggs 1976) aufzusteigen. Allerdings waren die vorgelegten Arbeiten zunächst nicht im strikten Sinne komparativ, sondern eher Sammlungen von Länderberichten oder auch Einzelländeranalysen, die aber den Weg für die spätere stärker vergleichend ausgerichtete Forschung bereiteten. Inhaltlich ging es vor allem um das Verhältnis von Politik und Bürokratie, um bürokratischen Einfluss auf politische Entscheidungsprozesse und um die Funktionsprobleme „moderner" Bürokratien, für deren Untersuchung die klassische Bürokratietheorie von *Weber* (1921) und *Wilson* (1941) sowie die Institutionenökonomik (Tullock 1965; Downs 1957; Niskanen 1971) theoretische Orientierung boten. Empirische Anschauung gab zum einen die US-amerikanische Verwaltung, etwa für *Robert K. Merton* (1957), der nach dieser sein Konzept der „Rigidität" (*rigidity*) entwickelte, also der Lern- und Anpassungsunfähigkeit von Bürokratien. Zum anderen eignete sich auch die kontinentaleuropäische Verwaltung, etwa für *Michel Crozier* (1964), besonders gut, um die These vom „bürokratischen Teufelskreis" aufzustellen, wonach Verwaltungen sich an neue gesellschaftliche Bedingungen nur durch Organisationskrisen anpassen. Für den deutschen Kontext können als Wegbereiter der vergleichenden Verwaltungswissenschaft insbesondere die Arbeiten von *Fritz*

Merton, Crozier, Morstein-Marx

Einleitung 13

Morstein-Marx hervorgehoben werden[1]. Er machte sich durch vergleichende Arbeiten über das Beamtentum (Morstein-Marx 1959, 1962), Haushaltsplanung, Kontrolle und Verantwortung in der öffentlichen Verwaltung (ebd. 1962, 1965) aber vor allem auch dadurch verdient, dass sich die Verwaltungswissenschaft in Europa stärker vernetzte und Wissen über unterschiedliche Verwaltungssysteme ausgetauscht wurde. Hierzu gab nicht zuletzt die erste Speyer-Konferenz des Jahres 1968 den Anstoß, auf welcher die Idee zur Gründung der *European Group for Public Administration (EGPA)* im Jahre 1975 geboren wurde (Fisch 2010).

Wesentliche weitere Meilensteine bei der Etablierung der vergleichenden Verwaltungswissenschaft wurden durch die Ministerialelitenforschung (Steinkämper 1974; Derlien 1988; Aberbach/Putnam/Rockman 1981; Morstein-Marx 1962) und Länderstudien zum Aufbau und zur Funktionsweise von Verwaltungen gelegt[2]. Neben *single country studies*, die gewissermaßen den „Stoff" für Vergleiche lieferten, wurden zunehmend auch vergleichende Arbeiten vorgelegt (z. B. Campbell 1983) und Länderanalysen in Sammelbänden zusammengefasst (z. B. Suleiman 1984). Weiteren Auftrieb erhielt die Forschungsrichtung durch das wachsende wissenschaftliche Interesse am „arbeitenden Staat". Mit der Etablierung der Implementations- und Evaluationsforschung wurden die Durchführung und die Wirkungen staatlicher Politik zunehmend zum Gegenstand der vergleichenden Verwaltungsforschung. Nach einer gewissen Stagnation in den 1980er Jahren war ein erneuter Aufschwung der CPA mit den Systemtransitionen nach 1990 zu konstatieren. Es wurden vergleichende Studien über administrative Transformationsprozesse und Ergebnisse des Verwaltungsauf- und -umbaus nach dem Systemwechsel vorgelegt (Goetz 1995; Goetz/Wollmann 2001; Wollmann/ Lankina 2003; Dwivedi/Henderson 1990; NAPA 2008).

Ministerialelitenforschung

Implementations- und Evaluationsforschung

Trotz dieses Aufschwungs, den die vergleichende Verwaltungswissenschaft erlebte, wurde zu Beginn der 1990er Jahre kritisiert, sie sei „rather comparable than comparative" (Derlien 1992). Das Fehlen „echter" Vergleiche und die Ausrichtung der Forschung an *vergleichbaren* anstatt *vergleichenden* Studien wurden bemängelt. Die unzureichende übergreifende Theorie- und Konzeptbildung wurde ebenso Angriffspunkt der Kritik wie die überwiegend deskriptivdarstellende Ausrichtung an Einzelländerstudien, die den eigentlichen Verwaltungsvergleich schuldig blieben (Peters 1996; Schnapp 2006). Wie ist dieser noch immer unbefriedigende Zustand zu erklären? Verwaltungsvergleiche sind mit besonderen Schwierigkeiten, methodischen Fallstricken, Konzept- und Transferproblemen sowie oftmals empirischen und Datenengpässen verbunden. Zunächst einmal müssen die unterschiedlichen konzeptionellen Wurzeln berücksichtigt werden (Ellwein 1982; 1997). Hier ist zum einen das Spannungsfeld zwischen der dominant juristischen Staatswissenschaft, Staats(rechts)lehre und Policywissenschaft auf der einen Seite und der eher sozialwissenschaftlich orientierten Verwaltungswissenschaft auf der anderen Seite zu erwähnen (vgl.

vergleichbare statt vergleichende Studien

„rivalisierende" Wurzeln

---
[1] *Morstein-Marx* war der Inhaber des ersten Lehrstuhls für „Vergleichende Verwaltungswissenschaft" in Europa im Jahre 1962 an der Deutschen Hochschule für Verwaltungswissenschaften Speyer. In Deutschland gibt es bis heute nur zwei verwaltungswissenschaftliche Lehrstühle mit explizit vergleichender Denomination (Speyer und Konstanz).
[2] *Heclo/Wildawsky* 1974 (über britische Finanzbürokratie); Mayntz/Scharpf 1975 (über die bundesdeutsche Ministerialbürokratie); Suleiman 1974 (über die französische Ministerialbürokratie); zusammenfassend Schnapp 2006.

Bogumil/Jann 2009: 28 ff.; König 2008). Während für die Erstgenannte eher eine nationale Orientierung und weitgehende „Empirieferne" charakteristisch ist, die für vergleichende Studien Probleme aufwirft, erweist sich die Letztgenannte aufgrund der empirischen Ausrichtung grundsätzlich als offener und zugänglicher für vergleichende Ansätze. Innerhalb der sozialwissenschaftlich orientierten Verwaltungswissenschaft „rivalisieren" allerdings wiederum die Einflüsse der anglo-amerikanisch geprägten Verwaltungswissenschaft (*Public Administration – PA*) einerseits und der Vergleichenden Politikwissenschaft (*Comparative Politics*) andererseits (Peters 1996). Die *Public Administration* ist durch die normative Forderung (und Illusion) einer Politik-Verwaltungs-Dichotomie (Wilson 1941)[3] sowie eine veränderungsorientierte Perspektive als Verwaltungs*reform*wissenschaft gekennzeichnet, die methodisch bevorzugt qualitativ mit wenigen Fällen (*small n*) arbeitet. Die vergleichende Politikwissenschaft (*Comparative Politics*) hingegen ist traditionell stärker statisch-deskriptiv ausgerichtet (vgl. Lijphart 1971). Sie befasst sich eher mit dem Vergleich formal-institutioneller Entscheidungsinstitutionen, oftmals für möglichst große Fallzahlen (*large n*), als mit Prozessen und Wirkungen. Die für die *Public Administration* typische Reform- und Handlungsorientierung (*analysis for policy*), in welcher ein besonderes Augenmerk auf die Identifizierung erfolgreicher oder weniger erfolgreicher Verwaltungslösungen gerichtet ist und Vorschläge für Verbesserungen unterbreitet werden sollen (Jreisat 2011: 834), ist der *Comparative Politics* weitgehend fremd.

Transdisziplinarität

Wie für die Verwaltungswissenschaft insgesamt, stellt auch für ihre vergleichende Variante die transdisziplinäre Ausrichtung methodisch und konzeptionell ein Problem dar. Öffentliche Verwaltung verlangt als Gegenstandsbereich der Forschung einen Rückgriff auf mehrere sozialwissenschaftliche Teildisziplinen (Politik-, Rechts-, Wirtschafts-, Geschichtswissenschaften, Soziologie, Psychologie) und setzt somit die Einbeziehung unterschiedlicher disziplinärer Zugänge und Methoden voraus, was sich wiederum erschwerend auf die Konzept- und Theoriebildung auswirkt (König 2008; Ziekow 2003; Jann 2009). Für

travelling problem

vergleichende Verwaltungsstudien kommt außerdem noch das sog. *travelling problem* hinzu, also die begrenzte Übertragbarkeit von Konzepten und Begriffen zwischen unterschiedlichen sprachlichen und kulturellen Kontexten (siehe Peters 1996). Vor diesem Hintergrund stehen vergleichend arbeitende Verwaltungsforscher oft vor dem Dilemma, dass es zu Vergleichszwecken zwar nötig ist, von empirischen Eigen- und Besonderheiten der Untersuchungsfälle zu abstrahieren, diese aber aus der Logik des Einzelfalles als unverzichtbar erscheinen. Hinzu kommt eine oftmals unbefriedigende empirische Datenlage und begrenzte Verfügbarkeit von Informationen, die sich für „echte" Verwaltungsvergleiche eignen. Unbeschadet dieser Schwierigkeiten, ist die vergleichende Verwaltungswissenschaft in den vergangenen Jahren entscheidende Schritte vorangekommen. Während sie trotz zwischenzeitlicher Fortschritte in den 1960er Jahren ein eher randständiges Segment der Verwaltungswissenschaft darstellte, das von einigen wenigen Spezialisten vertreten wurde, ist sie nunmehr in den Mainstream verwal-

---

3 Hintergrund ist die Kritik am sog. *spoil system* der US-amerikanischen Verwaltung, d. h. der politischen Besetzung von Verwaltungsführungspositionen und deren personeller Austausch nach Regierungswechseln, also die empirisch festgestellte enge Koppelung von Exekutivpolitik und Verwaltung.

tungswissenschaftlicher Forschung vorgedrungen, was pointiert in den folgenden Einschätzungen zum Ausdruck kommt „Comparative PA has become quite competitive (...) It has become more prominent and mainstream" (Pollitt 2010: 763); „Comparative public administration research (...), today, has considerable vitality" (Fitzpatrick et al. 2011: 822). Hiermit wird nicht nur auf den zunehmenden Wettbewerb innerhalb des Faches angespielt, der aus dem zahlenmäßigen Anstieg von entsprechenden Forschungsstandorten, Spezialisierungsmöglichkeiten, wissenschaftlichen Fachzeitschriften, Konferenzen, Netzwerken etc. resultiert und in dem sich die wachsende Institutionalisierung der Comparative PA als Subdisziplin mit einer eigenen internationalen *scientific community* widerspiegelt[4]. Auch inhaltlich und analytisch sind wesentliche Fortschritte zu konstatieren. Neben *vergleichbaren* Studien, die sich mit eher ideographischen Beschreibungen und Analysen von Verwaltungssystemen unterschiedlicher Länder befassen, wurden inzwischen analytisch anspruchsvollere *vergleichende*, eher nomothetisch ausgerichtete, Arbeiten vorgelegt, in denen der Versuch einer stärker theoretisch-konzeptionell angeleiteten Kategoriebildung und Generalisierung unternommen wurde (Riggs 2010: 752 ff.).

Wenngleich bislang nicht die *grand theory* vorgelegt oder *general rule* identifiziert worden ist, so lassen sich den verschiedenen Studien doch eine Reihe von „Theorien mittlerer Reichweite" (middle level generalization; Pollitt 2010: 762) entnehmen, die wesentliche Aussagen zur Wirkungsweise und zum Erklärungsbeitrag unterschiedlicher Verwaltungssysteme in vergleichender Perspektive enthalten. Versucht man, diese vergleichenden Studien anhand ihrer analytischen Ausrichtung grob zu klassifizieren, so ergibt sich in etwa folgende Aufstellung (Abbildung 1):

<small>grand theory vs. middle level generalizations</small>

---

[4] Exemplarisch sei hier nur auf die (Neu-)Gründung von wissenschaftlichen Vereinigungen auf allen Kontinenten der Welt hingewiesen, die die internationale Vernetzung von einschlägig arbeitenden Akteuren und Institutionen im Bereich *Public Administration* (PA) zum Gegenstand haben: unter anderem NISPACee (*Network of Institutes and Schools of Public Administration in Central and Eastern Europe*; gegründet 1994); IPMN (*International Public Management Network*; gegründet 1996); IRSPM (*International Research Society for Public Management*; gegründet 2005); AAPA (*Asian Association for Public Administration*; gegründet 2010). Ein weiterer Beleg für die zunehmende Institutionalisierung und Internationalisierung des Faches sind auch die verschiedenen verwaltungsbezogenen „Dialogformen" zwischen Regionen/Kontinenten (z. B. *Transatlantic Dialogue* – TAD; *Transeuropean Dialogue* – TED) und multinationalen Masterprogramme im Bereich PA.

Abbildung 1: Typen und Beispiele vergleichender verwaltungswissenschaftlicher Studien

Typus der Vergleichsstudie	Beispiele
Umfassende analytische Ländervergleiche v. Verw.-systemen/-reformen unter Einbeziehung d. Reformverläufe, Verw.-kultur, Institutionen	Politt/Bouckaert 2011; Lynn 2006; Ongaro 2009; Jann 1983; Wollmann 2008; Kuhlmann 2009; Kuhlmann et al. 2011
Sammelbände mit Länderkapiteln bzgl. nationaler Verwaltungssysteme/ -reformen von verschiedenen Autoren(teams)	Kogan 1989; Gray et al. 1993; Kickert 1997, 2008; Chandler 2000; Wollmann 2003 d; Kersting/Vetter 2003; Bäck et al. 2006; Jann/Döhler 2007; Wollmann/Marcou 2010
Hypothesentestende Studien auf der Basis statistischer Daten für mehrere Länder	Davis et al. 1999; Schnapp 2004; Bastida/Benito 2007; Vandenabeele/Van de Walle 2008
Studien über die Wirkungsweise großer Reformmodelle/-ideologien (z. B. NPM) in verschiedenen Ländern	Christensen/Laegreid 2001; Dunleavy et al. 2006; Verscheure/Barbieri 2009; Bouckaert et al. 2010
Studien über die Wirkungsweise einzelner, spezifischer Reforminstrumente (z. B. Agencies, Benchmarking etc.) in verschiedenen Ländern	Löffler/Vintar 2004; Pollitt et al. 2004; Wegener 2004; Hood/Lodge 2006; Andrews/De Vries 2007; Bouckaert/Halligan 2008; Bach et al. 2010
Vergleichende Untersuchungen über Konzepte (z. B. „Vertrauen", „Public Value") und Sprache/kognitive Deutungen etc. bzgl. PA in verschiedenen Ländern	Schultz/Harrison 1986; Van de Walle et al. 2008; Rhodes/Wanna 2009; Rhodes et al. 2010; Smullen 2010
Sektorbezogene Verwaltungsvergleiche zwischen Ländern (z. B. Schul-, Umweltverwaltung)	Kogan 1989; Arndt 2008; Knill 2001; Moran/Woods 1993; Pollitt/Bouckaert 2009

Quelle: in Anlehnung an Pollitt 2011: 120 und eigene Ergänzungen

Blick „über den Tellerrand"

Dieses Buch greift den bisherigen Stand der vergleichenden Verwaltungswissenschaft auf und vermittelt Grundlagenwissen zum Verständnis der Verwaltung in Europa. Es ist von der Überzeugung angeleitet, dass man die deutsche Verwaltung nur verstehen kann, wenn man sie mit anderen Verwaltungsmodellen kontrastiert, also vergleicht. Darüber hinaus sind die Autoren der Auffassung, dass allein die nationale Sichtweise auf öffentliche Verwaltung, obgleich sicherlich wichtig und unerlässlich, der heutigen gesellschaftlichen Entwicklung, die durch Internationalisierung und Globalisierung geprägt ist, nicht mehr gerecht wird. Um die Dynamik von Verwaltung und ihre Variabilität zu erfassen und zu erklären, ist der Blick über den „eigenen Tellerrand" nötig. Diesen wagt das vorliegende Buch und versucht damit eine Lücke zu schließen, die in der deutschsprachigen Politik- und Verwaltungswissenschaft besteht. Während für den angelsächsischen, US-amerikanischen und auch skandinavischen Kontext einige Standardwerke zum Vergleich von Verwaltung/*Comparative Public Administration* vorliegen (vgl. Peters 1995; Pierre 1995 a; Chandler 2000; Heady 2001; Peters/Pierre 2007; siehe auch die „Empfohlene Literatur" am Schluss dieses Buches), gibt es bisher kein entsprechendes Werk in deutscher Sprache. Angesichts der zuvor diskutierten Konzept-, Methoden- und Empirieprobleme ist dies zwar wenig verwunderlich, aber dennoch kein befriedigender Zustand. Insoweit stellt das hier vorliegende Buch den ersten Versuch eines deutschsprachigen Lehrbuchs über Verwaltungssysteme und -reformen in Europa dar, das auch als Einführung in die vergleichende Verwaltungswissenschaft gelesen werden kann.

Das Buch gliedert sich in sechs Hauptkapitel. Das nachfolgende Kapitel 2 gibt zunächst einen Überblick über die Theorien und Analyseansätze der vergleichenden Verwaltungswissenschaft. Hier geht es darum, verschiedene Gegenstandsbereiche und Forschungsfelder vorzustellen (Rechtsfamilien/Verwaltungskulturen; Kommunalsysteme, Ministerialelitenforschung/Politisierung der Verwaltung, *Comparative Civil Service Systems*; Europäisierungsforschung) und die wesentlichen Verwaltungsprofile in Europa zu skizzieren. Außerdem widmet sich Kapitel 2 der Darstellung von Verwaltungspolitik als Policy und den neo-institutionalistischen Erklärungsansätzen von Verwaltungsreformen, auf die in den Folgekapitel dann wieder Bezug genommen wird. {Aufbau des Buches / Theorien und Analyseansätze}

In Kapitel 3 werden die Verwaltungssysteme und -traditionen in sechs europäischen Ländern vorgestellt, wobei nach einem einheitlichen Muster vorgegangen wird und jeweils die folgenden Aspekte zur Sprache kommen: Basismerkmale des Regierungssystems, Grundstrukturen nationaler/zentraler sowie subnationaler/lokaler Verwaltung und Eigenheiten des öffentlichen Dienstes. Die sechs Beispielländer stehen für markante Varianten der öffentlichen Verwaltungstradition in Europa, deren Spektrum damit näherungsweise abgebildet ist. Den Abschluss des Kapitels bilden ein vergleichender Überblick über wesentliche Grundmerkmale der öffentlichen Verwaltung anhand einschlägiger statistischer Daten sowie eine Einbettung der sechs Länderfälle in den breiteren OECD-Kontext. {Verwaltungssysteme in sechs Ländern}

Kapitel 4 des Buches befasst sich mit Verwaltungsreformen in vergleichender Perspektive. Nach einer Einführung in die verwaltungspolitischen Reformdiskurse der vergangenen drei Jahrzehnte werden vier Reformbereiche näher betrachtet: (1) Dezentralisierung von Staat und Verwaltung, wobei zwischen politischer und administrativer Dezentralisierung, Regionalisierung und (Quasi-)Föderalisierung sowie administrativer Dekonzentration unterschieden wird; (2) Territorialreformen, die sich insbesondere auf der subnationalen Verwaltungsebene ereignet haben; (3) Privatisierung von öffentlichen Aufgaben, die besonders im Zuge der New Public Management-Debatte in vielen Ländern vorangetrieben, neuerdings aber durch Ansätze zur Re-Kommunalisierung teilweise wieder relativiert wurde; (4) Modernisierung der Binnenstrukturen und Verfahren öffentlicher Verwaltung sowie des öffentlichen Dienstes, die ebenfalls stark vom {Verwaltungsreformen im Vergleich}

NPM-Leitbild geprägt wurde (Performance Management, Leistungsmessung und -vergleich, Agency-Bildung, Kundenorientierung, Reform des Beamtentums).

Konvergenz, Divergenz, Persistenz

In Kapitel 5 folgt eine Bilanzierung der Ergebnisse mit Blick auf die Frage, ob und wodurch bedingt es zu einer Angleichung (Konvergenz) der Verwaltungssysteme in Europa gekommen ist. Zur Erklärung wird auf die in Kapitel 2 vorgestellten neo-institutionalistischen Theorieansätze zurückgegriffen.

Perspektiven

Kapitel 6 formuliert abschließend einige Perspektiven und Forschungsdesiderate, die die vergleichende Verwaltungswissenschaft aus Sicht der Autoren zukünftig verstärkt in Angriff nehmen sollte.

Zielgruppe

Zur Lektüre des Buches sind keine besonderen Vorkenntnisse erforderlich. Grundkenntnisse der öffentlichen Verwaltung in Deutschland sind gleichwohl für das Verständnis und die vergleichenden Einsichten hilfreich. Zielgruppe des Buches sind Studierende unterschiedlicher Fachrichtungen (Politik- und Verwaltungswissenschaft, Jura, Wirtschaftswissenschaft, Soziologie, Geschichte), die sich für öffentliche Verwaltung in vergleichender Perspektive interessieren.

2. Theorien und Analyseansätze

> **Lernziele**
>
> Am Ende dieses Kapitels sollten Sie
> - wissen, welche wesentlichen Typologien für Verwaltungsvergleiche verwendet werden;
> - fünf europäische Verwaltungsprofile hinsichtlich ihrer Grundmerkmale unterscheiden können;
> - einen Überblick über unterschiedliche Typen kommunaler Selbstverwaltung und öffentlicher Personalsysteme in Europa haben;
> - prominente Thesen zum Einfluss der EU-Integration auf nationale Verwaltungssysteme kennen;
> - verstehen, wie man Verwaltungsreformen aus einer vergleichenden Perspektive analysieren und theoretisch erklären kann.

2.1 Vergleichende Verwaltungswissenschaft

2.1.1 Typologien des Verwaltungsvergleichs

Um Verwaltungssysteme über Nationengrenzen hinweg zu vergleichen, wurden verschiedene Typologien und Analysekonzepte vorgeschlagen. Da Verwaltungstraditionen vieldimensional sind (vgl. Painter/Peters 2010), ist für Vergleiche immer eine bestimmte Auswahl von Vergleichskriterien erforderlich, aus deren Kombination sich Typen bilden lassen. Die Auswahl dieser Kriterien ist dabei vom Erkenntnisinteresse des Betrachters abhängig, so dass je nach Analysefokus unterschiedliche Vergleichstypologien sinnvoll sein können. Die Klassifikation, welche in diesem Lehrbuch verwendet wird, bezieht politisch-institutionelle, verwaltungs- und rechtskulturelle Vergleichsmerkmale ein. Auf dieser Grundlage werden für den europäischen Verwaltungsraum fünf Länderfamilien oder -gruppen unterschieden, die jeweils durch typische Merkmalskombinationen ihrer Verwaltungssysteme und -traditionen gekennzeichnet sind (siehe ausführlich Kapitel 3.1 bis 3.5). Diese grobe Gruppierung darf nicht darüber hinwegtäuschen, dass es auch innerhalb der Ländergruppen eine Reihe von Unterschieden gibt, die es teils nahelegen, weitere Subgruppen zu bilden.

(1) Die kontinentaleuropäisch-napoleonische Ländergruppe (mit einer südeuropäischen Subgruppe);
(2) Die kontinentaleuropäisch-föderale Ländergruppe;
(3) Die skandinavische Ländergruppe;
(4) Die angelsächsische Ländergruppe;
(5) Die mittel-ost- bzw. süd-osteuropäische Ländergruppe.

fünf Länderfamilien öffentlicher Verwaltung

Diese Typologie stützt sich auf zwei Vergleichsdimensionen:
- zum einen auf wesentliche Aspekte der Verwaltungstradition und -kultur, welche die Länder einer „Familie" verbinden;
- zum anderen auf politisch-institutionelle Merkmale des Staatsaufbaus und der Verwaltungsorganisation.

<small>Verwaltungs-
kulturkreise</small>

Hinsichtlich der Verwaltungstradition sind zunächst zwei westliche Verwaltungskulturkreise zu unterscheiden: die klassisch-kontinentaleuropäische Rechtsstaatskultur auf der einen und die angelsächsische Public Interest-Kultur auf der anderen Seite (vgl. Raadschelders/Rutgers 1996; König 2002, 2006; Heady 1996; Pollitt/Bouckaert 2004; Kuhlmann 2009 a). Diese Zweiteilung folgt einem weiten Verwaltungskulturverständnis, das die „Systemrationalität von öffentlichen Verwaltungen" durch Abgrenzung und Sich-Unterscheiden zu erfassen versucht (König 2007: 5; Jann 1983: 20) und deshalb relativ grob bleiben muss[5]. Die Zugehörigkeit zu diesen Verwaltungskulturkreisen ist wesentlich durch die Rechtstradition und Zuordnung des jeweiligen Landes zu bestimmten Rechtsfamilien geprägt. Dabei werden für Westeuropa vier Rechtsfamilien unterschieden (vgl. La Porta et al. 1999; Schnapp 2004: 44 ff.; König 2008).
- Common Law;
- Römisch-französisch;
- Römisch-deutsch;
- Römisch-skandinavisch.

Eine zentrale Annahme ist, dass die überkommene Rechtstradition eines Landes wesentlichen Einfluss auf die dominierenden Werte im Verwaltungshandeln und die Art und Weise des Verwaltungsvollzugs sowie das Verhältnis zwischen Politik, Bürger und Verwaltung hat, worauf im Folgenden anhand konkreter Länderbeispiele noch näher einzugehen sein wird. Fasst man die wichtigsten Distinktionsmerkmale von klassisch-kontinentaleuropäischer Rechtsstaatskultur und angelsächsischer Public Interest-Kultur zusammen, so ergibt sich folgendes Bild (Abbildung 2):

---

[5] Dieser „weite" Verwaltungskulturbegriff umfasst sowohl formale Regelsysteme als auch die informalen, historisch verfestigten kognitiv-kulturellen Handlungsdispositionen in der Verwaltung. Er ist damit vom „engen" Verwaltungskulturbegriff zu unterscheiden, der sich auf Einstellungen und Denkmuster gegenüber der Verwaltung als Teil der allgemeinen politischen Kultur eines Landes beschränkt (vgl. Jann 1983; Thedieck 1992: 46 ff.).

Theorien und Analyseansätze

Abbildung 2: Klassisch-kontinentaleuropäische Rechtsstaatskultur vs. angelsächsische Public Interest-Kultur

Kontinentaleuropäische Rechtsstaatskultur	Angelsächsische Public Interest-Kultur
Trennung/Hierarchisierung von Staat-Gesellschaft (öff./priv. Rechtssphäre)	Keine Hierarchisierung Öff.-Privat (keine Trennung öff.-priv- Recht)
Staat als integrierende Kraft der Gesellschaft; *intérêt général*	Staat hat instrumentelle Bedeutung: *government*; *stateless society*;
Umfassende Kodifizierung von Rechtsregeln (Röm. Rechtstradition)	Keine umfassende Kodifizierung von Rechtsregeln (Common Law);
Verwaltungshandeln als Gesetzesvollzug im Wege der Rechtskonkretisierung	Legislative Akte mit Funktion pol. Programme
Dominante Werte im Verwaltungshandeln: Legalitätsprinzip, Gleichbehandlung, Interessenneutralität	Dominante Werte im Verwaltungshandeln: Pragmatismus, Flexibilität, Interessenausgleich

Quelle: eigene Darstellung

Im Hinblick auf die zweite Vergleichsdimension, den Staats- und Verwaltungsaufbau, sind der Grad der Zentralisierung bzw. Dezentralisierung der öffentlichen Verwaltung und das Verhältnis von zentralstaatlicher und subnational-dezentraler/kommunaler Selbstverwaltung entscheidend. Grob sind drei Varianten zu differenzieren:

- Föderal (Trenn- vs. Verbundmodell);
- Unitarisch-zentralistisch;
- Unitarisch-dezentralisiert.

Verwaltungsaufbau und Staatsorganisation

In der Literatur sind eine Reihe weiterer Klassifizierungen zum Vergleich von Teilaspekten der öffentlichen Verwaltung oder ganzer Verwaltungssysteme vorgeschlagen worden. Painter/Peters (2010) unterscheiden vier westliche Verwaltungstraditionen:

weitere Typologien von Verwaltungstraditionen

Anglo-American; Napoleonic; Germanic, Scandinavian (vgl. Painter/Peters 2010: 20). Ihrer Typologie liegen dabei die Merkmale (1) Rechtstradition, (2) Verhältnis von Staat und Gesellschaft, (3) Regierungs- und Verwaltungsorganisation und (4) öffentlicher Dienst zugrunde. Dagegen ordnet *Kickert* (2011) die kontinentaleuropäischen Länder vier Verwaltungstraditionen zu: *Napoleonic, Germanic, Small European States* und *Southern European States*. Sein Erkenntnisinteresse ist dabei vor allem auf die Erklärung von Public Management-Reformen in Kontinentaleuropa gerichtet, was zu der spezifischen Ländergruppierung (insbesondere *Small* und *Southern European States*) führt. In der vergleichenden Verwaltungsreformforschung wird der klassischen Einordnung von Ländern als entweder majoritäre oder konsensuale Demokratien (Lijphart 1984, 1999) besondere Erklärungskraft im Hinblick auf Public Management-Reformen zugeschrieben (Kickert 2011: 104 ff.; Pollitt/Bouckaert 2011: 48 ff.).

Länderfamilien für NPM-Vergleiche

Diese hat sich als wichtige Ausgangsbedingung (*starting condition*) von NPM-Reformen in den verschiedenen Ländern und als eine zentrale Erklärung dafür erwiesen, wie schnell und umfassend, konfliktiv oder konsensual entsprechende Reformprozesse ablaufen und wie nachhaltig oder unbeständig die Wirkungen sind (siehe auch Kapitel 4.4 und 4.5).

Liegt das Erkenntnisinteresse auf ausgewählten Teilaspekten der öffentlichen Verwaltung, ergeben sich wieder andere Länderklassifizierungen. So wurde für den Vergleich der öffentlichen Dienst-Systeme in Europa die Unterscheidung von fünf Länderfamilien vorgeschlagen: *Anglo-Saxon, Continental European, Mediterranean/South European, Scandinavian, Eastern European* (Demmke et al. 2007: 12). Diese sind jeweils durch Eigenheiten in der rechtlichen Ausgestaltung, in den Rekrutierungs- und Beförderungsmechanismen sowie den Zugangswegen zum öffentlichen Dienst gekennzeichnet (siehe auch Abschnitt 2.1.4). Allerdings konzentrieren sich die Autoren vor allem auf die nationale/zentralstaatliche Ebene, so dass der vertikale Verwaltungsaufbau und die Ausgestaltung der subnationalen Ebenen für sie weniger von Interesse ist.

Verwaltungshandeln und -kulturen

Einer weiteren gebräuchlichen Klassifizierung bei Verwaltungsvergleichen liegt die Typisierung des Verhältnisses zwischen Staat/Verwaltung auf der einen Seite und Gesellschaft/Bürgern auf der anderen Seite zugrunde. Diese Vergleichsperspektive findet sich sowohl in der Verwaltungskulturforschung (vgl. Jann 1983, 2002) als auch in der neuen Diskussion um „Regulierungskulturen" (Wegrich 2009: 59 ff.). Dabei stehen weniger die Verwaltungstraditionen und -systeme als vielmehr das konkrete Verwaltungshandeln als Problemverarbeitung und Interaktionsprozess mit dem Bürger im Mittelpunkt (Jann 1983, 2002). Wiederum idealtypisierend lassen sich die kooperative Kontaktkultur, die flexible Verhandlungskultur und die formalisierte Regelungskultur unterscheiden (Jann 2002: 442 ff.). So zeigt die skandinavische Länderfamilie aufgrund der konsensorientierten Demokratietradition auch im Verwaltungshandeln ausgeprägt kooperative Züge. Dagegen sind Flexibilität, geringere Formalisierung und ad hoc-Lösungen als charakteristisch für den angelsächsischen Typus einer flexiblen Verhandlungskultur herausgestellt worden (ebd.). Für die kontinentaleuropäische formalisierte Regelungskultur schließlich sind der hohe Grad an Verrechtlichung des Verwaltungshandelns und die formalisierte Programmbearbeitung durch die Verwaltung typisch. Da sich jedoch in den europäischen Verwaltungssystemen inzwischen reformbedingt entscheidende Veränderungen ereignet haben (siehe Kapitel 4) und zudem zwischen Ebenen und Sektoren der Verwaltung unterschieden werden muss, ist die „lupenreine" Zuordnung zu diesen drei Verwaltungskulturtypen nur noch bedingt möglich.

Eine letzte Klassifizierung, die hier Erwähnung finden soll, bezieht sich auf die Unterschiede zwischen den Ländern hinsichtlich des Umfangs und Inhalts der Staatstätigkeit. Diese Unterscheidung ist für den Vergleich von Verwaltungssystemen deshalb wichtig, weil die Tradition und Ausgestaltung des Wohlfahrtsstaates, in welchen das nationale Verwaltungssystem eingebettet ist, wesentlichen Einfluss auf die Verwaltungstätigkeit in einem Land haben. Aus diesem Blickwinkel lassen sich vor allem Länder(gruppen)unterschiede in der Dimensionierung des öffentlichen Sektors, in den inhaltlichen Schwerpunkten der Verwaltungstätigkeit, aber auch in der Affinität oder Aversion für bestimmte Verwaltungsreformkonzepte (z. B. Privatisierung, Wettbewerbselemente etc.) erklären. Anknüpfend an Esping-Andersen (1990) können drei Idealtypen von Wohlfahrtsstaaten unterschieden werden:

- der konservative Typus;
- der sozialdemokratische Typus;
- der liberale Typus.

Typen von Wohlfahrtsstaaten

Diese „Three Worlds of Welfare Capitalism" (ebd. 1990) sind durch markante Unterschiede in der Ausgestaltung der Staatstätigkeit gekennzeichnet, was sich vor allem in der Finanzierung, den Leistungsstandards und Leistungsberechtigten sowie den Umverteilungseffekten zeigt (vgl. Ullrich 2005: 23 ff.). Entscheidend für die typologische Einordnung ist insbesondere das Ausmaß der Abkopplung sozialer Sicherheit vom Arbeitsmarkt und der Lockerung des Zwanges zur Existenzsicherung durch Erwerbsarbeit (sog. Dekommodifizierung). Während universale staatliche Leistungen (ohne Bedürftigkeitsprüfung) und Sozialversicherungsleistungen ebenso wie die Umverteilung von Vermögen im liberalen Wohlfahrsstaatstyp (Bsp. USA, Vereinigtes Königreich, Schweiz) eine geringere Bedeutung haben, ist im sozialdemokratischen Typus (Bsp. Schweden, Dänemark, Norwegen, Finnland, Niederlande) die Universalität das oberste Gestaltungsprinzip und besteht eine hohe Umverteilungswirkung. Der konservative Wohlfahrtstaatstypus (Bsp. Deutschland, Österreich, Frankreich, Italien, Belgien) ist durch eine Gewährung von sozialer Sicherheit unter Beibehaltung von Statusunterschieden und eher geringerer Umverteilungswirkung gekennzeichnet. In Anlehnung an Leibfried kann zudem der rudimentäre Wohlfahrtsstaatstyp benannt werden, welcher stark auf nicht-staatlicher Unterstützung durch die Familie basiert und für weniger industrialisierte Länder mit geringerem Durchschnittseinkommen charakteristisch ist (Spanien, Portugal, Griechenland; vgl. Leibfried 1992; Ricciardi 2010). Schließlich ist als neuere Kategorie der – allerdings recht heterogene – Typus des postsozialistischen Wohlfahrtsstaates diskutiert worden, in welchem verschiedene Elemente (liberal, konservativ, sozialdemokratisch) kombiniert werden, ohne dass eines der drei Modelle nach Esping-Andersen dominiert (Bsp. Polen, Ungarn; vgl. Kollmorgen 2009: 65 ff.)[6].

Die folgende Darstellung fasst die genannten Typologien, einschließlich der hier verwendeten, mit ihren jeweiligen Distinktionsmerkmalen und Ländergruppierungen noch einmal überblicksartig zusammen[7]:

---

6 Eine weitere Typologie von Wohlfahrtsstaaten bezieht sich auf die unterschiedliche Aufteilung von Finanzierungsarten (steuer- vs. beitragsfinanziert). Während den sog. Beveridge-Systemen, die durch starke Steuerfinanzierung gekennzeichnet sind, tendenziell der liberale und der sozialdemokratische Typus nach Esping-Andersen zuzuordnen sind, entsprechen die sog. Bismarck-Systeme, die sich vor allem auf die Beiträge aus der Sozialversicherung stützen, tendenziell dem konservativen Typus (vgl. Schmid/Frech 2004).

7 Im Weiteren werden die folgenden Länderkürzel verwendet: D = Deutschland; F = Frankreich; H = Ungarn; I = Italien; S = Schweden; UK = Vereinigtes Königreich. Darüber hinaus finden folgende Kürzel Anwendung: A = Österreich; B = Belgien; BG = Bulgarien; CH = Schweiz; CY = Zypern; CZ = Tschechische Republik; DK = Dänemark; E = Spanien, GR = Griechenland; IRE = Irland; M = Malta; N = Norwegen; NL = Niederlande; P = Portugal; PL = Polen.

Abbildung 3: Typologien des Verwaltungsvergleichs

Autor/en	Erkenntnisinteresse (Geogr. Bezug)	Vergleichsdimensionen	Länderfamilien/-gruppen	Länderbeispiele
Kuhlmann/ Wollmann 2013	Vgl. v. Verw.-systemen/ -reformen (Europa)	Verwaltungstradition; Politisch-institutionelle Merkmale des Verwaltungsaufbaus	Kontinentaleurop.-napol.	F, I, E, P, GR
			Kontinentaleurop.-föderal	D, A, CH
			Angelsächsisch	UK; IRE
			Skandinavisch	S, N, FIN, DK
			Osteuropäisch	H, PL, CZ
Painter/ Peters 2010	Klassifizierung von Verwaltungstraditionen (international/ global)	Rechtstradition; Verhältnis Staat-Gesellsch.; Verwaltungsorg.; öff. Dienst (+geograph. Lage)	Anglo-American	UK, USA, IRE, NZ
			Napoleonic	F, I, E, P, GR
			Germanic	D, A, CH, NL
			Scandinavian	S, N, FIN, DK
			Latin American	RA, BR, ME
			Postcolon. South Asian/African	IND, EAU
			East Asian	J, ROK, RP
			Soviet	CN, VN, MOE-Länder
			Islamic	TR, UAE, IR
Kickert 2011	Erklärung von NPM-Reformen (Kontinentaleuropa)	Verwaltungstradition; Verhältnis Staat-Gesellsch.; Demokratietypus	Napoleonic,	F, I, E, P, GR, B
			Germanic	D
			Small European States	A, CH, NL, B
			Southern European States	I, E, GR, P
Demmke et al. 2007	Vgl. öff.-Dienst-Systeme (Europa)	Merkmale des öff. Personals (Rekrutierung, Beförderung, Rechtsstatus)	Anglo-Saxon	UK, IRE, M
			Continental European	F, A, D, NL, B
			Mediterr./South European	E, I, P, CY
			Scandinavian	DK, S, N, FIN
			Eastern European	BG, CZ, PL
Jann 1983, 2002	Vgl. von Verw.-handeln als Problemverarbeitungsprozess (Westeuropa)	Problemlösungsverhalten der Verw.; Interaktion mit Bürger	Kooperative Kontaktkultur	S
			Flexible Verhandlungskultur	UK
			Formalisierte Regelungskultur	D
Esping-Andersen 1990	Vgl. von Wohlfahrtsstaaten/Staatstätigkeit (Westeuropa)	Staatstätigkeit (Finanzierung, Leistungsstandards, Umverteilung, Dekommodifizierung)	Konservativ	D, F, I, B, A
			Sozialdemokratisch	S, DK, FIN, N
			Liberal	UK, USA, CH

Legende: Länderkürzel vgl. Fußnote 7; ferner: BR = Brasilien; CN = China; EAU = Uganda; J = Japan; IND = Indien; IR = Iran; ME = Mexiko; NZ = Neuseeland; RA = Argentinien; ROK = Korea; RP = Philippinen; TR = Türkei; UAE = Vereinigte Arabische Emirate; VN = Vietnam

Quelle: eigene Darstellung

2.1.2 Europäische Verwaltungsprofile

Das vorangehende Kapitel hat deutlich gemacht, dass sich die Ländergruppierung und -zuordnung zu bestimmten Typen von Verwaltungsprofilen in der vergleichenden Forschung je nach Erkenntnisinteresse und zugrunde gelegten Analysekriterien unterscheiden kann. Der von uns verwendete typologische Zugang stützt sich auf die Vergleichskriterien des vertikalen Verwaltungsaufbaus einerseits und der verwaltungskulturellen Prägung andererseits. Die sich daraus ergebenden fünf Länderprofile von europäischen Verwaltungssystemen (mit weiteren Subgruppen) werden im Folgenden näher charakterisiert.

(1) Kennzeichnend für das *kontinentaleuropäisch-napoleonische* Verwaltungsprofil (Frankreich, Italien, Spanien, Griechenland, Portugal) ist zum einen die gemeinsame römisch-französische Rechtstradition und die wichtige Bedeutung des gesatzten Rechts. Das Staats- und Verwaltungsverständnis ist durch das Legalitätsprinzip (*principe de légalité*) bestimmt und spiegelt sich in einer umfassenden Kodifizierung von Rechtsnormen und einer ausgebauten verwaltungsgerichtlichen Judikatur wider. Wie auf dem europäischen Kontinent insgesamt (auch in Deutschland), stellt die öffentliche Verwaltung ein institutionelles Erbe des Absolutismus dar und befand sich bis ins späte 19. Jahrhundert in der Hand eines konstitutionellen Monarchen. Für die napoleonische Tradition waren vor allem die unter *Napoléon Bonaparte* zu Beginn des 19. Jahrhunderts durchgeführten Reformen wegweisend (vgl. Wright 1990), die zunächst die französische Verwaltung prägten und sodann auf die Benelux-Länder sowie Italien und Spanien „ausstrahlten". Die napoleonische Tradition (vgl. Peters 2008; Ongaro 2009; Kickert 2011) zeichnet sich durch einen starken Zentralstaat, eine umfassende, politikkulturell verwurzelte Akzeptanz (zentral)staatlicher Regelungsautorität und eine mächtige zentralstaatliche Bürokratie aus, deren sektorale Behördenstränge zumeist von der zentralen bis auf die lokale Ebene reichen und als deren Personifizierung der zentralstaatlich ernannte Präfekt angesehen werden kann. Die subnationalen und lokalen Ebenen sind innerhalb der napoleonischen Tradition funktional nachrangig, so dass das Prinzip territorialer Verwaltungsorganisation und institutioneller Subsidiarität wenig entwickelt ist.

kontinentaleuropäisch-napoleonisches Verwaltungsprofil

Innerhalb der kontinentaleuropäisch-napoleonischen Ländergruppe lässt sich eine Sub-Kategorie identifizieren, die als „Südeuropäische Ländergruppe" (Southern European States; vgl. Kickert 2011: 107 ff.) bezeichnet worden ist und der die Länder Italien, Portugal, Griechenland und Spanien zugerechnet werden. Diese Verwaltungssysteme sind dadurch charakterisiert, dass zwar der legalistische Grundzug formal dominiert. Jedoch ist die Verwaltungspraxis durch eine ausgesprochen starke Politisierung, klientelistische Beziehungen und Parteipatronage bei Rekrutierungen im öffentlichen Sektor geprägt (Sotiropoulos 2009: 408 ff.; Kickert 2011: 107 ff.). Eine Erklärung hierfür liegt in der besonderen Rolle der politischen Parteien in den südeuropäischen Ländern, die einen erheblichen Einfluss auf die Vergabe von Verwaltungsposten sowie auf die Bezahlungs- und Beförderungsmodalitäten in der öffentlichen Verwaltung ausüben, wobei vor allem „politischen Freunde" unterstützt werden (ebd.). Wenngleich offiziell das Rechtsstaatsprinzip gilt und die Personalrekrutierung in der öffentlichen Verwaltung über formale Qualifikationsanforderungen geregelt ist, werden diese Vorgaben doch in der Praxis oft umgangen. Politischer Klientelismus und Parteipatronage sind dabei umso wichtiger, je höher die entsprechende Verwaltungsposition in der Hierarchie angesiedelt ist (ebd.: 108).

kontinental-europäisch-föderales Verwaltungsprofil

(2) Die *kontinentaleuropäisch-föderal* geprägte Verwaltungstradition (Deutschland, Österreich, Schweiz)[8] weist in der starken legalistischen Ausrichtung der Verwaltung und der Rechtsstaatskultur, die der römischen Rechtstradition folgt, eine wesentliche Gemeinsamkeit mit den napoleonischen Systemen auf. Dabei hat die deutsche Verwaltungstradition ihre Wurzeln in der Preußischen Staatsverfassung, die in der Folgezeit auch die österreichische Verwaltung prägte. Die rechtspolitische Aufgabe der Gesetzeskodifikation bestand in Deutschland und Österreich historisch darin, der vom Monarchen beherrschten Verwaltung Schranken zu ziehen (Wollmann 2002 a: 495). Ein markanter Unterschied zur napoleonischen Gruppe ist jedoch in der wichtigen Rolle der subnational-dezentralen Ebenen sowie des Subsidiaritätsprinzips zu sehen. Die zentralstaatliche Bürokratie ist traditionell deutlich schwächer und numerisch „schmaler", wohingegen den subnational-dezentralen Institutionen eine wichtige politisch-administrative Bedeutung zukommt. So ist die starke Stellung der kommunalen Selbstverwaltung als ein wesentliches Distinktionsmerkmal hervorzuheben. In der Ausgestaltung des Verwaltungssystems dominieren das Territorialprinzip und eine Orientierung an der gebietsbezogenen Organisationsform (*multi purpose model*; siehe weiter unten).

Differenzierungen innerhalb dieser Ländergruppe sind zum einen im Hinblick auf das Staatsverständnis und die Stellung des Beamtentums auszumachen. So werden die Beamten in Deutschland und Österreich traditionell eher als „Staatsdiener" und der gesellschaftlichen Sphäre hierarchisch übergeordnet angesehen. Dagegen gelten sie in der Schweiz (mit regionalen Unterscheiden) eher als „Angestellte des Volkes" und weniger als über der Gesellschaft stehend (vgl. Brändli-Traffelet 2004). Dort besteht tendenziell eine geringere Hierarchisierung zwischen öffentlicher und gesellschaftlicher Sphäre. Zum anderen sind die verwaltungskulturelle Prägung durch drei Nationen und Sprachgemeinschaften (deutsch, französisch, italienisch) sowie die direktdemokratische Tradition, die sich auch auf das Verwaltungshandeln auswirkt charakteristisch für die Schweiz (Schedler 2008: 149 f.). Drittens müssen im Unterschied zu Deutschland und Österreich die stärkere Wettbewerbsorientierung auf den subnationalen Verwaltungsebenen (z. B. Steuerwettbewerb zwischen Kommunen) und die höhere Lokalautonomie erwähnt werden (vgl. Linder 2009; Jäkel/Kuhlmann 2012).

skandinavisches Verwaltungsprofil

(3) Die *skandinavischen Länder* (Schweden, Dänemark, Norwegen, Finnland) weisen hinsichtlich ihres Verwaltungsprofils deutliche Schnittmengen mit den kontinental-europäisch föderalen Ländern auf, da sie ebenfalls der römischen Rechtstradition folgen (vgl. Pierre 2010; Wollmann 2013). Allerdings kann ein markantes Merkmal des skandinavischen Verwaltungsprofils (im Unterschied zu

---

8 Painter/Peters (2010: 22 f.) bezeichnen diese Länderfamilie als „Germanic", ordnen ihr allerdings auch die Niederlande zu. Da die Unitarismus/Föderalismus-Dimension jedoch aus unserer Sicht ein entscheidendes Distinktionsmerkmal von Verwaltungssystemen darstellt, erscheint die Bezeichnung „kontinentaleuropäisch-föderale Ländergruppe" (unter Ausklammerung der Niederlande) angemessener.

anderen Systemen mit römischer Rechtstradition) in der Offenheit der Rekrutierungs- und Karrieresysteme des öffentlichen Dienstes und in der ausdrücklichen Öffnung des Verwaltungssystems zur Bürgerschaft (Informationsfreiheit, Transparenz nach außen, Bürgerbeteiligung, Nutzerdemokratie) gesehen werden. Gemeinsamkeiten mit den kontinentaleuropäisch-föderalen Ländern sind ferner die subsidiär bestimmte Aufgabenverteilung im Verhältnis von zentralstaatlicher und lokaler Verwaltungsebene. Aufgrund ihres hochgradig dezentralen Verwaltungsaufbaus mit traditionell starker kommunaler Selbstverwaltung und hoher Handlungsautonomie der lokalen Selbstverwaltungseinheiten (etwa ablesbar am kommunalen Steueraufkommen) funktionieren daher die Länder innerhalb des skandinavischen Verwaltungsprofils – trotz ihres unitarischen Staatsaufbaus – teilweise sogar „dezentraler" als föderale Länder (insbesondere jene mit Verbundföderalismus, also Deutschland, Österreich; vgl. Pollitt/Bouckaert 2004).

(4) Die Länder der *angelsächsischen* (und anglo-amerikanischen) Verwaltungstradition (Vereinigtes Königreich, Malta, Irland) werden in der vergleichenden Verwaltungswissenschaft typologisch der *Public Interest-* oder *Civic-Culture-*Tradition zugeordnet (Heady 2001; Halligan 2003; König 2006). Fußend auf den liberalen und utilitaristischen Staatsphilosophien ist sie durch ein instrumentelles Staatsverständnis gekennzeichnet, in dessen Mittelpunkt eher *government* als handelnde Regierung und weniger *state* als „Wert an sich" steht, so dass oft auch von *stateless society* die Rede ist. Eingebettet in eine bürgerlich-kulturelle (*civic culture*) und individualistische Tradition, haben sich im britischen Verwaltungssystem die kognitiven und normativen Unterscheidungen zwischen der staatlichen und der gesellschaftlich-ökonomischen Sphäre wenig ausgeprägt. Die für das kontinentaleuropäische Verwaltungsverständnis wesentliche Trennung von öffentlicher und privater Rechtssphäre (siehe oben) ist den Ländern der Public Interest-Tradition weitgehend fremd. Vor diesem Hintergrund ist auch der Konzept- und Ideentransfer zwischen öffentlicher und gesellschaftlich-marktlicher Sphäre reibungsloser, so dass beispielsweise managerielle Handlungsprinzipien des New Public Management (NPM) tief in der Verwaltungskultur verankert sind (König 2006). So ist die NPM-reformierte Verwaltung (siehe weiter unten) inzwischen für die angelsächsische und anglo-amerikanische Verwaltungswelt zu einem weiteren gemeinsamen Distinktionsmerkmal geworden (siehe Halligan 2003). Kennzeichnend für das Rechts- und Verwaltungsverständnis ist die Dominanz des *Common Law*, also des Fall- und Richterrechts, das nicht durch positive Rechtsetzung, sondern in erster Linie durch Rechtsprechung (*judge made law*) entsteht (La Porta et al. 1999: 10). Während Verwaltungshandeln in Kontinentaleuropa zu allererst Gesetzesvollzug im Wege der Rechtskonkretisierung ist, haben die legislativen Akte der angelsächsischen/anglo-amerikanischen Parlamente eher die Funktion von politischen Programmen, für deren Implementation die Verwaltung geeignete Mittel und Wege zu finden hat.

Eine Erklärung für das Bestreben, die Macht der Bürokratie und den Handlungsradius des Staates zu begrenzen, ist historisch in der frühen „Parlamentsherrschaft" im Vereinigten Königreich zu sehen. Das angelsächsische Verwaltungsmodell ist dadurch gekennzeichnet, dass die moderne Parlaments- und Demokratieentwicklung der Herausbildung eines professionellen Beamtentums (*civil service*) vorausging, so dass die bürokratische Leistungsordnung von

angelsächsisches Verwaltungsprofil

vornherein durch das politische Regime bestimmt wurde (König 2006: 24). Dies spiegelt sich auch darin wider, dass die Kontrolle der Verwaltung eher über die Parlamente – nach dem Grundsatz der *political accountability* – und weniger über die Institution von Verwaltungsgerichten erfolgt. Die Bürokratie stand und steht also im angelsächsischen Kontext historisch von jeher in der Funktion des Politischen.

mittel-ost- und süd-osteuropäisches Verwaltungsprofil

(5) Die *mittel-ost- bzw. süd-osteuropäische* Ländergruppe weist als verwaltungshistorische Gemeinsamkeit die Prägung durch das stalinistische Staatsorganisationsmodell mit der „doppelten Unterstellung" der staatlichen Verwaltung unter die zentralistische Parteiherrschaft und der Abschaffung der Gewaltenteilung auf, was verwaltungstypologisch auch als *Soviet Tradition* bezeichnet worden ist (vgl. Painter/Peters 2010: 27 f.). Um die „Einheitlichkeit und Unteilbarkeit der Staatsmacht" zu gewährleisten, fungierten die subnationalen Verwaltungseinheiten (Räte, Vertretungsorgane, Kommissionen in den Kreisen, Städten und Gemeinden) als örtliche Organe der Staatsmacht (Wollmann 1997 a: 262; Kuhlmann 2003: 219 ff.). Charakteristisch für die real-sozialistische Kaderverwaltung (vgl. König 1993) waren – im Unterschied zur klassisch-bürokratischen Verwaltung kontinentaleuropäischer Prägung (König 1993) – zudem die Parteilichkeit des Personals (vgl. Dimitrov et al. 2006: 205) und eine allenfalls rudimentäre Ausrichtung politisch-administrativen Handelns an rechtsgebundenen Normen und Verfahren (sog. „Rechtsnihilismus"; vgl. Pohl 1991: 236 f.).

Mit dem Ende des kommunistischen Regimes in den Ländern Mittel-Ost-Europas kam deren Transformation wesentlich in der Ablösung der realsozialistischen Staatsorganisation und der (Wieder-)Einführung des westlich-kontinentaleuropäischen Verfassungs-, Staats- und Verwaltungsmodells zum Ausdruck (König 1993). Hiervon ausgehend, hat sich die Prägewirkung (*legacy*) der *Soviet Tradition* in den verschiedenen Ländern sehr unterschiedlich entfaltet. Während in einigen Ländern ein umfassender Bruch mit der überkommenen realsozialistischen Institutionenwelt vollzogen wurde, weisen andere beträchtliche administrative Hinterlassenschaften auf, die für das Funktionieren der Verwaltung enorme Probleme mit sich bringen.

Ungarn, Polen: kontinentaleuropäische Prägung

Somit ist zwar insgesamt festzustellen, dass sich die „Verwaltungen Mittel- und Osteuropas (...) auf westlich kontinental-europäische Verwaltungsmodelle hinzubewegen" (Goetz 1995: 541). Jedoch hat sich diese Entwicklung vor dem Hintergrund je landesspezifischer politisch-institutioneller Gegebenheiten und vor-kommunistischer Verwaltungstraditionen in unterschiedlichen Geschwindigkeiten und Akzentsetzungen abgespielt. Ungarn und Polen stehen dabei stellvertretend für jene Subgruppe von Ländern des osteuropäischen Verwaltungsprofils, die aufgrund der geopolitischen Entwicklung[9] historisch vor allem durch das kontinentaleuropäische, speziell österreichische bzw. preußische Verwaltungsmodell geprägt wurden (vgl. Wollmann 1995: 566, 572). Nach der Unabhängigkeit der Länder nach 1919 blieb die Verwaltungsorganisation von einem „stark zentralistischen System nach französischem Modell" (Kaltenbach 1990: 85) bestimmt. Nachdem diese kontinentaleuropäische Entwicklungslinie 1945 durch die kommunistische Machtübernahme zunächst abgebrochen worden war,

---

9 Weite Teile Polens wurden als Folge der sog. Polnischen Teilung von 1772 von Österreich bzw. Preußen annektiert, Ungarn wurde 1867 Bestandteil der Habsburgischen „k.u.k"-Doppelmonarchie.

konnte mit dem Systemwechsel 1989 wieder daran angeknüpft werden. Dabei ist Ungarn in der (Wieder-)Begründung des kontinental-europäischen Verfassungs- und Verwaltungsmodells wohl am weitesten fortgeschritten, da diese bereits von „Reformkommunisten" im Verlaufe der 1980er Jahre eingeleitet und vom erwarteten bzw. vollzogenen Beitritt zur EU beschleunigt worden war. Gerade in Ungarn zeigen sich ausgeprägte Anlehnungen an das deutsche Modell, wie etwa an der Einführung der Verfassungsgerichtsbarkeit und des konstruktiven Misstrauensvotums abzulesen ist (vgl. Dimitrov et al. 2006: 207 ff.). Davon kann eine südosteuropäische Gruppe von Ländern (unter anderem mit Bulgarien und Rumänien) unterschieden werden, die verwaltungsgeschichtlich bis Ende des 19. Jahrhunderts bzw. bis 1919 unter der zentralistischen Herrschaft des Osmanischen Reichs bzw. des zaristischen Russlands standen und deren Transformation nach 1990 zunächst von post-kommunistischen Eliten bestimmt war.

Abbildung 4: Verwaltungsprofile in Europa

Verwaltungs-profil/Ländergruppe	Verwaltungstradition	Verwaltungsaufbau
Kontinental-europäisch-napoleonisch (F, I, P, GR, E)	Rechtsstaatskultur, Legalismus Südeuropäische Subgruppe: Klientelismus, Parteipatronage, Politisierung	Unitarisch-zentralistisch; schwache Kommunalverwaltung (Dezentralisierung in F, I, E seit 1980er/90er Jahren)
Kontinental-europäisch-föderal (D, A, CH)	Rechtsstaatskultur, Legalismus Schweiz: Trennung Staat-Gesellschaft schwächer; Beamtentum, Legalismus schwächer	Föderal-dezentral; starke Kommunalverwaltung
Skandinavisch (S, N, DK, FIN)	Rechtsstaatskultur, Transparenz-/Kontaktkultur; Öffnung der Verwaltung zur Bürgerschaft	Unitarisch-dezentralisiert; starke Kommunalverwaltung/bürgerschaftliche Selbstbestimmung
Angelsächsisch (UK/England)	Public Interest-Kultur, Pragmatismus	Unitarisch-zentralistisch; starke (seit 1980er Jahren geschwächte) Kommunalverwaltung
Mittel-osteuropäisch (H, PL, CZ)	Real-sozialistische Kaderverwaltung („stalinistischer" Prägung); seit Systemwechsel Wiederanknüpfung an vorkommunistische (Rechtsstaats-) Traditionen	Unitarisch-dezentralisiert; starke Kommunalverwaltung (Re-Zentralisierung seit 2011 in H)
Süd-osteuropäisch (BG, RO)		Unitarisch-zentralistisch; schwache Kommunalverwaltung

Quelle: eigene Darstellung

2.1.3 Typen kommunaler Selbstverwaltung – *comparative local government*

wichtige Bedeutung der Kommunen

Die Vollzugs- und Leistungsverwaltung spielt sich in vielen europäischen Ländern zum großen Teil, wenn nicht gar überwiegend kommunal-dezentral ab. Durch jüngste Dezentralisierungsanläufe (siehe Kapitel 4.2) wurde die Stellung der Kommunen weiter gestärkt, was auch an der inzwischen EU-rechtlich verankerten Anerkennung der kommunalen Selbstverwaltung durch den Vertrag von Lissabon (siehe weiter unten) abgelesen werden kann. So machen die kommunalen Aktivitäten einen beachtlichen Teil des gesamteuropäischen Bruttoinlandsprodukts (Ø 16 %) und der öffentlichen Ausgaben (Ø 34 %) aus[10]. Aus politisch-demokratischer Sicht erfüllt die kommunale Selbstverwaltung innerhalb des gesamtstaatlichen und supra-nationalen Gefüges wichtige Stabilisierungs- und Legitimitätsfunktionen, da sie den Bürgern unmittelbare demokratische Mitwirkungsmöglichkeiten eröffnet und die räumliche Nähe politischer Problembearbeitung sicherstellt (Bogumil 2001: 17). Eurobarometer-Umfragen zeigen (vgl. Special Eurobarometer-307 2009: 9), dass das Vertrauen der Bürger in die kommunalen und regionalen öffentlichen Institutionen deutlich höher ist als das Vertrauen in die nationalen Parlamente und Regierungen. Die kommunale Selbstverwaltung in Europa trägt also ganz entscheidend zum Funktionieren und zur Akzeptanz demokratischer Verfassungsstaaten insgesamt bei.

Vor diesem Hintergrund hat sich die vergleichende Kommunal- und Lokalforschung (*comparative local government*) inzwischen zu einem wichtigen Segment der vergleichenden Verwaltungswissenschaft entwickelt, das an der Schnittstelle zwischen lokaler Politikforschung und Verwaltungswissenschaft angesiedelt ist. Im Folgenden wird das daraus zu gewinnende analytische Instrumentarium konturiert, wobei auf drei wichtige Dimensionen des Vergleichs von Kommunalsystemen einzugehen ist (vgl. Page/Goldsmith 1987; Goldsmith/Page 2010; Heinelt/Hlepas 2006; Wollmann 2004, 2008; Kuhlmann 2006 a, 2009 a; Loughlin et al. 2010):

Vergleichsdimensionen

– *Funktionales Profil*, d. h. Umfang und Wichtigkeit der Kompetenzen, die von den lokalen Gebietskörperschaften wahrgenommen werden (*functional responsibility*) in Verbindung mit der vertikalen Funktionsteilung/-fusion zwischen Kommunen und Staat (Trenn- vs. Mischsysteme; duales vs. monistisches Aufgabenmodell) und der finanziellen Autonomie;
– *Territoriales Profil*, d. h. gebietlicher Zuschnitt und damit territoriale „Lebensfähigkeit" (*viability*) der Gemeindeebene (nordeuropäisches vs. südeuropäisches Modell);
– *Politisches Profil*, d. h. Ausgestaltung der lokalen Demokratie (repräsentativ vs. direktdemokratisch), Verhältnis zwischen Rat und lokaler Exekutive (monistisch vs. dualistisch) und Wahlmodus des Verwaltungschefs (direkt vs. indirekt).

---

10 Zudem umfassen die insgesamt ca. 91.200 Gemeinden und 1.100 kommunalen Selbstverwaltungsinstitutionen der zweiten Ebene (sog. *second-tier local governments*) in der EU-27 etwa 50 % der gesamten öffentlichen Beschäftigung.

Funktionales Profil: Aufgabenteilung, -umfang und Fiskalautonomie

In vertikaler Hinsicht, d. h. im Verhältnis Staat/Kommunen, können die Systeme kommunaler Selbstverwaltung in Europa zunächst danach unterschieden werden, ob staatliche Behörden und kommunale Selbstverwaltung ihre Aufgaben jeweils getrennt und weitgehend unabhängig voneinander ausführen oder ob die Ebenen stark interagieren und es zur Durchmischung staatlicher und kommunaler Aufgaben kommt (Bennet 1989). Ersterer Verwaltungstypus wird als Trennmodell (*separational system*) bezeichnet und ist traditionell charakteristisch für die britische (wie auch schwedische) Verwaltungstradition (vgl. Bulpitt 1983). Der Variante der getrennten Wahrnehmung und Institutionalisierung von staatlichen und kommunalen Selbstverwaltungsaufgaben liegt eine monistische oder uniforme Aufgabenkonzeption zugrunde, die auf kommunaler Ebene keine Differenzierung zwischen übertragenen staatlichen und eigenen Selbstverwaltungsaufgaben kennt (Wollmann 2008: 259 ff.; siehe auch Kapitel 4.2).

vertikale Kompetenzverteilung

Für die kontinentaleuropäischen Länder dagegen sind eher „Mischsysteme" (*fused systems*) oder auch *administrative integrated models* (Baldersheim et al. 1996) kennzeichnend[11]. Diese sind dadurch bestimmt, dass Staats- und kommunale Selbstverwaltungsaufgaben nicht getrennt erledigt, sondern administrativ integriert („vermischt") werden, wobei ein dualistisches Aufgabenverständnis zugrunde liegt, in welchem (übertragene) Staatsaufgaben von (eigenen oder übertragenen) kommunalen Selbstverwaltungsaufgaben unterschieden werden (sog. „Januskopfigkeit"). Historisch auf eine „Erfindung" der post-revolutionären französischen Kommunalgesetzgebung von 1790 zurückgehend (vgl. Wollmann 2008: 41), fand das dualistische Aufgabenmodell über die Preußische Städteordnung von 1808 Eingang in die deutsch-österreichische Kommunal- und Verwaltungstradition. Von hier aus beeinflusste es im späten 19. Jahrhundert die kommunalinstitutionelle Entwicklung in mittel-osteuropäischen Ländern und wurde nach 1990 auch in Ungarn (ebenso wie in Polen und in Tschechien) aufgenommen (vgl. Wollmann 1995; Wollmann/Lankina 2003: 94 ff.). Innerhalb der Mischsysteme kann noch einmal differenziert werden zwischen dem sog. „staatsadministrativen Integrationsmodell", in welchem die Staatsverwaltung zusätzlich zu ihren eigenen staatlichen Aufgaben die Selbstverwaltungsaufgaben der Kommunen erledigt, und dem „kommunaladministrativen Integrationsmodell", in welchem die Kommunen eine Doppelfunktion als Durchführungsinstanz für eigene Selbstverwaltungsaufgaben und übertragene staatliche Aufgaben wahrnehmen. Für das „staatsadministrative Integrationsmodell" kann prototypisch Frankreich (bis zur Dezentralisierung der 1980er Jahre) genannt werden, da dort staatliche Behörden traditionell intensiv in den lokalen Politikvollzug involviert waren/sind, während sich das „kommunaladministrative Integrationsmodell" in der deutschen und österreichischen Kommunaltradition wiederfindet.

Januskopfigkeit

Integrationsmodelle

Neben der Unterscheidung zwischen Trenn- und Mischsystemen bzw. monistischem und dualem Aufgabenmodell sind Umfang und Inhalte kommunaler

---

11 Die Unterscheidung zwischen *integrationist model*, in dem Staats- und Kommunalebene, zumindest teilweise, operativ „integriert" sind („Mischsysteme"), und einem *separationist model*, in dem eine solche Verschränkung nicht stattfindet („Trennsysteme"), geht auf eine von Leemans 1970 entwickelte Begrifflichkeit zurück (vgl. Wollmann 2008: 259 f. m. N.).

Aufgaben und Autonomie

Tätigkeit (*functional responsibilities*) und das Ausmaß lokaler Autonomie (*local discretion*) einzubeziehen, um zu analytisch tragfähigen Typologien zu kommen. Einschlägige quantitative Indikatoren für Erstere sind der Anteil kommunaler Ausgaben an den öffentlichen Ausgaben insgesamt und die Kommunalbeschäftigtenquote; für Letztere der Anteil des eigenen kommunalen Steueraufkommens an den gesamten Lokaleinnahmen (siehe hierzu Abbildung 5). Hieraus ergibt sich in finanzieller Hinsicht die Unterscheidung zwischen mehr oder weniger autonomen Kommunen. Während beispielsweise die Finanzautonomie der schwedischen Kommunen besonders hoch ist, da sie sich zum einen überwiegend (zu 64 %) aus eigenen (Einkommens-)Steuereinnahmen finanzieren und auch maßgeblichen Einfluss auf Hebesätze haben, gilt für das Nach-*Thatcher*-England das Gegenteil (13 %), ebenso tendenziell für Ungarn (23 %). Frankreich hat mit einem Anteil von 45 % eigener Steuern an den Gesamteinnahmen der Kommunen eine immer noch höhere kommunale Fiskalautonomie als Deutschland (40 %) sowie auch Italien (37 %) (OECD 2011; siehe Abbildung 5).

Abbildung 5: Fiskalautonomie der Kommunen in ausgewählten OECD-Ländern

Land	Anteil eigener Steuern (ohne Sozialbeiträge) an kommunalen Gesamteinnahmen in % (2009)
Schweden	63,6
Schweiz	59,2
Slowakische Republik	50,3
Frankreich	44,6
Spanien	43,4
Norwegen	41,9
Tschechische Republik	41,2
Deutschland	39,6
Italien	37,4
Dänemark	33,7
Portugal	33,6
Polen	30,9
Ungarn	22,8
Vereinigtes Königreich	12,9
Niederlande	8,3
Griechenland	6,6

Quelle: OECD 2011

multi purpose model vs. single purpose model

Funktional starke Kommunalsysteme (Deutschland, Schweden, traditionell auch Vereinigtes Königreich) weisen eher eine Orientierung am Territorialprinzip[12]

---

12 Während mit dem Gebietsorganisationsmodell eine horizontale, gebietsbezogene Verwaltungsorganisation gemeint ist, in der die Kommune als territoriale Einheit alle auf dieser Ebene anfallenden Aufgaben bündelt und in eigener politischer Verantwortlichkeit erfüllt, zielt das Aufgabenorganisationsmodell auf eine vertikale, funktionsbezogene Verwaltungsorganisation, in der für abgrenzbare

administrativer Kompetenzverteilung auf (sog. Gebietsorganisationsmodell oder *multi purpose model*; vgl. Wollmann 2004). Dagegen ist für die funktional schwachen Kommunalsysteme, bei denen die monofunktional operierende dekonzentrierte Staatsverwaltung administrativ den Vorrang hat (klassischerweise die napoleonischen Systeme), eher eine Ausrichtung am Funktionalprinzip (Aufgabenorganisationsmodell oder *single purpose model*) charakteristisch. Die reale funktionale Stärke und Autonomie von Kommunen weicht teilweise erheblich von ihrem formalen rechtlichen/verfassungsmäßigen Status ab. So besitzt zwar die kommunale Selbstverwaltung inzwischen in vielen Ländern eine verfassungsmäßig verbriefte Garantie, also einen hohen konstitutionellen Status (Deutschland, Schweden, Frankreich, Italien, Ungarn); teils ist ihr tatsächliches Aufgabenspektrum aber begrenzt (Frankreich, Italien). Umgekehrt traf es auf das Vereinigte Königreich bis zur *Thatcher*-Ära zu, dass die *local governments* zwar keinen Verfassungsstatus hatten (was auch nach wie vor der Fall ist), aber dennoch sehr weitreichende Autonomie genossen und ein breites Aufgabenprofil besaßen (welches inzwischen weitgehend erodiert ist). Auf der rechtlichen Ebene steht der für Kontinentaleuropa und Skandinavien geltenden allgemeinen Zuständigkeitsregel, wonach die Gemeindevertretung (zumindest formal) für alle Angelegenheiten der örtlichen Gemeinschaft zuständig ist, das britische *ultra-vires*-Prinzip gegenüber, das den Kommunen nur die Aufgaben zuschreibt, die ihnen im Rahmen der Parlamentssouveränität explizit qua Gesetz übertragen worden sind und auch jederzeit wieder entzogen werden können. Allerdings wurde das *ultra-vires*-Prinzip inzwischen abgeschwächt und der allgemeinen Zuständigkeitsklausel angenähert, welche der kontinentaleuropäischen Kommunaltradition eigentümlich ist (siehe unten Kapitel 3.4).

Territoriales Profil: Nord- und Südeuropäisches Modell

In engem Zusammenhang mit dem funktionalen Profil steht auch das Kriterium der territorialen Struktur der Gemeindeebene, da diese eine wichtige institutionelle Rahmenbedingung für die Lebensfähigkeit (*viability*) und Leistungskraft der Kommunen darstellt. In Anlehnung an Norton (1994), Baldersheim et al. (1996), John (2001: 25 ff.) und Wollmann (2008) kann dabei unterschieden werden zwischen dem sog. „südeuropäischen Kommunaltypus" mit kleinteiliger Gemeindestruktur, vielen Gemeinden mit geringer Einwohnerzahl und Verzicht auf Gebietsreformen und dem sog. „nordeuropäischen Kommunaltypus" mit wenigen großflächigen Einheitsgemeinden, die als Folge weitreichender Gebietsreformen eine hohe Einwohnerzahl aufweisen (siehe hierzu Kapitel 4.3). Beispiele für den „südeuropäischen Kommunaltypus" finden sich traditionell vor allem in den kontinentaleuropäisch-napoleonisch geprägten Ländern (Frankreich, Spanien, Italien, Portugal, Griechenland[13]), während das Vereinigte Königreich

<small>Gebietsstrukturen</small>

Fachaufgaben jeweils ein spartenhaft ausgerichteter Behördenapparat von der (zentral-)staatlichen bis auf die lokale Ebene existiert und die politische Verantwortlichkeit außerhalb der Kommune liegt (siehe auch Wagener 1976; Benz 2002; Wollmann 2004; Bogumil/Jann 2009: 87; Kuhlmann 2010 b: 104).
13 Aufgrund der einschneidenden Gemeindegebietsreformen, die in Griechenland mit dem Inkrafttreten des *Capodistrias-Planes* zwischen 1997 und 2001 stattfanden, hat sich dieses Land inzwischen

der nach wie vor unangefochtene Spitzenreiter im nordeuropäischen Gebietsmodell ist, dem auch die skandinavischen Länder zuzurechnen sind. Die kontinentaleuropäisch-föderal geprägten Länder sind dagegen überwiegend dem „südeuropäischen Kommunaltypus" (Schweiz, Österreich; in Deutschland: Rheinland-Pfalz, Baden-Württemberg, Bayern, Schleswig-Holstein, Teile Ostdeutschlands) zuzuordnen, während nur einige Teile Deutschlands dem nordeuropäischen Gebietstypus entsprechen (NRW, Hessen).

Politisches Profil: demokratische Entscheidungsrechte und lokales „Regierungssystem"

Um das politische Profil der kommunalen Selbstverwaltung zu bestimmen, muss nach den demokratischen Entscheidungsrechten der Bürger auf kommunaler Ebene und nach der inneren Ausgestaltung des kommunalpolitischen Entscheidungs- (oder Regierungs-)Systems und der politisch-administrativen Leitungsstrukturen (*leadership*), insbesondere nach dem Verhältnis zwischen Kommunalexekutive und Kommunalvertretung („horizontale Dimension"; siehe oben), gefragt werden (für einen Überblick siehe Loughlin et al. 2010). Hinsichtlich des erstgenannten Kriteriums lassen sich Kommunalsysteme mit überwiegend repräsentativ-demokratischer Ausgestaltung (traditionell Vereinigtes Königreich, Schweden seit 1974, Deutschland bis 1990, Frankreich) von Kommunalsystemen unterscheiden, die Instrumente direkter Demokratie, insbesondere das durch die Bürger initiierbare Bürgerbegehren, kennen (Schweiz, Deutschland seit 1990, Ungarn, Italien, Schweden bis 1974, Österreich, Finnland, Tschechien). Im Hinblick auf das letztgenannte Kriterium ist zwischen monistischen und dualistischen Systemen[14] zu unterscheiden (Wollmann 2004: 151 f.). In monistischen Systemen liegen sämtliche Entscheidungsbefugnisse und auch die Leitung der Aufgabendurchführung ausschließlich bei der gewählten Kommunalvertretung. Dabei sind innerhalb der Kommunalvertretung sektoral zuständige Ausschüsse sowohl für die politische Entscheidung als auch die administrative Durchführung verantwortlich, weshalb auch von *government by committee* die Rede ist (Vereinigtes Königreich, Schweden, Dänemark). Diese Systeme kennen in der Regel keinen „starken Bürgermeister" und „kranken" häufig an Führungsschwäche und einer Sektoralisierung der Verwaltung. In dualistischen Systemen sind die Kompetenzen zwischen Exekutive/*executive leader*/Bürgermeister und Legislative/Rat getrennt, wobei die lokale Exekutive mit eigenen Entscheidungskompetenzen ausgestattet ist (Frankreich, Deutschland, Italien, Ungarn, Spanien, Portugal, Griechenland, Polen; vgl. Heinelt/Hlepas 2006: 33). Diese „strong mayor"-Form lokaler Demokratie (Mouritzen/Svara 2002) wird in einigen Ländern durch die direkte Wahl des Bürgermeisters noch verstärkt (Deutschland, Italien, Ungarn, vgl. Wollmann 2009). Darüber hinaus ist eine wichtige Quelle politischer Stärke von Kommunen im Zugang lokaler Politikakteure zu höheren Ebenen des

---

markant von den anderen Vertretern des Südeuropäischen Typus wegbewegt (vgl. Hlepas/Getimis 2010; siehe auch Kapitel 4.3).
14 Diese sind nicht mit den oben erläuterten monistischen bzw. dualistischen Aufgabenmodellen im (vertikalen) Verhältnis Staat-Kommunen zu verwechseln.

politisch-administrativen Systems zu erblicken. Dieser *access* (Page/Goldsmith 1987; Goldsmith/Page 2010) kann sich aus Ämterkumulierung, klientelistischen Beziehungen oder auch aus der Logik von Politikkarrieren ergeben und ist charakteristisch für die südeuropäischen Kommunalsysteme (Frankreich, Italien, Griechenland, Spanien). *Access* kann allerdings auch zu einer übermäßigen Ebenenverschränkung und -vermischung oder zur „Kolonialisierung" des Staates durch lokale Akteure führen (wie besonders für Frankreich typisch).

Abbildung 6 fasst die wesentlichen Kriterien zum Vergleich von Kommunalsystemen noch einmal überblicksartig zusammen.

Abbildung 6: Dimensionen zum Vergleich von Kommunalsystemen – comparative local government

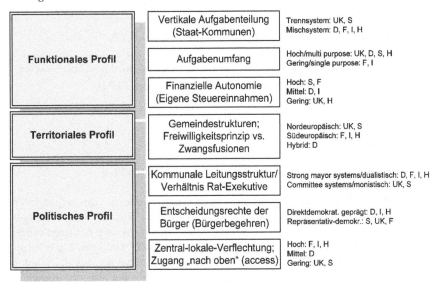

Quelle: eigene Darstellung

Einige der in Abbildung 6 aufgeführten Vergleichskategorien liegen auch der älteren Typologie von Hesse/Sharpe (1991) zugrunde, die *local government systems* in drei Typen aufteilen (siehe Abbildung 7). Allerdings wurden in dieser Einordnung weder die horizontale Machtverteilung zwischen Rat und Exekutive noch das territoriale Gemeindeprofil berücksichtigt, so dass sich die Typenbildung auf wenige ausgewählte Vergleichsmerkmale beschränkt. Zudem sind (zeitbedingt) keine osteuropäischen Länder enthalten.

Abbildung 7: Traditionelle Typen von Kommunalsystemen in vergleichender Perspektive

Vergleichsmerkmal	North Middle European Group	Franco-Group	Anglo-Group
Verfassungsstatus	Hoch	Hoch	Gering
Zentral-lokale-Verflechtung/staatliche Kontrolle	Gering/Mittel	Hoch	Gering
Funktionale Stärke	Hoch	Gering	Hoch
Handlungsspielraum	Hoch/Mittel	Mittel	Hoch
Politische Stärke/ community identity	Hoch	Hoch	Gering
Länderzuordnung	Core-Group: N, S, DK Sub-Group: A, CH, D, NL	F, I, B, E, P, GR	UK, IRE*

* Von den nicht-europäischen Lokalsystemen sind CA, AU, USA, NZ zur *Anglo-Group* zu zählen.
Quelle: eigene Darstellung (in Anlehnung an Hesse/Sharpe 1991)

2.1.4 Personal und Politisierung[15]

Civil Service Systems und formale Politisierung der Verwaltung

Vergleich von Ministerialeliten

Die personelle Dimension öffentlicher Verwaltung wurde in den vergangenen Jahrzehnten in den Arbeiten zum Vergleich von *Civil Service Systems* aufgegriffen, die ihren Fokus vor allem auf die Ministerialbürokratie richteten (siehe Bekke et al. 1996; Alam 1998; Bekke/van der Meer 2000; Halligan 2003; Raadschelders et al. 2007; Derlien/Peters 2009). Dieser Strang der vergleichenden Verwaltungswissenschaft befasst sich zum einen mit der historischen Entwicklung, rechtlich-institutionellen Ausgestaltung und kulturellen Verankerung von öffentlichen Personalsystemen. Zum anderen geht es um die Analyse der Rekrutierungs- und Karrieremuster öffentlich Beschäftigter, ihrer Qualifikationswege, Einstellungen und Rollenverständnisse. Hierzu ist auch die Frage der parteipolitischen Neutralität oder Gebundenheit der Ministerialbeamten zu zählen.

öffentliche Beschäftigung im Vergleich

Der Umfang des öffentlichen Personalkörpers und Stellenwert des öffentlichen Dienstes als Arbeitgeber wird in ländervergleichender Perspektive üblicherweise dadurch ermittelt, dass die öffentliche Beschäftigung numerisch ins Verhältnis zur Gesamterwerbstätigkeit eines Landes gesetzt wird (siehe auch Kapitel 3.6.1). Hier kontrastiert im europäischen Vergleich vor allem der ausgebaute öffentliche Dienst der skandinavischen Länder (Norwegen: 29 %, Schweden: 28 %), Frankreichs (22 %) und auch Ungarns (19 %) mit den schmalen öffentlichen Personalstäben Deutschlands (10 %), Österreichs (10 %) und der Schweiz (7 %). Dabei spiegelt sich in den öffentlichen Personalzahlen der skandinavischen Länder deren expansiver (sozialdemokratisch geprägter) Wohlfahrtsstaat

---
15 Die folgenden beiden Unterkapitel stützen sich wesentlich auf Kuhlmann 2010 a.

(siehe oben Kapitel 2.1.1) und in Frankreich zudem die politische und soziale Schlüsselposition des öffentlichen Dienstes insgesamt wider, der im Verlauf des 20. Jahrhunderts zu einem der mächtigsten der Welt avancierte (Alam 1998). Das Vereinigte Königreich (15 %), Italien (14 %), Griechenland (14 %) und Spanien (13 %) nehmen eine mittlere Position ein (vgl. OECD: 2009).

Neben dem quantitativen Kriterium der Personalstärke wird in der vergleichenden Verwaltungswissenschaft als qualitative Unterscheidungsdimension öffentlicher Personalsysteme deren „Offenheit" oder „Geschlossenheit" genutzt (vgl. Auer et al. 1996; Alam 1998), die in engem Zusammenhang mit der oben erwähnten Staats- und Verwaltungstradition eines Landes steht. Offene Personalsysteme oder *position-based systems* sind durch eine eher positionsbezogene Rekrutierung, offenere Zugangswege zum öffentlichen Dienst und stärkere Durchlässigkeit zwischen öffentlichem und privatem Beschäftigungssektor gekennzeichnet. Für geschlossene Personalsysteme oder *career-based systems* sind eine laufbahnbezogene Rekrutierung, das Lebenszeit- und Senioritätsprinzip sowie die Trennung und geringe Durchlässigkeit von öffentlicher und privater Beschäftigungssphäre typisch. Wenngleich sich infolge von Reformen (siehe dazu Kapitel 4.5) die beiden Modelle in der Realität mehr und mehr vermischt haben, so kann doch ein tendenzielle Einordnung der europäischen öffentlichen Dienst-Systeme vorgenommen werden, wobei auf die Situation 2007/08 Bezug genommen wird (Abbildung 8; vgl. Demmke et al. 2007: 12 ff.).

Abbildung 8: Laufbahn- und Positionssysteme in Europa

Personalsystem*	Länderbeispiele
Career-based system	A, B, BG, D, F, GR, H, LT, P, PL, RO
Position-based system	CZ, DK, E, EST, FIN, I, NL, SLO, S, UK
Nicht zuordenbar	N

* Ländereinordnung danach, ob die Merkmale eines Laufbahnsystem oder eines Positionssystem überwiegen (siehe nähere Erläuterung bei Demmke et al. 2007: 13 f.).
Länderkürzel siehe Fußnote 7; ferner LT = Litauen; RO = Rumänien; EST = Estland; SLO = Slowenien

Quelle: in Anlehnung an Demmke et al. 2007: 13

Traditionell zeichnet sich der klassisch-kontinentaleuropäische öffentliche Dienst (Deutschland, Österreich, Frankreich, Spanien, Belgien) durch ein geschlossenes *career-based* Personalsystem aus, welches durch die Trennung von öffentlichem Dienstrecht und allgemeinem Arbeitsrecht, ein senioritätsbasiertes Karrieresystem, geringe Durchlässigkeit für Seiteneinsteiger und einen geschlossenen Rekrutierungsmodus charakterisiert ist. Dagegen gibt es im angelsächsischen *civil-service*-Typus keine explizite Unterscheidung der Arbeitsverhältnisse von privatem Sektor einerseits und öffentlichem Sektor andererseits. Die Beschäftigungsverhältnisse der öffentlichen Bediensteten werden nicht durch ein spezifisches (vom privaten Arbeitsrecht getrenntes) Dienstrecht oder Statut geregelt, sondern vertraglich begründet (*contract-based*; Ridley 2000). Sie unterliegen grundsätzlich der Tarifautonomie und beinhalten keine strikte Laufbahnkarriere, sondern werden positionsbezogen begründet. Zudem sind private und öffentliche Beschäftigungssphären durchlässiger, Aufstiegs- und Bezahlungssysteme stärker leistungsorientiert und die Rekrutierungswege offener für Quereinsteiger, was allerdings die Ausbildung einer prestigereichen Verwaltungselite im *civil service* nicht ausschließt.

Länderunterschiede bestehen ferner im Hinblick auf den Beamtenstatus. Dieser wird in Kontinentaleuropa typischerweise durch öffentliches Dienstrecht und einseitige Ernennung/öffentlich-rechtlichen Hoheitsakt in der Regel auf Lebenszeit begründet. Hiervon ist die britische Definition des Beamten als *Civil Servant* zu unterscheiden, der als Bediensteter der Krone in ziviler Stellung ausschließlich und unmittelbar aus Mitteln bezahlt wird, die das Parlament bewilligt. Dies trifft im Vereinigten Königreich allerdings nur auf 450.000 *Crown Servants* zu, während alle anderen öffentlichen Beschäftigten Vertragsbedienstete sind (Demmke 2011: 321). Hierin zeigt sich, dass die Beamtenanteile in den europäischen Ländern stark variieren. In einigen Ländern dominiert der Beamtenstatus und gilt als Regelbeschäftigungsverhältnis im öffentlichen Dienst (Frankreich, Griechenland, Belgien). Andere Länder haben dagegen Mischsysteme, die den Beamtenstatus nur für einen Teil des öffentlichen Personals vorsehen und in denen es somit eine „Zweispurigkeit" von öffentlichem Dienst- und vertraglichem Angestelltenverhältnis gibt (Deutschland, Österreich, Dänemark, Spanien, Ungarn; Demmke 2011: 323). Einer dritten Gruppe können solche öffentlichen Dienst-Systeme zugeordnet werden, in denen der Regelbeschäftigungsstatus auf Vertrag basiert und Beamte kaum (noch) vorhanden sind (Schweden, Vereinigtes Königreich, Polen, neuerdings Italien; siehe Abbildung 9). Allerdings ist darauf hinzuweisen, dass sich die Beamtenanteile in den einzelnen Ländern teilweise erheblich nach Ebenen und Sektoren unterscheiden.

formale Politisierung

Als letztes Unterscheidungskriterium, welches sich auf die personelle Komponente von Verwaltungssystemen bezieht, ist die „formale Politisierung" zu nennen, mit der die (partei-)politisch kontrollierte Besetzung von administrativen Schlüsselpositionen bis hin zum Phänomen der „Ämterpatronage" angesprochen ist. Hinsichtlich dieses Kriteriums wäre als der eine Extrempol das Vereinigte Königreich mit seinem traditionell „unpolitischen" *civil service* anzuführen (siehe weiter unten). Auch das schwedische Verwaltungssystem gilt als traditionell wenig formal politisiert, was sich unter anderem aus dem hohen Stellenwert fachlicher Expertise sowohl im Ministerialbereich als auch in den quasi-autonomen Agenturen erklärt (Peters/Pierre 2004: 42 ff.; Kopecký/Mair 2012: 9). Als der andere Extrempol können die USA mit ihrem oft kritisierten *spoil system* genannt werden, das durch den Austausch zahlreicher Ministerialbeamter nach Regierungswechseln gekennzeichnet ist. Auch für die südeuropäischen *civil-service*-Systeme sind eine ausgeprägte parteipolitische Rekrutierungs- und Beförderungspraxis in der Ministerialverwaltung, Ämterpatronage und Klientelismus zwischen politischen Parteien und Verwaltung charakteristisch (Italien, Griechenland, Spanien; vgl. Kickert 2011). Massive Ämterpatronage wurde ferner für Frankreich und Belgien festgestellt (Müller 2001), was unter anderem historisch auf den patrimonial absolutistischen Entwicklungspfad der Staatsbildung in den napoleonisch geprägten Ländern zurückgeführt worden ist (Manow 2002: 39 f.; Schnapp 2006: 341). Für Deutschland gilt im Vergleich dazu eine mittlere,

Theorien und Analyseansätze

tendenziell aber zunehmende formale Politisierung der Ministerialbürokratie (vgl. Schnapp 2006; Schwanke/Ebinger 2006), die inzwischen sogar höher als in Ungarn eingeschätzt wird (Kopecký/Mair 2012: 9).

Abbildung 9: Beamtenanteile in den europäischen öffentlichen Diensten im Vergleich

Mitgliedsstaat	Anteil an Beamten	Vertragsbedienstete
Tschechien	0% auf Staatsebene, 38% auf Regional- und Landesebene	
Schweden	1%	99%
Lettland	6%	94%
Polen	6%	94%
Vereinigtes Königreich	10%	90%
Irland	13%	87%
Italien	15%	85%
Ungarn	25%	75%
Zypern	28%	72%
Slowenien	34%	66%
Deutschland	37%	59% (4% Soldaten)
Spanien	59%	27% (14% andere Beschäft.)
Finnland	59%	27% (14% andere Beschäft.)
Österreich	61% (Föderale Ebene)	36%
Litauen	67%	28% (5% andere Beschäft.)
Malta	67%	33%
Frankreich	73%	15% (12% andere Beschäft.)
Griechenland	74%	26%
Belgien	75% (Föderale Ebene)	25%
Luxemburg	77%	23%
Slowakei	85%	10% (5% andere Beschäftigte)
Estland	90%	7% (3% andere Beschäftigte)
Niederlande	100%	Einige Vertragsbeschäftigte
Portugal	15%	85%
Rumänien	7% (zwei Beamtengruppen)	93%

Quelle: in Anlehnung an Demmke 2011: 323 (m. w. N.)

Macht, Einfluss und funktionale Politisierung der Verwaltung

Die Frage nach dem Einfluss von Bürokratien auf politische Entscheidungsprozesse gehört zu den klassischen Fragen der vergleichenden Verwaltungswissenschaft und kann bereits auf *Webers* Ansatz der Bürokratietheorie zurückgeführt werden, wobei der Fokus wiederum auf der Ministerialbürokratie, also einem Verwaltungstypus liegt, der sich nahe an politischen Entscheidungsprozessen befindet und eher wenig mit direkten Vollzugs- und Implementations- oder Dienstleistungsfunktionen betraut ist (beispielhaft hier die Studie von Page 1992). Im Mittelpunkt steht die Frage nach den politischen Einfluss- und Gestaltungsmöglichkeiten von leitenden Ministerialbeamten in verschiedenen Ländern und in ländervergleichender Perspektive (vgl. Peters 2009). Diese Variante der Politisierung von Verwaltung, in der es um die politisch responsiven, vorausschauenden, Politikrationalitäten antizipierenden und auf Politikprozesse

bürokratische Macht

Einfluss nehmenden Handlungsweisen von Ministerialbürokraten geht, wird in der vergleichenden Verwaltungsforschung auch als „funktionale Politisierung" bezeichnet (vgl. Mayntz/Derlien 1989; im Unterschied zur „formalen Politisierung"; siehe oben). Ein bevorzugter empirischer Zugang zum „Konstrukt" der funktionalen Politisierung ist dabei die Befragung von Spitzenbürokraten zu ihrem Rollenverständnis, insbesondere zu ihrer Einstellung hinsichtlich der politischen Aspekte ihrer Arbeit (vgl. Aberbach et al. 1981; Mayntz/Derlien 1989; Derlien 1994; Schwanke/Ebinger 2006). Dabei hat sich die idealtypische Unterscheidung von „klassischem Bürokraten" einerseits, für den ein lediglich ausführendes, technisches, unpolitisches Rollenverständnis charakteristisch ist, und „Policy Maker" andererseits, der auf Politikgestaltungsprozesse Einfluss nimmt und die politischen Aspekte seiner Tätigkeit eher positiv bewertet, eingeprägt (mit weiteren Sub-Typen siehe Aberbach et al. 1981). In der vergleichenden Forschung wird den Spitzenbürokraten der Länder Deutschland, Österreich, Frankreich, Schweden, Vereinigtes Königreich und bei den MOE-Ländern auch Ungarn ein hoher *Policy Making*-Einfluss zugeschrieben (vgl. Page/Wright 1999; Meyer-Sahling/Veen 2012: 8). Dagegen haben die Ministerialbeamten in Italien, Griechenland und Belgien eher einen geringen Einfluss auf *Policy Making*-Prozesse.

<small>klassischer Bürokrat vs. Policy Maker</small>

Neben diesem Bereich der vergleichenden Verwaltungsforschung, der Schnittmengen mit der politischen Kulturforschung aufweist, gibt es inzwischen auch Ansätze, das Einflusspotenzial von Ministerialbürokratien auf *Policy Making*-Prozesse anhand konkreter organisationsstruktureller Arrangements zu ermitteln, womit eher eine (neo-)institutionalistische Perspektive aufgegriffen wird. Als einschlägig ist hier die Arbeit von Schnapp (2004) zu erwähnen, in der ministeriale Organisationsstrukturen und Entscheidungsinstitutionen in 21 Industrieländern untersucht wurden. Dabei steht die Frage im Mittelpunkt, inwieweit organisationsstrukturelle Arrangements von Ministerialbürokratien die Chancen der Verwaltungsakteure bestimmen, auf *Policy Making*-Prozesse Einfluss zu nehmen. „Bürokratische Macht" wird aus der formal-organisatorischen Struktur von Verwaltungssystemen erklärt, womit Handlungs*chancen* und Einfluss*potenziale*, d. h. eher *möglicher* als *tatsächlicher* Einfluss, gemessen werden. Die Studie kommt zu dem Ergebnis, dass die Aktionsspielräume von Bürokratien nicht nur von den formalen Verwaltungsstrukturen bestimmt sind, sondern jeweils in Abhängigkeit von der Anzahl und der konkreten Präferenzkonstellation politischer Vetoakteure variieren (Schnapp 2004: 311 ff.).

<small>Einflusspotenziale der Bürokratie</small>

Abbildung 10 fasst die verschiedenen Analysemerkmale zum Vergleich öffentlicher Personalsysteme (*Civil Service Systems*) noch einmal vereinfachend zusammen.

Abbildung 10: Vergleich öffentlicher Personalsysteme – Comparative Civil Service Systems

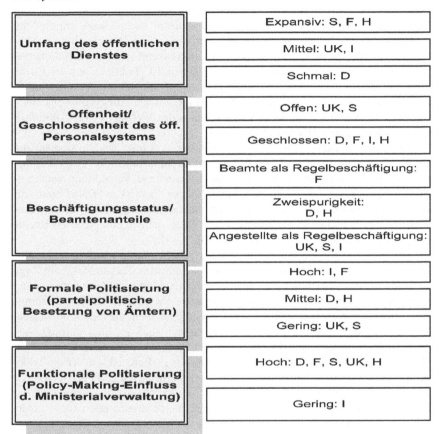

Quelle: eigene Darstellung

2.1.5 Europäisierung der Verwaltung

Die Veränderung nationaler Verwaltungssysteme im Zuge der EU-Integration ist in den vergangenen Jahren zu einem bevorzugten Gegenstand der komparativen Verwaltungswissenschaft avanciert. Wenngleich der analytische Mehrwert und die empirisch-methodische Handhabung des Konzepts der „Europäisierung" nach wie vor umstritten sind (Goetz 2006: 472), nehmen die administrativen Veränderungen, die sich in den nationalen Kontexten mit dem EU-Integrationsprozess verbinden, inzwischen einen wichtigen Platz in der vergleichenden Forschung ein (Sommermann 2002). In einem Teil der vorliegenden Arbeiten wird Verwaltung dabei eher als abhängige Variable gefasst, während ein anderer Teil der Studien sie als unabhängige Variable konzipiert (Goetz 2006: 472).

<small>Europäisierung und Komparatistik</small>

Die erstgenannte Gruppe von Studien befasst sich mit der Frage, welche Veränderungen der EU-Integrationsprozess in den nationalen Verwaltungssystemen auslöst und wie diese auf den supranationalen Impuls reagieren. Zum einen geht es darum zu ermitteln, wie die Einbindung in europäische Institutionen die Handlungsmöglichkeiten, Interaktionsstrukturen und Organisationsarrangements nationaler Ministerialbürokratien beeinflusst und welche institutionellen Arrangements für die nationale Koordinierung von EU-Politiken auf der Ebene der mitgliedsstaatlichen Ministerialbürokratien eingerichtet werden (Kassim et al. 2000 m. w. N.). Zum anderen wird der Blick auf die Anpassungsleistungen nationaler Verwaltungen an die Notwendigkeiten des Vollzugs von EU-Politiken gerichtet (Knill 2001; Héritier et al. 2001).

Verwaltung als abhängige Variable

Die zweite Gruppe von Studien beschäftigt sich mit dem Zusammenhang von Verwaltungsstruktur und Verwaltungsperformanz unter der Fragestellung, wie sich die EU-Integration und die dadurch veränderte Verwaltungslandschaft auf die Performanz der nationalen Verwaltungen auswirken. Dabei wird für ausgewählte Politikfelder der Einfluss von verwaltungsorganisatorischen Gegebenheiten auf nationale Umsetzungs- und Vollzugsdefizite europäischen Rechts vergleichend untersucht (Falkner et al. 2005).

Verwaltung als unabhängige Variable

Nimmt man den EU-bedingten Wandel von Verwaltung auf zentralstaatlicher Ebene in den Blick, so kommt es einer prominenten These zufolge im Zuge der EU-Integration zunehmend zur Stärkung der Exekutiven und zur Schwächung der Parlamente innerhalb der nationalen Systeme (Moravcsik 1994). Allerdings gibt es inzwischen auch eine Reihe von Gegenargumenten, die darauf hinweisen, dass die Entparlamentarisierung weder zwingend noch in allen europäischen Ländern gleichermaßen auftritt. Vielmehr reagieren die nationalen Legislativen sehr unterschiedlich auf den Integrationsimpuls (vgl. Benz 2004 a; Kropp 2006: 283 ff.) und auch die Rollenverständnisse von Abgeordneten und Fachverwaltern stellen sich in verschiedenen europäisierten Politikbereichen unterschiedlich dar (Kropp/Ruschke 2010: 669 ff.). Des Weiteren wurde argumentiert, dass innerhalb der nationalen Exekutiven am stärksten die Ministerialverwaltung von der EU-Integration profitiert, so dass sich Europäisierung in erster Linie als Bürokratisierung darstellt (Goetz 2003). Die Ministerialbürokraten werden zunehmend zu Mehrebenenspielern (was auf die Regierung nicht in gleichem Maße zutrifft) und sie „gebrauchen" Europa (*usage of Europe*) zur Durchsetzung ihrer eigenen sektoral-administrativen Interessen, worin sie durch den bürokratischen Charakter des EU-Entscheidungssystems noch bestärkt werden.

Europäisierung als Bürokratisierung

Ferner haben vergleichende Studien gezeigt, dass die EU-Integration die Herausbildung von privilegierten Kernexekutiven (*core executive*) innerhalb der nationalen Systeme befördert, die über Ressortgrenzen hinweg die EU-bezogene Koordination des ministeriellen Regierens und Verwaltens übernehmen (Dimitrov et al. 2006). Der EU-Integration ist somit eine institutionell konzentrierende Wirkung im binnenstaatlichen Gefüge zuzuschreiben, da im Zuge der europabezogenen Diffusionsprozesse (zunehmende Europa-Betroffenheit von ehemals vornehmlich national geprägten Ministerien) zugleich die Regierungszentralen – oft gemeinsam mit den Finanzministerien (vgl. Maurer 2003) – zu wichtigen Koordinations- und Bündelungsinstanzen europäischer Politik werden. Allerdings wurden erhebliche Unterschiede zwischen den Mitgliedsstaaten fest-

Kernexekutiven

gestellt und muss einschränkend darauf verwiesen werden, dass es „unterhalb" der „Kernexekutiven" fest institutionalisierte sektorale Fachbruderschaften im nationalen und supranationalen Kontext gibt, die durch die Arbeitskontakte zwischen EU-Kommission und den jeweiligen Ministerien noch bekräftigt werden (siehe für Norwegen und Schweden Larsson/Trondal 2005).

Hinsichtlich der intergouvernementalen Beziehungen wurde vor allem die These eines von Brüssel ausgehenden Zentralisierungsschubs im Verhältnis von Zentralstaat und subnationalen Akteuren vertreten, was mit Blick auf die europäischen Föderalstaaten und die dezentralisierten Einheitsstaaten mit fest verwurzelter kommunaler Selbstverwaltung (Schweden, Dänemark, Norwegen, Finnland) besondere Probleme aufwirft (vgl. John 2001: 61 ff.). Es wurde zum einen argumentiert, dass die Umsetzung der Vorgaben zur EU-Regionalpolitik tendenziell zur Konzentration von Entscheidungskompetenzen auf den ministerialen Verwaltungsapparat geführt habe und eine Beteiligung der für die Implementation von EU-Politiken zuständigen dezentralen Akteure an EU-Prozessen nur marginal stattfinde (Hughes et al. 2004). Zum anderen wurde darauf verwiesen, dass im Zuge der EU-Binnenmarktliberalisierung traditionell geschützte lokale Märkte und kommunale Anbietermonopole, etwa im Bereich von Infrastrukturleistungen, *public utilities* etc., aufgebrochen wurden, so dass die zuvor breiten Aufgabenbestände der Kommunen teilweise erheblich beschnitten wurden (Grunow 2006). Die Mittelverteilung im Rahmen der Kohäsions- und Regionalpolitik wirkt diesem Ent-Kommunalisierungs- und Zentralisierungstrend nur bedingt entgegen. Und auch der dezentral-transnationale Austausch, der die konkrete Ausgestaltung der sich neu etablierenden Formen regionaler und quasi-föderaler (Selbst-)Verwaltung in Europa mit beeinflusst, erscheint eher als ein moderates Gegengewicht zu den EU-bedingten Konzentrations- und Zentralisierungstendenzen. Inwieweit mit dem (am 1. Dezember 2009 in Kraft getretenen) Vertrag von Lissabon, in welchem die kommunale Selbstverwaltung in den EU-Ländern erstmals europarechtlich anerkannt worden ist[16], die Stellung und Funktion der Kommunen im Mehrebenensystem der EU gesichert oder gar gestärkt werden wird[17], bleibt abzuwarten.

Marginalien: Entmachtung subnationaler Verwaltung; Vertrag von Lissabon

2.2 Verwaltungspolitik und Verwaltungsreform

2.2.1 Verwaltungspolitik als Policy

Verwaltungsreformen resultieren in der Regel aus zielgerichteten institutionenpolitischen Interventionen[18]. Damit können sie als eine spezifische Variante von Policies aufgefasst werden, nämlich als institutionelle Politiken (*institutional policies*), die einerseits dem analytischen Instrumentarium der Policy-Forschung

---

16 Vgl. Art. 5, Abs. 2; „The Union shall respect the equality of Member States before the Treaties as well as their national identities, inherent in their fundamental structures, political and constitutional, inclusive of regional and local self-government".
17 Vgl. hierzu die emphatische gemeinsame Erklärung der deutschen und französischen kommunalen Spitzenverbände vom Mai 2008, http://www.rgre.de/fileadmin/redaktion/pdf/resolutionen/erkl_daseinsvorsorge_en.pdf.
18 Dies schließt nicht aus, dass ihre Ergebnisse und Wirkungen auch auf nicht-intendierten Effekten der eingeleiteten Reformen oder „emergenten" Entwicklungen beruhen.

zugänglich sind, sich aber andererseits von „normalen" substanziellen Politiken in wichtigen Punkten unterscheiden. Sie reihen sich zunächst grundsätzlich in den Kanon „normaler" Policies insoweit ein, als sie, wie jeder Politikbereich, aus politischen Intentionen und Steuerungsabsichten, Subjekten und Objekten der Intervention, Maßnahmen und Aktivitäten sowie bestimmten Ergebnissen und Wirkungen bestehen (Jann 2001: 329). Verstanden in einem eher engeren Sinne als intentionale Gestaltung der Strukturen und Verhaltensweisen innerhalb des politisch-administrativen Systems, bezieht sich institutionelle Politik auf bewusste und nachvollziehbare Einrichtungs- und Veränderungsentscheidungen, die am Ende von politischen Prozessen getroffen werden (Benz 2004 b: 19). So verstanden, ist Verwaltungspolitik als der Versuch politisch-administrativer Akteure anzusehen, die institutionelle Ordnung, innerhalb derer sie Entscheidungen treffen und vollziehen (*polity*), zu verändern. Sie kann daher auch als *polity-policy* bezeichnet werden (Wollmann 2000 a: 199 f.; Ritz 2003: 180). Fasst man Verwaltungspolitik als Policy, so lässt sie sich auf den gesamten Politikzyklus beziehen und es wird möglich, die verschiedenen Phasen von der Politikinitiierung über die Programmformulierung und -durchführung bis hin zur Wirkungsmessung und Politikterminierung oder -reformulierung zu untersuchen. Dabei stellt die nur „lose Koppelung" von Reformrhetorik *(talk)*, Handlungsprogrammen *(decision)* und tatsächlichen Veränderungen *(action)* eine durchaus funktionale und rationale Strategie in organisatorischen Reformprozessen dar (vgl. Jann 2006; Brunsson 1989).

Verwaltungsreformen können verschiedene Ausprägungen und Zielrichtungen aufweisen, je nachdem, ob sie sich auf Veränderungen zwischen verschiedenen Organisationseinheiten/-ebenen, im Sinne von „externer Institutionenpolitik", auf Binnenmodernisierung der Verwaltung („interne Institutionenpolitik") oder auf Fragen der Bürgermitwirkung am Verwaltungsgeschehen („partizipative Reformen") beziehen. Dem entsprechend variieren auch ihre jeweiligen Akteurskonstellationen, Politikarenen und Reformeffekte erheblich. In Kapitel 4 soll auf diese unterschiedlichen Typen, Formen und Zielrichtungen von Verwaltungsreformen am Beispiel ausgewählter europäischer Länder ausführlicher eingegangen werden.

2.2.2 Typen von Verwaltungsreformen

Fasst man Verwaltungsreformen als Institutionenpolitik auf, so kann zwischen externen oder außenorientierten und internen oder binnenorientierten Verwaltungsreformen unterschieden werden. Je nachdem, welche Elemente der institutionellen Ordnung auf die Reformagenda kommen und welche Regelungsbereiche der Institution von der beabsichtigten Veränderung betroffen sind, lässt sich die Einordnung vornehmen. Verwaltungsreformen, die sich auf die Außenbeziehungen richten (*externe Institutionenpolitik*), zielen auf Veränderungen funktionaler und/oder territorialer Kompetenzgrenzen, Regeln der Mitgliedschaft und Beziehungen zwischen Organisationen unterschiedlicher Ebenen oder Sektoren, so dass in die institutionenpolitischen Prozesse immer auch externe Akteure involviert sind. Sie laufen darauf hinaus, die „Gestalt" der Institutionenordnung insgesamt zu verändern (Benz 2004 b: 20) und die institutionellen Grenzen neu zu bestimmen. *Interne Verwaltungsreformen* befassen sich dagegen mit Veränderungen der Verteilung von Aufgaben und Ressourcen innerhalb von Verwaltungsorganisationen und zwischen internen Verwaltungseinheiten sowie der Neugestaltung von Entscheidungs- und Kooperationsregeln[19]. Werden die Außenbeziehungen der Verwaltung verändert, so ist mit größeren Blockaden und Widerständen zu rechnen, als im Falle solcher Reformmaßnahmen, die ausschließlich die Binnenbeziehungen der Verwaltung betreffen (Benz 2004 b: 23 ff.). Im Bereich der *externen Verwaltungsreformen* können drei Varianten differenziert werden:

(1) Erstens sind institutionelle Veränderungen im gouvernementalen Mehrebenensystem (*vertikale intergouvernementale Verwaltungsreformen*) zu nennen, zu denen Reformansätze in Richtung De-/Re-Zentralisierung, Funktionalreform, Regionalisierung, Devolution bis hin zur „Quasi-Föderalisierung" zählen. Hier geht es um den Wandel des Aufgabenprofils und der Handlungskompetenzen im intergouvernementalen Verhältnis von Staat und regionalen/ lokalen Gebietskörperschaften. Hintergrund der hier vor allem interessierenden administrativen und funktionalen Veränderungen im Mehrebenensystem können dabei grundlegende Verfassungs- und Politikreformen sein, wie etwa im Falle der Quasi-Föderalisierung (Bsp. Italien) und der Devolutionspolitik (Bsp. Vereinigtes Königreich).

Verwaltungsreform im Mehrebenensystem

(2) Zweitens sind Reformen zu betrachten, die sich auf die territoriale Neugliederung oder „territoriale Konsolidierung" im subnationalen Raum und damit zusammenhängend auf die Neubestimmung von Koordinations- und Kooperationsregeln zwischen verschiedenen Gebietskörperschaften einer Ebene beziehen (*horizontale intergouvernementale Verwaltungsreformen/territorial consolidation*). Damit sind verschiedene Institutionalisierungsvarianten zwischen Verwaltungskooperation und Gebietsfusion angesprochen.

Territorialreformen

(3) Drittens ist auf Reformen einzugehen, die das Verhältnis zwischen Sektoren, insbesondere öffentlichem, privatem und gemeinnützigem Sektor, betreffen (*intersektorale Verwaltungsreformen*) und die Privatisierungen, Auslagerungen, Public Private-Partnerships sowie Gegenentwicklungen in Richtung Re-Verstaatlichung/Re-Kommunalisierung umfassen. Teils werden diese Reformen auch als „horizontale Dezentralisierung" bezeichnet (vgl. Bennett 1989).

Privatisierung und Re-Kommunalisierung

Interne Verwaltungsreformen spielen sich innerhalb einer Verwaltungsinstitution ab und betreffen im Wesentlichen die drei Veränderungsbereiche Organisationsstrukturen, Verfahren/Steuerungsinstrumente und Personal. Besondere Bedeutung kommt in allen drei Bereichen seit den 1980er Jahren dem internationalen Reformleitbild des New Public Management zu, dessen Umsetzung daher im Folgenden auch besonders betrachtet werden soll. Allerdings sei sogleich darauf hingewiesen, dass die Binnenmodernisierung der Verwaltung auch über eher „tra-

Binnenorganisation, Steuerung, Personal

---

[19] „Interne Institutionenpolitik" ist nicht mit Mikropolitik (siehe Bogumil/Schmid 2001: 103 ff.; Benz 2004 b: 20 ff.) gleichzusetzen, wenngleich es vielfältige Überschneidungen gibt. Mit Mikropolitik sind die organisationsinternen, strategischen Konflikt- und Konsensbildungsprozesse angesprochen (so bei Bogumil/Schmid 2001) bzw. ist „emergente" Organisationsentwicklung gemeint (so bei Benz 2004 b). Der hier eingeführte Begriff der „internen Institutionenpolitik" bezieht sich dagegen auf intendierte binnenorientierte institutionelle Reformmaßnahmen in Organisationen (in Abgrenzung zu außenorientierten Institutionenreformen), die mikropolitische Prozesse und emergente Organisationsentwicklung einschließen, sich aber nicht auf diese reduzieren lassen.

ditionelle" Maßnahmen erfolgte, die auf vergangene (vor-NPM-)Reformdiskurse zurückgehen (zu dieser Unterscheidung vgl. Jaedicke et al. 2000; Bogumil et al. 2007; Kuhlmann 2009 a: 199 ff.). Vereinfacht lässt sich somit die Typologie von Verwaltungsreformen wie folgt zusammenfassen (Abbildung 11):

Abbildung 11: Typologie von Verwaltungsreformen

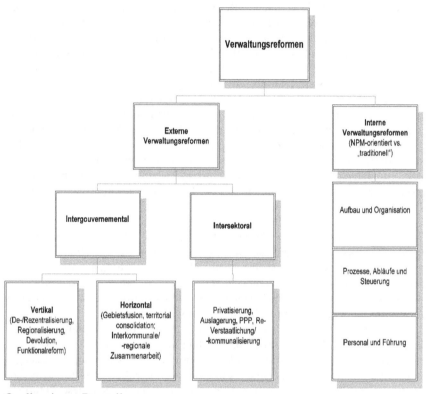

Quelle: eigene Darstellung

Seit dem Aufkommen der New Public Management (NPM)-Bewegung in den 1980er Jahren beschäftigte sich eine Vielzahl von vergleichenden Arbeiten mit der NPM-Konzeptdiffusion, der Umsetzung und teils auch mit den Wirkungen dieser Verwaltungsreformen (siehe unter anderem Naschold 1995; Olsen/Peters 1996; Flynn/Strehl 1996; Kickert 1997; Lane 1997; Peters/Savoie 1998; Naschold et al. 1999; Pollitt/Bouckaert 2004; Wollmann/Schröter 2000; Naschold/ Bogumil 2000; Christensen/Laegreid 2001 a, 2010; Wollmann 2003 b, 2003 c). In Abkehr vom Konzept des expansiven Wohlfahrtsstaates und der „klassisch-bürokratischen" Verwaltung war die NPM-Reformbewegung, als deren Vorreiter und internationale Vorbilder in erster Linie die angelsächsischen Staaten (Vereinigtes Königreich, Neuseeland) anzusehen sind, auf zwei wesentliche Ziele gerichtet. Zum einen ging es darum, den Aktionsradius des Staates neu zu bestimmen (einzuschränken), Marktmechanismen zu stärken, Wettbewerb zu

internationaler NPM-Trend

fördern und die Position des Bürgers als Kunden zu kräftigen. Diese Stoßrichtung lässt sich analytisch als die ordnungspolitische Makrodimension des NPM fassen (Schröter 2011: 79). Zum anderen sollten die Binnenstrukturen, Organisationsprinzipien und Personalprofile der öffentlichen Verwaltung nach dem mikroökonomisch inspirierten Leitbild eines *managerial state* umgebaut werden, vor allem indem ökonomische Anreizmechanismen installiert, betriebswirtschaftliches Know-how implementiert, hierarchische Strukturen aufgebrochen und eine klare Funktions- und Rollentrennung von Politik und Verwaltung vorgenommen wird. Dieses Maßnahmenbündel kann als binnenstrukturelle Mikrodimension des NPM bezeichnet werden (ebd.). Zusammengefasst ergibt sich damit folgendes Leitbild der NPM-Modernisierung:

Abbildung 12: Das New Public Management als Reformleitbild

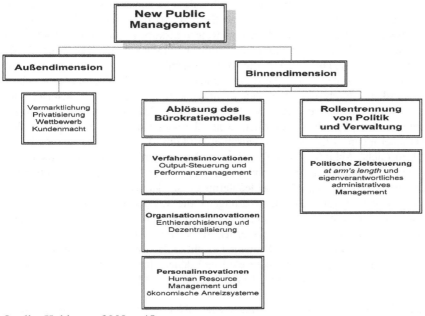

Quelle: Kuhlmann 2009 a: 45

Wurde die NPM-Reformbewegung aufgrund der frappierenden Diskursvorherrschaft im internationalen Kontext als ein Prozess allumfassender Konvergenz von Verwaltungssystemen interpretiert, der einer Phasenfolge vom Wohlfahrtsstaat über den neoliberalen und manageriellen Staat bis hin zum „gewährleistenden" und „aktivierenden" Staat folgt (OECD 1995; Holmes/Shand 1995), setzte die empirische Verwaltungsforschung den eher normativ begründeten Konvergenzthesen differenziertere Befunde entgegen (siehe dazu Kapitel 4.4 und 4.5).

2.2.3 Wirkungen von Verwaltungspolitik

Wenn der verwaltungspolitische Reformdiskurs (*talk*), das Reformprogramm (*decision*) und das tatsächliche Handeln der Akteure (*action*) nur lose gekoppelt sind oder gar deutlich auseinanderfallen, so drängt sich die Frage nach der Umsetzung und nach den konkreten Wirkungen (*effects*) von Verwaltungsreformen umso mehr auf. Die praktische Verwaltungspolitik, ebenso wie die politikwissenschaftliche Evaluationsforschung, haben allerdings dieser Wirkungsfrage bisher (zu) wenig Aufmerksamkeit geschenkt, was mit den Konzipierungs- und Methodenproblemen, aber auch mit Fragen politischer Rationalität und (Nicht-)Erwünschtheit solcher Wirkungsuntersuchungen zusammenhängt. Zum einen sind verwaltungspolitische Reformprogramme mit spezifischen Steuerungsproblemen verbunden, wie unter anderem die häufige Einheit von Subjekt und Objekt der Intervention, die Tatsache, dass es zunächst um Veränderungen innerhalb des politisch-administrativen Systems als Interventionsziel geht sowie die Bedeutsamkeit von Leitideen und Reformdiskursen, die oftmals (politisch) wichtiger sind als die tatsächliche Maßnahmenumsetzung (vgl. Jann 2001: 330 ff.; Benz 2004 b: 22). Für die Wirkungsanalyse von Verwaltungsreformen hat dies zur Folge, dass diese, im Unterschied zur Evaluation von Sektoralpolitiken, durch eine komplexere analytische Architektur gekennzeichnet ist (Wollmann 2000 a: 199). So beziehen sich Wirkungsuntersuchungen im Bereich der Verwaltungsreformen weit überwiegend auf die institutionellen Veränderungen (z. B. neue Organisationsstrukturen), also den ersten Analyseschritt (siehe Abbildung 13). Deutlich weniger empirische Evidenz herrscht dagegen hinsichtlich der Performanzevaluation (zweiter Schritt), d. h. der konkreten Leistungsverbesserungen/-verschlechterungen in der Verwaltung (z. B. Verfahrensgeschwindigkeit, Kosteneinsparungen), die aus den Reformmaßnahmen resultieren. Am wenigsten entwickelt ist die Untersuchung von Outcome-Effekten der Verwaltungsreform (dritter Schritt), die sich auf Veränderungen im Umfeld des politisch-administrativen Systems bezieht (z. B. Unternehmensansiedlungen, Reduzierung von Arbeitslosigkeit etc.) und daher durch komplexe Variablenzusammenhänge gekennzeichnet ist (vgl. Kuhlmann 2009 b).

Abbildung 13: Drei Schritte zur Analyse der Wirkungen von Verwaltungspolitik

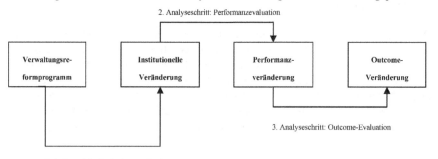

Quelle: in Anlehnung an Kuhlmann/Wollmann 2011: 481

Neben methodisch-konzeptionellen Fallstricken (siehe Wollmann 2000 a: 201 ff.; Kuhlmann et al. 2011) gibt es Beschränkungen, die sich aus den Makrostrukturen des politisch-administrativen Systems eines Landes ergeben können. So ist der Gegenstandsbereich einer Verwaltungsreformevaluation im deutschen föderalen System hochgradig vertikal und horizontal fragmentiert und außerordentlich vielgestaltig. In unitarischen Ländern spielt sowohl im Reformprozess als auch bei dessen Evaluation oft ein zentraler Akteur eine bestimmende Rolle (z. B. im Vereinigten Königreich die nationale *Audit Commission*). Dagegen erweist sich bei der Initiierung und Durchführung von verwaltungspolitischen Evaluationen in Deutschland die dezentral-fragmentierte Struktur als erschwerend, die das politisch-administrative System der Bundesrepublik insgesamt prägt (für Österreich siehe auch Pleschberger 2009). Dass bislang in der Bundesrepublik – ebenfalls im Unterschied zu anderen Ländern – ein allenfalls geringes Interesse der Parlamente und Rechnungshöfe an einer Evaluation der Verwaltungsmodernisierung zu konstatieren ist (vgl. Färber 2006: 116 f.), dürfte aber auch daraus resultieren, dass die Ergebnisse solcher Studien, zumal wenn kritische bis schlechte „Erfolgsbilanzen" in Aussicht stehen, den politischen Profilierungs- und Selbstdarstellungsabsichten der Akteure wenig entgegenkommen. Eine weitere Schwierigkeit besteht darin, dass die Initiatoren von Verwaltungsreformen in der Regel mehrere Ziele verfolgen (Pollitt/Bouckaert 2004: 6), die keineswegs frei von Widersprüchen sind (Wollmann/Bouckaert 2006; Boyne et al. 2003: 13 f.; Kuhlmann/Wollmann 2011). Die Ziele verwaltungspolitischer Interventionen sind häufig unklar formuliert und in vielen Bereichen sind Nachjustierungen in unterschiedliche Richtungen zu beobachten. Die Bewertung und Gewichtung einzelner Dimensionen fällt je nach Perspektive und Zugehörigkeit zu verschiedenen Stakeholder-Gruppen unterschiedlich aus (vgl. Connolly/Conlon/Deutsch 1980; Boyne et al. 2003: 14; Enticott 2004) und oft schließt sich die gleichzeitige Optimierung mehrerer Zieldimensionen, etwa Wirtschaftlichkeit und Bürgernähe, aus (sog. *trade-offs*).

<small>Fallstricke von Evaluationen</small>

Unternimmt man ungeachtet dieser Restriktionen dennoch den Versuch, Verwaltungsreformen auf ihre Ergebnisse und Performanzeffekte hin zu untersuchen, so ist es – wie bei Evaluationen generell – erforderlich, geeignete Bewertungskriterien und -indikatoren festzulegen. Anknüpfend an das aus „klassischen" Ansätzen der Policy-Analyse bekannte, von der Systemtheorie inspirierte Input-Output-Modell des politisch-administrativen Systems (vgl. Easton 1965: 112), das auch in der Institutionen- und Demokratieforschung (vgl. Scharpf 1999, 2006) aufgegriffen worden ist, können zwei grundlegende Wirkungsdimensionen von Verwaltungsreformen unterschieden werden: Effekte im Bereich der Input-Legitimität und Effekte im Bereich der Output-Legitimität. Während die Input-Legitimität die Dimension der Partizipation und Repräsentation der Bürger durch die ihnen offen stehenden Beteiligungsmöglichkeiten in demokratischen Prozessen beschreibt, umfasst die Output-Legitimität die Qualität, Wirksamkeit und Effizienz der Aufgabenerfüllung. Neben diesen Kriterien wird eine dritte, prozessorientierte Dimension gestellt, die sich konzeptionell an das Throughput-Argument (Zürn 1998, 2000) anlehnt. Hier geht es um die vertikale und horizontale Koordinationsleistung, die sich aus dem Zusammenwirken verschiedener *Stakeholder* des Entscheidungs- und Vollzugsprozesses ergibt. Hieraus lassen

<small>Wirkungsdimensionen</small>

sich drei Hauptdimensionen ableiten, die vergleichenden verwaltungspolitischen Wirkungsuntersuchungen zugrunde gelegt werden können (vgl. auch Pollitt/ Bouckaert 2011; Kuhlmann et al. 2011):
- Wirkungen im Bereich der „Output-Legitimität": Effektivität, Effizienz, Produktivität;
- Wirkungen im Bereich von Steuerung und Koordination: vertikale und horizontale Koordination, Verwaltungsver- und -entflechtung;
- Wirkungen im Bereich der „Input-Legitimität": demokratische Kontrolle, politische Verantwortlichkeit, Partizipation, Transparenz.

Diese drei Wirkungsfelder übergreifend, kann zusätzlich noch die Zu- oder Abnahme von Leistungsunterschieden und -disparitäten im interorganisatorischen/ -regionalen Vergleich als Wirkungsdimension aufgenommen werden, um zu ermitteln, inwieweit bestimmte Reformmaßnahmen (etwa Aufgabendezentralisierung) zu verstärkten Disparitäten zwischen verschiedenen Verwaltungseinheiten oder aber zur Harmonisierung/Unitarisierung führen. Etwas vereinfachend lässt sich das Bewertungsraster für Verwaltungsreformen somit wie folgt darstellen (vgl. Kuhlmann 2010 b; Reiter et al. 2010; Kuhlmann et al. 2011: 53 ff.):

Abbildung 14: Analysedimensionen und Indikatoren zur Wirkungsanalyse von Verwaltungsreformen

Performanzkriterium	Mögliche Dimensionen/Indikatoren
Wirkungen im Bereich der „Output-Legitimität"	
Ressourcen, Kosten, Outputs	Ressourcenaufwand (Personal, Zeit, Finanzen) Erzielte Einsparungen; „Produziertes" Leistungsvolumen Verhältnis Input-Output
Fach-/Rechtsqualität/ Zielerreichung	Einhaltung fachspezifischer Qualitäts-/Prüfstandards Legale Korrektheit; Rechtsstreitigkeiten Bürgernähe/Kundenfreundlichkeit/Servicequalität Wirksamkeit, Problemlösung, Zielgruppenbezug
Wirkungen im Bereich von Steuerung und Koordination	
Horizontale und vertikale Koordination	Ressortübergreifende Abstimmung; Interkommunale Zusammenarbeit Ebenenübergreifende Abstimmung; Reibungsverluste Kontrolle/Intervention „von oben" Folgebereitschaft/Subversion/Widerstand „von unten" Vertikale/horizontale Verflechtungen/Entflechtungstendenzen
Wirkungen im Bereich der „Input-Legitimität"	
Demokratische Kontrolle	Mitwirkung des Rates Bürgerbeteiligung; Nutzerdemokratie Transparenz nach außen
Interinstitutionelle-/regionale Varianz; Leistungs-/Wirkungsunterschiede	

Quelle: eigene Darstellung (in Anlehnung an Kuhlmann 2010 b: 118)

2.3 Neo-institutionalistische Erklärungsansätze der Verwaltungsreform

Zur Analyse und Erklärung von Verwaltungsreformen, -transformationen und auch Systempersistenz in nationaler wie auch international vergleichender Perspektive haben neo-institutionalistische Theorieansätze zunehmend Beachtung und Verbreitung gefunden. Daher wird ihnen auch im Rahmen dieses Lehrbuchs besondere Aufmerksamkeit zugewandt. Beispiele ihrer Nutzung finden sich etwa in der verwaltungswissenschaftlichen Transformationsforschung (siehe Lehmbruch 1993; Wollmann 1996 a; Eisen 1996 a, 1996 b; Kuhlmann 2003), in der Verwaltungsreformforschung, vor allem zum New Public Management (vgl. Wollmann 2002 a; Schröter 2001; Pollitt/Bouckaert 2004; Reichard 2001), in der (vergleichenden) Kommunalforschung (vgl. Wollmann 2008; Röber/Schröter 2004; Kuhlmann 2008, 2009 a; Holtkamp 2008. Baldersheim/Rose 2010 a: 5 ff.), in der *Civil Service*-Forschung (vgl. Raadschelders/Rutgers 1996; Peters 1996) sowie in der verwaltungswissenschaftlich orientierten Europäisierungsforschung (Goetz 2006; Knill 2001; Kassim et al. 2000). Die verschiedenen Ansätze des Neo-Institutionalismus bieten die Möglichkeit, Verwaltungssysteme und -reformen im Hinblick auf ihre Entstehungsfaktoren einerseits und ihre Wirkungsmechanismen andererseits zu analysieren und dabei *Institutionen* eine zentrale analytische Stellung als erklärenden Variablen einzuräumen. Allen neo-institutionalistischen Ansätzen ist die Überzeugung gemeinsam, dass Institutionen eine im Hinblick auf das Handeln der Akteure *structural suggestion* (Dowding 1995: 44) enthalten, die eine handlungsermöglichende und zugleich handlungsbeschränkende Wirkung im politischen Prozess entfaltet, ohne dabei das Verhalten der politisch-administrativen Akteure zu determinieren. Der Neue Institutionalismus in der Politik- und Verwaltungswissenschaft stellt also keine einfache Rezeption klassischer institutionentheoretischer Ansätze dar (vgl. Selznik 1957; Loewenstein 1969; Rokkan 1970), die bereits seit der antiken Staatsphilosophie im Zentrum politischer Theorien standen und sich vor allem auf die wesentlichen Verfassungsstrukturen (formale Ordnungsfunktion von Institutionen) beschränkten. Die neo-institutionalistische Perspektive bedeutet auch keine völlige Abkehr von behavioralistischen oder politik-soziologischen Konzepten der vergleichenden Politikwissenschaft. „Vielmehr wird man den Anspruch aller Varianten des Neuen Institutionalismus darin erblicken können, den zeitgenössischen sozialwissenschaftlichen Theorien eine institutionalistische Perspektive beizumischen – das Mischungsverhältnis allerdings ist unterschiedlich" (Kaiser 1999: 191).

Unumstritten ist heute die Tatsache, dass es *den* Neuen Institutionalismus in der Politikwissenschaft nicht gibt (Kaiser 1999: 196; Edeling 1999: 7): „The ‚new institutionalism' is not one thing but many" (Goodin 1996: 2). Theoriegeschichtlich liegt dies darin begründet, dass Institutionen als wichtige Bestimmungsfaktoren sozialen Handelns seit den späten 1970er Jahren in einer Reihe von sozialwissenschaftlichen Disziplinen – Wirtschaftswissenschaft, Soziologie, Politik- und Verwaltungswissenschaft, öffentliches Recht und andere – unabhängig voneinander „wiederentdeckt" wurden. Zugleich nahmen die Vertreter der einzelnen institutionentheoretischen Varianten – unbeschadet ähnlicher theoretischer Grundpositionen – nur unzureichend Notiz voneinander und kam

Marginalia: Neo-Institutionalismus; kein Institutionendeterminismus

Kommunikation zwischen den „Lagern" praktisch nicht zustande (vgl. Edeling 1999: 7).

Im vorliegenden Lehrbuch sollen drei Varianten neo-institutionalistischer Ansätze unterschieden werden (vgl. auch Hall/Taylor 1996; Kaiser 1999)[20]:
- die Variante des Rational Choice- oder akteurzentrierten Institutionalismus;
- die Variante des Soziologischen Institutionalismus;
- die Variante des Historischen Institutionalismus.

Diese drei neo-institutionalistischen Ansätze enthalten jeweils unterschiedliche Prämissen und Modelle, um institutionellen Wandel und die Wirkungsweise von Institutionen sowie das Handeln von Akteuren in institutionellen Kontexten zu erklären. Vereinfacht gesagt, schreibt der Rational Choice Institutionalismus Institutionen die Funktion exogener Handlungssteuerung in Bezug auf (begrenzt) rational handelnde, nutzenmaximierende Akteure zu. Der Soziologische Institutionalismus bezieht hingegen die kulturellen Prägungen, handlungsleitenden Orientierungen und kognitiv-mentalen Muster in seinen Institutionenbegriff ein. Er fragt nach dem neuralgischen Zusammenhang zwischen institutionellem Regelsystem und sozio-kultureller Verankerung der institutionalen Ordnung „in den Köpfen" und im Handeln der Akteure. Nach wie vor betonen ökonomisch orientierte Institutionenansätze stärker die Handlungsfreiheiten nutzenmaximierender (egoistischer) Akteure. Dagegen haben soziologisch akzentuierte Institutionenansätze eher die das Handeln der Akteure prägenden Strukturen und sozialen Ordnungsvorgaben als Beschränkungen der Handlungsfreiheiten im Blick. Damit beinhaltet der Neue Institutionalismus noch immer – wenn auch mit Abstrichen und Differenzierungen – jene Dualität von Ökonomie (homo oeconomicus) und Soziologie (homo sociologicus), auf die *Duesenberry* mit seiner schon anekdotisch zitierten Sentenz[21] anspielte (kritisch: Edeling 1999: 8). Der Historische Institutionalismus legt hingegen ein besonderes Augenmerk auf die längerfristig prägenden institutionellen Weichenstellungen, aber auch eingeübten Handlungspraktiken und handlungsleitenden kognitiv-mentalen Muster, die aufgrund ihrer Persistenz pfadabhängige Entwicklungsverläufe bewirken.

2.3.1 Rational Choice oder akteurzentrierter Institutionalismus

Im Rational Choice oder akteurzentrierten Institutionalismus (siehe grundlegend Mayntz/Scharpf 1995; Scharpf 2000; ferner Ostrom et al. 1994; Burns et al. 1985; Zürn 1992) werden Institutionen als Beschränkungen rationaler Wahlhandlungen in die handlungstheoretisch ausgerichtete Modellbildung einbezogen (Dowding/King 1995; Peters 1999: 43 ff.). Ausgangspunkt ist dabei die Überlegung, dass

---

20 *Peters* (1999) dagegen unterscheidet sechs Varianten neo-institutionalistischer Ansätze: den Normative Institutionalism, den Rational Choice Institutionalism, den Historical Institutionalism, den Empirical Institutionalism, den International Institutionalism, den Societal Institutionalism und den Sociological Institutionalism. *Goetz* beschränkt sich dagegen bei seiner Analyse von Europäisierungslogiken in der öffentlichen Verwaltung auf zwei – den „rationalen" und den historisch-soziologischen – Ansätze (Goetz 2006: 478 f.). Letztlich ist es eine Frage des Forschungsinteresses, auf welchen und auf wie viele Ansätze des Neuen Institutionalismus man sich bezieht.

21 „I used to tell my students that the difference between economics and sociology is very simple. Economics is all about how people make choices. Sociology is all about why they don't have any choices to make" (Duesenberry, zitiert nach Edeling 1999: 8).

zweckrational kalkulierende Individuen ohne institutionelle Rahmensetzung nicht kooperationsfähig wären. Institutionen bieten dadurch, dass sie das strategische Handeln von Gruppen und Individuen strukturieren und wechselseitige Erwartungssicherheit stiften, einen Ausweg aus dem Kooperationsdilemma in Kollektivhandlungssituationen. Sie werden diesem Verständnis nach als die äußeren, sozialen Parameter rationaler Wahlhandlungen aufgefasst, die „nach individuellem Nutzen strebende Akteure berücksichtigen, wenn sie in Verfolgung ihrer Interessen subjektiv rationale Entscheidungen treffen" (Edeling 1999: 9). Dabei wird davon ausgegangen, dass das Handeln von Akteuren, ausgehend von einem feststehenden Repertoire an Präferenzen (Präferenzordnung) und aufbauend auf der (begrenzt) rationalen Kosten-Nutzen-Kalkulation, prinzipiell auf Nutzenmaximierung gerichtet ist.

Für die vergleichende Verwaltungs(reform)wissenschaft ist der Rational Choice Institutionalismus in mehrfacher Hinsicht analytisch gewinnbringend. Zum einen bietet er die Möglichkeit, die Wahlfreiheiten handelnder Politik- und Verwaltungsakteure, etwa bei der Initiierung (oder auch Verhinderung) von Reformprogrammen sowie bei der Maßnahmenumsetzung (oder auch beim Auftreten von Reformwiderständen und -blockaden) als eigenständige Variable zu konzipieren. So kann das (Nicht-)Zustandekommen von Verwaltungsreformen, das Festhalten an überkommenen institutionellen Mustern wie auch deren Umwälzung aus der Sicht (begrenzt) rational handelnder Akteure erklärt werden. Gerade bei der vergleichenden Analyse von Verwaltungsreformen und -diskursen (siehe hierzu Kapitel 4) ist es wichtig, diese Wahlhandlungsfreiheiten und strategischen Kalküle nutzenmaximierender Akteure als einen Faktorenkomplex eigener Art zu konzipieren und ihn analytisch vom institutionellen Handlungskontext zu trennen. Dies erlaubt der akteurorientierte Institutionalismus, indem er von einer – für die empirische Forschung nützlichen – analytischen Trennung von Struktur/Institution und Handeln/Handlungsfreiheit der Akteure ausgeht und darauf verzichtet, „Institution" faktisch mit „Kultur" und „Handeln" gleichzusetzen (kritisch dazu Mayntz/Scharpf 1995: 46)[22].

Da das Handeln der verwaltungspolitischen Akteure demnach nicht allein oder überwiegend durch die institutionellen Kontexte, in denen sie agieren, und die kulturellen Bedingungen, in die sie eingebettet sind, bestimmt wird, sondern maßgeblich von ihren Handlungsabsichten und strategischen Handlungskalkülen abhängt, müssen diese für die kausale Erklärung von Verwaltungsreformen in den Blick genommen werden. Aus Sicht des akteurorientierten Institutionalismus hängt aber auch die Wirkungsweise von Institutionen, deren Handlungsrealität, Leistungskraft und Performanz von den Handlungsstrategien der Akteure und den spezifischen Akteurskonstellationen ab. Demnach müssten Reformprozesse je

Akteurskonstellationen und Akteurshandeln

---

[22] So wirft der im Soziologischen Institutionalismus (siehe unten) verwendete „weite" Institutionenbegriff für die empirische Institutionenforschung erhebliche Probleme auf, da er die für eine Operationalisierung relevanter Untersuchungsvariablen notwendige Unterscheidung von Institution und Kultur nicht mehr zulässt (Kaiser 1999: 196). Mayntz/Scharpf (1995) zufolge haben die Versuche einer „kulturalistischen Ausweitung" des Institutionenbegriffs zur Folge, dass die zentrale theoretische Prämisse, wonach „der institutionelle Kontext Handeln zwar ermöglicht und restringiert, aber nicht determiniert" (ebd.: 45), aufgegeben und stattdessen das Handeln der Akteure oft *kryptodeterministisch* erklärt wird, weil der allumfassende Institutionenbegriff auf der Akteurseite allenfalls ein paar ideosynkratische Impulse lässt, die einer theoretisch-sozialwissenschaftlichen Analyse kaum zugänglich sind (ebd.: 46).

nach Akteurskonstellationen, Interessen und *political will and skill* (vgl. Shonfield 1965: 63) in verschiedenen Handlungskontexten zu sehr unterschiedlichen Institutionalisierungsergebnissen und Performanzeffekten führen. So können sich Akteure etwa gegen die Implementierung bestimmter Reformmaßnahmen zur Wehr setzen, soweit diese innerhalb bestimmter Interessenkonstellationen ihren politisch-institutionellen Zielen und Präferenzen entgegenstehen (vgl. Benz 2004 b: 22) und soweit sie innerhalb des gegebenen institutionellen Kontextes die erforderliche Durchsetzungsfähigkeit besitzen oder entsprechende „Befürworter-Koalitionen" (*advocacy coalitions*, vgl. Sabatier 1993) bilden. Unterschiedliche Ergebnisse und Wirkungen institutionenpolitischer Maßnahmen lassen sich vor diesem Hintergrund vor allem durch unterschiedliche Akteurskonstellationen, Interaktionsformen und durch Wahrnehmungen, Präferenzen und Fähigkeiten von Akteuren, die wiederum durch institutionelle Kontexte beschränkt sind, erklären.

Einige Vertreter des Rational Choice Institutionalismus (vgl. Richter/Furubotn 1996; Horn 1995) übertragen auch die für die Analyse des Marktverhaltens erprobten Grundsätze neo-klassischer Mikroökonomie auf die Untersuchung institutioneller Arrangements. Dort wird die Institutionengenese als Prozess ökonomischer Optimierung konzipiert und die an ökonomischer Effizienz zu messende Rationalität wird zum entscheidenden Gestaltungskriterium politisch-administrativer Institutionen. Gleichartige Nutzenfunktionen und ökonomische Umstände vorausgesetzt, wird hier ein konvergierendes Streben nach einem gleichartigen ökonomischen Optimum vermutet (siehe weiter unten).

ökonomische Optimierung

2.3.2 Historischer Institutionalismus

Das Denkmodell des Historischen Institutionalismus (vgl. Steinmo et al. 1992; Krasner 1984; Immergut 1992; Peters 1999; Pierson 2004) geht davon aus, dass die Präferenzen und Wahlhandlungen von Akteuren durch langfristig angelegte institutionelle Kanäle vorstrukturiert werden (vgl. Peters 1999: 63 ff.). Auf Verwaltungssysteme und -reformen angewendet bedeutet dies, dass verwaltungspolitische Entscheidungen stets vor dem Hintergrund längerfristiger institutioneller Entwicklungen des politisch-administrativen Systems zu sehen sind, die als Pfadabhängigkeiten wirksam sind und die auch die von den Akteuren in den Blick genommenen Entscheidungsalternativen eingrenzen (Kaiser 1999: 197). Diese Annahme einer „pfadabhängigen" Entwicklung rückt die historisch prägenden institutionellen Weichenstellungen in den Blick, die den Möglichkeitshorizont von Verwaltungsreformen eingrenzen und die dafür ursächlich sind, dass Institutionen und damit auch nationale Verwaltungsmodelle als „relatively persistent features of the historical landscape and one of the central factors pushing historical development along a set of, paths" (Hall/Taylor 1996: 941; vgl. auch Baldersheim/Rose 2010 a: 10 f.) erscheinen. Diesem Verständnis zufolge kann ein Verwaltungssystem als Konfiguration von kollektiven Akteuren mit eigenen Handlungsressourcen, Zielen und Interessen aufgefasst werden, das sich in einem Prozess der Institutionalisierung verfestigt hat und dessen Interaktionsmodi ebenfalls in hohem Maße institutionalisiert sind (Lehmbruch 1996: 118). Die politisch-administrativen Akteure bewegen sich auf einem Ent-

historische Pfadabhängigkeiten

wicklungspfad, „dessen Spielräume in einem beträchtlichen Maße durch die in der Vergangenheit ausgebildeten Strukturen, überlieferten Situationsdeutungen und eingeübten strategischen Mustern bestimmt sind" (Lehmbruch 1996: 119). Aktuelle verwaltungspolitische Reformhandlungen sind demnach durch *policy legacies* des jeweiligen Verwaltungssystems geprägt, die als überkommene Muster charakteristischer Problemdeutungen und Problemlösungsstrategien auch in neuartigen Problemlagen – etwa in Krisensituationen – aktualisiert werden. Die Antworten auf neu auftauchende verwaltungspolitische Problemlagen sind durch bestehende institutionelle Arrangements und eingeübte soziale Interpretationsmuster vorstrukturiert und Optionsspielräume durch „Pfadabhängigkeit" begrenzt (Lehmbruch 1996: 119). Es kann aus diesem Grunde zu nicht-intendierten Folgewirkungen und Dysfunktionalitäten dann kommen, wenn sich die bestehenden Institutionen und Problemdeutungsmuster angesichts neuartiger Herausforderungen als ungeeignet oder ineffizient erweisen. Wenngleich der Historische Institutionalismus somit besonders erklärungskräftig ist, wenn es um institutionelle Kontinuität, Beharrungskraft und allenfalls einen inkrementellen Wandel geht, so enthält er dennoch auch konzeptionelle Angebote, um Transformation, Reform und institutionelle Umwälzung zu erklären. Die Denkfigur hierfür ist die bereits erwähnte sog. „institutionelle Weichenstellung" (*critical juncture*), zu der es im Verlaufe des (insgesamt als Kontinuum gefassten) institutionellen Pfades dann kommt, wenn maßgebliche, vor allem externe, Impulse zum Tragen kommen, wie etwa soziale oder ökonomische Krisen. Diese können dann dazu veranlassen, dass der „alte" Pfad verlassen und ein neuer beschritten wird[23].

Angesichts der bemerkenswerten Beharrungskraft von nationalen Verwaltungssystemen und -traditionen auch unter ähnlichem externem Druck (Europäisierung, NPM-Diskurs, Globalisierung, Wirtschaftskrise) drängt sich der Historische Institutionalismus als Erklärungsansatz geradezu auf. In Abhängigkeit von ihren jeweiligen historisch gewachsenen institutionellen Kontexten und Verwaltungskulturen haben verschiedene europäische Länder die konvergierenden Reformdiskurse (etwa NPM) sehr unterschiedlich aufgenommen. Aber auch auf der Wirkungsseite bieten sich historisch-institutionelle Erklärungsmuster an. So können identische oder ähnliche verwaltungspolitische Interventionen (z. B. Dezentralisierung oder NPM) aufgrund nationaler historischer Pfadabhängigkeiten sehr unterschiedliche Wirkungen in den einzelnen Länderkontexten zeitigen, da sie jeweils auf verschiedene bereits existierende institutionelle Arrangements und eingeübte Handlungsmuster treffen. Diese können sich dann wiederum fördernd oder blockierend auf die anvisierten Reformen und die daraus erwachsenden Leistungsveränderungen auswirken. Ferner lassen sich Anwendungs- und Nutzungslücken von formal implementierten Reforminstrumenten (etwa managerieller Steuerungsformen) oder auch Leistungsdefizite in der Verwaltung nach institutionellen Umbrüchen unter Umständen auf die Weiterführung „alter" *standard operating procedures* zurückführen, die in historisch eingeprägten Verhaltens-,

policy legacies

institutionelle Pfadwechsel

Beharrungskraft von Verwaltungssystemen

---

[23] Allerdings wirft die Erklärung institutionellen Wandels für den Historischen Institutionalismus grundsätzliche Probleme auf, etwa in der Frage, unter welchen Bedingungen und Konstellationen es zu *critical junctures* und zum Übergang auf einen neuen Institutionalisierungspfad kommt (vgl. hierzu Peters 1999: 68 ff.; Krasner 1984; Hall/Taylor 1996: 941 f.).

Denk- und Handlungsmustern wurzeln und als institutionelle *legacies* Reformprozesse und Systemwechsel konterkarieren können[24].

2.3.3 Soziologischer Institutionalismus

Der Soziologische Institutionalismus (DiMaggio/Powell 1991: 9; Lepsius 1995; Kaiser 1999: 190; Edeling 1999: 12) wendet sich zunächst einmal grundsätzlich gegen methodologisch-individualistische Wahlhandlungstheorien, wie sie in Ökonomie und Soziologie gleichermaßen zu finden sind. In diesem Ansatz werden Institutionen nicht als externe Beschränkungen rationaler Wahlhandlungen, sondern als „Kulturphänomene" thematisiert, die Handlungsmuster bereitstellen und sinnstiftende verhaltensstrukturierende Leitideen beinhalten (Kaiser 1999: 190; Lepsius 1995). Der ökonomisch inspirierten Vorstellung, wonach Institutionenarrangements lediglich als „handlungskanalisierende Randbedingungen für nutzenmaximierende Individuen im Sinne einer *logic of consequality* wirken" (Kaiser 1999: 194; Hervorheb. durch die Verf.), wird die Annahme entgegengehalten, dass Institutionen auch einen Regelkatalog des angemessenen Verhaltens im Sinne einer *logic of appropriateness* definieren. *March* und *Olsen*[25] sehen Institutionen auf der einen Seite als Arrangements, die einen von den gesellschaftlichen und ökonomischen Verhältnissen relativ abgekoppelten *Ordnungsraum* stiften. In diesem finden die Akteure ein Repertoire an Verhaltensregeln vor (institutionelle *Ordnungsdimension*; vgl. Eisen 1996 b: 36). Auf der anderen Seite enthalten Institutionen auch eine sinnstiftende *Orientierungsdimension*, die verhaltensstrukturierende Leitideen über den Zweck des Zusammenlebens im Gemeinwesen (Lepsius 1995: 395) bereitstellt. Verkürzt könnte man auch von der „strukturellen" und der „kulturellen" Dimension (vgl. Eisen 1996 a) oder von der „System-" und der „Akteursebene" (vgl. Göhler 1987) politischer Institutionen sprechen, die im „erweiterten Institutionenbegriff"[26] des Soziologischen Institutionalismus ihren konzeptionellen Niederschlag finden. Als Teildimensionen der institutionellen Ordnung werden diesem Verständnis zufolge sowohl die formellen und informellen Strukturen (*standard operating procedures*) institutionalisierten Handelns als auch die kollektiven Sinnwelten und Leitideen betrachtet, welche der „Rechtfertigung der politischen Institution dienen, ihre Legitimation ermöglichen und damit eine entscheidende Grundlage ihrer Stabilität darstellen" (Eisen 1996 b: 35). Das Funktionieren und die Handlungs- und Leistungsfähigkeit von Institutionen hängt demnach entscheidend davon ab, ob und inwieweit formal-strukturelle Regelsysteme kulturell „gelebt" werden und kognitiv internalisiert sind.

Trotz mancher Kritik und der bereits erwähnten (Operationalisierungs-) Nachteile soziologisch-institutioneller Betrachtungsweisen für die empirische

---

[24] In dieser Hinsicht gibt es offenkundige Überschneidungen mit dem Soziologischen Institutionalismus (siehe unten), weswegen beide Ansätze häufig auch zusammen betrachtet werden (siehe Goetz 2006).
[25] Der Beitrag von *March* und *Olsen* wird häufig als „Manifest" des Neo-Institutionalismus zitiert (vgl. March/Olsen 1984, 1989).
[26] Dem „erweiterten Institutionenbegriff" liegt dieses Doppelverständnis von Institutionen als (objektiven) Struktur- und (subjektiven) Kulturphänomenen zugrunde (vgl. Göhler 1987), das sich vom Institutionenverständnis des älteren Institutionalismus (siehe oben) unterscheidet.

Verwaltungsforschung lässt sich daraus für die vergleichende Untersuchung von Verwaltungssystemen und -reformen analytischer Nutzen ziehen. Zum einen bietet der „erweitere" Institutionenbegriff des Soziologischen Institutionalismus die Möglichkeit, dualistische Modelle zu überwinden. Denn diese erfassen den Einfluss formaler Verwaltungsinstitutionen auf der einen Seite und die faktische Verwaltungskultur/-handlungsrealität auf der anderen Seite, jeweils unabhängig voneinander und in getrennten Forschungskontexten. Überwindet man solche dualistischen Ansätze, so öffnet sich der Blick stärker für die soziale Wirklichkeit, in der beide Dimensionen miteinander verschränkt sind und wechselwirken. Im Hinblick auf Verwaltungsreformprozesse und -transformationen kann dann gefragt werden, inwieweit die organisatorisch-strukturellen Umbrüche in der Verwaltung von kognitiven und sozio-kulturellen Anpassungsprozessen sowie einer Angleichung der qualifikatorischen *skills* der Akteure begleitet werden. Somit lassen sich Wirkungszusammenhänge von Verwaltungsreformen aus dem Spannungsverhältnis zwischen der *strukturellen* und der *kulturellen* Teildimension institutionaler Wirklichkeit ableiten (Eisen 1996 a, 1996 b). Im Zentrum steht dann die Frage nach den Auswirkungen des (potenziellen) Zielkonflikts zwischen formalen *Ordnungs*leistungen und kognitiv-kulturellen *Orientierungs*leistungen von Verwaltungsinstitutionen. So könnte es sein, dass die formal-institutionellen Umbrüche im Rahmen von Verwaltungsreformen (z. B. Dezentralisierung von Staatsaufgaben) nicht kompatibel mit den vorfindbaren kognitiv-kulturellen Prägungen, Handlungsorientierungen und qualifikatorischen *skills* der Akteure „vor Ort" sind[27]. Trotz veränderter Formalstrukturen könnten die Akteure ihre eingeprägten Routinen und Handlungsmuster fortsetzen, die neuen Regeln umgehen und auf diese Weise „Subversion" von Reformpolitik betreiben (vgl. Benz 2004 b: 27). Es könnten aber auch die Bereitschaft oder Fähigkeit der Akteure, sich den neuen Rollenanforderungen anzupassen, so gering sein, dass neue institutionelle Regeln letztlich keine Wirkung oder gar dysfunktionale Effekte zeitigen. Einbrüche in der Performanz und Leistungskraft politisch-administrativer Institutionen könnten die Folge sein. Geht man von einem solchen Zusammenhang zwischen Performanz und kognitiv-kultureller Geltung von Institutionen (im Sinne des „erweiterten Institutionenbegriffs") aus, müssen für die Erklärung von Reformeffekten die Handlungsorientierungen, eingeprägten Verhaltensroutinen und qualifikatorischen Fertigkeiten der Akteure einbezogen werden.

Allein die Übertragung formaler Strukturen und Regeln birgt, soweit sie nicht – zumindest längerfristig – durch kognitiv-kulturelle Anpassungsprozesse und eine Internalisierung (*enacting*) der neuen Regeln begleitet wird, kulturelle „Abstoßungsrisiken" (Offe 1994: 46) in sich, die zu Funktionsstörungen und Leistungsdefiziten führen können. Beispiele hierfür finden sich sowohl in der NPM-Reform, etwa der unreflektierten Übernahme privatwirtschaftlicher Steuerungsformen in die (insbesondere kontinentaleuropäische) öffentliche Verwal-

Dualismus von Struktur und Kultur

Subversion von Reformen

kulturelle „Abstoßungsrisiken"

---

27 In der institutionenorientierten Verwaltungsforschung ist diese Hypothese besonders in Hinsicht auf den Transformationsprozess in Ostdeutschland untersucht worden (vgl. Eisen 1996 a; Wollmann 1996 a; Kuhlmann 2003). So wurde befürchtet, „dass die westdeutschen institutionellen Schiffe (...) in Ostdeutschland auf Grund laufen (könnten)" (Offe 1991: 79), was sich allerdings für die Verwaltung so nicht bewahrheitet hat (Kuhlmann 2003).

tung, als auch in verwaltungspolitischen Transformationsprozessen. Die Nutzung eines weiten (soziologisch-kulturalistischen) Institutionenbegriffs ermöglicht es also der Frage nachzugehen, inwieweit empirisch beobachtbares Verwaltungshandeln von einem „harmonischen" Zusammenspiel legitimationsstiftender handlungsleitender Orientierungen („kulturelle Dimension") und formal-institutioneller Gegebenheiten („strukturelle Dimension") geprägt ist oder ob diese beiden Dimensionen auseinanderklaffen (*mismatch*). Zudem kann bei Verwaltungsreformen und -transformationen gefragt werden, ob formale Regelmuster und instrumentelle Neuerungen auch tatsächlich in *standard operating procedures*, also in administratives Routinehandeln übernommen werden oder lediglich „auf dem Papier" stehen.

Im Hinblick auf ihren Erklärungsbeitrag für Verwaltungsreformen lassen sich die drei Varianten des Neuen Institutionalismus vereinfacht wie folgt zusammenfassen (Abbildung 15):

Abbildung 15: Neo-institutionalistische Erklärungsansätze von Verwaltungsreformen

Theorieansatz	Grundannahmen/Denkfigur	Erklärung v. Verw.-Reform
Akteurzentrierter/Rational Choice Institutionalismus	Institutionen beschränken/ermöglichen strategische Wahlhandlungen begrenzt-rationaler Akteure; enger Institutionenbegriff; Fokus auf Ordungsleistung der Institution; Logik der Nutzenmaximierung und des folgerichtigen Handelns (consequality)	Reformen resultieren aus strategischem Handeln/Kosten-Nutzen-Kalkülen der Politik-/Verwaltungsakteure, Art/Struktur/Machtposition von Akteurskoalitionen (advocacy coalitions) als reformprägend
Institutionen-ökonomische Variante	Effizienz/ökonomisches Optimum als Gestaltungskriterium von Institutionen	Institutionenreform als Prozess ökonomischer Optimierung; Konvergenz nationaler Verwaltungssysteme
Historischer Institutionalismus	Institutionenentwicklung durch historische Pfadabhängigkeiten geprägt; Wandel verursacht hohe Kosten u. ist nur unter extremen Bedingungen möglich (Schocks); weiter Institutionenbegriff	Handlungskorridor für Reformen durch bestehende Institutionen restringiert; Beharrungskraft historisch verfestigter Institutionen; umfassende Reformen eher Ausnahme
Soziologischer Institutionalismus	Institutionen als Kulturphänomene; kognitiv-kulturelle Verankerung; Logik des „angemessenen Verhaltens" (appropriateness); Fokus auf Orientierungsleistung der Institution; weiter Institutionenbegriff	Verwaltungswandel durch normativen (Anpassungs-)Druck; Nachahmung/Isomorphismus; kulturelle Abstoßungsrisiken neuer formaler Institutionen; mögliches Kultur-Struktur-mismatch nach Verwaltungsreformen

Quelle: eigene Darstellung

2.3.4 Konvergenz, Divergenz und Persistenz von Verwaltungssystemen

Um Konvergenz, Divergenz oder Persistenz (vgl. Wollmann 2000 b: 22 ff.; Schröter 2001: 415 ff. m. w. N.; Kuhlmann 2007 a, 2009 a; Christensen/Laegreid 2010) nationaler Verwaltungssysteme erklären zu können, wird auf die oben skizzierten Theorienangebote des Neuen Institutionalismus zurückgegriffen. Diese bieten hinsichtlich der Frage, wie Institutionen entstehen und sich verändern (*what shapes institutions*) sowie über den Zusammenhang von Institutionen und Akteurshandeln, unterschiedliche Antworten und Erklärungsmodelle. Teilweise können die Denkfiguren der verschiedenen neo-institutionalistischen Theorievarianten sowohl zur Begründung von Konvergenz als auch Divergenz/Persistenz herangezogen werden, allerdings mit jeweils unterschiedlichen analytischen Schwerpunktsetzungen.

Die *Konvergenzthese* wird zum einen von der Vermutung gestützt, dass die Kräfte der Globalisierung (insbesondere Weltmarktkonkurrenz) und der Internationalisierung (innerhalb der Europäischen Union: unter anderem Angleichung der rechtlichen Regelungen) einen Grad von externem Determinismus erreichen, dem gegenüber die bislang voneinander abweichenden nationalen Strukturen und deren historische Bestimmungsfaktoren zunehmend an Wirkungskraft verlieren und einer institutionellen, kognitiven und normativen Angleichung weichen. Die Konvergenzthese wird auch von der *Rational Choice*-Theorie und ihren Derivaten in der Neuen Politischen Ökonomie und ökonomischen Theorie der Bürokratie genährt, die die maßgeblichen verwaltungspolitischen Entscheidungen der Verwaltungsführungskräfte von ihrem an Vorteilsmaximierung und Nachteilsminimierung orientierten Kalkül bestimmt sehen (vgl. Dunleavy 1991), was angesichts ähnlicher externer Herausforderungen auf kongruentes Entscheidungshandeln hinausläuft.

externe Herausforderungen

Des Weiteren kann das Konzeptrepertoire des Soziologischen Institutionalismus, mit Konzepten des *policy learning* verknüpft, zur Erklärung institutioneller Konvergenz herangezogen werden. So gehen *DiMaggio* und *Powell* (1991) von der Annahme einer erlernten Anpassung bis hin zur Kopie von Organisationsmodellen, dem sog. Isomorphismus, aus. Dieser kann durch Zwang (*coercive isomorphism*), Nachahmung (*mimetic isomorphism*) oder normativen Druck (*normative isomorphism*) erfolgen. Für die Entwicklung von Verwaltungssystemen wäre diesem Gedankengang folgend zu schlussfolgern, dass die Konvergenz von Verwaltungsmodellen über die Mechanismen des Isomorphismus erfolgen kann.

Lernen, Nachahmung, Druck

Insbesondere der normative Isomorphismus hebt dabei stark auf die Erklärungskraft von Ideen, Diskursen und Konzepten ab (vgl. Wollmann 2008: 18), was auch als diskursiver Institutionalismus bezeichnet wird (vgl. Schmidt 2008). Dieser steht dem Soziologischen Institutionalismus nahe und geht davon aus, dass Diskurse und Ideen dadurch auf die nationalen und internationalen Handlungsarenen einwirken, dass sie als konzeptioneller und mentaler „Rahmen" (*frame*, vgl. Rein/Schön 1977) die Aufmerksamkeit, Überzeugung und Gefolgschaft der relevanten Akteure und Akteurskonstellationen gewinnen (*framing*) und für deren Entscheidungen handlungsanleitend werden. Beispielhaft hierfür ist die Dominanz, die die New Public-Management-Maximen seit den 1980er Jahren in der internationalen Modernisierungsdiskussion und -praxis errangen.

Der Umstand, dass einflussreiche internationale Organisationen (wie Weltbank und OECD) und ihre von Ökonomen bestimmten Diskurskoalitionen (*advocacy coalitions*; vgl. Sabatier 1993) sich diese Maximen zu eigen machten und sie propagierten, ist eine wesentliche Erklärung für die Konvergenzen in der Verwaltungspolitik der europäischen Länder und darüber hinaus.

historische Prägungen

Demgegenüber wird die *Divergenzthese* von Positionen vertreten, die, theoretisch dem Historischen Institutionalismus nahestehend, annehmen, dass – ungeachtet der Einflussstärke der Globalisierungskräfte – die in Politik-, Staats- und Verwaltungstradition einzelner Länder oder einzelner Ländergruppen verankerten institutionellen, kulturellen und normativen Faktoren eine fortwirkende Bestimmungskraft besitzen und für den weiteren Diskurs- und Praxisverlauf „pfadabhängige" Korridore abstecken.

Nach *Pollitt* (2001) muss für eine differenzierte Untersuchung von Konvergenz oder Divergenz jedoch ein genauerer Blick auf die verschiedenen Phasen von Reformprozessen in den jeweiligen Ländern geworfen werden. Mit dem Ziel, Konvergenz präziser zu fassen (*clarifying convergence*), schlägt *Pollitt* (2001) in Anlehnung an *Brunsson* (1989) eine Differenzierung nach vier Ebenen oder Phasen vor (vgl. auch Jann 2006: 132), die sich für die hier verfolgten Untersuchungszwecke als analytisch nützlich erweisen:

Dimensionen von Konvergenz

- *Discursive convergence*: Konzepte, Leitideen, Diskurskonjunkturen;
- *Decisional convergence*: Reformentscheidungen, Verabschiedung von Reformprogrammen und -maßnahmen;
- *Practice convergence*: tatsächliche Maßnahmenumsetzung, Anwendung neuer Instrumente und Strukturen;
- *Result convergence*: Ergebnisse und weitergehende Wirkungen der Reformmaßnahmen.

Schon ein flüchtiger Blick auf einzelne Länderbeispiele zeigt hier, dass diskursive Konvergenz, die im Zentrum vieler vergleichender Arbeiten stand (OECD etc.), mitnichten zu ähnlichen Umsetzungsmaßnahmen und schon gar nicht zu konvergenten Reformeffekten führt. Vor diesem Hintergrund soll mit den Länderanalysen dieses Buches auch gezeigt werden, inwieweit bestimmte konvergente Reformdiskurse (siehe dazu Kapitel 4.1) zu ähnlichen oder markant unterschiedlichen, zu konvergierenden oder divergierenden oder persistenten Verwaltungsmodellen in Europa geführt haben (Christensen/Laegreid 2010).

3. Verwaltungssysteme und -traditionen in Europa: Länderkurzprofile

> **Lernziele**
>
> Am Ende dieses Kapitels sollten Sie
> - die Verwaltungssysteme und -traditionen der Länder Frankreich, Italien, Deutschland, Schweden, Vereinigtes Königreich und Ungarn kennen und vergleichen können;
> - wissen, wie sich die sechs Länder hinsichtlich der Staatsorganisation, des Verwaltungsaufbaus und des öffentlichen Dienstes unterscheiden;
> - einschlägige Indikatoren für quantitative Verwaltungsvergleiche kennen;
> - einen Überblick über den Umfang des öffentlichen Sektors, die Gliederung und Aufgabenprofile der öffentlichen Verwaltung im europäischen Ländervergleich haben.

Nachdem im vorangegangenen Kapitel die verschiedenen Analysekonzepte und -kategorien zum Vergleich von Verwaltungssystemen und -reformen erläutert wurden, sollen diese im Folgenden auf ausgewählte europäische Länder angewendet werden. Ziel ist es, einen Überblick über wesentliche Merkmale des Staatsaufbaus, des nationalen und dezentral-lokalen Verwaltungssystems sowie des öffentlichen Dienstes und Personals zu geben. Dabei sollen aus den oben erläuterten Ländergruppen (vgl. Kapitel 2.1.1) jeweils konkrete Vertreter herausgegriffen und anhand eines einheitlichen „Rasters" analysiert werden:

(1) Für die kontinentaleuropäisch-napoleonische Ländergruppe: Frankreich und (für die südeuropäische Subgruppe) Italien; *fünf europäische Verwaltungsprofile*
(2) Für die kontinentaleuropäisch-föderale Ländergruppe: Deutschland;
(3) Für die skandinavische Ländergruppe: Schweden;
(4) Für die angelsächsische Ländergruppe: Vereinigtes Königreich;
(5) Für die osteuropäische Ländergruppe: Ungarn.

Zwar werden bei der Darstellung der Länderkurzprofile die genannten Länder als für die Ländergruppe und „-familie" jeweils exemplarisch hervorgehoben und vertieft behandelt. Jedoch soll, wo die Problemstellung dies nahelegt, auch auf andere Länder zumindest kurz eingegangen werden. Den Abschluss des Kapitels bildet eine vergleichende Betrachtung der Verwaltungsprofile anhand einschlägiger Struktur-, Finanz- und Personaldaten und unter Einbeziehung weiterer Länderfälle.

3.1 Das kontinentaleuropäisch-napoleonische Verwaltungsprofil: Frankreich und Italien

3.1.1 Frankreich

a) Basismerkmale des Regierungssystems

semipräsidentielles Regierungssystem

In der vergleichenden Regierungslehre wird Frankreich (62 Mio. Einwohner) den semipräsidentiellen Systemen zugeordnet (vgl. Steffani 1995; Hartmann 2005). Auf der einen Seite weist es aufgrund der mächtigen Stellung des direkt gewählten Staatspräsidenten, dem eine Fülle von Kompetenzen, teils in ausschließlicher Verantwortung (sog. *domaine réservé*), teils im Zusammenwirken mit dem Premierminister, vorbehalten sind, und der „das ordnungsgemäße Funktionieren der Gewalten sowie die Kontinuität des Staates sichern soll" (vgl. Art. 5 der Verfassung), eine Reihe von Merkmalen einer Präsidialhegemonie auf. Auf der anderen Seite kommt es in Zeiten der Nicht-Kohabitation[28] regelmäßig zu einer ideologischen Übereinkunft zwischen Staatspräsident und Parlamentsmehrheit und damit zur Verschränkung von Exekutive und Legislative, so dass das französische Politiksystem nach dem Prinzip eines majoritären Parlamentarismus funktioniert. Als besonderes Merkmal ist zudem die historisch begründete, verfassungsmäßig verankerte schwache Stellung des Parlaments hervorzuheben (sog. „rationalisierter Parlamentarismus"; Kempf 2003: 301, 316 ff.), was unter anderem darin sichtbar wird, dass der Premierminister vom Staatspräsidenten ernannt wird (wenngleich er faktisch aus der Parlamentsmehrheit hervorgeht). Seinem Demokratietypus nach (vgl. Schmidt 2000) wird Frankreich als

konkurrenz- und verhandlungsdemokratische Elemente

„Mischsystem" charakterisiert, da es sowohl konkurrenz- als auch verhandlungsdemokratische Elemente aufweist. So sind in Frankreich neben dem Zweikammersystem (bestehend aus *Assemblée Nationale* und *Sénat*) und einer schwer änderbaren geschriebenen Verfassung weitere verhandlungsdemokratische Elemente auf zentralstaatlicher Politikebene darin zu sehen, dass in Zeiten der Kohabitation ein starker „Kompromisszwang" zwischen den beiden Spitzen der doppelköpfigen Exekutive besteht (Kempf 2003: 307 f.). In diesen Perioden muss der Staatspräsident in seinem Handeln stärker auf die Mehrheitsverhältnisse im Parlament Rücksicht nehmen und ist in seinen Entscheidungen somit weniger autonom und durchsetzungsstark. Dagegen werden konkurrenzdemokratische Elemente dann gestärkt, wenn es keine Kohabitation gibt und der Staatspräsident seine Politikvorstellungen ohne Rücksichtnahme auf eine entgegenstehende parlamentarische Mehrheit durchsetzen kann, was im Falle der großen Reformen, wie der Dezentralisierung in den 1980er Jahren, der Fall war. Zudem wird die konkurrenzdemokratische Ausrichtung des französischen Politiksystems durch

---

28 Die *cohabitation*, die bislang drei Mal in der französischen Geschichte (1986-1988, 1993-1995, 1997-2002) vorkam, ist dadurch gekennzeichnet, dass Staatsoberhaupt und Regierungschef unterschiedlichen parteipolitischen Lagern angehören. Da die unterschiedlichen Wahlperioden von Staatspräsident (ehemals sieben Jahre) und Parlament (fünf Jahre) durch die Verfassungsänderung auf der Grundlage eines im Jahre 2000 durchgeführten Referendums abgeschafft wurden und seit 2002 eine einheitliche fünfjährige Amtsdauer besteht, sind Kohabitationen unwahrscheinlicher geworden und dürften somit auf der nationalen Politikebene das konkurrenzdemokratische Element weiter stärken.

das absolute Mehrheitswahlrecht und die sich daraus ergebenden parteipolitischen Polarisierungen in der Nationalversammlung (*gauche – droite*) gestärkt.

b) Staatsaufbau und nationales Verwaltungsprofil

Frankreich ist ein unitarischer Staat und galt bis in die 1980er Jahre hinein als eines der am stärksten zentralisierten Verwaltungsmodelle in Europa (Kempf 2003: 340; Pollitt/Bouckaert 2004). Die Leitideen der Einheit und Unteilbarkeit der Republik (*une et indivisible*) und der Souveränität des Staates nach innen und außen (*Etat-nation*) prägen die Institutionenentwicklung Frankreichs nachhaltig. Hinsichtlich seiner Verwaltungstradition ist Frankreich den napoleonisch geprägten klassisch-kontinentaleuropäischen oder auch legalistischen Systemen zuzuordnen (siehe oben), die dem Staat einen „Wert an sich" zuschreiben. Seine Aufgabe wird darin gesehen, das öffentliche Interesse (*intérêt public*) zu bestimmen und, dieser Einsicht folgend, gesellschaftliches und wirtschaftliches Verhalten umfassend zu regulieren sowie selbst wirtschaftend tätig zu sein (Mény 1988). Dies spiegelt sich darin wider, dass ein großer Anteil der Beschäftigten in Frankreich im öffentlichen Dienst tätig ist (ca. 22 %), die Staatsquote mit 53 % (in 2008) eine der höchsten in Europa ist und der Staat sein Tätigkeitsprofil seit der Nachkriegszeit enorm erweitert hat, was sich auch im Ausbau nationaler und lokaler Verwaltungsstäbe niederschlägt (siehe weiter unten).

[Marginalia: Einheit und Unteilbarkeit der Republik]

Institutionell ist das französische System durch die Tradition des exekutiven Zentralismus geprägt, dessen Wurzeln bis in das *Ancien Régime* zurückzuverfolgen sind. Nachdem die ersten durch das Munizipalgesetz vom 14. Dezember 1789 geschaffenen dezentralen Institutionen durch die Revolutionäre (vor allem die Jakobiner) beschnitten worden waren, formte *Napoléon Bonaparte* mit dem Gesetz vom 17. Februar 1800 das Institutionensystem vollends zu einem exekutiv-hierarchischen Instrument zentralistischer Regierung und Verwaltung um (Wollmann 1999 b: 194). Bis heute existiert eine von Paris bis auf die lokale Ebene reichende, durchgängige Verwaltungsvertikale des Zentralstaates, deren Rückgrat im „Territorium" der von der Zentralregierung ernannte Präfekt ist. Der Zentralstaat verfügt außerdem über zahlreiche dekonzentrierte Behörden (*services extérieurs*), die über das gesamte Land verteilt sind, hoch-sektoralisiert arbeiten und die bis zur Dezentralisierungsreform (siehe weiter unten) neben ihren eigenen (staatlichen) Aufgaben auch die Selbstverwaltungsaufgaben der Départements und (überwiegend) der Kommunen erledigten. Dieses Aufgabenmodell, in dem die dezentrale Selbstverwaltung funktional randständig und die Staatsverwaltung dominant war, blieb im Wesentlichen bis in die 1980er Jahre hinein erhalten. Die französische Verwaltung ist somit traditionell eher am Funktionalprinzip orientiert und steht typologisch dem Aufgabenorganisationsmodell (*single purpose model*) nahe.

[Marginalia: exekutiver Zentralismus]

Besteht zwar im französischen System formell die Möglichkeit einer umfassenden staatlichen Kontrolle und Intervention auf den subnationalen Ebenen, zeigt die Handlungsrealität des „gezähmten Jakobinismus" (*jacobinisme apprivoisé*; Grémion 1976) schon seit langem ein anderes Bild. So weist der jakobinisch-zentralistische Staat traditionell eine Reihe von dezentralen Elementen

[Marginalia: „gezähmter Jakobinismus"]

auf (Mabileau 1996: 25 ff.). Aufgrund der verbreiteten Praxis der Ämterhäufung haben die lokalen Amts- und Mandatsträger einen gewichtigen Einfluss auf übergeordnete Verwaltungsebenen bis hin zu nationalen Politikprozessen. Dies zeigt sich nicht nur in der Gesetzgebungspraxis der Nationalversammlung, die zu 50 % aus Bürgermeistern besteht (Hoffmann-Martinot 2003: 166 ff.), sondern auch an der faktischen Veto-Macht des Senats als Vertretung der Gebietskörperschaften, wenngleich dieser in vielen Gesetzgebungsmaterien nur mit einem aufschiebenden Vetorecht ausgestattet ist (Kempf 2003). In dieser Verschränkung von zentraler und lokaler Macht, die auch als „Kolonialisierung" der Zentrale durch die lokalen Akteure bezeichnet worden ist (Hesse/Sharpe 1991), manifestiert sich der bemerkenswerte Grad an faktischer oder informaler Dezentralität innerhalb des „gezähmten" jakobinischen Staates (Mabileau 1996).

c) Subnational-dezentrale Verwaltungsebene

Die lokalen Gebietskörperschaften gelten als Bestandteil der „unteilbaren Republik" und der Zentralstaat besitzt die uneingeschränkte Souveränität (Hoffmann-Martinot 2006: 231 f.). Für die Gemeinden gilt – im Gegensatz zum *ultra vires*-Prinzip britischer Prägung (siehe weiter unten) – seit dem 19. Jahrhundert eine allgemeine Zuständigkeitsregel, wonach die Gemeindevertretung für alle Angelegenheiten der örtlichen Gemeinschaft zuständig ist. Sie wurde in Frankreich mit dem Gesetz vom 5. April 1884 „über die kommunale Organisation" (*sur l'organisation communale*) festgeschrieben (Marcou 2000: 3). Inzwischen hat die kommunale Selbstverwaltung eine verfassungsmäßig verbriefte institutionelle Garantie, die in der ersten Nachkriegsverfassung von 1946 formuliert wurde (heute Art. 34 und 72 der französischen Verfassung). Von den drei Großstädten *Paris, Marseille* und *Lyon* abgesehen, gilt eine einheitliche Regelung der „inneren Kommunalverfassung", die mit der landesweiten Geltung des *Code des Communes* und späteren *CGCT* (*Code Général des Collectivités Territoriales*) festgeschrieben wurde.

collectivités territoriales

Zu den lokalen Gebietskörperschaften (*collectivités territoriales*)[29] werden in Frankreich die Regionen (27; einschließlich Korsika), Départements (101) und Gemeinden (36.569) gezählt. Die Regionen wurden mit dem Gesetz vom 5. Juli 1972 als neue administrative Ebene eingeführt und erhielten im Zuge der Dezentralisierungsreform (siehe weiter unten) den Status einer „vollwertigen" lokalen Gebietskörperschaft mit Selbstverwaltungsrecht sowie – seit 1986 – mit gewählter Vertretung (*conseil régional*) und Exekutive (*président du conseil régional + vice-présidents*). Gleichwohl ist ihr administratives Profil (etwa ablesbar an Personalbeständen und Organisationsstrukturen) sehr begrenzt. Die Départements gehen als Verwaltungsebene historisch auf eine regionale Gliederung zurück, die von den absolutistischen Bourbonen-Königen zur effektiven Ausdehnung ihrer Herrschaft „von oben" her geschaffen worden war. Daher sind sie auch territorial recht homogen ausgestaltet und sehr großflächig (bei ca. 640.000 Einwohnern im Durchschnitt). Erstmals während der Fran-

---

29 Der im Folgenden verwendete Begriff der „Kommunen"/des „Kommunalsystems" bezieht sich nur auf Städte/Gemeinden (*communes*) und Départements.

zösischen Revolution im Jahre 1789 und dann erneut unter dem Druck des bürgerlichen Liberalismus im Jahre 1833 wurde die Wahl der Departementvertretungen (Generalräte – *conseils généraux*) sowie 1871 der Generalratspräsidenten kodifiziert. Die Exekutive des Départements blieb aber bis 1982 der Präfekt. Charakteristisch für die gemeindliche Ebene ist deren enorme territoriale Zersplitterung und Kleingliedrigkeit, die auch als kommunaler Flickenteppich bezeichnet worden ist. Mit seinen rund 36.600 Kommunen, deren Gebietszuschnitt aufgrund weitgehend gescheiterter Gemeindefusionen im Wesentlichen auf das Mittelalter zurückgeht (vgl. Kerrouche 2010: 162 ff.) und deren durchschnittliche Einwohnerzahl bei 1.600 liegt, entspricht Frankreich dem sog. „südeuropäischen Kommunaltypus" (Norton 1994). Nach wie vor haben 90 % der französischen Gemeinden weniger als 2.000 Einwohner und nur 1 % mehr als 20.000 Einwohner. Letztere umfassen aber 40 % der französischen Bevölkerung. Um den steigenden Anforderungen an ortsnahe Leistungserbringung gerecht zu werden, greifen die französischen Gemeinden seit langem auf verschiedene Verbandslösungen (*intercommunalité*) zurück, deren Anzahl seit den 1970er Jahren erheblich zunahm, so dass sich faktisch eine neue institutionelle Zwischenebene, unterhalb der Départements und oberhalb der Gemeinden, etablierte (vgl. Kapitel 4.3).

südeuropäischer Gebietstypus

Das Aufgabenprofil und die Handlungsfreiheiten der französischen Gemeinden blieben bis in die 1980er Jahre hinein stark beschränkt und der strikten a priori Staatsaufsicht (*tutelle*) durch den Präfekten unterworfen. Sie verzichteten überwiegend auf den Aufbau eigener Verwaltungen und überließen die administrative Durchführung dem Präfekten und den Staatsbehörden vor Ort. Da somit staatliche und kommunale Selbstverwaltungsaufgaben nicht getrennt, sondern organisatorisch gebündelt wurden, ist das traditionelle französische Verwaltungsmodell dem Typus der Mischsysteme (*fused systems*) zuzuordnen. Berücksichtigt man außerdem, dass die (dekonzentrierte) Staatsverwaltung mit dem Präfekten als Schlüsselfigur als wichtigste „Bündelungsinstanz" fungierte, so kann man auch von einem „staatsadministrativen Integrationsmodell" sprechen. Hinsichtlich der lokalen Leistungserbringung ist das französische Modell ein Paradebeispiel für frühzeitige funktionale Privatisierung und *contracting out*. Obgleich für weite Teile kommunaler Tätigkeit die Doktrin des „Gemeinwohls" und „öffentlichen Interesses" (*intérêt général/public*) bestimmend ist und es auch eine formale Zuständigkeit der Kommunen gibt (z. B. in den Sparten Wasser, Abwasser, Abfall), wurden diese Aufgaben bereits im Zuge einer ersten großen „Auslagerungswelle" im 19. Jahrhundert weitgehend privaten Trägern überantwortet. Das Modell öffentlich-privater Kooperation in Form von *gestion déléguée* entwickelte sich zur dominanten Variante kommunaler Versorgungswirtschaft in Frankreich.

staatsadministratives Integrationsmodell

Die lokale Ebene besitzt in Frankreich einen hohen politisch-demokratischen Rang, was sich unter anderem an der vergleichsweise hohen und relativ stabilen Beteiligung an Kommunalwahlen (ca. 70 %) ablesen lässt. Traditionell dominiert das Prinzip repräsentativer Demokratie, wonach das Recht des Bürgers, die Gemeindevertretung zu wählen, im Mittelpunkt steht und ergänzende Verfahren direkter Demokratie ausgeschlossen sind. Kennzeichnend ist insbesondere die

cumul des mandats	herausgehobene Stellung des Bürgermeisters aufgrund von *cumul des mandats* (siehe oben). Innerhalb des Modells dualistischer Kompetenzverteilung besitzt der Bürgermeister weitreichende eigene Kompetenzen und bündelt nicht nur die drei Funktionen von (monokratischer) Verwaltungsführung, Ratsvorsitz und Vertretung der Kommune nach außen, sondern ist außerdem Repräsentant des Staates in der Kommune (*agent d'Etat*). Seine indirekte Wahl (für eine Amtsdauer von sechs Jahren, die auch der Legislaturperiode des Gemeinderats entspricht) kommt dadurch, dass die potenziellen Kandidaten für das Bürgermeisteramt praktisch immer den ersten Listenplatz einnehmen, faktisch einer Direktwahl gleich (Mabileau 1996: 65), so dass sich ein lokales präsidentielles System herausgebildet hat (Mabileau/Sorbets 1989).

d) Öffentlicher Dienst

	Die herausragende Rolle des öffentlichen Dienstes im französischen Politik- und Verwaltungssystem wie auch in der Gesellschaft insgesamt ist vielfach herausgearbeitet worden (siehe Meininger 2000; Alam 1998). Dabei stellt der Zentralstaat mehr als die Hälfte des Gesamtpersonals im öffentlichen Dienst, womit er der bei weitem größte Arbeitgeber des Landes ist. Die politische und soziale Schlüsselposition, die der öffentliche Dienst in Frankreich traditionell einnimmt, erklärt sich nicht nur aus seiner quantitativen Stärke in Personalzahlen, sondern vor allem aus
Grands Corps	der prestigereichen Stellung höherer Verwaltungsbeamter der mächtigen *Grands Corps*[30] sowie der starken Stellung öffentlicher Institutionen und ihrer Repräsentanten im Prozess der politischen Willensbildung und gesellschaftlichen Interessenvermittlung.
	Wie für das klassisch-kontinentaleuropäische Modell insgesamt, ist auch in Frankreich die Trennung und Hierarchisierung von öffentlicher und privater Rechtssphäre und Beschäftigungswelt charakteristisch. Die Zugangsregeln, Ausbildungs- und Karriereverläufe im öffentlichen Dienst sind von den „normalen" Berufskarrieren getrennt. Die französische Verwaltung kann auf eine langjährige
Berufsbeamtentum	Tradition des Berufsbeamtentums zurückblicken, dessen Rechtsverhältnisse über öffentliches Dienstrecht/Statut (*le statut*) geregelt werden, im Unterschied zur „normalen" Beschäftigungswelt, für die das allgemeine Arbeitsrecht gilt. Dabei dominiert die Vorstellung eines einheitlichen Beschäftigungsstatus für die öffentliche Verwaltung, was sich in einer weitgehenden Generalisierung des Beamtenstatus (*les fonctionnaires/titulaires*) im öffentlichen Dienst widerspiegelt, der für 73 % aller öffentlichen Bediensteten gilt (Demmke 2011: 323)[31]. Allerdings ist dem französischen Beamtentum die (für das deutsche System

---

[30] Im Staatsdienst wird dabei herkömmlich zwischen „normalen" Corps und des sog. *Grands Corps de l'Etat* unterschieden, zu denen unter anderem zu zählen sind: *Conseil d'Etat, Inspection Générale des Finances, Cour des Comptes, Corps des Ponts, des Eaux et des Forêts; Corps des Mines; Corps Préfectoral; Corps Diplomatique.* Insgesamt gibt es im Staats- und Gesundheitsdienst ca. 1.000 Corps (Meininger 2000: 191 ff.).

[31] Allerdings halten aufgrund finanzieller Probleme inzwischen zunehmend „nicht-statutäre" vertragliche Beschäftigungsverhältnisse Einzug. So liegt der Anteil der sog. *non-titulaires* auf der Ebene der lokalen Gebietskörperschaften inzwischen bei 25 % (im Vergleich zu 12 % im Staatsdienst). Hierbei handelt es sich um weitaus flexiblere, teilweise „prekäre", Arbeitsverhältnisse (etwa *vacataires; emplois-jeunes, contrats emploi solidarité* etc.).

konstitutive) Unterscheidung von – den Beamten vorzubehaltenden – „hoheitlichen" Tätigkeiten einerseits und sonstigen – von Angestellten oder Arbeitern zu erledigenden – Aufgaben andererseits unbekannt. So verfügen die französischen *fonctionnaires* auch über ein Streikrecht, um ihre Interessen gegenüber öffentlichen Arbeitgebern, notfalls durch offene Konfrontation, vertreten zu können. Zudem gibt es ein ausgebautes Recht gewerkschaftlicher Betätigung, von dem die Beamten traditionell umfassend Gebrauch machen (Lemmet/Creignou 2002: 19 ff.). Neben der Dreiteilung des öffentlichen Dienstes in Staatsdienst (*Fonction Publique d'Etat – FPE*), Gesundheitsdienst (*Fonction Publique Hospitalière – FPH*) und territorialen Verwaltungsdienst (*Fonction Publique Territoriale – FPT*) ist vor allem die sektorale Differenzierung in Form des *Corps*-Systems, das für den Staats- und Gesundheitsdienst gilt, bzw. des Berufsgruppen-Systems (*cadres d'emplois*), das auf den lokalen Verwaltungsdienst angewendet wird, charakteristisch. Für die *Corps* bzw. Berufsgruppen hat das Generalstatut für französische Verwaltungsbeamte (Gesetze von 1983/84) jeweils spezifische Statuten vorgesehen, die Sonderregelungen unter anderem für Rekrutierung, Karriereverlauf und Bezahlung enthalten.

Der französische öffentliche Dienst gilt als geschlossenes Personalsystem (vgl. Auer et al. 1996). Grundlage der Rekrutierung sind rigide Auswahlverfahren, die aufgrund des Corps-Systems und elitärer Ausbildungsgänge, insbesondere im Bereich der *Haute Fonction Publique*, stark sozial selektiv sind und „elitenbildend" wirken (Meininger 2000). Dabei erfolgt die Auslese über die prestigereichen *Grandes Ecoles* und ist mit rigorosen *Concours*-Verfahren verbunden. Die Ausbildungsgänge und Zugangswege zum Staatsdienst einerseits und zum Lokaldienst andererseits sind getrennt. Die (postgraduale) Ausbildung für den höheren Staatsdienst erfolgt über die *Ecole Nationale d'Administration (ENA)* in Strasbourg bzw. – für niederrangige Führungskräfte – über das *Institut Régional d'Administration (IRA)*, das fünf regionale Standorte umfasst. Die Schlüsselinstitution für die Aus- und Fortbildung des lokalen Verwaltungspersonals in Frankreich ist das aus 1.700 Mitarbeitern bestehende „Nationale Zentrum für den territorialen Verwaltungsdienst" (*Centre National de la Fonction Publique Territoriale – CNFPT*), das seine Zentrale in Paris und darüber hinaus 28 „dekonzentrierte" Außenstellen (*délégations régionales*) in der Provinz hat. Während es in einigen Spitzenpositionen des öffentlichen Sektors häufig zur sog. *pantouflage*, d. h. zum Wechsel von der ENA/Verwaltung in die Privatwirtschaft (Meininger 2000), kommt, sind generell sowohl der Laufbahnwechsel als auch personelle Übergänge zwischen öffentlichem und privatem Sektor schwierig und selten. Die Beförderung der Beamten erfolgt im Wesentlichen nach dem Senioritätsprinzip (*ancienneté*), wenngleich formal im *statut* auch Leistungsprämien als Anreize vorgesehen sind.

Marginalie: Grandes Ecoles

Abbildung 16: Verwaltung in Frankreich (Stand 2012)

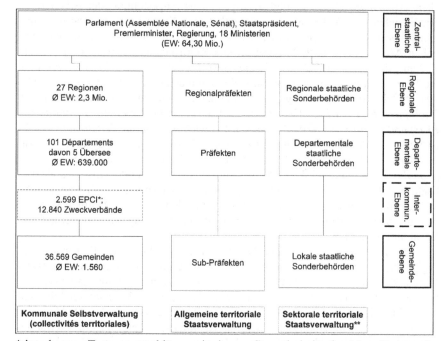

* interkomm. Zusammenschlüsse mit eigener Steuerhoheit, aber ohne Status echter Gebietskörperschaften
**

services extérieurs de l'Etat (unterstehen den jeweiligen Ministerien; territoriale Koordination durch Präfekten); der Bereich des öffentlichen Gesundheitsdienstes (*hôpitaux publics*) ist in der Abbildung nicht separat ausgewiesen
Quellen: eigene Darstellung; ferner:
http://www.insee.fr/fr/themes/document.asp?ref_id=ip1276#inter1
http://www.insee.fr/fr/methodes/default.asp?page=definitions/commune.htm
http://www.insee.fr/fr/methodes/nomenclatures/cog/
http://www.dgcl.interieur.gouv.fr/workspaces/members/desl/documents/
intercommunalite/bilan_statistique/2012/bilan_statistique_au/downloadFile/
file/BilanStat_EPCIaFP_Janv2012.pdf
Einwohnerzahlen: Stand 2010

3.1.2 Italien

Wie auch Frankreich ist Italien dem von der napoleonischen Staatstradition geprägten klassisch-kontinentaleuropäischen Verwaltungsmodell zuzuordnen, dem eine starke Orientierung am kodifizierten Recht, römische Rechtstradition und eine zentralistische Verwaltungsorganisation mit schwacher lokaler Selbstverwaltung eigen sind. Es scheint allerdings sinnvoll, Italien – zusammen mit Spanien, Griechenland und Portugal – einer gemeinsamen südeuropäischen (oder *mediterranean*) Subgruppe von napoleonisch geprägten kontinentaleuropäischen Verwaltungssystemen zuzuordnen (Kickert 2011: 107 ff.; Sotiropoulos 2009; Demmke et al. 2007). Dies erklärt sich aus den Besonderheiten im Bereich des öffentlichen Dienstes und der Verwaltungskultur, vor allem aus der ausgeprägten (Partei-)Politisierung des öffentlichen Dienstes, dem Klientelismus bei der Besetzung von Verwaltungsposten und der für den Norden des Kontinents in dieser Form unüblichen Patronagepolitik im öffentlichen Sektor, welche diese Länder(sub)gruppe als gemeinsame Distinktionsmerkmale aufweist.

südeuropäische Subgruppe

a) Basismerkmale des Regierungssystems

Nach seiner Einigung im Jahr 1861 wurde Italien (60 Mio. Einwohner) – ungeachtet der unterschiedlichen Traditionen seiner Regionen – unter der Führung des Königreichs Sardinien-Piemont zu einer unitarisch-zentralistischen Monarchie ausgestaltet – mit einer am französischen napoleonischen Staatsmodell orientierten zentralistischen Verfassung (*Statuto Albertino*). Unter dem Faschismus wurde das unitarisch-zentralistische Organisationsprinzip vollends verschärft. Nach Kriegsende wurde durch Referendum vom 2. Juni 1946 die Monarchie abgeschafft und am 1. Januar 1948 trat die – von der verfassungsgebenden Versammlung verabschiedete – neue republikanische Verfassung in Kraft, die einen dezentralisierten Einheitsstaat begründete. Die von der Verfassung vorgeschriebene Einrichtung von 20 Regionen – fünf Regionen mit „Spezialstatut" (*regioni a statuto speciale*) und 15 mit „Normalstatut" (*regioni a statuto ordinario*) – blieb zunächst bis in die 1970er Jahre weitgehend unverwirklicht. Erst infolge der tiefen innenpolitischen Krise, welche durch Korruptionsskandale ausgelöst worden war und zum Zusammenbruch des überkommenen Parteiensystems (mit der Dominanz der *Democrazia Cristiana*) führte, erhielt die Dezentralisierung entscheidende neue Impulse (vgl. Brunazzo 2010: 185 ff.). Das politische Erstarken der separatistischen Lega Nord (in der Lombardei) gab der Diskussion um eine Föderalisierung des Landes weiteren Auftrieb. Mit der – erstmals durch nationalen Volksentscheid beschlossenen – Verfassungsreform von 2001 wurde, insbesondere durch Stärkung der gesetzgeberischen und funktionalen Zuständigkeiten der Regionen, ein maßgeblicher Schritt zur weiteren Dezentralisierung unternommen. Gemäß dem neuen Art. 114 der Verfassung von 2001 besteht „die Republik aus den Gemeinden, aus den Provinzen, aus den Regionen und aus dem Staat" und stehen mithin alle Gebietskörperschaften – von den Gemeinden bis zum Staat (dieser, nota bene, an letzter Stelle genannt) – de jure auf *einer* Ebene. Die durch die einschneidende Verfassungsreform von 2001 vertiefte Dezentralisierung Italiens wurde verschiedentlich als eine „Quasi-Föderalisierung" bezeichnet (so Bobbio 2005: 29). Hingegen wird von wichtigen Stimmen, unter anderem vom einflussreichen Verfassungsgericht (*Corte costituzionale*), an der traditionellen Konzeption der „unitarischen" Staatsform (*Stato unitario*) festgehalten (vgl. Schefold 2007: 27 m. N.). Eine noch weitergehende Verfassungsreform, die die Umwandlung Italiens in einen Bundesstaat bewirkt hätte, fand allerdings in dem hierzu abgehaltenen nationalen Volksentscheid am 25. und 26. Juni 2006 nicht die erforderliche Mehrheit (vgl. Bull 2007).

napoleonisches System

Quasi-Föderalisierung

Italien hat ein parlamentarisches Regierungssystem, in dem das Parlament aus zwei Kammern, der *Camera dei deputati* (Abgeordnetenkammer mit 630 Mitgliedern, die für fünf Jahre gewählt werden) und dem *Senato della Repubblica* (Senat mit 315 Senatoren)[32] besteht. Seit der Wahlreform von 2005 gilt im Wesentlichen ein Proporzsystem mit einem „Bonus" für den Wahlsieger, der in der Abgeordnetenkammer auf nationaler, im Senat auf regionaler Ebene vergeben wird. Beide Kammern haben im Gesetzgebungsverfahren beinahe identische Zuständigkeiten. Die Regierungsexekutive wird vom Ministerrat (*Consiglio dei Ministri*) und vom Ministerpräsidenten (*Presidente del Consiglio dei Ministri*) gebildet. Der formal vom Staatspräsidenten ernannte Ministerpräsident und das Kabinett bedürfen zur Regierungsbildung der Zustimmung beider Häuser. Sie können durch die Annahme eines Misstrauensantrags in einer der beiden Kammern gestürzt werden. Jeder Minister ist verantwortlich für die Leitung seines Geschäftsbereichs (Ressortprinzip). Der Ministerpräsident ist primus inter pares ohne Richtlinienkompetenz. Der Staatspräsident wird als Staatsoberhaupt auf sieben Jahre indirekt vom Parlament und von je drei Vertretern der 20 Regionen gewählt. Er kann jede der beiden Parlamentskammern auflösen, den Ministerpräsidenten ernennen sowie durch ein aufschiebendes Veto den Gesetzgebungsprozess beeinflussen. Oberstes Gericht ist das Verfassungsgericht (*Corte costituzionale*), das sich aus fünfzehn Richtern zusammensetzt, die jeweils zu einem Drittel vom Präsidenten, vom Parlament und von den zwei anderen höchsten Gerichten gewählt werden.

b) Staatsaufbau und nationales Verwaltungsprofil

In Widerspiegelung dessen, dass die Dezentralisierung des historisch zentralistischen Staatsmodells in der Verfassung von 1947 zwar (programmatisch) vorgegeben, jedoch zunächst nur schleppend verwirklicht wurde, blieb die staatliche Verwaltung zunächst weiterhin von ihrer herkömmlichen zentralistischen (napoleonischen) Verwaltungshierarchie geprägt. Diese fand ihre dominierende Spitze in den Ministerien in Rom und ihre subnationalen administrativen Stützpunkte, insbesondere auf der Ebene der (110) Provinzen (*province*). Eine Schlüsselrolle kam dabei den historisch von der französischen Département-Struktur übernommenen Präfekturen sowie den von der Zentralregierung ernannten und dieser hierarchisch unterstellen Präfekten (*prefetti*) zu.

Dezentralisierung   Zwar zielte die seit den späten 1990er Jahren eingeleitete „administrative Dezentralisierung" (*decentramento amministrativo*) darauf, diese zentralistische Staatsorganisation durch die Übertragung von Verwaltungsaufgaben „nach unten" zu überwinden. Im neuen Art. 117 ging die Verfassung von 2001 soweit vorzuschreiben, dass „die Verwaltung im allgemeinen den Gemeinden" zustehe, also eine Vermutung der generellen Zuständigkeit der Gemeinden (als kommunale Selbstverwaltungsebene!) für Verwaltungsaufgaben festzulegen. Jedoch besteht auf der Ebene der Provinzen die staatliche Verwaltung unter der Leitung des *prefetto* weiter. Nachdem durch die Reform von 2000 auf

---

32 Abgesehen von derzeit sieben auf Lebenszeit ernannten Senatoren, werden die Senatoren grundsätzlich auf der Basis der Regionen, mit mindestens sieben je Region, für fünf Jahre gewählt.

der gebietlichen Basis der Provinzen Selbstverwaltungsorgane (mit gewählten Vertretungen) eingeführt worden sind, bestehen – ähnlich der „Doppelstruktur" der französischen Départements – die in der zentralistischen Verwaltungsgeschichte Italiens wurzelnden staatlichen Provinzbehörden und die neuen Provinz-Selbstverwaltungsorgane nebeneinander. Das starke organisatorische und funktionale Gewicht, das die staatlichen Verwaltungsbehörden im subnationalen Raum nach wie vor haben, kommt darin zum Ausdruck, dass noch immer 55 % des gesamten öffentlichen Personals Bedienstete des Staates sind, von denen die meisten außerhalb Roms (allerdings auch als Lehrer) auf der Ebene der Provinzen und Kommunen tätig sind.

c) Subnational-dezentrale Verwaltungsebene

Die starke Stellung, die die Regionen als subnationale Ebene im italienischen Staat haben, beruht zum einen auf ihnen zugewiesenen mittelbaren gesamtstaatlichen Mitwirkungsrechten. Dadurch, dass innerhalb des Zweikammer-Systems die Mitglieder des Senats auf der Basis der Regionen gewählt werden, wird dem Senat die verfassungspolitische Funktion einer „Vertretung der Regionen" zugeschrieben. Auch an der Wahl des Staatspräsidenten sind die Regionen (neben den Mitgliedern der Abgeordnetenkammer und des Senats) mit 58 von den Regionen entsandten Wahlmännern beteiligt. Zum anderen und vor allem liegt die starke Stellung der Regionen darin begründet, dass ihnen durch die Verfassungsreform von 2001 weitgehende Gesetzgebungszuständigkeiten eingeräumt worden sind (siehe unten, Kapitel 4.2). Nach Art. 117 der italienischen Verfassung haben die Regionen das Gesetzgebungsrecht für alle Materien, die nicht ausdrücklich der gesamtstaatlichen Gesetzgebung (durch Abgeordnetenkammer und Senat) vorbehalten sind. Das gilt insbesondere für die sog. „konkurrierende Gesetzgebung" (*legislazione concurrente*), die im italienischen Verfassungssystem (anders als in Deutschland) eine gesetzgeberische Zuständigkeitsteilung statuiert, wonach in zahlreichen Feldern der zentralen Ebene lediglich eine Rahmengesetzgebung (beispielsweise zur Festlegung des „wesentlichen Niveaus", *livello essenziale*, von Sozialleistungen) eingeräumt ist. Dagegen liegt es bei den einzelnen Regionen, diese nationalgesetzlichen Rahmenbestimmungen durch regionalgesetzliche Vorschriften auszufüllen. Dies hat zu erheblichen interregionalen Unterschieden in den gesetzlichen Regelungen geführt, was die bestehenden sozio-ökonomischen Disparitäten zwischen den Regionen noch verschärft. Die Spannungen zwischen den Verfassungsimperativen (Gleichheit usw.) des unitarischen Gesamtstaates und einer markant unterschiedlichen regionalen (quasi-föderalen) Gesetzgebung treten in zahlreichen Streitigkeiten vor dem Verfassungsgericht zu Tage, in denen dieses als Verfechter der unitarischen Verfassungsprämissen und einer restriktiven Auslegung der Befugnisse der Regionen hervortritt. Seit 2000 werden die bis dahin von den Regionalräten (*consiglieri regionale*) gewählten Vorsitzenden (*Presidenti*) nunmehr direkt gewählt, was ihr politisches Gewicht sowohl innerhalb der Regionalpolitik als auch im Verhältnis zur Zentralregierung in Rom erheblich verstärkt hat.

Randnotiz: starke Stellung der Regionen

comuni und province

Die insgesamt ca. 8.100 Gemeinden (*communi*) haben durchschnittlich 7.400 Einwohner, darunter 71 % mit weniger als 5.000 Einwohnern. Die 110 *province* (mit durchschnittlich 550.000 Einwohnern) sind traditionell die untere staatliche Verwaltungsebene (mit dem erwähnten *prefetto*) und seit der Reform von 1994 außerdem die obere Ebene kommunaler Selbstverwaltung. In der fortbestehenden Kleinteiligkeit der kommunalen Ebene ist ein wesentlicher Grund dafür zu vermuten, dass das Mandat der Verfassung von 2001 (Art. 118), die Verwaltungsaufgaben grundsätzlich den Gemeinden zu übertragen, bislang kaum verwirklicht worden ist (vgl. Schefold 2007: 61). Als Teil der umfassenden Reformen der 1990er wurde 1993 die Direktwahl der Bürgermeister (*sindaco*) eingeführt, wodurch deren „exekutive Führerschaft" beträchtlich verstärkt wurde. Hinsichtlich der Verwaltungskraft bestehen zwischen den großen und verhältnismäßig reichen Städten des Nordens (unter anderem Milano mit 1,2 Mio. Einwohnern; Torino mit 900.000 Einwohnern) und der Vielzahl kleiner Gemeinden tiefgreifende sozio-ökonomische Disparitäten, so dass insoweit von einem „Italien unterschiedlicher Geschwindigkeiten" gesprochen werden könnte.

Das funktionale Gewicht der subnationalen Ebene in Italien kommt in dem Anteil zum Ausdruck, den sie an den gesamten öffentlichen Ausgaben hat. Auf die Regionen kommen ca. 20 % der Ausgaben, worin sich insbesondere die finanziellen Verpflichtungen widerspiegeln, die sie in dem 1978 geschaffenen öffentlichen Gesundheitssystem (*Servizio Sanitario Nazionale*) erfüllen. Dagegen entfallen auf die Provinzen und Kommunen 10,4 % der öffentlichen Gesamtausgaben, dabei wiederum der Löwenanteil auf die Gemeinden. Der Anteil der Beschäftigten der kommunalen Ebenen am gesamtstaatlichen öffentlichen Personal vermittelt ein ähnliches Bild. Die Beschäftigten der Kommunen und Provinzen machen nur etwa 14 % der Gesamtzahl des öffentlichen Personals aus, von denen wiederum 87 % auf die Kommunen entfallen und nur 13 % auf die Provinzen (als Selbstverwaltungskörperschaften).

d) Öffentlicher Dienst

Wandel des geschlossenen Systems

Seit den 1980er Jahren ist das bisher dominierende öffentliche Dienstrecht, in dem die Stellung des öffentlich Bediensteten durch einseitige Ernennung, Karrieresystem, lebenslange Einstellung usw. gekennzeichnet war und das insoweit dem deutschen Beamtenrecht und -status ähnelte, durch ein gesetzgebendes Dekret grundsätzlich dem privaten Dienstrecht und den auf dieser Grundlage abgeschlossenen Kollektivverträgen unterstellt worden. Als Vertreter aller öffentlichen Arbeitgeber wirkt eine *agenzia per la rappresentazione negoziale delle pubbliche amministrazioni* (ARAN). Diese schließt die Kollektivverträge mit den Gewerkschaften ab. Infolge der Ersetzung des öffentlich-rechtlichen durch den auf privatrechtlichem Vertrag beruhenden Beschäftigtenstatus werden Streitigkeiten nunmehr vor den Zivil-/Arbeitsgerichten verhandelt. Allerdings bleiben nach wie vor eine „Zweispurigkeit" und ein „Mischsystem" erhalten (vgl. Schefold 2007: 82). Diejenigen öffentlich Beschäftigten, denen die Ausübung von hoheitlichen Funktionen zugerechnet wird (Staatsanwälte, Präfekten, Polizei usw.), stehen weiterhin als Beamte unter öffentlichem Dienstrecht, was allerdings inzwischen auf nur noch 15 % der öffentlichen Beschäftigten zutrifft, während 85 % Vertragsbedienstete sind (Demmke 2011: 323).

Abbildung 17: Verwaltung in Italien (Stand 2012)

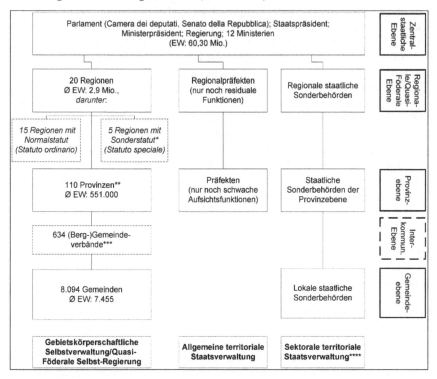

* In den Regionen mit Sonderstatut weicht die Verwaltungsorganisation teilweise ab
** Reduzierung (auf 50 für Ende 2012) vorgesehen; Umsetzung aber unsicher
*** ohne Status echter Gebietskörperschaften
**** unterstehen den jeweiligen Ministerien; territoriale Koordination durch Präfekten; der Bereich des öffentlichen Gesundheitsdienstes (*Servizio Sanitario Nazionale – SSN*) mit 171 lokalen Untereinheiten (*aziende sanitarie locali – ASL*) ist in der Abbildung nicht separat ausgewiesen
Quellen: eigene Darstellung; ferner:
http://demo.istat.it/bilmens2011gen/index02.html
http://www.comuniverso.it/index.cfm?Tutti%20i%20Comuni%20d%E2%80%99 Italia&menu=169
http://demo.istat.it/bilmens2011gen/index02.html
http://demo.istat.it/bil2010/dati/regioni.zip
Einwohnerzahlen: Stand 2010

Wie oben erwähnt, ist es für Italien und die südeuropäische Ländergruppe insgesamt charakteristisch, dass die Besetzung von administrativen (Führungs-) Posten in hohem Maße durch Patronagepolitik geprägt ist und die politischen Parteien erheblichen Einfluss auf die Rekrutierungs- und Beförderungspraxis der Verwaltung ausüben. Wenngleich Einstellung und Beförderung im öffentlichen Sektor ganz nach Weber'schem Modell durch formale Zugangs- und Qualifikationsvoraussetzungen geregelt sind, folgt die Praxis doch anderen Handlungslogiken. So werden die offiziell vorgegebenen formalen Zugangsregeln oft umgangen, indem befristete Verträge von Bediensteten, die über politische Kontakte in eine Verwaltungsposition gelangt sind, nach einer bestimmten Laufzeit entfristet werden (vgl. Cassese 2002; für Spanien: Alba 1998; für Griechenland: Spanou 2001), was mithin auch das Personalwachstum in den öffentlichen Diensten dieser Länder erklärt. Wenngleich verschiedene Formen eines solchen *spoil system*, d. h. der politischen Ernennung von Spitzenbeamten, auch aus anderen europäischen Ländern bekannt sind (Frankreich, Deutschland), so sind die extremen Ausmaße, wenn nicht „Auswüchse", des politischen Klientelismus, der Parteipatronage und -politisierung in der öffentlichen Verwaltung doch als charakteristisch für die südeuropäische Ländergruppe anzusehen.

Politisierung des öffentlichen Dienstes

3.2 Das kontinentaleuropäisch-föderale Verwaltungsprofil: Deutschland

a) Basismerkmale des Regierungssystems

Die Bundesrepublik Deutschland (82 Mio. Einwohner) gehört zum Typus der parlamentarischen Regierungssysteme, die trotz formaler horizontaler Gewaltenteilung durch eine faktische Verschmelzung von Regierung und Parlamentsmehrheit gekennzeichnet sind. Dabei ist die Stellung des Regierungschefs (Bundeskanzler/in) innerhalb der nationalen Exekutive relativ stark, was auch als „Kanzlerdemokratie" bezeichnet worden ist (vgl. Rudzio 2003: 283 ff.). Das „monokratische Kanzlerprinzip", welches die Richtlinienkompetenz, die Kompetenz der Regierungsbildung sowie die Organisationsgewalt des Bundeskanzlers beinhaltet, soll die Einheitlichkeit und Handlungsfähigkeit der Bundesregierung fördern. Über wie viel Spielraum der Regierungschef tatsächlich verfügt, hängt jedoch von den politischen Umständen ab, insbesondere von der Koalitionskonstellation (z. B. kleinstmögliche vs. Große Koalition) sowie von seiner Position in der eigenen Partei. Zudem steht das „Kanzlerprinzip" in der Regierungspraxis nicht selten im Konflikt zum „Kabinettsprinzip", das für bestimmte Entscheidungssachverhalte gemeinsame Entscheidungen des gesamten Kabinetts vorsieht, und auch zum „Ressortprinzip", wonach die Minister ihre jeweiligen Ressorts innerhalb der vom Kanzler festgelegten Richtlinien selbständig leiten (Bogumil/Jann 2009: 90 ff.). Das deutsche Politiksystem weist sowohl konkurrenz- als auch verhandlungsdemokratische Elemente auf. Zu Ersteren sind die starke Stellung und der gute Organisationsgrad der Parteien, die Dominanz des Parteienwettbewerbs (mit der Tendenz zum „Parteienstaat"), ferner die erwähnte starke Stellung des Bundeskanzlers sowie die überwiegende Ausgestaltung der Bundeskabinette als kleinstmögliche Koalitionen, die einen „starken Kanzler" hervorbringen, zu

„Kanzlerdemokratie"

zählen. Verhandlungsdemokratische Elemente liegen vor allem im föderalen Staatsaufbau, insbesondere in der Variante des „kooperativen Föderalismus" mit ausgeprägter horizontaler und vertikaler Politikverflechtung, was sich unter anderem im Bundesratsmodell, im Verwaltungsföderalismus (siehe unten), im System der Gemeinschaftssteuern (ca. 70 % des nationalen Steueraufkommens), des Finanzausgleichs, der Mischfinanzierung sowie in der Bund-Länder-Kooperation und Selbstkoordination der Länder widerspiegelt (Scharpf et al. 1976; Benz et al. 1992; Kropp 2010: 49 ff.). Auch die starke Stellung des Bundesverfassungsgerichts, die schwer zu ändernde geschriebene Verfassung, die Kombination von Verhältnis- und Mehrheitswahlrecht sowie ein ausgebauter Korporatismus stärken die verhandlungsdemokratische Ausrichtung (Schmidt 2000).

kooperativer Föderalismus

b) Staatsaufbau und nationales Verwaltungsprofil

Aufgrund seiner vertikalen Fragmentierung und der in den Politikprozess eingeschalteten Veto-Akteure ist der deutsche Staat als semi-souverän eingestuft worden (vgl. Katzenstein 1987). Zum einen haben die Länder(exekutiven) aufgrund ihrer Veto-Macht im Bundesrat einen gewichtigen Einfluss auf die Bundesgesetzgebung (Exekutivföderalismus), während zugleich (und dadurch legitimiert) ihre eigenen legislativen Kompetenzen zunehmend beschnitten wurden, da der Bund die konkurrierende Gesetzgebung weitgehend an sich gezogen hat, was allerdings im Zuge der jüngsten Föderalismusreform teilweise relativiert worden ist (Kropp 2010: 209 ff.). Zum anderen haben die Länder und Kommunen innerhalb des deutschen Verwaltungsföderalismus eine starke Stellung, da ihnen der Gesetzesvollzug weitgehend in eigener Verantwortung überlassen ist, während der Bund nur ausdrücklich in den im Grundgesetz genannten Bereichen über einen eigenen Verwaltungsunterbau verfügen darf (z. B. in den Bereichen Zoll-, Finanz-, Wasser-, Schifffahrts- und Bundeswehrverwaltung sowie Bundesgrenzschutz; vgl. Art. 83 und 86 GG). Damit ist Deutschland durch ein hoch dezentralisiertes Verwaltungssystem mit den Ländern und Kommunen als wichtigsten, auch für den Vollzug der Bundesgesetze, zuständigen Ebenen charakterisiert. Verwaltung spielt sich weit überwiegend subnational, insbesondere auf der kommunalen Ebene ab. Dies zeigt sich auch darin, dass der Anteil des Bundes an der öffentlichen Gesamtbeschäftigung mit gerade 12 % sehr schmal ausfällt (wohingegen die Länder 53 % haben) und die Kommunen als wichtigste Leistungs- und Vollzugsebene einen Anteil von 35 % stellen.

Exekutivföderalismus

dezentralisiertes Verwaltungssystem

In den vergangenen Jahren ist es im Zuge der Föderalismusreform(en) zu einigen wesentlichen Veränderungen im Mehrebenensystem gekommen, die unter den Schlagworten von Entflechtung, Dezentralisierung und mehr Wettbewerb verfolgt wurden. Mit der Föderalismusreform I des Jahres 2006 wurden unter anderem die Rahmengesetzgebung des Bundes abgeschafft, Teile der konkurrierenden Gesetzgebung sowie Materien, die ehemals durch Rahmengesetzgebung geregelt waren, zwischen Bund und Ländern aufgeteilt, die Zustimmungspflicht des Bundesrates bei Gesetzen verändert, um die Zahl der zustimmungspflichtigen Gesetze zu reduzieren, sowie die Gemeinschaftsaufgaben neu geregelt (Bogumil/ Jann 2009: 77). In diesem Kontext wurde auch der ehemals einheitliche Rechtsrahmen für die deutschen Landes- und Kommunalbeamten abgeschafft, so dass die Beamtenbesoldung, -versorgung und das Dienstrecht nunmehr weitgehend bei den Ländern liegen (siehe Kapitel 4.5.4). Bei der Föderalismusreform II des Jahres 2009 standen unter anderem die Kodifizierung einer Schuldenbremse und die Einführung einer „Kann-Bestimmung" für Leistungsvergleiche zwischen Verwaltungen unterschiedlicher Ebenen (Art. 91 d GG) im Mittelpunkt (Kuhlmann 2011: 159).

c) Subnational-dezentrale Verwaltungsebene

Die dezentral-lokale Ausgestaltung des Verwaltungssystems im Rahmen föderaler Kompetenzverteilung und starker kommunaler Selbstverwaltung gehört zu den Wesensmerkmalen des deutschen Föderalismus. Dabei dominiert die Variante des Vollzugs von Bundes- und Landesgesetzen als eigene Angelegenheit der Länder, bei der die Länder innerhalb der jeweiligen gesetzlichen Regelung einen großen Spielraum hinsichtlich der Verwaltung haben, aber auch die Kosten tragen müssen. Dagegen sind andere Varianten, wie die Bundesauftragsverwaltung oder der Bundesvollzug von Bundesgesetzen, quantitativ nachrangig. Da die Länder über ihren Verwaltungsaufbau selbst entscheiden, gibt es große Varianzen, wobei hinsichtlich der Verwaltungsgliederung zu unterscheiden ist zwischen dreistufigen und zweistufigen Ländern[33]. Auf einen dreistufigen Verwaltungsaufbau, bestehend aus Zentralstufe (Oberste Landesbehörden, Landesoberbehörden), Mittelebene (Regierungspräsidien/Bezirksregierungen, höhere Sonderbehörden) und Unterstufe (untere Landesbehörden, Landratsämter/Kreisverwaltungen als untere allgemeine Landesverwaltung), ist zunächst in den Ländern Nordrhein-Westfalen, Niedersachsen, Hessen, Bayern, Baden-Württemberg, Sachsen, Sachsen-Anhalt und – bedingt – in Thüringen zurückgegriffen worden. Inzwischen ist es hier allerdings zu teilweise einschneidenden Reformen gekommen (z. B. Übergang zur Zweistufigkeit in Niedersachsen; vgl. Kapitel 4.2). Die allgemeinen Mittelinstanzen (Regierungspräsidien/Bezirksregierungen) sollen eine staatliche Koordinierungs- und Bündelungsfunktion im Territorium übernehmen, so dass ein Interessenausgleich zwischen den verschiedenen Ressorts der sektoral organisierten Landesverwaltung erfolgen kann. Dagegen hat man in den anderen Ländern von vornherein auf Mittelbehörden verzichtet, so dass die Verwaltung dort nur zweistufig aufgebaut ist (Saarland, Schleswig-Holstein, Mecklenburg-Vorpommern, Brandenburg, seit 2004 Niedersachsen). Nur ca. ein Drittel des öffentlichen Dienstes der Länder ist jedoch Verwaltungspersonal im engeren Sinne und die meisten Landesbediensteten arbeiten *nicht* in der Verwaltung, sondern vor allem in den Bereichen Bildung und Wissenschaft (ca. 50 %) sowie Polizei, öffentliche Sicherheit, Ordnung und Rechtsschutz (ca. 23 %; vgl. Bogumil/Jann 2009: 99). Auch die Länder greifen nur begrenzt auf einen eigenen Verwaltungsunterbau zurück und übertragen den Vollzug der Bundes- und Landesgesetze in der Regel auf die Kommunen (Kreise und Gemeinden). So werden 70-85 % der

---

[33] Eine hier nicht weiter zu vertiefende Sonderrolle im Verwaltungssystem nehmen zudem die Stadtstaaten (Berlin, Hamburg, Bremen) ein, die zugleich Bundesländer und Kommunen sind und deren Landesregierungen (Senate) somit Landes- und Gemeindeaufgaben wahrnehmen.

ausführungsbedürftigen Bundes- und Landesgesetze (sowie der größte Teil des EU-Rechts; vgl. Schmidt-Eichstaedt 1999: 330) von den Kommunen vollzogen und zwei Drittel aller öffentlichen Investitionen über kommunale Behörden abgewickelt (Wollmann 2002 b).

Die deutschen Kommunen (Gemeinden und Gemeindeverbände) gelten zwar staatsrechtlich als Teil der Länder, bilden aber faktisch eine dritte Politik- und Verwaltungsebene innerhalb des nationalen Systems. Charakteristisch für Deutschland ist das Modell der funktional starken, leistungskräftigen Kommunen, die innerhalb der „allgemeinen Zuständigkeitsvermutung" eine Fülle von Aufgaben erledigen und deren institutioneller Bestand durch Art. 28 II des Grundgesetzes abgesichert ist, wonach den „Gemeinden das Recht gewährleistet sein (muss), alle Angelegenheiten der örtlichen Gemeinschaft im Rahmen der Gesetze in eigener Verantwortung zu regeln". Dabei nehmen die Kommunen eine Doppelfunktion als Durchführungsinstanz eigener Selbstverwaltungsaufgaben (sog. „eigener Wirkungskreis") und übertragener staatlicher (d. h. Bundes- und Landes-)Aufgaben (sog. „übertragener Wirkungskreis") wahr. Für die Kreise als überlokale kommunale Selbstverwaltungsebene gilt zudem in vielen Bundesländern eine institutionelle Integration in die landesstaatliche Verwaltung (als deren untere Ebene), so dass man auch von der „Janusköpfigkeit" der Kreisverwaltung spricht. Aufgrund der organisatorischen Bündelung von („echten") kommunalen und („übertragenen") staatlichen Aufgaben kann das deutsche Verwaltungsmodell als *fused system*, genauer: als „kommunaladministratives Integrationsmodell" bezeichnet werden (vgl. Wollmann 1999 b: 196 m. w. N.). Zu den „echten" Kommunalaufgaben zählt herkömmlich ein breiter (multi-funktionaler) Bestand an Aufgaben, die von Stadtplanung und -entwicklung, über soziale und kulturelle Aufgaben bis hin zur Daseinsvorsorge (Wasser, Abwasser, ÖPNV usw.) reichen. „Übertragene" Aufgaben sind typischerweise mit „öffentlicher Sicherheit und Ordnung" verbunden (Umweltschutz, Bauordnung, einschließlich Baugenehmigungsverfahren usw.). Das gebietsbezogene Modell der lokalen Allzuständigkeit wird zudem dadurch noch bekräftigt, dass die deutschen Kommunen traditionell über eine starke Gemeindewirtschaft verfügen und etwa Leistungen der lokalen Daseinsvorsorge überwiegend in eigener Regie erbringen. Dabei hat sich – auf das 19. Jahrhundert zurückgehend – die Institutionalisierungsvariante der kommunalen Stadtwerke durchgesetzt, in denen die verschiedenen Versorgungssparten (Energie, Wasser, Abfall, Verkehr) im Verbund organisiert sind und die im europäischen Kontext als eine deutsche Singularität gilt. Dagegen ist für den Bereich der sozialen Aufgaben traditionell das Subsidiaritätsprinzip bestimmend, wonach die Leistungserbringung weitgehend nicht-öffentlichen (freien, gemeinnützigen) Trägern vorbehalten ist, wobei sich im Laufe der Zeit ein faktisches Monopol der großen Wohlfahrtsverbände mit ausgeprägten korporatistischen Vernetzungen herausgebildet hat.

Hinsichtlich der territorialen Strukturen der Kommunalebene weisen die einzelnen Bundesländer aufgrund der entsprechenden Länderzuständigkeit starke Unterschiede auf. Die bis zum 2. Weltkrieg bestehende territoriale Struktur der Gemeinden und Kreise reichte, sieht man von Ansätzen einer Kommunalgebietsreform in Preußen in den 1920er Jahren ab, weitgehend in das 19. Jahrhundert zurück. Nach 1945 zählte die (alte) Bundesrepublik 24.381 Gemeinden mit durchschnittlich rund 2.000 Einwohnern, 425 Kreise und 135 (einstufige) kreisfreie Städte, die sowohl Gemeinde- als auch Kreisaufgaben wahrnehmen. In den späten 1960er und frühen 1970er Jahren wurden in allen Ländern der (alten) Bundesrepublik kommunale Gebietsreformen eingeleitet und durchgeführt (siehe auch Kapitel 4.3). Während einige Bundesländer infolge einschneidender Territorialreformen typologisch dem „nordeuropäischen" Kommunalmodell zuzurechnen sind (so NRW mit 396 Einheitsgemeinden bei durchschnittlich rund 45.000 Einwohnern), stehen andere eher dem „südeuropäischen" Gebietstypus nahe (so Rheinland-Pfalz mit rund 2.306 Gemeinden bei durchschnittlich 1.700 Einwohnern). Eine Sonderrolle nehmen in Deutschland zudem die kreisfreien Städte ein, die Kreis- und Gemeindefunktionen institutionell integrieren. Die innere Kommunalverfassung, also die rechtliche Kompetenzregelung der verschiedenen Organe kommunaler Selbstverwaltung, ist ebenfalls durch föderal bedingte Vielfalt bestimmt, wobei die Traditionen der Vorgängerstaaten (Preußen) sowie der nach dem zweiten Weltkrieg an der Ausarbeitung der Gemeindeordnungen in den einzelnen Bundesländern beteiligten Besatzungsmächte durchscheinen. Überwiegend geprägt vom Prinzip repräsentativer Demokratie[34], finden sich in den („alten") Kommunalverfassungen der deutschen Gemeinden sowohl präsidentielle als auch parlamentarische Elemente. So haben die südlichen Bundesländer (süddeutsche Rat-Bürgermeister-Verfassung) den „starken" exekutiven Bürgermeister und eine dualistische Kompetenzverteilung zwischen Rat und Bürgermeister institutionalisiert. Dagegen gibt es – in unverkennbarer Anknüpfung an das britische Gewaltenteilungsmodell – in den Ländern der (ehemals) Norddeutschen Ratsverfassung (NRW, Niedersachsen) eher Anklänge an das parlamentarische Regierungssystem, da es zur Verschränkung von Ratsmehrheit und Verwaltung kommt und der Rat eine starke Position hat (monistisches Zuständigkeitsmodell). Zudem fehlt im traditionellen norddeutschen Modell die Figur des starken exekutiven Bürgermeisters, da dieser lediglich den Ratsvorsitz innehat, während die exekutiv-administrativen Funktionen beim (Ober-)Stadtdirektor liegen (sog. Doppelspitze).

Seit den Kommunalverfassungsreformen der 1990er Jahre ist eine Konvergenz in Richtung der Süddeutschen Ratsverfassung festzustellen, wenngleich weiterhin beachtliche Unterschiede zwischen den einzelnen Bundesländern bestehen (vgl. Wollmann 2008: 86 ff. m. w. N.; Bogumil/Holtkamp 2013). Die direkte Wahl des Bürgermeisters, die bis dahin ausschließlich in Bayern und Baden-Württemberg bekannt war, wurde – beginnend mit Hessen im Jahre 1990 – in allen anderen deutschen Bundesländern eingeführt und vielfach mit der völlig neuen Möglichkeit der Bürgermeisterabwahl durch kommunales Referendum (*recall*) verbunden. Auch die Landräte werden inzwischen überwiegend (außer in Schleswig-Holstein und Baden-Württemberg) direkt gewählt. In den Bundesländern mit ehemals Norddeutscher Ratsverfassung wurden außerdem die Doppelspitze abgeschafft und der „exekutive Bürgermeister" installiert. Die duale

---

34 Eine Ausnahme bildeten in Deutschland seit der Nachkriegszeit lediglich die Einführung der direkten Bürgermeisterwahl in Baden-Württemberg (seit 1956) und in Bayern (seit 1952) sowie die Möglichkeit kommunaler Referenden in Baden-Württemberg (seit 1956). Zudem hatten zahlreiche Bundesländer in ihren Gemeindeordnungen für Kleingemeinden direktdemokratische Gemeindeversammlungen vorgesehen.

Kompetenzverteilung, in der Verwaltungschef und Rat jeweils eigene Kompetenzen besitzen, ist nunmehr flächendeckend eingeführt (Kuhlmann 2009: 274). Neben dem Personalplebiszit wurde auch das Sachplebiszit (Bürgerbegehren, -entscheide) in die Gemeindeverfassungen aller deutschen Bundesländer aufgenommen – ebenfalls mit von Land zu Land sehr unterschiedlichen Regelungen und Verfahrenshürden (Wollmann 2008: 74 ff.). Insgesamt ist die Anwendungshäufigkeit des lokalen Referendums in Deutschland jedoch bislang eher moderat.

d) Öffentlicher Dienst

Gemessen am Anteil der öffentlichen Beschäftigung an der Gesamterwerbstätigkeit, befindet sich die Bundesrepublik mit einer Quote von 10 % (in 2008) in der Gruppe jener OECD-Länder, deren öffentliche Verwaltung personell gering dimensioniert ist. Berücksichtigt man außerdem, dass die Teilzeitquote im öffentlichen Dienst zwischen 1960 und 2000 von 6,2 auf 25 angestiegen ist, so dürfte Deutschland mittlerweile im internationalen Vergleich über einen der kleinsten öffentlichen Dienste verfügen (Derlien 2002: 232). Dieser ist einerseits durch ein hohes Ausmaß an Dezentralität und Variabilität bestimmt, in welchem sich das föderalstaatliche Verfassungsarrangement widerspiegelt (siehe oben). Andererseits sind die Dienstverhältnisse, Laufbahnstrukturen, Qualifikationsanforderungen und Zugangswege für öffentlich Beschäftigte der unterschiedlichen Ebenen bundesweit relativ einheitlich geregelt, worin einer der Angriffspunkte der jüngsten Föderalismusreform zu sehen ist (siehe weiter unten). Der deutsche öffentliche Dienst ist den geschlossenen Systemen zuzuordnen (vgl. Auer et al. 1996), da der Zugang für Seiten- und Quereinsteiger, Laufbahnwechsel sowie personelle Übergänge zwischen öffentlichem und privatem Sektor schwierig sind und selten vorkommen. Die kontinentaleuropäische Staatstradition findet zudem in der historisch überkommenen Institution des Berufsbeamtentums ihren Niederschlag, deren „hergebrachte Grundsätze" in Art. 33 GG festgeschrieben sind. Es gilt eine Dualität des Statusrechts für Angestellte/Arbeiter auf der einen und Beamte auf der anderen Seite, wobei Letzteren die Ausübung „hoheitlicher" Befugnisse vorbehalten sein soll. Über einen Beamtenstatus verfügen insgesamt 37 % der öffentlichen Beschäftigten (vgl. Demmke 2011: 323), davon 60 % auf Bundes- und Landes-, 12 % auf der Kommunalebene. Dieser wird durch ein öffentlich-rechtliches Dienstverhältnis begründet und ist durch die Ernennung auf Lebenszeit und Streikverbot charakterisiert. Dagegen stehen die Angestellten und Arbeiter (59 % des öffentlichen Personals) in einem privatrechtlichen, durch Vertrag begründeten Beschäftigungsverhältnis und sie sind grundsätzlich kündbar (siehe auch Kuhlmann 2006 b)[35]. Es gibt in Deutschland keine zentrale Institution für die Ausbildung der Verwaltungselite und die Verwaltungsausbildung erfolgt stark dezentral unter der Kulturhoheit der Länder, die für den Landes- und Kommunaldienst jeweils über eigene Ausbildungsstätten verfügen. Aufgrund der legalistischen Verwaltungskultur werden Juristen bei der Rekrutierung zum höheren Verwaltungsdienst privilegiert und die Verwaltungsausbildung ist stark an rechtlichen Lehrinhalten und der Aneignung rechtlicher Expertise orientiert.

„schlanker" öffentlicher Dienst

„hergebrachte Grundsätze" des Berufsbeamtentums

---

35 Hinzu kommen 4 % Soldaten.

Abbildung 18: Verwaltung in Deutschland (Stand 2012)

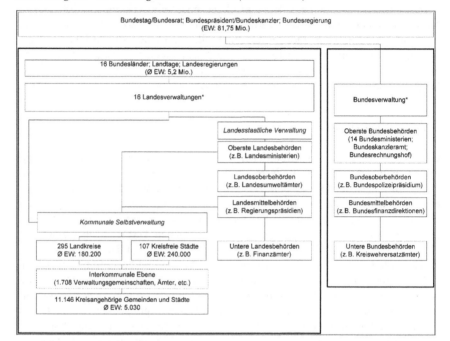

* Die Differenzierung nach „unmittelbarer" und „mittelbarer" Bundes-/Landesverwaltung ist in der Abbildung nicht separat aufgeführt (siehe hierzu Bogumil/Jann 2009: 88). Sonderregelungen gelten zudem für die Stadtstaaten.
Quellen: eigene Darstellung; ferner (zur kommunalen Ebene): Bogumil/Holtkamp 2013

3.3 Das skandinavische Verwaltungsprofil: Schweden

a) Basismerkmale des Regierungssystems

Bis zur Verabschiedung des neuen Verfassungstextes von 1975 (*regeringsformen*) beruhte das Regierungssystem Schwedens (9 Mio. Einwohner) auf der Verfassung von 1809, die damit die älteste geltende Verfassung Europas war. Die politische Anpassung, insbesondere die endgültige Einführung des parlamentarischen Regierungssystems und die Beschränkung des Königs auf repräsentative Aufgaben im Jahr 1917 erfolgten im (für die politische Kultur des Landes eigentümlichen) Wege politischer Übereinkommen und verfassungspolitischer Gepflogenheiten. Diese wurden in dem (die Verfassung von 1809 ablösenden) Verfassungstext von 1975 niedergelegt, dessen *regeringsformen* – anders als die meisten anderen europäischen Verfassungen – die verfassungspolitisch relevanten Regelungen jedoch nicht vollständig erfasst.

Schweden ist ein dezentraler Einheitsstaat und eine parlamentarische Monarchie. Seit 1971 hat das Land mit dem „Reichstag" (*riksdag*) ein Einkammerparlament, das aus 349 Abgeordneten besteht und nach Verhältniswahl für vier Jahre gewählt wird. Als Staatsoberhaupt hat der König von Schweden rein repräsentative Aufgaben, keinerlei politische Machtbefugnisse, und nimmt nicht am politischen Leben teil. Die schwedische Regierung besteht aus dem Premierminister (*statsminister*) und den Ministern (*statsråd*). Der Ministerpräsident wird vom Reichstag gewählt, die Minister werden vom Ministerpräsidenten ernannt. Das Parlament kann mit absoluter Mehrheit ein Misstrauensvotum sowohl gegen einzelne Minister als auch gegen die ganze Regierung beschließen und damit deren Rücktritt herbeiführen. Die Minister sind i. d. R. einem der zehn Ministerien (*departement*) zugeordnet, entweder als deren Leiter oder als Bereichsleiter. Die Hauptaufgabe der Ministerien ist die Vorbereitung von Regierungsbeschlüssen im jeweiligen Fachbereich. Im Gegensatz zu den meisten anderen Staaten dürfen die Ministerien aber keine Weisungen an die ihnen unterstellten Behörden erteilen (siehe unten).

dezentraler Einheitsstaat

Für die schwedische Politik nach 1945 waren, durch das Verhältniswahlrecht begünstigt, Regierungskoalitionen typisch, in den meisten Fällen Minderheitskabinette unter Führung der Sozialdemokratischen Partei (SAP). In einer Eigentümlichkeit des schwedischen Politiksystems werden die einzelnen Gesetzgebungsvorhaben in der Regel in der Form von Untersuchungen (*utredning*) durch unabhängige Kommissionen vorbereitet, die sich aus Abgeordneten, Experten, Wissenschaftlern und Interessenvertretern zusammensetzen. Die Arbeit der Kommissionen wird durch das sog. *Remiss*-Verfahren ergänzt, in dem Verwaltungsteile und Interessengruppen aufgefordert werden, sich zu dem Vorhaben zu äußern. Die Kommissionsberichte (*SOU = statens offentlinga utredningar*) finden vielfach breite öffentliche Beachtung. Die politische Kultur Schwedens ist – ungeachtet der Konflikte zwischen dem sozialdemokratischen und dem konservativen Lager – konsensorientiert (Konsensdemokratie). Ein wesentliches Element dieses politikkulturell verwurzelten Konsenses ist die Vorstellung einer gesellschaftlich-politischen Solidarität in Form des *folkhemmet* (*Volksheims*). Diese wurde durch die sozialdemokratische Hegemonie, die über parteipolitische Wahlerfolge hinausreicht (SAP als dominierende Regierungspartei 1932-1976), politisch befördert.

Konsensdemokratie

b) Staatsaufbau und nationales Verwaltungsprofil

Die Regierung und ihre Ministerien haben herkömmlich einen bemerkenswert schmalen organisatorischen und personellen Zuschnitt, worin sich der stark dezentralisierte Staats- und Verwaltungsaufbau Schwedens widerspiegelt (vgl. Pierre 1995 b: 142). Die Gesamtzahl der Ministerialbeschäftigten beläuft sich auf kaum mehr als 2.000. Das Sozialministerium (in einem Schlüsselbereich des schwedischen Wohlfahrtsstaats tätig) hat lediglich 100 Beschäftigte. Die Erledigung der zentralstaatlichen Aufgaben liegt bei staatlichen Oberbehörden (*myndigheter, ämbetsverk*), die unterhalb der kleindimensionierten Regierungs- und Ministerialebene stehen. Sie besitzen einen sektoralen, teilweise ein-funktionalen (*single-purpose*) Aufgabenzuschnitt. Als eine Besonderheit und Merkwür-

stark dezentralisierte Verwaltung

digkeit der schwedischen Staatsorganisation genießen diese Oberbehörden einen hohen Grad an Autonomie sowohl gegenüber der Regierung als auch gegenüber dem Parlament (vgl. Petersson 1994: 100). Formal sind sie zwar den einzelnen sektoralen Ministerien zugeordnet, von diesen aber nicht weisungsabhängig (vgl. Petersson 1994: 100; Wollmann 2008: 36, siehe auch Kapitel 4.2.4 und 4.5.2). Die Behörden sind in der Regel nicht in der Hauptstadt Stockholm sondern in anderen Städten angesiedelt (vgl. Wollmann 2008: 36). Auf der subnational-regionalen Ebene liegt die Durchführung staatlicher Aufgaben bei staatlichen Behörden (*länsstyrelse*) in den 20 Provinzen/Kreisen (*län*), deren Gebietseinteilung – ein weiteres Beispiel für die ungewöhnliche Kontinuität der schwedischen Verwaltungsstrukturen – in das 17. Jahrhundert zurückreicht. Vorsitzender der staatlichen Provinzialregierung auf *län*-Ebene ist der von der Regierung für sechs Jahre ernannte Landeshauptmann/Regierungspräsident (*landshövding*).

c) Subnational-dezentrale Verwaltungsebene

Schwedens zweistufiges Kommunalsystem wurde 1862 dadurch geschaffen, dass zum einen auf der gebietlichen Basis der Kreise (*län*) gewählte Kreisvertretungen (*landsting*) eingerichtet wurden. Zum anderen sind in den damals 2.200 Kommunen (*kommuner*), deren gebietliches Raster den bestehenden Kirchengemeinden entsprach, gewählte Vertretungen (*fullmäktige*) eingeführt worden (vgl. Wollmann 2008: 34 ff.). Im Aufbau und der Verwirklichung des schwedischen Wohlfahrtsstaats spielten und spielen die beiden kommunalen Ebenen – die Gemeinden (*kommuner*) und die Kreise (*landsting kommuner*) – eine Schlüsselrolle, weshalb auch von „den lokala staten" (Pierre 1994; Wollmann 2008: 38 f.), vom „lokalen (Sozial-)Staat", gesprochen worden ist. Der bestimmende Part, der den beiden kommunalen Ebenen in der Verwirklichung des schwedischen Sozialstaats zukommt, spiegelt sich darin wider, dass der Personalanteil der beiden kommunalen Ebenen bei 83 % liegt. Zwei Drittel davon entfallen auf die Gemeinde- und ein Drittel auf das Kreispersonal. Dagegen umfasst der staatliche Sektor, d. h. die Ministerialebene, Oberbehörden/*myndigheter* und die staatlichen Kreis-/Provinzbehörden (*länsstyrelse*), nur 17 %. Von den gesamten öffentlichen Ausgaben entfallen 41 % auf die beiden kommunalen Ebenen. Ihre finanzielle und budgetäre Autonomie findet darin Ausdruck, dass der überwiegende Teil dieser Ausgaben durch kommunaleigene (Einkommens-)Steuern gedeckt wird, die von den Gemeinden und Kreisen bei ihren Bürgern direkt erhoben werden. Die bis in die 1970er Jahre bestehende Vielzahl kleiner Gemeinden wurde durch zwei Wellen der Gebietsreform von ursprünglich rund 2.300 auf 290 (mit durchschnittlich 31.300 Einwohnern) reduziert (vgl. Häggroth et al. 1993: 14 f., Wollmann 2008: 37; siehe auch Kapitel 4.3.2). Die 1634 begründete Gebietsstruktur der Kreise (*län*), in der nebeneinander die dekonzentrierte Staatsverwaltung (*länsstyrelse*) und die kommunale Selbstverwaltung (*landsting kommuner*) bestehen, blieb zunächst von territorialen Veränderungen unberührt, ist aber seit den späten 1990er Jahren durch einige Regionalisierungsexperimente unter Modernisierungsdruck geraten (siehe Kapitel 4.2.2).

Abbildung 19: Verwaltung in Schweden (Stand 2012)

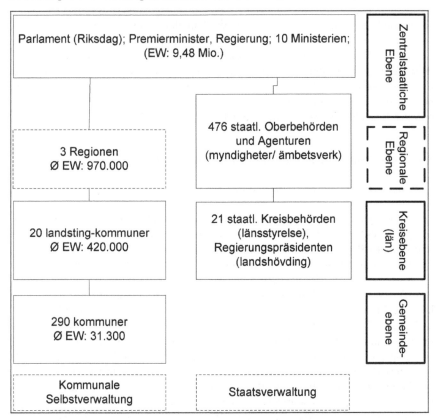

Quellen: eigene Darstellung; ferner: Dexia 2008; Wollmann 2010 a: 225

d) Öffentlicher Dienst

Auf der zentralstaatlichen Ebene war der Verwaltung sowohl in der Regierung als auch in den Oberbehörden (*ämbetsverk*) eine Beamtentradition eigentümlich, die zwar auf den Prinzipien der Professionalität und Unparteilichkeit beruhte, sich jedoch von der kontinentaleuropäischen Beamtentradition darin unterschied, dass die – bezeichnenderweise *tjänsteman* (= „Dienstmann") genannten – öffentlich Beschäftigten dienstrechtlich eher „Bedienstete" denn Beamte waren (vgl. Henningsen 1986: 304). Auf der kommunalen Ebene überwog in den bis in das frühe 20. Jahrhundert weitgehend dörflichen Gemeinden die (ehrenamtliche) Laienverwaltung, die erst mit einsetzender Industrialisierung und Urbanisierung durch hauptamtliches professionalisiertes Verwaltungspersonal abgelöst wurde (vgl. Strömberg/Engen 1996: 267; Wollmann 2008: 226).

Seit den 1970er Jahren hat sich im öffentlich-rechtlichen Status, der bei Staat und Kommunen Beschäftigten, eine zunehmende Gleichstellung zwischen

späte Professionalisierung des öffentlichen Dienstes

öffentlich-rechtlichem und privatrechtlichem Dienstrecht vollzogen. Obgleich in Verfassungstexten nach wie vor von einem „*Staats*dienstmann" (*statstjänsteman*) als gesondertem Status die Rede ist, wird in den relevanten Gesetzen unterschiedslos von *arbetstagare* (= Arbeitnehmer) gesprochen. Inzwischen verfügt nur noch 1 % des öffentlichen Personals über einen Beamtenstatus, während 99 % Vertragsbedienstete sind (Demmke 2011: 323). Der schwedische öffentliche Dienst ist daher den offenen Personalsystemen/*position-based systems* zuzuordnen, in denen die Laufbahnkarriere und strikte Trennung von öffentlicher und privater Beschäftigungswelt nicht üblich ist.

3.4 Das angelsächsische Verwaltungsprofil: Vereinigtes Königreich[36]

a) Basismerkmale des Regierungssystems

Das Vereinigte Königreich (60 Mio. Einwohner) gilt als Prototypus einer modernen parlamentarischen Demokratie, in welcher sich nicht Legislative und Exekutive sondern Parlamentsmehrheit und Regierung auf der einen und die Opposition (mit ihrem Schattenkabinett und dem Oppositionsführer als „Premierminister im Wartestand") auf der anderen Seite gegenseitig kontrollierend gegenüberstehen. Das Vereinigte Königreich verfügt nicht über eine geschriebene, durch qualifizierte Mehrheitserfordernisse geschützte Verfassung [37]. Die „ungeschriebene" und „ungeschützte" Verfassung (*unwritten constitution*) ist Ausdruck des 1689 im Freiheitskatalog der *Bill of Rights* festgeschriebenen Prinzips der Parlamentssouveränität (*parliamentary souvereignty*), wonach jedwede Verfassungsfrage durch einfaches Parlamentsgesetz geregelt werden kann (Wollmann 1999 b: 188) und das Parlament (faktisch – seit 1911[38] – das Unterhaus) als Zentrum der Macht fungiert. In der parlamentarischen Praxis zeigt sich indes eine klare Privilegierung der Exekutive, insbesondere des Premierministers (sog. *prime ministerial government*), der nicht nur eine loyale und disziplinierte Parlamentsmehrheit hinter sich weiß, sondern der auch aufgrund der Ausgestaltung der Kabinette als überwiegend (*Tory*- oder *Labour*-geführte) Einparteienregierungen und seines ausgeprägten persönlichen Patronagepotenzials, z. B. durch Berufung von Parteimitgliedern in Regierungsämter, besonders durchsetzungsfähig ist. Diese starke Stellung der Exekutive innerhalb des „Westminster-Modells" ist aufgrund der Tatsache, dass ihr kaum wirksame Gegengewichte (wie z. B. Verfassungsgerichte) und machtbeschränkende Barrieren (wie z. B. föderalstaatliche Strukturen oder autonome Gebietskörperschaften) gegenüberstehen, von Kritikern auch als

---

36 Es sei daran erinnert, dass Nordirland zwar zum *United Kingdom* (Vereinigten Königreich) gerechnet wird, nicht aber zu *Great Britain* (Großbritannien). Sofern im Folgenden nicht explizit nur von England die Rede ist oder Nordirland ausgeklammert sein soll, wird einheitlich vom „Vereinigten Königreich" gesprochen.
37 Dennoch gibt es schriftliche Verfassungsgrundlagen, wie z. B. die *Magna Charta* (1215), die *Habeas-Corpus-Akte* (1679) und die *Bill of Rights* (1689), die „Verfassungsrang" haben, wenngleich sie „nur" einfache (mit einfacher Parlamentsmehrheit änderbare) Gesetze sind und auch nie zu einem einzigen Verfassungsdokument zusammengefasst wurden (Hartmann 2005: 64).
38 1911 wurde die Veto-Macht des Oberhauses (*House of Lords*) beseitigt, so dass das Unterhaus (*House of Commons*) faktisch allein entscheidet.

elective dictatorship bezeichnet worden[39]. Da in diesem Modell radikale Reformvorstöße und kompromisslose Programmwechsel relativ einfach zu bewerkstelligen sind, gilt das Vereinigte Königreich als Musterbeispiel einer Konkurrenz- oder Mehrheitsdemokratie. Die Macht der Mehrheit kann sich reibungslos gegen etwaige Widerstände durchsetzen und muss auf Veto-Positionen von Minderheiten kaum Rücksicht nehmen. Wenngleich in den politisch-institutionellen Entwicklungen der vergangenen Jahrzehnte unverkennbar die „Auflösungserscheinungen" dieses Absolutheitsanspruchs der Parlamentssouveränität sichtbar werden (siehe hierzu weiter unten), ist die britische Verwaltungsgeschichte nur vor dem Hintergrund dieses Verfassungsverständnisses zu interpretieren, das vorsieht, jegliche Relativierung der Parlamentsherrschaft ggf. durch einfaches Gesetz wieder rückgängig zu machen.

b) Staatsaufbau und nationales Verwaltungsprofil

Die konkurrenzdemokratische Ausrichtung des britischen Systems wird dadurch bekräftigt, dass die Verfassungsdoktrin der uneingeschränkten (unteilbaren) Parlamentssouveränität keinerlei vertikale Gewaltenteilung zulässt und das Vereinigte Königreich aus dieser Sicht „nur als unitarischer Staat denkbar (ist)" (Sturm 2003: 227). Das souveräne Parlament kann dieser Auffassung zufolge die Ausübung der Staatsgewalt auf regionale und lokale Körperschaften bzw. Parlamente lediglich delegieren (*devolution*), nicht aber im Sinne einer Allzuständigkeitsvermutung übertragen, da das Parlament als die einzig legitime Quelle der Machtausübung angesehen wird. Somit können dezentrale Institutionen, wie in der britischen Geschichte mehrfach geschehen, jederzeit durch die parlamentarische Mehrheit einer Stimme wieder nichtig gemacht werden[40]. Vor diesem Hintergrund kann die Devolutionspolitik, also die zunehmende Abtretung von Souveränitätsrechten an die parlamentarischen Vertretungen der nicht-englischen Nationen (Schottland, Nordirland, Wales), die seit dem Regierungsantritt von *Tony Blair* im Jahre 1997 verstärkt praktiziert wird und die den Weg für eine asymmetrische Dezentralisierung (Sturm 2003: 227) oder Quasi-Föderalisierung (Wilson/Game 2006: 82) geebnet hat (siehe weiter unten), als eine besondere Herausforderung für das Westminster-Regierungssystem angesehen werden.

uneingeschränkte Parlamentssouveränität

Wenn damit einerseits der unitarische Staatsaufbau und die uneingeschränkte Macht des souveränen Parlaments zu den Hauptmerkmalen der britischen Regierungssystems zählen, weist doch andererseits der Verwaltungsaufbau markant dezentrale Elemente auf. So beschäftigte sich die Zentralregierung in Westminster traditionell im Wesentlichen mit der Gesetzgebung und ganz allgemein mit dem „Regieren" (*high politics*), was auch als „non-executant tradition of the British centre" (Sharpe 1993: 248) bezeichnet worden ist. Dagegen wurde den Gebietskörperschaften, also vor allem den Grafschaften und Städten, die Erledi-

---

39 Lord Hailsham 1978; ähnlich Richard Rose (1982): „Crown in parliament can do everything that is not naturally impossible".
40 Beispiele sind die Entmachtung des Stormont in Nordirland und die Übernahme der britischen Direktregierung im Jahre 1972 sowie die Auflösung des *Northern Ireland Assembly* und der politisch unliebsamen Räte von sechs Großstadtgebieten und der Londoner Stadtregierung (*Greater London Council*) im Jahre 1986 mit Hilfe der Parlamentsmehrheit unter *Thatcher* (Sturm 2003: 227).

gung der gesamten öffentlichen Aufgaben und der Löwenanteil der „niedrigen Politik" (*low politics*) übertragen und überlassen. Da zudem das Parlament die Ausbildung eines eigenen staatlichen Verwaltungsapparates auf der mittleren und unteren Ebene überwiegend nicht zuließ (Sharpe 1993), bildete sich ein vertikales Trennmodell (*separational system*) heraus, das lange Zeit für die britische Verwaltungstradition charakteristisch blieb (Wollmann 2008: 30). Diese Trennung von zentralstaatlicher und lokaler Verwaltungsebene, die mit Beginn der Nachkriegszeit zunehmend unter Veränderungsdruck geraten sollte, ist auch als *dual polity* bezeichnet worden (Bulpitt 1983). Charakteristisch für die *dualpolity*-Tradition ist dabei auch die Tatsache, dass die Zentralregierung keine – etwa den französischen Präfekten oder den deutschen Regierungspräsidien – vergleichbaren territorialen Verwaltungseinheiten auf der regionalen Ebene installierte, sondern die Ministerien allenfalls einige Sonderbehörden mit jeweils gebietlich und administrativ uneinheitlichem Zuschnitt einrichteten. Insgesamt lässt sich das britische Verwaltungssystem eher als ein „Schichtenmodell" verstehen, in welchem die Verwaltungszuständigkeiten stärker nach territorialen Ebenen (Schichten) verteilt als an (einzel-)funktionalen Zuständigkeiten orientiert sind (wie etwa in Frankreich). In seiner traditionellen Ausgestaltung kann es daher dem Gebietsorganisationsmodell (*multi purpose model*) zugeordnet werden.

dual polity-Modell

Für das Verständnis der Verwaltungsreformen im Vereinigten Königreich, vor allem der NPM-Bewegung der 1980er Jahre (siehe weiter unten), ist es wichtig festzuhalten, dass sich die Zentralisierungstendenzen im britischen Verwaltungssystem seit der Nachkriegszeit erheblich verstärkten. Durch den Ausbau der wohlfahrtsstaatlichen Institutionen und eine massive Verstaatlichungspolitik wurde die überkommene *statelessness* erheblich relativiert (Schröter 2001: 419). Der öffentliche Sektor verbrauchte in den 1980er Jahren nahezu 45 % des Bruttoinlandsproduktes und umfasste jeden fünften Erwerbstätigen (21 %; vgl. OECD 1998), wobei ca. die Hälfte des öffentlichen Personals auf zentralstaatlicher Ebene oder in staatseigenen Betrieben tätig war. Da zudem die Sozial- und Gesundheitsdienste fast ausschließlich durch die Kommunen erbracht wurden, hatte sich im lokalen Raum eine Art „skandinavisches Modell" etabliert, in welchem öffentlichen Anbietern ein Quasi-Monopol zukam (*municipal empires*). Auf zentralstaatlicher Ebene war zudem die – wenngleich institutionell im Wesentlichen auf Whitehall beschränkte – Ministerialbürokratie zu einem übergroßen monolithischen Apparat angeschwollen, den zu verschlanken und zu entflechten ein wesentliches Anliegen der nachfolgenden Reformen unter *Thatcher* war.

c) Subnational-dezentrale Verwaltungsebene

Auch für die Ausgestaltung der subnationalen Verwaltungsebenen ist der Grundsatz der Parlamentssouveränität prägend, da sich aus ihm die Regel ableitet, dass den regionalen und lokalen Gebietskörperschaften nur diejenigen Aufgaben zufallen, die ihnen ausdrücklich durch Parlamentsgesetz übertragen wurden. Diese als *ultra vires*-Regel bezeichnete Aufgabenlogik stellte das Gegenmodell zur kontinentaleuropäischen Allzuständigkeitsvermutung zugunsten der kommunalen Vertretungskörperschaften dar (siehe oben). Sie beinhaltet die – nicht nur theoretische, sondern mehrfach praktizierte – Möglichkeit, den dezentralen Institutionen die einmal übertragenen Aufgaben jederzeit durch einfaches Parlamentsgesetz wieder zu entziehen. Allerdings wurde die überkommene *ultra-vires*-Doktrin unter dem Banner eines *new localism*, der durch die New Labour Regierung proklamiert worden war, erheblich abgeschwächt. Dies geschah zunächst durch den *Local Government Act* 2000, durch den *local authorities* die Aufgabe zugewiesen wurde, „to promote the economic, social and environmental well-being of their areas" (vgl. Wilson/Game 2011: 32, Wollmann 2008: 33). In der erklärten politischen Absicht einer Stärkung der kommunalen Ebene wurde unter der im Mai 2010 gebildeten konservativ-liberalen Koalition der *Localism Act* vom 15. November 2011 verabschiedet. Dieser räumt den *local authorities* eine *general power of competence* ein, die einer allgemeinen Zuständigkeitsklausel nunmehr praktisch gleichkommt.

ultra vires-Regel

Wie erwähnt, kennt das britische Verwaltungsmodell traditionell keine regionale Verwaltungsebene, weder als territoriale Staatsverwaltung noch als regionale Selbstverwaltung (Wollmann 2008: 33). Erst seit den 1990er Jahren gewann die Regionalisierung der Verwaltung zunehmend an Bedeutung, beginnend mit den *Regional Government Offices (RGOs)*, die im Jahre 1994 als staatliche Regionalbehörden eingerichtet wurden, um die regionalen Dienststellen der sektoralen Ministerien zu bündeln. Mit der Devolutionspolitik (siehe weiter unten) unter *Tony Blair* intensivierte sich die Regionalisierungsbewegung des Vereinigten Königreichs, allerdings mit stark asymmetrischer Ausrichtung. Während die acht *Regional Planning Bodies* in England eher eine Form der administrativen Dekonzentration der Staatsverwaltung darstellten[41], da die Einführung gewählter Regionalvertretungen scheiterte, hat in Schottland, Wales und Nordirland, die inzwischen jeweils eigene Parlamente mit (teils primären) Gesetzgebungsbefugnissen haben, eine bemerkenswerte politische Dezentralisierung stattgefunden. Da die Rückbindung der nicht-englischen Nationen an den Gesamtstaat immer brüchiger geworden ist, hat sich das Vereinigte Königreich inzwischen zu einer unverbundenen Union (*disconnected union*) mit hochzentralistischem Zentrum (England) und asymmetrisch dezentralisierter Peripherie (Schottland, Nordirland, Wales) entwickelt (Jeffery 2009).

asymmetrische Quasi-Föderalisierung

Traditionell wurden subnationale Aufgaben im Vereinigten Königreich von den *local governments* (*counties/districts*) erbracht, was auch ihren Anteil von ca. 56 % der öffentlichen Gesamtbeschäftigung erklärt. Während Schottland, Wales und Nordirland durchweg einstufige Kommunalsysteme haben (*unitary authorities*), gilt für England teils ein zweistufiges (*two tier*) System, insbesondere im ländlichen Raum und für *Greater London*, und teils ein einstufiges (*single tier*) System, vor allem in den urbanen Ballungszentren und für die mittelgroßen Städte.

einstufiges und zweistufiges Kommunalsystem

---

41 Die regionalen Planungsinstitutionen in den acht englischen Planungsregionen wurden allerdings ebenso wie die englische Regionalplanung insgesamt mit dem Regierungswechsel 2010 abgeschafft (vgl. Kuhlmann et al. 2011: 218 ff.). Hierin zeigen sich eine deutliche Relativierung und ein Rückbau der Regionalisierungspolitik in England.

- Zweistufiges System (*two tier system*): Die 27 *non-metropolitan counties* (Grafschaften) stellen im zweistufigen System die überlokale kommunale Selbstverwaltungsebene dar und haben durchschnittlich 760.000 Einwohner. Die untere lokale Selbstverwaltungsebene bilden die 201 *non-metropolitan districts*, die durchschnittlich über ca. 102.000 Einwohner verfügen. Auch *Greater London* hat ein zweistufiges Kommunalsystem mit der *Greater London Authority* (GLA) als übergeordneter Ebene und 32 *boroughs* sowie der *City of London* als lokaler Selbstverwaltungsebene;
- Einstufiges System (*single tier system*): Im einstufigen System, das den deutschen kreisfreien Städten vergleichbar ist, integrieren *unitary authorities* überlokale und lokale Aufgaben, d. h. sie bündeln *county* und *district*-Funktionen. In England sind einerseits die Ballungszentren der großen Metropolen (z. B. Manchester, Liverpool, Birmingham) als *unitary authorities* organisiert, wobei sie die Bezeichnung *metropolitan districts* tragen[42] und durchschnittlich über 308.000 Einwohner haben. Andererseits bestehen außerhalb der Ballungszentren 56 *unitary authorities*, die durchschnittlich 209.000 Einwohner haben.

Spitzenreiter des nordeuropäischen Territorialmodells

Aus diesen Zahlen wird ersichtlich, dass das Vereinigte Königreich ausgesprochen großflächige kommunale Gebietsstrukturen aufweist und damit heute als Spitzenreiter innerhalb des nordeuropäischen Typus gilt (siehe unten Abbildung 20). Die heutige Kommunalstruktur ist dabei das Ergebnis wiederholter institutionenpolitischer Vorstöße der Zentralregierung und mehrerer umfassender Reformwellen, die das englische Kommunalsystem in den vergangenen Jahrzehnten durchlief (vgl. hierzu Kapitel 4.3).

Die funktionale Ausgestaltung des britischen Kommunalmodells ist durch zwei widerstreitende Prinzipien gekennzeichnet. Der erwähnten Verfassungsdoktrin der Parlamentssouveränität und *ultra-vires*-Regel steht die *dual-polity*-Tradition gegenüber. Diese bewirkte, dass die *local governments* – unbeschadet ihrer fehlenden verfassungsmäßigen Absicherung – traditionell sehr weitreichende Handlungsfreiheiten und ein breites Aufgabenspektrum hatten. Die in England mit dem *Municipal Corporation Act* von 1835 begründete moderne kommunale Selbstverwaltung in den Städten, die zunächst noch durch eine Vielzahl von einfunktionalen Organisationen geprägt war, entwickelte sich infolge der tiefgreifenden Gebiets- und Organisationsreformen zu einer leistungsfähigen und faktisch lokal allzuständigen (*multi/all purpose*) Verwaltungsebene[43]. Dabei wurden die lokalen Aufgaben, die soziale Dienste, weite Teile des Bildungswesens und eine breite Palette infrastruktureller (Wasser, Energieversorgung etc.) Leistungen umfassten, zunächst weit überwiegend mit eigenen lokalen

---

42 Die *metropolitan districts* waren zeitweise Teil eines zweistufigen Systems mit sechs *metropolitan counties* als überlokaler Ebene. Diese wurden 1986 als kommunale Selbstverwaltungsebene abgeschafft, so dass die 36 *metropolitan districts* heute als *unitary authorities* (im einstufigen System) fungieren und auch die früheren Aufgaben der *metropolitan counties* ausführen.
43 Die zunächst durch die von der Krone ernannten Friedensrichter (*justices of peace*) verwalteten Grafschaften wurden 1888 in die moderne Verfassungsentwicklung einbezogen, indem für die Erledigung ihrer Aufgaben gewählte Vertretungsorgane (county councils) geschaffen wurden. Die *districts* entstanden im Jahre 1894 als vollkommen neue künstliche Ebene zwischen den *counties* einerseits und den Städten (*towns*) bzw. Gemeinden (*parishes*) andererseits. Die letzteren beiden (*towns, parishes*) verloren ihre Aufgaben im Wesentlichen an die *districts*, die somit heute die als die eigentliche lokale Selbstverwaltungsebene darstellen (Wollmann 2008: 29 f.).

Steuereinnahmen (*local rates*) bestritten, die 1920 noch 75 % der kommunalen Gesamteinnahmen umfassten. Nach 1945 verloren die Kommunen zwar wichtige traditionelle Aufgaben (Wasserversorgung, Abwasser, Gesundheitsdienste) durch deren Übertragung auf staatliche Strukturen (z. B. *National Health Service*), aber ihre Zuständigkeiten im Feld der sozialen Dienstleistungen wurden erweitert. Charakteristisch für das traditionelle Kommunalprofil ist dabei die Stellung der *local governments* als Monopolanbieter lokaler Sozialleitungen (Leach/Percy-Smith 2001: 55 f.), worin sich bis in die 1970er Jahre auch das Primat des öffentlichen Sektors beim Ausbau des Sozialstaates geltend machte. Im Unterschied zum kontinentaleuropäischen Aufgabenmodell kennt das britische System keine Unterscheidung von übertragenen staatlichen und kommunalen Selbstverwaltungsaufgaben, geht also von einem einheitlichen (monistischen) Aufgabenkonzept aus, worin sich ein weiteres Mal das vertikale Trennsystem (*dual polity*) – im Unterschied zum kontinentaleuropäischen Mischsystem – widerspiegelt. Dramatischen Veränderungen – Zentralisierungstendenzen auf der einen Seite und Privatisierungsmaßnahmen auf der anderen Seite – unterlag das britische Kommunalsystem seit dem Amtsantritt von Margaret Thatcher im Jahre 1979, mit dem Ergebnis, dass die traditionell starken multifunktionalen *local governments* zahlreicher Kompetenzen beraubt (*hollowed out*) wurden, ihre Autonomie erheblich beschnitten[44] und das Trennsystem brüchig wurde (siehe weiter unten).

<small>Kommunen als Monopolanbieter lokaler Sozialleistungen</small>

Eine wesentliche (politisch-demokratische) Stärke des britischen Kommunalsystems ist darin zu erblicken, dass das Verständnis von *local self-government* (lokale Selbst*regierung*) – im Unterschied zur kontinentaleuropäischen Selbst*verwaltung* – nicht nur den administrativen Aufgabenvollzug umfasst. Vielmehr beinhaltet es auch die politische Entscheidung und Kontrolle der gewählten Gremien (*local councils*) über die betreffenden Aufgaben und schließt deshalb folgerichtig eine starke staatliche Aufsicht aus. Im britischen Lokalparlamentarismus treffen die gewählten Kommunalvertretungen nicht nur alle relevanten Entscheidungen, sondern sind auch unmittelbar für die Leitung und Kontrolle der kommunalen Verwaltung zuständig. Sie handeln dabei vor allem über die von ihnen eingesetzten Ausschüsse (*committees*), die in den ihnen zugewiesenen Aufgabenfeldern alle Entscheidungen treffen und die sektoralen Verwaltungsteile leiten und kontrollieren (*government by committees*). Das politische Profil des britischen Kommunalmodells gilt allerdings traditionell als eher schwach entwickelt. Dies ist zum einen damit zu begründen, dass historisch die Figur des (starken) exekutiven Bürgermeisters nach kontinentaleuropäischem Vorbild unbekannt ist. Zum anderen können die lokalen Politikakteure innerhalb von *dual polity* kaum Einfluss auf staatliches Regieren nehmen und hat sich insgesamt auf der lokalen Ebene wenig *community identity* ausprägen können, was unter anderem an einer nur schwachen kommunalen Wahlbeteiligung abzulesen ist. Erst in jüngerer Zeit lassen sich – zumindest formell – „Auflösungserscheinungen" dieses Modells feststellen, sowohl was die Einführung direktdemokratischer Be-

<small>government by committees</small>

---

[44] So verringerte sich der Anteil eigener Steuereinnahmen an den kommunalen Gesamteinnahmen auf zunächst immer noch beachtliche 40 % in den 1970er Jahren, um dann in den 1990er Jahren auf nur noch 14 % abzusinken (Wollmann 2008: 238).

teiligungsinstrumente als auch die Profilierung „exekutiver Führerschaft" (*local leadership*) im lokalen Raum angeht.

d) Öffentlicher Dienst

keine Unterscheidung privater und öffentlicher Arbeitsverhältnisse

Im Unterschied zu Kontinentaleuropa ist innerhalb der britischen Public Interest-Tradition eine explizite Unterscheidung der Arbeitsverhältnisse von privatem Sektor einerseits und öffentlichem Sektor andererseits rechtlich und konzeptionell nicht vorgesehen. Zwar genossen öffentliche Bedienstete – vor allem im ministerialen Verwaltungsdienst – im Vergleich zum Privatsektor traditionell bestimmte Vorzüge, wie höhere Beschäftigungssicherheit, geringere Wochenarbeitszeiten, bessere Sozialleistungen etc. Auch gibt es im Bereich der Streitkräfte und Polizei einige (wenige) Restriktionen hinsichtlich des Streikrechts und der gewerkschaftlichen Betätigung. Jedoch sind diese Regelungen nicht durch ein spezifisches (vom privaten Arbeitsrecht getrenntes) Dienstrecht oder Statut für Beamte eigens festgeschrieben und auch nicht durch das *Common Law* ausdrücklich anerkannt (Bach/Winchester 2003: 286). Die Beschäftigungsverhältnisse der öffentlichen Bediensteten im Vereinigten Königreich unterliegen grundsätzlich der Tarifautonomie und vertraglichen Aushandlung der Tarifpartner, wobei es für unterschiedliche Beschäftigungsbereiche verschiedene Tarifverhandlungsinstanzen gibt (z. B. für den Kommunaldienst den *National Joint Council for Local Government Services*). Zudem existiert keine strikte Laufbahngruppierung und private sowie öffentliche Beschäftigungssphären sind durchlässiger, was ebenfalls ein Abweichen von Kontinentaleuropa darstellt. Eine statusmäßige Unterscheidung wird lediglich hinsichtlich der Tätigkeitsfelder des Personals, nicht der rechtlichen Regelung des Beschäftigungsverhältnisses, vorgenommen. So werden die zwei großen „Status-Gruppen" der Arbeiter (*manual workers/ industrial staff*) und Angestellten (*non-manual employees/non-industrial staff*) unterschieden, worin wiederum Anleihen an den Privatsektor (*blue collar* vs. *white collar staff*) und die konzeptionelle Nähe von öffentlicher und privater Beschäftigungswelt im Vereinigten Königreich sichtbar werden.

Die Tradition der *dual polity* findet sich auch im britischen öffentlichen Dienst wieder. So umfasst der *civil service* ausschließlich den Verwaltungsstab der zentralstaatlichen Ebene (Ministerien und Agenturen) und wird daher oft auch synonym für *central government* verwendet. Die Kommunalbeschäftigten, darunter auch die Lehrer, zählen dagegen nicht zum *civil service*, sondern sind Angestellte des öffentlichen Dienstes (*public service*). Somit sind die beiden Ebenen des *central government* (*civil servants*) auf der einen und des *local government* (*public servants*) auf der anderen Seite konzeptionell und beschäftigungspolitisch getrennt zu betrachten (Bogumil/Kuhlmann 2007: 143).

unpolitischer civil service

Die Ursprünge des modernen *British civil service* gehen ins 19. Jahrhundert zurück, als mit dem *Northcote Trevelyan Report* von 1854 ein Stab von Verwaltungsbediensteten geschaffen wurde „who would ably carry out the functions of government" (Sausman/Locke 2007: 190). Diese sollten nach Fähigkeit und Eignung ausgewählt und durch offenen Wettbewerb rekrutiert werden. Traditionell wird der britische *civil service* vom Prinzip der parteipolitischen Neutralität geprägt und als eine unteilbare (*impartial*), von politischen Wechseln unabhängige dauerhafte (*permanent*) Instanz betrachtet, die in den Dienst jeder politisch legitimierten Regierung gestellt werden kann (Sturm 2003: 237; Page 2010). Weder ist der britischen Ministerialbürokratie ein öffentliches parteipolitisches Auftreten erlaubt, noch kann ein *civil servant* Mitglied im Unterhaus oder im Europaparlament werden (kommunalpolitische Mandate sind allerdings möglich). Die absolute Loyalität der Whitehall-Ministerialbürokratie gegenüber der gerade amtierenden Regierung, insbesondere dem jeweils zuständigen Minister, dem der bestmögliche Rat zuteil werden soll, ist wesentlicher Bestandteil des Rollenprofils im *civil service* (Page 2010: 408). Insbesondere die höhere Ministerialelite (*senior civil service*) besteht weit überwiegend aus Absolventen der Universitäten Oxford und Cambridge (sog. *Oxbridge*-Elite), die um die 80 % ausmachen, und zeichnet sich durch soziale Homogenität, ähnliche Schulbildung an Privatschulen und professionelle Exklusivität aus: „Senior civil service could be described as exclusive, clubby, and elitist" (Sausman/Locke 2007: 190). Im Unterschied zur privilegierten Stellung von Juristen innerhalb der legalistischen Verwaltungskultur Kontinentaleuropas ist das britische Rekrutierungssystem qualifikatorisch offener und lässt verschiedene Vorbildungen zu (König 2002), wobei der Typus des Generalisten, insbesondere des Geisteswissenschaftlers, dominiert (Sturm 2003: 236). Der *civil service* umfasst heute ca. 524.000 Personen (2004), während es Mitte der 1970er Jahre noch 750.000 waren, worin die Thatcheristische Reformpolitik ihre deutlichen Spuren hinterlassen hat (Sausman/Locke 2007: 192). Die Schalthebel der Macht werden allerdings nur durch einige hundert (nach chinesischem Vorbild so genannte) „Mandarine" bedient, die das Herzstück von Whitehall bilden, obwohl nur noch ein Sechstel von ihnen in *Inner London* arbeitet (Sturm 2003: 236).

Mit einem Anteil von ca. 56 % im Jahr 2005 stellt der lokale Dienst (*local public service*) den weitaus größten öffentlichen Beschäftigungssektor dar, während der *civil service* (*central government*) nur 17 % und der *National Health Service* 26 % ausmachen). Trotz wechselnder Regierungen in London und der weitreichenden Reformen, die diese seit der Nachkriegszeit verfolgt haben, erweist sich der Lokaldienst im Vereinigten Königreich in personeller Hinsicht als ein bemerkenswert stabiler und – bis in die 1990er Jahre – tendenziell expandierender Bereich des öffentlichen Dienstes. Dies erklärt sich zum Teil daraus, dass die Lehrer aufgrund der lokalen Zuständigkeit für das Bildungswesen nach wie vor den *local authorities* zugeordnet sind und ungefähr ein Viertel des Lokalpersonals ausmachen (Röber/Schröter 2000). Beschäftigten die Kommunen zu Beginn der 1950er Jahre noch 1,4 Mio. Personen, vergrößerte sich diese Zahl bis 1962 bereits auf 1,8 Mio., um dann in der Mitte der 1970er Jahre fast die 3 Mio.-Grenze zu erreichen. Erst seit Mitte der 1990er Jahre haben sich die Personalbestände der Kommunen in Folge von Outsourcing und funktionaler „Entmachtung" reduziert (um ca. 300.000 Beschäftigte).

local public service

Abbildung 20: Verwaltung im Vereinigten Königreich (Stand 2012)*

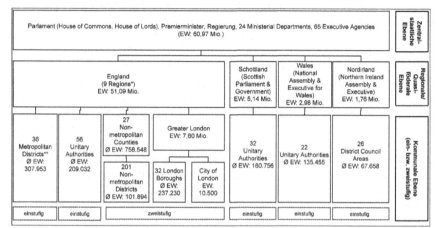

* Der Bereich des öffentlichen Gesundheitsdienstes (*National Health Service – NHS*) ist in der Abbildung nicht separat ausgewiesen
Quellen: eigene Darstellung; ferner:
Office for National Statistics 2012 (http://www.ons.gov.uk/ons/guide-method/geography/beginner-s-guide/administrative/index.html; 24. März 2012
http://www.ons.gov.uk/ons/rel/kpvs/key-population-and-vital-statistics/no-34-2007-edition/key-population-and-vital-statistics.pdf; 24. März 2012
Einwohnerzahlen „City of London" (geschätzt für das Jahr 2007). In:
http://www.ons.gov.uk/ons/publications/re-reference-tables.html?edition=tcm%3A77213833; 24. März 2012

3.5 Das mittel-osteuropäische Verwaltungsprofil: Ungarn

Während den mittel-ost- und süd-osteuropäischen Ländern gemeinsam ist, dass ihre Verwaltungsstrukturen zwischen 1945 und 1990, d. h. fast ein halbes Jahrhundert lang vom zentralistischen Staatsorganisationsmodell mit Ein-Parteien-Herrschaft geprägt waren (*Soviet Tradition*, Painter/Peters 2010: 27 f.), lassen sich *grosso modo* zwei Gruppen von Ländern identifizieren. Diese unterscheiden sich sowohl hinsichtlich ihrer vor-kommunistischen Verwaltungstradition als auch im Regimewechsel nach 1990. Einerseits tritt (mit Ungarn, Polen, Tschechien und der Slovakei) eine Gruppe von mittel-osteuropäischen Ländern in den Blick, die im 19. Jahrhundert bis 1919 unter der Herrschaft des Habsburg-Reichs standen bzw. (z. B. Teile von Polen) von Preußen annektiert worden waren. In diesen Ländern etablierten nicht-kommunistische Reformeliten nach 1990 dezentrale Verfassungs- und Verwaltungsmodelle und konnten sich kommunale Strukturen ausbilden (vgl. Wollmann 1995). Dem steht eine Gruppe von süd-osteuropäischen Ländern gegenüber (beispielsweise Bulgarien und Rumänien), die bis Ende des 19. Jahrhunderts bzw. bis 1919 dem Osmanischen Reich bzw. dem zaristischen Russland angehörten. Sie blieben zentralistisch regiert und der Beginn ihrer politischen und organisatorischen Transformation nach 1990 war vor allem von post-kommunistischen Eliten bestimmt.

a) Basismerkmale des Regierungssystems

Der Bruch mit dem kommunistischen Regime und die Transformation zu einem demokratischen Verfassungsstaat vollzogen sich in Ungarn (10 Mio. Einwohner) als ein „verhandelter Übergang" (*negotiated transition*, Batt 1991). Die Begründung der neuen Politik- und Verwaltungsstruktur erfolgte weitgehend im Einvernehmen zwischen der demokratischen Opposition und der (in den späten 1980er Jahren bereits reformierten) Kommunistischen Partei des Landes (vgl. Wollmann/Lankina 2003: 92 ff. m. N.). Die Neubegründung des ungarischen Verfassungsstaats 1989/1990 beruhte weitgehend auf einem machtpolitischen Konsens, der eine radikale Dezentralisierung und die Einrichtung der Kommunen als bestimmende subnationale Ebene einschloss (vgl. Davies 1995: 74).

Zwar knüpfte die post-kommunistische Verfassung vom 18. Oktober 1989 formal an die (kommunistische) Verfassung von 1949 an, jedoch kam sie durch eine umfassende Umgestaltung der politischen Strukturen praktisch einer völlig neuen Verfassung gleich. Auch nach der jüngsten Verfassungsreform des Jahres 2011, die zum 1. Januar 2012 in Kraft trat, ist das parlamentarische Regierungssystem Ungarns durch ein Ein-Kammern-Parlament gekennzeichnet, dessen 386 Abgeordnete in einer Verbindung aus Verhältnis- und Persönlichkeitswahlsystem für die Dauer von vier Jahren gewählt werden. Hierin ist eine Ähnlichkeit zum deutschen Wahlsystem zu erkennen. Das Parlament wählt mit der Mehrheit seiner Mitglieder den Ministerpräsidenten, der seine Minister ohne Zustimmung des Parlaments ernennt. Gegenüber den Ministern besitzt der Ministerpräsident die Richtlinienkompetenz. Der Ministerpräsident (nicht die einzelnen Minister!) kann im Wege eines konstruktiven Misstrauensvotums, welches dem deutschen Verfassungsrecht nachgebildet ist, gestürzt werden, indem das Parlament ihm mit absoluter Stimmenmehrheit das Vertrauen entzieht und gleichzeitig einen Nachfolger wählt. Insgesamt hat der Ministerpräsident im ungarischen Regierungssystem eine starke Stellung, die dem (deutschen) Muster einer „Kanzlerdemokratie" nahe kommt (vgl. Dimitrov et al. 2006: 208 m. N.). Der Staatspräsident wird alle fünf Jahre vom Parlament gewählt. Er verfügt über umfassendere Kompetenzen als beispielsweise der deutsche Bundespräsident. Er kann das Parlament auflösen, hat das Recht, eigene Gesetzesentwürfe im Parlament einzubringen, sowie das Recht, die vom Parlament verabschiedeten Gesetze auch inhaltlich zu prüfen; bei Bedenken kann per aufschiebendem Veto das Gesetz an das Parlament, das seinerseits das präsidentielle Veto durch Mehrheitsbeschluss überwinden kann, zur erneuten Beschlussfassung zurückverweisen oder aber dem Verfassungsgericht vorlegen. Mit der Verfassungsreform des Jahres 2012 sind wesentliche Entscheidungsrechte des Parlaments beschnitten worden, so unter anderem das parlamentarische Budgetrecht durch die Einrichtung eines sog. „Budgetrates". Ferner ist die mit der neuen Verfassung vollzogene Einschränkung der Rechte des Verfassungsgerichts in der westlichen Öffentlichkeit stark kritisiert worden.

Marginalie: parlamentarisches Regierungssystem nach verhandeltem Übergang

b) Staatsaufbau und nationales Verwaltungsprofil

dekonzentrierte staatliche Verwaltung

Der nach 1990 eingeleitete Um- und Neubau der Verwaltung war von Anfang an von einem strukturellen Widerspruch gekennzeichnet. Auf der einen Seite zielte das fast beispiellos dezentrale Verfassungsmodell darauf, die Gemeinden und Siedlungen als kommunale Ebene mit weitgehender Autonomie und umfangreichen Aufgaben auszustatten und die staatliche Aufsicht nur schwach auszugestalten. Dem standen jedoch andererseits gleichsam als Gegengewicht zu dieser ausgeprägten Autonomie der dezentral-kommunalen Welt der Anspruch und die Praxis der Zentralregierung gegenüber, eigene (dekonzentrierte) sektorale Verwaltungsbehörden (die sog. *decos = deconcentrated state administration*) auf der regionalen und lokalen Ebene einzurichten (vgl. Wollmann 1995: 571), womit zugleich an die vom sozialistischen Staat geerbten zentralistischen Verwaltungsstränge angeknüpft wurde. Dieses Nebeneinander (und Gegeneinander) von kommunalen Institutionen und staatlichen *decos* prägte die weitere Entwicklung nachhaltig.

Zunächst wurden in sieben (zu diesem Zweck gebildeten) Regionen sowie in der Stadt Budapest Verwaltungsbehörden geschaffen und jeweils unter die Leitung eines vom Ministerpräsidenten ernannten (dem französischen Präfekten ähnelnden) „Kommissars der Republik" gestellt. Dieser hatte die Aufgabe, die staatlichen Tätigkeiten in der Region zu koordinieren und die Rechtsaufsicht über die Selbstverwaltungsebenen auszuüben. In einer rasch darauf (1994) folgenden Reform wurden die Regionen und ihre „Kommissare" abgeschafft und wurden (1996) in den 19 Kreisen (*megyék*) sowie in Budapest (mittlere) staatliche Behörden – mit vom Ministerpräsidenten ernannten Leitern – eingerichtet. Dadurch, dass auf der gebietlichen Basis der Kreise nunmehr staatliche Behörden neben den Selbstverwaltungsorganen der Kreise bestehen (siehe unten), ist eine (dem französischen Départements-System ähnliche) Doppelstruktur entstanden.

Planungsregionen nach NUTS-Modell

1996 wurden die sieben regionalen Einheiten als administrative Statistische Planungsregionen eingerichtet. Diese waren an dem EU-Konzept der NUTS[45] orientiert und zielten mit Blick auf den angestrebten Beitritt Ungarns zur EU vor allem darauf, das interorganisatorische Schema Ungarns den Förderkonzepten der EU-Strukturfonds anzupassen (vgl. Wollmann/Lankina 2003 m. N.)[46]. Vertikalparallel zum Strang kommunaler Selbstverwaltung ist das Verwaltungssystem Ungarns durch einen ausgeprägten Besatz von (sektoralen) staatlichen Verwaltungsbehörden gekennzeichnet. Dies gilt zum einen für eine größere Zahl von staatlichen Oberbehörden, die – den jeweils sektoral zuständigen Ministerien unterstellt – mit gesamtstaatlicher Zuständigkeit operieren, beispielsweise die Arbeitsmarktverwaltung, der Gesundheitsversicherungsfonds, das Umweltamt usw. Überwiegend die sektorale Zuständigkeitspalette der Oberbehörden widerspiegelnd (und die Steuerung und Aufsicht der sektoralen Ministerien bis auf die

---

45 *NUTS = Nomenclature des Unités Territoriales Statistiques*. Die Systematik der Gebietseinheiten der EU für die Statistik wurde 1981 durch EUROSTAT erarbeitet. Die NUTS ist in drei verschiedenen Niveaus strukturiert: NUTS 1, 2 und 3. Jedes Mitgliedsland ist in eine oder mehrere NUTS 1-Regionen unterteilt und diese ihrerseits in NUTS 2- und in NUTS 3-Einheiten.

46 Zum 1999 von der Regierung gefassten – bislang unverwirklicht gebliebenen – Beschluss, diese „NUTS"-adäquaten Regionen in regionale Selbstverwaltungskörperschaften umzuwandeln, siehe weiter unten.

kommunale Ebene fortsetzend) finden sich überdies auf der Ebene der Kreise und teilweise der Gemeinden entsprechende staatliche Sonderbehörden (*decos*).

Um funktionale Überschneidungen und Konflikte zu vermeiden, sind in den kleinen Gemeinden vielfach deren hauptamtlich tätigen (traditionell „Notar" genannten) Verwaltungsleiter damit betraut, die Zuständigkeiten sektoraler Staatsverwaltung neben ihren Selbstverwaltungsaufgaben wahrzunehmen (siehe unten). In Anknüpfung an Ungarns vor-kommunistisches (seinerseits in der österreichisch-deutschen Verwaltungstradition wurzelndes) duales kommunales Verwaltungsschema führen die Kommunen – neben ihren eigenen Selbstverwaltungsfunktionen – Aufgaben aus, die ihnen vom Staat übertragen werden (unter einer über die Rechtsaufsicht hinausgehenden Fachaufsicht durch den Staat).

<small>duales kommunales Aufgabenmodell</small>

c) Subnational dezentrale Verwaltungsebene

Ungarn verfügt über ein zweistufiges Kommunalsystem. Die Gemeindeebene besteht aus 3.175 kommunalen Gebietseinheiten, die durchschnittlich 3.170 Einwohner haben (davon 91 % mit weniger als 5.000 Einwohnern). Diese Ebene ist noch einmal unterteilt in 2.863 Dörfer, 265 Städte und 23 (den deutschen kreisfreien Städten vergleichbare) Städte mit Kreisstatus (vgl. Dexia 2008: 365). Die Hauptstadt Budapest hat mit 1,7 Mio. Einwohnern, was 17 % der Gesamtbevölkerung Ungarns entspricht, einen kreisfreien Sonderstatus und gliedert sich ihrerseits in 23 Stadtbezirke, die ebenfalls den kommunalen Gebietseinheiten zugerechnet werden (vgl. Dexia 2008: 365). Auch auf der oberen kommunalen Ebene der (19) Kreise (*megyék*), die mitunter auch als „Komitate" bezeichnet werden und deren gebietlicher Zuschnitt historisch in das Mittelalter zurückreicht, wurde die kommunale Selbstverwaltung wiedereingeführt. Die Vertretungsorgane wurden allerdings zunächst nicht direkt, sondern von den Gemeinden gewählt.

Das Kommunalgesetz von 1990, dessen politischer und rechtlicher Rang dadurch unterstrichen wird, dass es – insoweit verfassungsgleich – nur mit einer parlamentarischen Zwei-Drittel-Mehrheit verändert werden kann, machte die Gemeinden als untere Selbstverwaltungsebene zum Angelpunkt der Dezentralisierung und Demokratisierung der neuen Staatsorganisation. Der verfassungskonzeptionelle und -politische Vorrang, den die Gemeinden in der Kommunalgesetzgebung in der Gründungsphase gegenüber den Kreisen besaßen, kam unter anderem darin zum Ausdruck, dass zunächst allein die Gemeinden direkt gewählte Kommunalvertretungen hatten, während die Vertretungen der Kreise mittelbar durch die Vertretungen der Gemeinden gewählt wurden, also von diesen politisch-legitimatorisch „abgeleitet" waren. Durch die Reform von 1994 wurden die Kreise dadurch politisch und funktional aufgewertet, dass die direkte Wahl ihrer Vertretungen eingeführt und ihre Aufgaben erweitert wurden. Es blieb dabei, dass die Kreise den Gemeinden weder rechtlich noch funktional übergeordnet sind. Die der Gründungsphase eigentümliche basisdemokratische Emphase und Hochschätzung der untersten lokalen Ebene schlugen sich in der gesetzlichen Regelung nieder, die allen örtlichen Gemeinschaften die Möglichkeit eröffnete, eine selbständige neue Gemeinde zu bilden, worauf die Zahl der Gemeinden unmittelbar nach dem Regimewechsel von 1.600 auf über 3.100 sprang. Vor diesem Hintergrund ist seitdem eine kommunale Gebietsreform nicht ernsthaft erwogen worden.

<small>südeuropäisches Territorialmodell</small>

In den kommunalpolitischen Institutionen ist neben der gewählten Kommunalvertretung ein Bürgermeister vorgesehen, der von der lokalen Bevölkerung ebenfalls direkt gewählt wird und damit in der kommunalpolitischen Führung erhebliches Gewicht hat. In dem neuen – unter der *Orbán*-Regierung beschlossenen und am 21. Dezember 2011 in Kraft getretenen – Kommunalgesetz wurde die („quasi-präsidentielle") Direktwahl der Bürgermeister abgeschafft, so dass dieser nunmehr („quasi-parlamentarisch") von der Kommunalvertretung aus ihrer Mitte gewählt wird. Die administrative Führung der Kommunalverwaltung liegt bei dem oben erwähnten hauptamtlichen Verwaltungsleiter („Notar"), der von der Gemeindevertretung nach Ausschreibungsverfahren ernannt wird. Er übt die Funktion der administrativen Exekutive aus, während der Bürgermeister die politische Führerschaft hat (vgl. Temesi 2000: 358 ff.). Der Anteil der Gemeinden, die über eine eigene Verwaltung verfügen, ist ständig zurückgegangen (von rund 50 % in 1991 auf 34 % in 2010) und der Anteil derer, die mit anderen Gemeinden bzw. Siedlungen einen gemeinsamen „Notar" teilen, ist entsprechend gestiegen (Angaben nach Kovács 2012). Angesichts der Vielzahl kleiner Gemeinden haben sich vielfältige Formen interkommunaler Kooperation entwickelt, die durch nationale Gesetzgebung bereits frühzeitig gefördert worden sind. Dies gilt zum einen für das Gesetz über Mehr-Zweck-Vereinigungen von 2003 ebenso wie für das Gesetz über kommunale Verbände und Kooperation von 1997. Inzwischen existieren rund 2.600 solcher interkommunaler Formationen zur gemeinsamen Erbringung von öffentlichen Leistungen, aber auch von Verwaltungsaufgaben (vgl. Dexia 2008: 369).

<small>breites kommunales Aufgabenprofil</small>

Zum breiten Aufgabenprofil kommunaler Selbstverwaltung der Gemeinden rechnen unter anderem (Primär-)Schulen, soziale Leistungen, Krankenpflege, Daseinsvorsorge. Außerdem sind sie für vom Staat „übertragene" Aufgaben zuständig. Die Reform von 1996 zielte darauf, die finanzielle Ausstattung der Gemeinden zu verbessern (vgl. Dexia 2008: 366). Das funktionale Gewicht, das die kommunalen Ebenen im gesamtstaatlichen Verwaltungssystem haben, kann daran abgelesen werden, dass rund 24 % aller öffentlichen Ausgaben von diesen getätigt werden; davon entfallen rund 19 % auf die Gemeinden und etwa 5 % auf die Kreise. Zudem werden rund 65 % aller öffentlichen Bediensteten von den beiden kommunalen Ebenen beschäftigt, womit Ungarn wiederum in der Spitzengruppe der europäischen Länder liegt (vgl. Dexia 2008: 64 mit Vergleichszahlen).

d) Öffentlicher Dienst

Unter dem kommunistischen Regime waren in Ungarn – wie in den anderen sozialistischen Ländern – die Beschäftigten des Staatsapparates und die anderer Sektoren unter ein einheitliches Arbeitsrecht gestellt (vgl. Vesselin et al. 2006: 216 ff. m. N.). Nach dem Regimewechsel wurde im März 1992 ein Gesetz verabschiedet, in dem die Unterscheidung zwischen dem „klassischen" laufbahn-basierten (*career-ba-*

sed) und dem vertraglichen (*contract-based*) Beschäftigungsstatus gemacht wurde (vgl. Bossaert/Demmke 2002: 9). Mit der Einführung des ersteren sollte die Professionalität, Unparteilichkeit und Unbestechlich der öffentlichen Verwaltung gesichert werden. Dem Beamtenstatus werden insbesondere öffentlich Bedienstete zugerechnet, die Leitungs- und („hoheitliche") Vollzugsaufgaben ausführen, während alle anderen auf vertraglicher Basis eingestellt werden. Hierzu rechnen unter anderem auch die Lehrer und der überwiegende Teil der bei den Kommunen Beschäftigten (vgl. Marcou/Wollmann 2008: 152 mit einer vergleichenden Übersicht über die Entwicklung des öffentlichen Dienstrechts in den anderen MOE-Ländern). Somit verfügt Ungarn heute über ein zweispuriges öffentliches Dienst-System, in welchem 25 % der Beschäftigten Beamte und 75 % Vertragsbedienstete sind (vgl. Demmke 2011: 323).

Transformation des Staatsdienstes

Abbildung 21: Verwaltung in Ungarn (Stand 2012)

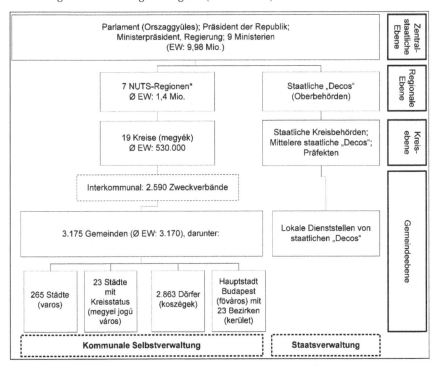

* ohne Selbstverwaltungsrecht; 2012 abgeschafft
Quellen: eigene Darstellung; ferner:
Regional Atlas – Public administration structure of Hungary on 1st July 2009 (http://portal.ksh.hu/regional_atlas_administration_structure; Stand: 14.05.2012); http://www.nepszamlalas2011.hu/files/sharedUploads/Anyagok/2012/04_ho/enepszelo2011.pdf;
http://www.ksh.hu/docs/hun/hnk/Helysegnevkonyv_adattar_2011.xls
Einwohnerzahlen: Stand 2009

Abbildung 22: Traditionelle Staats- und Verwaltungsprofile in Europa

Land	Regierungssystem/ Demokratietypus	Staatsaufbau/nationales Verwaltungsprofil	Subnational-dezentrale Verwaltungsebene	Öffentlicher Dienst
Frankreich	semi-präsidentiell; Mischform	unitarisch, zentralistisch-napoleonisch; Rechtsstaatskultur (Römisch-frz.)	funktional schwach, Mischsystem, politisch stark, Südeurop. Territorialtypus	career-based system/geschlossen
Italien	parlamentarisch; konsensdemokratisch	unitarisch, zentralistisch-napoleonisch; Rechtsstaatskultur (Römisch-frz.)	funktional schwach, Mischsystem, politisch stark, Südeurop. Territorialtypus	career-based system/geschlossen (bis 1990er)
Deutschland	parlamentarisch; Mischform	föderal, dezentralisiert/subsidiär; Rechtsstaatskultur (Römisch-deutsch)	funktional stark, Mischsystem, politisch stark, hybrider Territorialtypus	career-based system/geschlossen
Schweden	parlamentarisch; konsensdemokratisch	unitarisch, dezentralisiert; Rechtsstaatskultur (Römisch-skandin.)	funktional stark, Trennsystem, politisch stark, Nordeurop. Territorialtypus	position-based system/offen
UK	parlamentarisch; majoritär	unitarisch, zentralistisch, Public Interest-Kultur (Common Law)	funktional stark, Trennsystem, politisch schwach, Nordeurop. Territorialtypus	position-based system/offen
Ungarn*	parlamentarisch; Mischform	unitarisch, dezentralisiert; Rechtsstaatskultur (Römisch-deutsch)	funktional stark, Mischsystem, politisch stark, Südeurop. Territorialtypus	career-based system/geschlossen

* bezogen auf nach 1989
Quelle: eigene Darstellung

3.6 Ländervergleich

Im Folgenden sollen die Verwaltungsprofile der sechs Länder anhand ausgewählter statistischer Daten vergleichend gegenübergestellt und in den breiteren OECD-Kontext gerückt werden. Hierzu werden drei einschlägige Kriterien herausgegrif-

fen, anhand derer die OECD-Verwaltungssysteme und öffentlichen Sektoren mittels quantitativer Daten verglichen werden:
- Umfang/"Schlankheit" der öffentlichen Verwaltung;
- Verwaltungsgliederung nach Ebenen;
- Aufgabenprofile der Verwaltung.

Zunächst fasst Abbildung 22 noch einmal die wichtigsten Merkmale der Staats- und Verwaltungsprofile zusammen, die in den vorangehenden Kapiteln erarbeitet wurden. Dabei ist zu beachten, dass sich die dargestellten Merkmale auf die traditionellen Verwaltungsprofile beziehen und reformbedingte Veränderungen, die in den letzten Jahrzehnten stattfanden (vgl. hierzu Kapitel 4), nicht berücksichtigt sind.

3.6.1 Umfang und Entwicklung des öffentlichen Sektors im Vergleich

Der Umfang (oder auch die „Schlankheit") des öffentlichen Sektors und der öffentlichen Verwaltung lässt sich quantitativ in ländervergleichender Perspektive insbesondere an zwei Indikatoren ablesen: *Schlüsselindikatoren des öffentlichen Sektor-Vergleichs*
- Staatsquote (Anteil der allgemeinen öffentlichen Ausgaben am Bruttoinlandsprodukt – BIP);
- Staatsbeschäftigtenquote (Anteil öffentlicher Beschäftigung an der Gesamterwerbstätigkeit).

Aus Abbildung 23 lassen sich einige markante Trends hinsichtlich der Entwicklung des öffentlichen Sektors im internationalen Kontext entnehmen. Zum einen ist es in der überwiegenden Zahl der OECD-Länder zwischen 1995 und 2009 zu einem Rückgang der öffentlichen Ausgaben im Verhältnis *Staatsquoten*
zum BIP gekommen. Ausnahmen bilden Frankreich, Belgien, Griechenland, das Vereinigte Königreich, Irland, Portugal, Spanien, die USA und Neuseeland, wo die Staatsquote anstieg. In der Ländergruppe mit rückläufigen Staatsquoten, fällt ferner auf, dass die Höhe der Abnahme unterschiedlich und z. B. in Deutschland (mit einem Rückgang von 55 % auf 48 %) und in Schweden (65 % auf 55 %) signifikanter ist als etwa in Dänemark (von 59 % auf 58 %). Insgesamt wird aus diesen Daten ersichtlich, dass der Trend zur Reduzierung der Staatsquote, der seit Mitte der 1980er Jahre international zu beobachten war (vgl. Naschold/Bogumil 2000: 28 f.), zunächst bis zum Jahr 2000 – von wenigen Ausnahmen abgesehen – anhielt, um sich dann jedoch tendenziell umzukehren. So kam es in fast allen Ländern mit Beginn des neuen Jahrtausends zu einer teils deutlichen Zunahme der Staatsquote, worin sich auch ein verändertes Staatsverständnis (Post-NPM) und die Abkehr von minimalistischen Reformleitbildern widerspiegeln dürften. Selbst im Vereinigten Königreich ist die Staatsquote von 44 % (1995) auf 51 % (in 2009) gewachsen, was angesichts des marktradikalen NPM-Kurses in den 1980er Jahren (siehe Kapitel 4.4) doch bemerkenswert ist. Des Weiteren ergeben sich hinsichtlich der Höhe der Staatsquoten verschiedene Länder-Cluster. Die Staatsquoten in den sechs hier betrachteten Beispielländern befinden sich allesamt über dem OECD-Durchschnitt[47], der 2009 bei 46,24 % lag. Im

---
47 Staatsquoten für 2005: Frankreich: 55,9 %; Deutschland: 47,5 %; Ungarn: 50,4 %; Italien: 51,87 %; Schweden: 55,1 %; Vereinigtes Königreich: 51,6 % (vgl. OECD 2011).

drei Länder-Cluster innerhalb der OECD

OECD-Gesamtkontext können für das Bezugsjahr 2009 grob drei Ländergruppen unterschieden werden:
- Eine Gruppe der „High-Scorer", deren Staatsquoten – trotz teils massiver Reduzierungen – immer noch bei über 50 % (allerdings nunmehr durchweg unter 60 %) liegen. Hierzu gehören die skandinavischen Länder (außer Norwegen), Frankreich, Belgien, Griechenland sowie Ungarn, Italien, Österreich, die Niederlande und das Vereinigte Königreich;
- Eine mittlere Gruppe, die Staatsquoten von über 40 %, aber deutlich unter 50 % aufweist und zu der neben Deutschland und Portugal auch Spanien, Polen, die Tschechische Republik und Irland gehören;
- Eine Gruppe der „Low-Scorer", die Staatsquoten von etwas über 40 bis 35 % haben. Hierzu gehören neben den außereuropäischen Ländern (USA, Kanada, Australien, Neuseeland) auch die Slowakische Republik und die Schweiz.

Abbildung 23: Staatsquoten im internationalen Vergleich (Angaben in %)

Land	1985	1995	2000	2009
Dänemark	..	59,22	53,68	58,42
Finnland	46,35	61,46	48,29	56,25
Frankreich	51,78	54,44	51,64	55,99
Schweden	..	65,10	55,09	55,16
Belgien	58,43	52,14	49,14	54,22
Griechenland	..	45,71	46,69	53,63
Österreich	53,06	56,33	52,13	52,32
Italien	49,84	52,51	46,18	51,87
Vereinigtes Königreich	45,92	43,90	39,05	51,64
Niederlande	57,26	56,45	44,20	51,40
Ungarn	..	55,59	46,76	50,46
Irland	..	41,12	31,27	48,90
Portugal	..	43,41	41,13	48,17
Deutschland	..	54,77	45,11	47,50
Norwegen	..	50,94	42,30	46,32
Tschechische Republik	..	54,47	41,82	45,93
Spanien	..	44,44	39,12	45,80
Polen		47,71	41,08	44,40

(Fortsetzung auf S. 101)

Land	1985	1995	2000	2009
Kanada	48,3	48,48	41,11	44,05
USA	36,85	37,13	33,88	42,18
Neuseeland	**56.03	41,56	38,32	*41.91
Slowakische Republik	..	48,64	52,14	41,51
Australien	39,54	37,42	35,52	*35,30
Schweiz	..	35,00	35,10	33,74
OECD-Durchschnitt	..	..	41,94	46,24

* für das Vorjahr
** für das Folgejahr
Quellen: OECD 2009, 2011 und eigene Zusammenstellung

Bei den Staatsbeschäftigtenquoten (vgl. Abbildung 24) als zweitem wichtigem Indikator zur Bestimmung des Umfangs der Staats- und Verwaltungstätigkeit zeigen sich eine geringere Dynamik und zwischen den Ländern weniger gleichläufige Entwicklungen als bei den Staatsquoten, worin die Beharrungstendenz öffentlicher Institutionen und Verwaltungsstäbe zum Ausdruck kommen dürfte. Die OECD-Länder bilden im Hinblick auf die öffentliche Personalentwicklung im Verhältnis zur Gesamtbeschäftigung zwischen 1995 und 2008 zwei Gruppen: eine kleinere Gruppe mit steigenden und eine große Gruppe mit rückläufigen Quoten. Zur Ersteren gehören Frankreich, das Vereinigte Königreich, Finnland, Belgien, Italien, Spanien, die Schweiz und die Slowakische Republik sowie die Türkei. Zur Letzteren sind alle anderen Länder außer der Tschechischen Republik, wo die Quote konstant bei 12,8 % blieb, zu zählen. Hinsichtlich der Höhe der Staatsbeschäftigtenquoten im Bezugsjahr 2008 lässt sich eine Dreiteilung vornehmen, wobei von den sechs Beispielländern nur Deutschland und Italien unter dem OECD-Durchschnitt (15,0 %) und die anderen vier darüber liegen (siehe Abbildung 24): Staatsbeschäftigtenquoten

Deutschland, Italien unter OECD-Durchschnitt

- Zur Gruppe der Länder mit einem traditionell ausgebauten öffentlichen Sektor und einer personell recht umfänglichen Verwaltung gehören neben den skandinavischen Ländern und Frankreich auch Ungarn, das Vereinigte Königreich und Belgien. In diesen Ländern liegt der Anteil der öffentlichen Beschäftigung an der Gesamterwerbstätigkeit des Landes bei zwischen rund 20 % und 30 %;
- Länder, deren öffentliche Sektoren eine mittlere personelle „Ausdehnung" haben, sind aus der angelsächsischen Gruppe Irland, aus der napoleonischen Gruppe Italien, Portugal und Spanien, aus Mittel-Osteuropa die Tschechische Republik sowie aus dem nicht-europäischen Kontext die USA. In dieser Gruppe liegen die Staatsbeschäftigtenquoten bei zwischen 12 % und 15 %, also in etwa im OECD-Durchschnitt;
- Zur Ländergruppe mit den am geringsten dimensionierten öffentlichen Sektoren gehört neben der Türkei, der Slowakischen Republik, Polen, der

Schweiz und Griechenland inzwischen auch die Bundesrepublik Deutschland. Der Anteil öffentlicher Erwerbstätigkeit an der Gesamtbeschäftigung beträgt in dieser Gruppe zwischen 7 % und 11 %.

Abbildung 24: Staatsbeschäftigtenquoten im internationalen Vergleich (Angaben in %)

Land	1995	2008
Norwegen	31,2	29,3
Schweden	29,8	26,2
Finnland	21,0	22,9
Frankreich	21,6	21,9
Ungarn		19,5
Vereinigtes Königreich	14,2	17,4
Belgien	16,9	17,1
Kanada	17,9	16,5
Irland	15,9	14,8
USA	15,4	14,6
Italien	14,2	14,3
Tschechische Republik	12,8	12,8
Spanien	11,5	12,3
Portugal	13,0	12,1
Niederlande	13,1	12,0
Österreich	11,8	11,4
Türkei	9,1	11,0
Slowakische Republik	8,9	10,7
Polen		9,7
Schweiz	7,2	9,7
Deutschland	12,2	9,6
Griechenland		7,9
OECD32		15,0

Quellen: OECD 2009, 2011 und eigene Zusammenstellung

Personalschrumpfung in Deutschland

Insgesamt hat es somit im OECD-Kontext seit den 1990er Jahren sowohl wachsende als auch schrumpfende öffentliche Sektoren gegeben (vgl. Abbildung 24). Dies trifft auch auf die hier behandelten Länder zu, von denen vier eine steigende Tendenz in der Entwicklung ihrer öffentlichen Beschäftigungsquoten (Frankreich, Ungarn[48], Vereinigtes Königreich, Italien) und zwei einen Rückgang (Schweden, Deutschland) zu verzeichnen haben. Vergleicht man die sechs Beispielländer anhand ihrer öffentlichen Personalentwicklung im letzten Jahrzehnt

---

48 In Ungarn erhöhte sich die Staatsbeschäftigtenquote von 19,2 (2005) auf 19,5 (2008). Für das Jahr 1995 liegen (ebenso wie für Polen und Griechenland) keine OECD-Angaben vor.

(2000-2008), so wird deutlich, dass die markantesten Einschnitte in Deutschland stattgefunden haben, wo es zu Reduzierungen von über 10 % (zwischen 1993 und 2002 sogar von fast einem Viertel des Ausgangsbestandes; vgl. Kuhlmann/Röber 2006: 99) kam. Mit großem Abstand folgen Ungarn (-2 %) und Italien (-1 %). Dagegen haben das Vereinigte Königreich (+7 %), Schweden (+5 %) und Frankreich (+3 %) ihre öffentlichen Dienste seit 2000 ausgebaut (siehe Abbildung 25).

Abbildung 25: Öffentliche Gesamtbeschäftigung im Ländervergleich 2000-2008

Land	2000	2005	2008	Differenz in Zahlen	Differenz in Prozent
Deutschland	6.534.000	5.797.000	5.840.000	-694.000	-10,6
Frankreich	6.563.000	6.683.000	**6.781.000	+218.000	+3,3
Italien	3.640.600	3.635.500	3.611.000	-29.600	-0,8
Schweden****	1.208.900	1.239.800	***1.267.400	+58.500	+4,8
Ungarn	837.700	874.400	822.300	-15.400	-1,8
UK	*5.616.000	6.107.000	5.995.000	+379.000	+6,7

* 2001
** 2006
*** 2007
**** „general government sector" = Regierungsorgane, Sozialversicherungsträger, gemeinnützige Einrichtungen mit überwiegend öffentlicher Finanzierung/ Trägerschaft
Quelle: http://labourstat.ilo.org/Stand: 23. Mai 2012 und eigene Zusammenstellung/Berechnung

Im Falle Frankreichs ist darauf hinzuweisen, dass Staatspräsident *Nicolas Sarkozy* 2007 das ehrgeizige Reformprogramm einer auf Kosteneinsparungen gemünzten umfassenden Generalüberprüfung öffentlicher Aufgaben (*Révision Générale des Politiques Publiques – RGPP*) eingeleitet hatte. Dieses zielte unter anderem darauf, zwischen 2009 und 2012 einen Abbau von 160.000 Stellen im öffentlichen Sektor dadurch zu erreichen, dass im Prozess der Pensionierung nur noch jede zweite freiwerdende Stelle („un pour deux") ersetzt werde. Zwar sind im Kielwasser des Politikwechsels, der durch die Wahl des sozialistischen Präsidenten *Hollande* und seiner linken Mehrheit in der Nationalversammlung herbeigeführt wurde, die RGPP und ihr Reformprogramm in das politische Abseits geraten. Jedoch bleibt die personalwirtschaftliche Reform des öffentlichen Dienstes, zumal vor dem Hintergrunde der budgetären Krise des Landes, auf der politischen Agenda der neuen Regierung.

Auch die neue italienische Regierung unter *Mario Monti* hat sich – angesichts der Budget- und Schuldenkrise des Landes – veranlasst gesehen, ein Reformpaket zu beschließen, mit dem öffentliches Personal abgebaut werden soll. Dieses am 7. August 2012 vom Parlament verabschiedete Reformprogramm, das auch im italienischen Politikjargon bezeichnenderweise angelsächsisch „spending review" genannt wird, sieht bis 2014 eine Reduktion des Leitungspersonals im öffentlichen Sektor um 20 % und des „normalen" Personals um 10 % vor (vgl. La Repubblica vom 8. August 2012).

3.6.2 Verwaltungsgliederung nach Ebenen im Vergleich

öffentliche Beschäftigung nach Verwaltungsebenen

Zentralstaatsbeschäftigungsquoten

Um das „Gewicht" der öffentlichen Verwaltung auf den verschiedenen Ebenen des politisch-administrativen Systems zu vergleichen, kann der Anteil der beim (Zentral-)Staat beschäftigten Personen im Verhältnis zu den anderen Verwaltungsebenen als Indikator genutzt werden. Dieser bringt den unterschiedlichen Grad der (De-)Zentralisierung von Verwaltungsaufgaben im Mehrebenensystem zum Ausdruck. Abbildung 6 zeigt, dass die Verwaltungen der hier betrachteten Länder unterschiedliche Dezentralisierungsgrade aufweisen. So spiegelt sich die erwähnte weitgehende Beschränkung der Staatsverwaltung auf ministerielle und oberbehördliche Funktionen in Schweden numerisch darin wider, dass der Personalanteil der Staatsbeschäftigten nur 17 % beträgt. Auch im Vereinigten Königreich ist der Anteil der auf zentralstaatlicher Ebene Beschäftigten mit ebenfalls knapp 17 % (in 2005) sehr niedrig, was angesichts dessen erstaunt, dass England pointiert zentralisierende Verwaltungsreformen durchlaufen hat und als unitarisch-zentralistisch regiert gilt. Die Auflösung dieses scheinbaren Widerspruchs ist darin zu sehen, dass hier zwar die Ausführung der meisten öffentlichen Aufgaben der kommunalen Ebene übertragen ist, was in den Personalzahlen auch sichtbar wird. Jedoch werden die Kommunen hierbei von der Regierung zentralistischer reguliert und kontrolliert als in allen anderen europäischen Ländern. Auch in Ungarn weist der Anteil der Staatsbeschäftigten von 35 % auf einen bemerkenswerten Grad funktionaler Dezentralisierung hin. Hingegen beträgt der Anteil der Staatsbediensteten an der öffentlichen Gesamtbeschäftigung in Frankreich noch immer über 50 %, woraus ersichtlich wird, dass – ungeachtet der hier 1982 eingeleiteten Dezentralisierung – die organisatorische und personelle Präsenz des Zentralstaates Napoleonischer Provenienz auf den subnationalen Ebenen nach wie vor stark ausgeprägt ist. In Deutschlands föderalem System liegt der Anteil der beim Bund Beschäftigten bei 12 % und der der Landesbediensteten bei 53 %. In diesen Zahlen treten die schmale administrativ-exekutive Rolle des Bundes und die ausgedehnte der Länder hervor. Zählt man die Letzteren (vermöge ihres quasi-staatlichen Status) zum Staatssektor, steigt dessen Personalanteil sogar auf 65 %. In Italiens quasi-föderalem System beläuft sich der Anteil des Staates auf 55 % und jener der Regionen auf lediglich 3,8 %. Diese Prozentzahlen machen zum einen sichtbar, dass sich auch in Italien – trotz der seit den 1990er Jahren verfolgten Dezentralisierung – der (napoleonische) Zentralstaat zwar im Zeitverlauf funktional zurückgezogen hat, er jedoch nach wie vor personell bemerkenswert präsent ist. Zum anderen tritt in ihnen zutage, dass die Regionen, obgleich sie in ihren gesetzgeberischen, funktionalen und finanziellen Zuständigkeiten „quasi-föderal" gestärkt worden sind, bislang kaum eigene Verwaltungstätigkeiten ausüben.

Abbildung 26: Öffentliche Beschäftigung nach Ebenen (in %)

Land	Zentrale/ Bundesebene			Regionale/ Landesebene			Lokale Ebene			Spezifische Sektoren*		
	1985	1994	2005	1985	1994	2005	1985	1994	2005	1985	1994	2005
D	9,9	11,6	12,0	55,6	51,0	53,0	34,5	38,1	35,0			
F	54,9	48,7	51,0				27,1	30,7	30,0	18,0	20,6	19,0
UK	21,9	21,4	16,8				55,0	53,0	56,0	17,6	20,8	26,0
S		17,3	17,0					84,7	83,0			
I		63,0	54,7			3,8		14,0	13,6	17,0	19,0	27,9
H		35,0	35,5					65,0	65,0			

* Für UK: National Health Service; für Frankreich: Hôpitaux publics; für Italien: aziende sanitarie locali und (ab 2005 einschl.) enti publici
Quellen: Wollmann 2010 a: 229 m. w. N. und eigene Zusammenstellung

Die vertikale Architektur der Verwaltung unterhalb der zentralstaatlichen Ebene weist bemerkenswerte Unterschiede zwischen den europäischen Ländern auf. Grundsätzlich sind dabei drei Ebenen zu unterscheiden:
- die föderale bzw. quasi-föderale Ebene;
- die kommunale Ebene:
- die interkommunalen Einheiten.

Föderale bzw. quasi-föderale Ebene: Deutschland besitzt infolge seiner in das 19. Jahrhundert zurückreichenden Verfassungstradition eine ausgeprägte föderal-dezentrale Staatsorganisation, in welcher die Bundesländer mit eigenen politischen, legislativen und administrativen Rechten beträchtlichen Umfangs ausgestattet sind. Seit den 1990er Jahren hat sich auch Italien durch die Übertragung erheblicher funktionaler und legislativer Kompetenzen auf die 1948 eingeführten Regionen (*regioni*) einer quasi-föderalen Verfassungsform angenähert. Im Vereinigten Königreich haben Schottland, Wales und – mit Einschränkungen – Nordirland durch die Einführung eigener Parlamente und die Einräumung eigener legislativer und administrativer Kompetenzen den Status von quasi-föderalen Regionen innerhalb eines extrem asymmetrischen Staatswesens (Jeffery 2009) erlangt, während in England selbst die Regionen die Stellung von Planungs- und Verwaltungseinheiten behielten.

(quasi-)föderale Ebene

Kommunale Ebenen: Die hier diskutierten Länder haben zweistufige Kommunalsysteme – mit der Ausnahme von Frankreich, wo die Regionen 1982 als weitere Ebene des nunmehr dreistufigen Lokalsystems (*collectivités locales/territoriales*) eingeführt wurden. Die grundsätzlich zweistufige Kommunalstruktur in Deutschland, England, Frankreich und (seit 1990) in Ungarn kennt eine „einstufige" Organisationsform (in Deutschland: kreisfreie Städte, in England: *unitary authorities*, in Ungarn: Städte mit Kreisstatus, in Schweden: Hauptstadt Stockholm, in Frankreich: Hauptstadt Paris), in der die Funktionen der unteren kommunalen (Gemeinde- usw.) und oberen (Kreis- usw.) Ebene vertikal verbunden und integriert werden und die in den großstädtischen/verstädterten Gebieten dieser Länder vorherrscht. Aus Abbildung 27 werden die markant unterschiedli-

kommunale Ebene

chen Gemeindestrukturen und durchschnittlichen kommunalen Gebietsgrößen in den hier betrachteten Ländern ersichtlich.

interkommunale Verbände

Interkommunale Verbände: In den Ländern oder Regionen, in denen bislang kommunale Gebietsreformen nicht stattfanden und in denen die große Zahl kleiner und kleinster Gemeinden überwiegt (so in Frankreich, Italien, den meisten deutschen Bundesländern sowie seit 1990 in Ungarn; vgl. unten Kapitel 4.3), sind zu deren operativer Unterstützung und Koordination interkommunale Verbände gebildet worden. Hierfür ist Frankreichs *intercommunalité* (mit 12.840 *syndicats* und ca. 2.600 *communautés*) exemplarisch.

öffentliche Ausgaben nach Verwaltungsebenen

Die Bedeutung der öffentlichen Verwaltung im Mehrebenensystem lässt sich zudem an der Verteilung öffentlicher Ausgaben nach Verwaltungsebenen ablesen (vgl. Abbildung 28). Hier zeigt sich, dass der zentralstaatliche Ausgabenanteil im Vergleich der sechs Beispielländer in Frankreich mit fast 85 % am höchsten und in Schweden mit ca. 60 % am niedrigsten ist, woraus der hohe fiskalische Zentralisierungsgrad in Frankreich und die starke Dezentralität des schwedischen Systems ersichtlich werden, dessen Kommunen mit einem Anteil von 40,6 % an den öffentlichen Gesamtausgaben europaweit an der Spitze stehen. Im deutschen föderalen System entfallen 24,6 % der öffentlichen Ausgaben auf die Länder, in denen insbesondere die Personalausgaben für Lehrer und Polizisten zu Buche schlagen, sowie im „quasi-föderalen" Italien 19,6 % auf die *regioni*, in denen insbesondere finanzielle Zuwendungen zum öffentlichen Gesundheitsdienst (*Servizio Sanitario Nazionale*) enthalten sind. Dem folgt das englische Kommunalsystem, auf das 29,5 % der öffentlichen Ausgaben entfallen, worin sich abbildet, dass – ungeachtet der politischen Zentralisierung des subnationalen Raums in England – die dortigen *local government*-Ebenen nach wie vor „very big business" (Wilson/Game 2006: 139), einschließlich der Finanzierung der Schulen, sind. In Ungarn werden knapp 24 % der öffentlichen Ausgaben von den Kommunen getätigt, davon der Löwenanteil (18,5 %) von der unteren kommunalen Ebene. Frankreich weist mit 15,5 % den geringsten Anteil subnationaler Ausgaben auf, wobei 1,9 % auf die *régions*, 5,4 % auf die Départements und 8,2 % auf die *communes* entfallen.

Verwaltungssysteme und -traditionen in Europa: Länderkurzprofile

Abbildung 27: Subnationale Politik- und Verwaltungsebenen im Vergleich (Stand 2010-2012)

Land/Struktur	Ebene	Bezeichnung der Gebietseinheit	Anzahl	EW Ø
Deutschland	Föderal	Länder	16	5,2 Mio.
	Lokal	Kreise	295	180.200
		Kreisangeh. Gem.	11.146	5.030
		Kreisfreie Städte	107	240.000
	Interkommunal	Verw.-gemeinsch., Ämter etc.	1.708	k.A.
Frankreich	Lokal	Régions	27	2,3 Mio.
		Départements	101	639.000
		Communes	36.569	1.560
	Interkommunal	Syndicats	12.840	k.A.
		EPCI	2.599	k.A.
UK	Quasi-föderal	Regions (Schottland, Wales, Nordirland)	3	5,0 Mio. (Schottland) 2,9 Mio. (Wales) 1,6 Mio. (Nordirland)
	Lokal (nur England)	Metropolitan Districts (single tier system)	36	308.000
		Unitary Authorities (single tier system)	56	209.000
		Non-metropolitan Counties (two tier system)	27	759.000
		Non Metropolitan Districts (two tier system)	201	102.000
		London Boroughs (two tier system)	32	237.000
Schweden	Lokal	Landsting kommuner	20	420.000
		Kommuner	290	31.300
Italien	Quasi-föderal	Regioni	20	2,9 Mio.
	Lokal	Province	110	551.000
		Comuni	8.094	7.455
	Interkommunal	Comunità montane	356	32.700
		Unioni di comuni	278	k.A.
		Consorzi/Conveni	k.A.	16.700
Ungarn	Kommunal	Kreise (magyék)	19	530.000
		Gemeinden, darunter:	3.175	3.170
		Dörfer (koszégek)	2.863	k.A.
		Städte (varos)	265	k.A.
		Städte mit Kreisstatus (megyei jogu varos)	23	1,7 Mio
		Hauptstadt Budapest (föváros) mit Bezirken (kerület)	24	k.A.
	Interkommunal	Zweckverbände	2.590	k.A.

k.A. – keine Angabe möglich
Quellen: Dexia 2008; Wollmann 2010 a: 225; Bogumil/Holtkamp 2013 und eigene Zusammenstellung und Berechnung

Abbildung 28: Öffentliche Ausgaben nach Verwaltungsebenen (2005)

Vergleichskriterium	Deutschland			Frankreich			Italien			Schweden		U. K.	Ungarn	
	Ge-meinden	Krei-se	Län-der	Com-munes	Dé-parte-ments	Ré-gions	Co-muni	Pro-vince	Re-gioni	Kom-muner	Landsting kommuner	Single-tier authori-ties/unitaries + two-tier districts, boroughs	Gemeinden	Kreise
Pro-Kopf-Ausgaben in 1.000 €	1,5	0,3	3,2	1,2	0,8	0,3	1,0	0,2	2,3	4,9	2,4	3,9	0,8	0,3
% der Ebene an öff. Ge-samtausgaben	11,7	2,4	24,6	8,2	5,4	1,9	8,8	1,6	19,6	27,1	13,5	29,5	18,5	5,1
% subnationaler Ausgaben an öff. Gesamtausgaben	38,7			15,5			30,2			40,6		29,5	23,6	

Quelle: Dexia 2008, Wollmann 2010 a: 245

3.6.3 Aufgabenprofile der Verwaltung im Vergleich

Die europäischen Länder weisen markante Unterschiede im Hinblick auf die Aufgaben und Funktionen auf, die der öffentlichen Verwaltung und den einzelnen Verwaltungsebenen zugewiesen sind. Um den Stellenwert einzelner Aufgabenzweige in der öffentlichen Verwaltung zu ermitteln und international zu vergleichen, können als Indikatoren zum einen die Verteilung des öffentlichen Personals und zum anderen die Verteilung öffentlicher Ausgaben nach Tätigkeitsfeldern genutzt werden.

Personal und Ausgaben nach Tätigkeitsfeldern

Exemplarisch für die funktionale Varianz der Verwaltung im Ländervergleich kann die Sozialpolitik herausgegriffen werden, deren Vollzug (soziale Dienste) in den skandinavischen Ländern und im Vereinigten Königreich traditionell bei den Kommunen lag/liegt, in den napoleonisch-zentralistischen Ländern zum großen Teil bei der (dekonzentrierten) Staatsverwaltung (teils auch, wie etwa in Italien, bei kirchlichen Organisationen), und in den föderal-subsidiär geprägten Verwaltungssystemen herkömmlich bei den freien oder konfessionellen Trägern der Wohlfahrtspflege (Deutschland). Ein anderer unterschiedlich zugewiesener wesentlicher Aufgabenbereich ist die Gesundheitsversorgung. Im Vereinigten Königreich, Italien und Schweden besteht ein öffentliches Gesundheitssystem, das im Vereinigten Königreich als *National Health Service* 26 % und in Italien als *Servizio Sanitario* 20,3 % der öffentlich Beschäftigten umfasst. Auch in Frankreich bilden die öffentlichen Krankenhäuser einen eigenständigen Sektor mit 19 % aller öffentlich Bediensteten. Dagegen ist das öffentliche Gesundheitssystem in Schweden der kommunalen Ebene (*landsting kommuner*) als Selbstverwaltungsaufgabe zugewiesen und in deren Personalbestand integriert. Auch in Ungarn werden wichtige Aufgaben der Gesundheitsversorgung von der kommunalen Ebene übernommen. In ländervergleichender Perspektive tritt des Weiteren der Sektor „Erziehung und Bildung" als ein besonders personalintensiver Bereich hervor. Sein Personal (vor allem Lehrer) macht einen erheblichen Teil der Beschäftigten einerseits des Staates in Frankreich, Italien und der Länder in Deutschland sowie andererseits der Kommunen in Schweden, England und Ungarn aus.

Sozial- und Gesundheitssektor

Im Hinblick auf die Verteilung der öffentlichen Ausgaben nach Tätigkeitsfeldern und Ebenen, die einen weiteren wichtigen Indikator für die Ermittlung der funktionalen Schwerpunkte öffentlicher Verwaltung darstellt, zeigt sich, dass die Bereiche Soziale Sicherung, Bildung, Gesundheit sowie allgemeine öffentliche Verwaltung in den hier betrachteten Ländern und im OECD-Kontext insgesamt (mit Ausnahme des Bereichs Gesundheit) dominieren (siehe Abbildung 29). Dabei ist in Frankreich sowohl auf zentraler als auch auf kommunaler Ebene sowie in Italien und im Vereinigten Königreich auf zentralstaatlicher Ebene der Bereich der allgemeinen Verwaltung am ausgabenintensivsten. Dagegen ist in Deutschland die Soziale Sicherung (bezogen auf die Bundes- und Kommunalebene) der ausgabenintensivste Bereich; Gleiches gilt für Schweden und Ungarn bezogen auf die zentralstaatliche Ebene. Im Vereinigten Königreich erweist sich, wie erwartet, der Bereich der Bildung (Schulen) als wichtigster Ausgabenposten auf der kommunalen Ebene, ähnlich wie in Ungarn, wo die subnationalen Bildungsausgaben auch bei ca. 30 % des BIP liegen, und in Deutschland mit einem Anteil der Bildungsausgaben am BIP von ca. 25 % auf der Ebene der Länder. In Italien und Schweden werden dagegen auf der subnationalen Ebene gemessen am BIP die meisten Ausgaben im Bereich der öffentlichen Gesundheit getätigt.

Zuständigkeit für Schulen

Abbildung 29: Öffentliche Ausgaben nach Aufgabenbereichen und Ebenen in % des BIP (2008)

Aufgabenbereich	Deutschland			Frankreich		Italien		Schweden		UK		Ungarn		OECD 29/28	
	Bund	Länder	Kommunen	Zentral-staat	Sub-national	Zentral-staat	Sub-national	Zentral-staat	Sub-national	Zentral-staat	Sub-national	Zentral-staat	Sub-national	Zentral-staat	Sub-national
Allgemeine öffentliche Verwaltung	30,7%	26,2%	15,9%	30,0%	18,9%	33,5%	14,1%	25,7%	11,7%	15,4%	6,3%	29,1%	16,5%	24,6%	16,2%
Verteidigung	7,8%	0,0%	0,0%	8,1%	0,0%	5,2%	0,0%	5,1%	0,0%	5,9%	0,1%	2,8%	0,0%	6,4%	0,1%
Öffentl. Ordnung und Sicherheit	1,1%	9,0%	4,5%	4,4%	2,9%	6,1%	1,5%	4,0%	0,9%	4,4%	9,5%	6,2%	1,4%	4,9%	2,9%
Wirtschaftl. Angelegenheiten	9,5%	10,3%	11,4%	13,5%	12,3%	6,6%	14,1%	10,1%	5,9%	9,5%	9,4%	16,7%	8,0%	14,1%	13,6%
Umweltschutz	0,2%	0,5%	5,2%	0,4%	6,8%	0,8%	4,8%	0,5%	0,9%	0,9%	4,2%	1,6%	3,7%	0,8%	6,4%
Wohnungswesen und kommunale Einrichtungen	1,3%	2,1%	5,9%	1,4%	15,3%	1,1%	4,2%	0,4%	2,7%	1,2%	6,8%	0,3%	7,6%	0,9%	6,5%
Gesundheit	0,0%	1,6%	1,7%	0,9%	1,1%	13,3%	45,2%	4,5%	26,9%	17,3%	0,0%	6,7%	15,2%	9,0%	8,5%
Freizeit, Sport, Kultur und Religion	0,3%	1,6%	6,0%	2,0%	10,1%	1,5%	3,1%	1,2%	3,6%	1,3%	4,0%	3,0%	5,1%	1,8%	7,7%
Bildung	1,2%	25,4%	17,0%	19,3%	16,5%	13,0%	8,3%	6,3%	21,4%	12,1%	32,0%	11,0%	29,4%	11,0%	22,7%
Soziale Sicherung	47,9%	23,4%	32,6%	20,0%	16,1%	19,0%	4,7%	42,4%	26,2%	32,0%	27,7%	22,7%	13,1%	26,4%	15,5%

Quelle: OECD 2011 und eigene Zusammenstellung

4. Verwaltungsreformen in vergleichender Perspektive

> **Lernziele**
>
> Am Ende dieses Kapitels sollten Sie
> - die verwaltungspolitischen Reformdiskurse im OECD-Länderkontext und ihre Bestimmungsfaktoren kennen;
> - wissen, welche Unterschiede und Gemeinsamkeiten zwischen den europäischen Ländern bei Verwaltungsreformen im Mehrebenensystem bestehen;
> - die wichtigsten Typen der Territorialreform in Europa unterscheiden und eine Länderzuordnung vornehmen können;
> - einen Überblick über New Public Management-Reformen in den Bereichen von Privatisierung, Binnenmodernisierung und öffentlichem Dienst haben;
> - in der Lage sein, die Entwicklung der europäischen Verwaltungssysteme als Konvergenz, Divergenz oder Persistenz einzuordnen und zu begründen.

4.1 Verwaltungspolitische Reformdiskurse

Die Verwaltungsmodernisierung in den europäischen Ländern war in den vergangenen Jahrzehnten durch verschiedene Diskurskonjunkturen (siehe Jann 2002) geprägt, von denen das NPM in den 1980er und 1990er Jahren die reformpolitische Agenda bestimmte. *(NPM-Diskurskonjunktur)*

Für die Verlaufsmuster und Profile des Verwaltungspolitikdiskurses sind – anknüpfend an die oben skizzierten neo-institutionalistischen Erklärungsansätze (Kapitel 2.3) – maßgebliche Bestimmungskräfte insbesondere in den nachstehenden Faktoren zu sehen (vgl. Pollitt/Bouckaert 2004; Christensen/Laegreid 2001 a, 2010; Wollmann 2003 c: 231 m. w. N.)[49]:

- Verfassungsrechtliche und – politische Entscheidungsstrukturen und – verfahren des Landes (föderal-dezentral oder unitarisch-zentralistisch, majoritär-konkurrenzdemokratisch oder konsensual-konkordanzdemokratisch) als institutionelle Rahmenbedingungen (vgl. Pollitt/Bouckaert 2004: 41 ff.)[50], die sich darauf auswirken können, ob der Verwaltungspolitikdiskurs zentralstaatlich oder vertikal fragmentiert stattfindet und eher auf radikale oder inkrementalistische Veränderungen angelegt ist; *(Bestimmungsfaktoren der Diskursentwicklung)*

---

[49] Der folgende Abschnitt stützt sich auf Wollmann 2002 a.
[50] Vgl. auch die ähnlich konzipierte Unterscheidung bei V. Schmidt zwischen *multi-actor* and *single-actor countries* (Schmidt 2000: 232 ff.).

- Verwaltungsstrukturelle Ausgangsbedingungen (*starting conditions*) des Landes, mit denen sich der verwaltungspolitische Diskurs auseinanderzusetzen hat und deren landesspezifische Ausprägungen (Umfang des Staatssektors, Grad der Zentralisierung, Umfang der staatlichen Dienstleistungserbringung, Verwaltungs-/Bürokratiemodell) als verwaltungspolitischer Problemdruck und Lösungsbedarf wahrgenommen werden und hierdurch den verwaltungspolitischen Diskurs maßgeblich beeinflussen können[51];
- Staats- und verwaltungsinstitutionelle und -kulturelle Grundstrukturen (z. B. im Gegensatz von Rechtsstaatstradition der kontinentaleuropäischen und der Public Interest/*Civic-Culture*-Tradition der angelsächsischen Länder; vgl. Pollitt/Bouckaert 2004: 52 ff.; König/Füchtner 2000: 10 ff.; Wollmann 2000 b: 4 ff.), die den Korridor des verwaltungspolitischen Diskurses abstecken können;
- Sozio-ökonomische, insbesondere budgetäre Rahmenbedingungen, deren krisenhafte Zuspitzung dringenden verwaltungspolitischen Handlungsbedarf suggerieren können;
- (Partei-)politische Akteurskonstellationen und deren ideologisch-politische usw. Handlungsinteressen und -absichten;
- Verwaltungspolitische Diskurs- und Reform-Koalitionen (vgl. Wittrock et al. 1991: 43 ff.; Sabatier 1993: 116 ff.) und u. U. miteinander rivalisierende Diskursgruppierungen[52], die von Politikern, Verwaltungsfachleuten, Wissenschaftlern, Think Tanks, sozio-ökonomischen Interessenvertretern, Unternehmensberatern usw. gebildet und getragen (vgl. Derlien 1996: 152) werden können. Der Zugang zum und die Dominanz im Diskurs kann wesentlich davon abhängen, ob es sich um einen eher geschlossenen, politik-zentrierten oder einen eher offenen, wissenschafts-zentrierten Diskurs handelt (Singer 1993: 157);
- Internationale Öffnung der nationalen Diskursarena und ihre zunehmende Verflechtung und kognitive Übereinstimmung als sog. *epistemic communities* (vgl. Adler/Haas 1992: 367 ff.), was sich in trans-/internationalen Lern-, Rezeptions-, Imitations- und Austauschprozessen *(policy learning)* geltend machen kann (Rose 1993; Sabatier 1993).

Die in den folgenden Abschnitten vorgenommene Ergänzung der bisherigen Länderauswahl um die USA und Neuseeland ist von der Absicht angeleitet, die in der bisherigen internationalen Diskussion im Vordergrund stehenden angelsächsischen Länder als Vorreiter der NPM-Bewegung adäquat zu berücksichtigen.

---

51 Zur Erklärungskraft der *starting conditions* vgl. insbesondere auch Pollitt/Bouckaert 2004: 62 ff.
52 Zur Unterscheidung von „NPM", „traditionellen" und „alternativen" Modernisierern vgl. Wollmann 1996 b: 15 ff.

Abbildung 30: Bestimmungskräfte des Verwaltungspolitikdiskurses

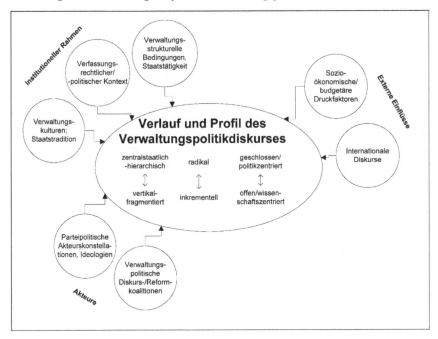

Quelle: eigene Darstellung

Internationaler Diskurs

Der inter- und transnationale reformpolitische Diskurs ist inhaltlich durch mehrere Faktoren bestimmt: Dadurch, dass die jüngere, unter dem Sammelbegriff NPM bezeichnete Modernisierungswelle zunächst in den angelsächsischen Ländern, insbesondere im Vereinigten Königreich und Neuseeland, entstanden ist und fast ausschließlich in englischsprachigen Publikationen vorgestellt und verbreitet wurde, ist das Bild der neuerlichen Modernisierungsbewegung in erster Linie von dem Diskurs in diesen Ländern geprägt und trägt damit „angelsächsisch-zentrierte" („anglo-saxon-centrist") und „anglophone" Züge (vgl. kritisch Wollmann 2002 a: 491).

angelsächsisch-zentrierter Reform-Diskurs

Bereits im frühen Verlauf des internationalen Modernisierungsdiskurses legten es einflussreiche internationale Organisationen, vorab die OECD, darauf an, NPM als Konzept und Strategie der Staats- und Verwaltungsmodernisierung regelrecht zu kanonisieren und als Modernisierungsdoktrin mit weltweitem Geltungsanspruch zu propagieren. Hierzu bemerkte *Frieder Naschold* 1995 kritisch: „Diese Vorstellung des ‚Einen Entwicklungspfades' wird zugleich normativ mit der Frage seiner Effektivität verbunden: Der ‚Eine Entwicklungspfad' – letztlich ein idealisiertes angelsächsisches Modell – ist zugleich der im Grunde effek-

Einfluss internationaler Organisationen

tivste Weg zur Modernisierung des Wohlfahrtsstaates" (Naschold 1995: 69). So übernahm denn OECD/PUMA eine Schlüsselfunktion in einer internationalen „discourse community", die vor allem Regierungsvertreter, internationale Consultants und (mit NPM sympathisierende) Wissenschaftler umfasste (vgl. Pollitt/ Bouckaert 2004: 129; Sahlin-Andersson 2001: 59 ff.).

Aufgrund dessen, dass vor allem die OECD (aber auch eine Reihe von Wissenschaftlern) ihren Befragungen und Auswertungen bestimmte Komponenten und Kriterien zugrunde legen, die sie als konstitutiv für das NPM ansehen, tendieren diese Untersuchungen dazu, insofern verzerrte Ergebnisse zu produzieren, als nur diesem Raster entsprechende Wirklichkeitsfelder wahrgenommen und andere analytisch ausgeblendet werden. Das angelsächsisch-zentrierte Wahrnehmungs- und Sprachraster ist konzeptionell (wenn nicht epistemologisch) prädisponiert, aus ihm analytisch und sprachlich herausfallende Länder und ihre Verwaltungswirklichkeiten zu ignorieren.

Budgetäre Rahmenbedingungen

In allen hier diskutierten Ländern (mit Ausnahme der USA) erwies sich die Budgetkrise, in welche diese Länder seit den späten 1970er Jahren – zu teilweise unterschiedlichen Zeitpunkten und mit unterschiedlicher Intensität – geraten waren, als der entscheidende Auslöser für ihre (mehr oder weniger ausgeprägte) neo-liberale Politikwende. Wirtschafts-, Sozialstaats- (*welfare state-*) und Verwaltungspolitik gingen in dieser Neuorientierung Hand in Hand. Hintergrund war die sich immer weiter öffnende Schere zwischen den öffentlichen Ausgaben einerseits, die insbesondere durch die überkommene (sozialdemokratische) Sozialstaatlichkeit angetrieben wurde, und den Einnahmen andererseits, die aufgrund der Wirtschaftskrise schrumpften.

> öffentliche Haushaltskrise als Antriebsfeder

Akteurskonstellation, politisch-ideologischer Kontext

Diese Bestimmungsmacht der budgetären Rahmenbedingungen kommt darin zum Ausdruck, dass die neoliberale Wende von den politisch-administrativen Eliten unter konservativen ebenso wie unter sozialdemokratischen Mehrheits- und Regierungsverhältnissen eingeleitet wurde. Besonders anschauliche Beispiele liefern das Vereinigte Königreich und Neuseeland: Während die neoliberale Wende im Vereinigten Königreich 1979 von der neuen konservativen Regierung unter *Margaret Thatcher* vollzogen wurde, indem diese mit dem *welfare-state*-Konzept der (alten) *Labour Party*, aber auch mit den hiermit weitgehend übereinstimmenden bisherigen Vorstellungen der alten *Tories* brach, vollführte in Neuseeland die dortige *Labour Party*, kaum hatte sie 1984 die konservative *National Party* in der Regierung abgelöst, eine geradezu spektakuläre neoliberale Politikwende. Hatten im Vereinigten Königreich die *Tories* unter *Margaret Thatcher* ihren Wahlkampf wesentlich mit der Forderung „rolling back the state" geführt (und gewonnen), so schwenkte die neuseeländische Labour-Regierung, kaum im Amt, abrupt, ohne politisch-programmatische Vorbereitung und Vorankündigung, auf den neo-

> Rolle politisch-administrativer Eliten

liberalen Kurs ein. Demgegenüber hielt die CDU/FDP-Koalition unter Kanzler *Helmut Kohl*, die 1982 die sozial-liberale Koalition unter *Helmut Schmidt* stürzte, ungeachtet aller neoliberalen Wende-Rhetorik weitgehend an dem Sozialstaats- und auch Staats- und Verwaltungsmodell fest, welches von den beiden großen Parteien seit den späten 1950er Jahren weithin geteilt wurde. Zu einem neo- liberalen Schwenk in der Sozialstaatspolitik und einer NPM-Orientierung in der Verwaltungspolitik kam es in der Bundesrepublik erst in den späten 1990er Jahren unter der rot-grünen Koalition und Kanzler *Gerhard Schröder* – in Reaktion auf die sich als Folge der Vereinigungskosten verschärfenden Probleme der Staatsverschuldung und Haushaltskonsolidierung.

Verwaltungspolitische Diskurskonstellationen/-koalitionen

Die verwaltungspolitischen Diskursarenen und -koalitionen, die sich in den hier diskutierten Ländern in Vorbereitung und Begleitung der verwaltungspolitischen Entscheidungen formiert haben, lassen sich insbesondere danach sortieren, ob sie *politikzentriert, verwaltungszentriert* oder *gesellschaftsoffen* operieren.   Varianten von Diskursarenen

Die Politikzentriertheit der Diskursarena und -koalition ist besonders ausge- prägt im Vereinigten Königreich und in Neuseeland, wo unter den Bedingungen ihres unitarisch-zentralistischen (*single level*) Verfassungssystems und eines ma- joritären Entscheidungssystems (Westminster Modell) die politische Führerschaft auch in den verwaltungspolitischen Entscheidungen beim Regierungschef – so im Vereinigten Königreich – bzw. einem Schlüsselminister – so der Finanzminister in Neuseeland – liegt (*single actor*; Schmidt 2000: 232 ff.). Die konkrete Zusam- mensetzung einer solchen politikzentrierten Diskurskoalition kann stark von den persönlichen Präferenzen (*will and skill*) des politischen Hauptakteurs abhängen. Während die britische Premierministerin die Spitzenbeamten (*mandarins*) des Regierungsapparats aus dem verwaltungspolitischen Diskurs rigoros heraushielt und am liebsten auf prominente Geschäftsleute (wie *Derek Rayner*) und konser- vative Think Thanks hörte, scharte der neuseeländische Finanzminister (neben in neoliberaler Ökonomie trainierten Spitzenbeamten der *Treasury*) neo-liberale Hochschulökonomen in geradezu „verschwörerischer" (*secretive elite*; vgl. Hal- ligan 2003: 62) Weise um sich. Während sich der *Thatcher*'sche Politikdiskurs zumindest anfänglich denn auch eher auf allgemeine Glaubenssätze (*core beliefs*) in die prinzipielle Überlegenheit von Markt und Wettbewerb stützte, war die neuseeländische Diskurskoalition darauf angelegt, die anlaufende Staats- und Verwaltungsreform konzeptionell zu munitionieren und ihr eine stärkere theore- tische Fundierung (in *rational-choice-, principal-agent-theory* etc.) zu geben, als dies in irgendeinem anderen Land der Fall war.   Neuseeland und Vereinigtes Königreich

Die hervorragende Rolle des Präsidenten als nationalen Akteur widerspie- gelnd, weist der verwaltungspolitische Diskurs in den USA jedenfalls auf der Bundesebene eine auf den Präsidenten zulaufende Politikzentrierung auf, die dadurch noch verstärkt wird, dass die meisten Präsidenten sich mit bestimmten Reformkonzepten – auch publizitätsträchtig und wahlkampfwirksam – zu identi- fizieren bemüht waren. Dies galt zuletzt besonders ausgeprägt für die demokrati- sche Präsidentschaft *Clinton/Gore* mit *re-inventing government* als ihrer verwal-   USA tungspolitischen *trade mark*. Die Hochschätzung, die der privatunternehmerische Managerialismus im verwaltungspolitischen Diskurs in den USA seit je genießt, kommt darin zum Ausdruck, dass die Präsidenten vorzüglich den Rat von prominenten Geschäftsleuten suchen. Dies traf auf den Republikaner *Reagan* (mit der Einsetzung seiner vom Geschäftsmann *Grace* geleiteten Reformkommission) ebenso wie auf die Demokraten *Clinton* und *Gore* zu.

Frankreich

Frankreich bietet das Beispiel für eine verwaltungszentrierte Diskurskoalition, die sich im Wesentlichen aus den *Grands Corps* angehörigen Spitzenbeamten zusammensetzte, deren Diskussionen mithin überwiegend *from within* (vgl. Pollitt/Bouckaert 2004: 54) geführt wurden und deren Durchsetzungsvermögen nicht zuletzt in der großen kognitiven und normativen Homogenität begründet ist, die die Angehörigen der *Grands Corps* in Politik, Verwaltung und Wirtschaft verbindet.

Schweden

In Übereinstimmung mit dem traditionellen konsensualen Politikstil des Landes ist in Schweden auch in der Verwaltungspolitik eine *gesellschaftsoffene* Diskursarena und -koalition anzutreffen, in der die Dezentralisten, Traditionalisten und die Ökonomisierer – mit ihrer je spezifischen Verortung in unterschiedlichen Ministerien und Interessengruppen (Premfors 1998) – um die Meinungsführerschaft ringen und den konsensualen Ausgleich suchen.

Deutschland

In Deutschland ist eine den angelsächsischen Ländern (in der Form des Premierministers oder Präsidenten) geläufige politische Führerschaft in der Verwaltungspolitik weithin unbekannt. Vielmehr sind hier als in einem föderal-dezentralen (Mehr-Ebenen-/*multi-actor*-) Politiksystem die verwaltungspolitischen Arenen und Diskurse eher fragmentiert. Seit den 1960er Jahren hat sich eine gewisse gesellschaftlich-fachprofessionelle Öffnung des verwaltungspolitischen Diskurses herausgebildet, an dem neben Verwaltungspraktikern Interessenvertreter und Wissenschaftler beteiligt sind. Gehörten den Diskurs- und Reformkoalitionen der 1960er- und folgender Jahre als traditionelle Modernisierer neben den Verwaltungspraktikern insbesondere Verwaltungsjuristen an, so wird seit den frühen 1990er Jahren die verwaltungspolitische Diskurskoalition insbesondere von Verwaltungspraktikern, Betriebswirten, Unternehmensberatern sowie von NPM-sympathisierenden Juristen und Sozialwissenschaftlern als NPM-Modernisierern gebildet.

4.2 Verwaltungsreform im Mehrebenensystem: Dezentralisierung, Regionalisierung, Föderalisierung

4.2.1 Begriffsbestimmung und reformpolitische Einordnung

Ebenen der Kompetenzabschichtung

Die Abschichtung von Politikkompetenzen und Verwaltungsfunktionen auf subnationale Ebenen ist in fast allen fortgeschrittenen wie auch jungen Demokratien zu einer Hauptstoßrichtung der Reform von Staat und Verwaltung geworden (Stoker 1991: 7; Hoffmann-Martinot 2006: 231; Wollmann 2008: 53, 253). Im Folgenden werden zwei Bereiche betrachtet: zum einen die Regionalisierung und Föderalisierung; zum anderen die Aufgabenumverteilung zwischen Staat und kommunaler Selbstverwaltung (Dezentralisierung, Kommunalisierung).

Werden Zuständigkeiten einer regionalen, intermediären oder auch Meso-Ebene übertragen, welche zwischen zentraler und kommunaler/lokaler Ebene angesiedelt ist (siehe Sharpe 1993), so kann von einer *Föderalisierung* dann gesprochen werden, wenn der Adressat des Funktionstransfers eine durch gewählte Vertretung politisch eigenverantwortliche Ebene ist, welche selbständige Gesetzgebungs- und Politikkompetenzen erhält (für eine Übersicht siehe Marcou/Wollmann 2008: 138 ff.). Ermangelt die intermediäre/Meso-Ebene einer solchen eigenständigen Gesetzgebungs- und Politikkompetenz, ist hierin eine (einfache) *Regionalisierung* zu sehen. Soweit Regionen neu entstehen, kann noch einmal zwischen „harter" Regionsbildung, die auf die Schaffung neuer regionaler Gebietskörperschaften unter Auflösung der „Altstrukturen" (z. B. „Altkreise") hinausläuft, und der „weichen" Regionalisierung unterschieden werden (vgl. Bogumil/Grohs 2010: 93). Diese zielt darauf, flexible, überwiegend monofunktionale Formen regionaler Kooperation in Verflechtungsräumen oder statistische Planungs-/Förderregionen zu schaffen[53], die jedoch nicht den Status von Gebietskörperschaften haben, so dass ihnen quasi der „harte" institutionelle Kern fehlt. Ferner ist die Übertragung von Regionalfunktionen „nach oben" (*bottom up*), z. B. vom Kreis auf die Region, die auch zentralisierende Züge trägt, von jener abzugrenzen, die „nach unten" (*top down*), z. B. von einer Staatsbehörde auf die Region, erfolgt, und die dezentralisierend wirkt.

Mit Dezentralisierung und Kommunalisierung als Reformstrategien im Mehrebenensystem ist die Kompetenzabschichtung von der (zentral- oder landes-)staatlichen Verwaltungsebene auf die kommunale Selbstverwaltungsebene angesprochen, wobei der Adressat sowohl die überlokale (Kreise, *counties, départements* etc.) und als auch die eigentliche lokale (unterste) Selbstverwaltungsebene (Gemeinden, *districts, communes* etc.) sein kann. Dabei sind verschiedene Formen zu unterscheiden. Bei der *politischen Dezentralisierung* werden neben der Verwaltungszuständigkeit auch politische Entscheidungsrechte, insbesondere Beschluss- und Kontrollrechte der gewählten Vertretungskörperschaften im Hinblick auf die jeweiligen Aufgaben übertragen und eine direkte Intervention der Staatsverwaltung in Form der Fachaufsicht ist ausgeschlossen. Im deutschen Fall ist diese Form der Dezentralisierung auch als „echte" oder „volle" Kommunalisierung bezeichnet worden (Wollmann 1997b; Burgi 2009: 163; Kuhlmann 2009a: 81; Kuhlmann/Bogumil 2010: 14). Von dieser ist die Variante der *administrativen Dezentralisierung* zu unterscheiden, für die sich im deutschen Kontext auch der Begriff der „kupierten" oder „unechten Kommunalisierung" eingeprägt hat, da den Selbstverwaltungsinstanzen zwar staatliche Aufgaben zum Vollzug übertragen werden. Ein politisches Mitspracherecht der gewählten Vertretung im Hinblick auf diese Aufgaben bleibt jedoch ausgeschlossen (Wollmann 2008: 258 ff.). Von der politischen und administrativen Dezentralisierung ist des Weiteren die *administrative Dekonzentration* zu unterscheiden, bei der es um einen Transfer von staatlichen Aufgaben, einschließlich budgetärer und teils personeller Ressourcen, von zentralstaatlichen Institutionen (Ministerien, Behör-

---

[53] Beispiele hierfür sind Städte-Netzwerke, Regionalkonferenzen und Metropolregionen (in Deutschland etwa Rhein-Neckar, Hamburg, Bremen, Südbayern, Frankfurt/M.), in denen häufig private und gesellschaftliche Akteure mitwirken, weshalb auch von „Regional Governance" die Rede ist.

den) auf subnational und lokal angesiedelte (dekonzentrierte) staatliche oder halbstaatliche Verwaltungseinheiten geht. Reformtypologisch kann differenziert werden zwischen der „klassischen" Dekonzentration landes- oder zentralstaatlicher Verwaltung in Form territorial angesiedelter Staatsbehörden, die, in Gestalt der regionalen oder lokalen Sonderbehörden, aber auch der Regierungspräsidien und Präfekturen, in Europa bereits eine lange Verwaltungstradition besitzt, und der neueren NPM-inspirierten Variante der staatlichen Agenturbildung (*Agencification*), die in Kapitel 4.5 behandelt wird.

Abbildung 31: Varianten der Staats- und Verwaltungsreform im Mehrebenensystem

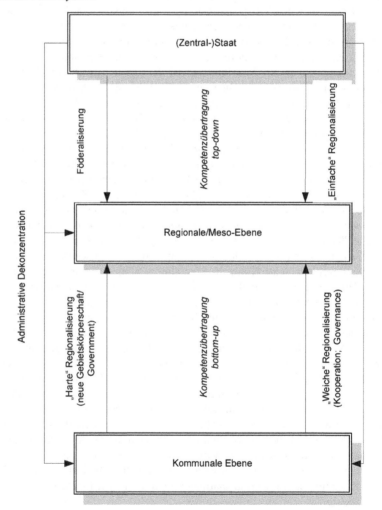

Quelle: eigene Darstellung

4.2.2 Föderalisierung, Quasi-Föderalisierung, Regionalisierung

(Quasi-)Föderalisierung

Historisch ist den Ländern, welche föderalisierende Veränderungen durchlaufen haben, die gemeinsame Tradition eines unitarisch-zentralistischen Staatsmodells, mit überwiegend napoleonischer Prägung (außer Vereinigtes Königreich), eigentümlich. So zielte Italiens demokratische Nachkriegsverfassung von 1948 darauf ab, mit dem historischen (auf die Staatseinigung von 1861 zurückreichenden und unter dem Faschismus nochmals verschärften) zentralistischen napoleonischen Staatsmodell zu brechen (für Einzelheiten siehe Kapitel 3.1.2). Die Verfassungsreformen von 1999 und 2001 brachten den Durchbruch zu einer Regionalisierung, in der die Regionen mit umfassenden eigenen gesetzgeberischen und operativen Zuständigkeiten ausgestattet wurden. Zwar ist hierin verschiedentlich der Übergang Italiens zu einem „quasi-föderalen Staat" („quasi-federal state"; Bobbio 2005: 29) gesehen worden (vgl. auch Brunazzo 2010: 185 ff.). Jedoch bleibt daran zu erinnern, dass maßgebliche verfassungspolitische Akteure, wie das Verfassungsgericht (*Corte Costituzionale*), an der Grundprämisse eines unitarischen (*unitario*) Staates festhalten. Zudem trägt Italiens Regionalismus angesichts der realen (politischen, ökonomischen usw.) Differenzen zwischen den „normalen" und den „besonderen" Regionen sowie innerhalb Italiens insgesamt ebenfalls deutlich asymmetrische Züge. Nach dem oben eingeführten Verständnis von Föderalisierung, wonach von dieser dann gesprochen werden kann, wenn der gewählten regionalen Vertretungskörperschaft autonome Gesetzgebungszuständigkeiten, Politik- und Entscheidungskompetenzen zugestanden werden, ist auch Italien reformtypologisch als Föderalisierungsfall einzuordnen (Palermo 2005; abweichend Behnke 2010). Allerdings vollzog sich die praktische Umsetzung der mit den Verfassungsgesetzen von 1999 und 2001 eingeführten neuen Rechte regionaler Selbstbestimmung nur zögerlich (Behnke 2010: 314). Dies spiegelt sich unter anderem darin wider, dass bis 2009 noch immer vier Regionen mit Normalstatut über kein neues Regionalstatut (als Quasi-Verfassung des regionalen Regierungssystems) verfügten.

Italien: von der Regionalisierung zum quasi-föderalen Staat

Abbildung 32: Verabschiedung der Regionalstatute in Italien (Stand 2010)

Abruzzo	2006	Marche	2005
Basilicata	1971	Molise	1971
Calabria	2003	Piemonte	2005
Campania	1971	Puglia	2004
Emilia Romagna	2005	Toscana	2005
Lazio	2004	Umbria	2005
Liguria	2005	Veneto	1971
Lombardia	2008		

Quelle: Behnke 2010: 314 (m. w. N.)

Spanien: „Staat der Autonomen Regionen"

Spanien kann als ein weiterer wichtiger Föderalisierungsfall eines ehemals napoleonisch geprägten Verwaltungssystems angesehen werden. Das Land erlebte aufgrund der regionalen Existenz unterschiedlicher kultureller und sprachlicher Nationalitäten (Baskenland, Katalonien, Galizien) im Verlaufe des späten 19. und frühen 20. Jahrhunderts mehrere Anläufe dazu, sich eine föderale Verfassung zu geben, wie insbesondere in dem Verfassungsentwurf von 1873 deutlich wird. Jedoch erfuhr es unter der Diktatur *Francos* (1936-1975) ein extrem zentralistisches Regime. Im Bestreben, den regionalistischen oder gar separatistischen Tendenzen, vor allem in Pais Basco, Catalonia und Galacia, Rechnung zu tragen, wurden durch die (demokratische Nach-*Franco*-)Verfassung von 1978 17 Regionen (*comunidades autónomas*) geschaffen, denen breite (und im weiteren Verlauf immer ausgedehntere) Zuständigkeiten eingeräumt wurden (vgl. Alba/Navarro 2003: 198). Ein dem Schweizer Ständerat oder dem deutschen Bundesrat vergleichbares föderales Vertretungsorgan ist bislang allerdings nicht geschaffen worden. Mit Blick auf das politische Schwergewicht, das insbesondere das Baskenland und Katalonien gegenüber den anderen *comunidades* haben, wird gelegentlich von einem „asymmetrischen Föderalismus" gesprochen (Alba/Navarro 2003: 199), wobei die Bezeichnung Föderalismus vielfach überhaupt vermieden und eher von einem „Staat der Autonomen Regionen" gesprochen wird. Anknüpfend an die oben eingeführte Begrifflichkeit kann gleichwohl von Föderalisierung gesprochen und Spanien als einer der neuen europäischen Föderalstaaten eingeordnet werden (siehe auch Colino 2009).

Belgien: konfliktgeschütteltes föderales Gebilde

In Belgien trug der 1831 begründete Staat zunächst ebenfalls einen unitarisch-zentralistischen (napoleonischen) Prägestempel und behielt diesen im Wesentlichen bis in die jüngere Zeit bei. Um den wachsenden Spannungen zwischen dem wallonischen und dem flämischen Bevölkerungsteil institutionell zu begegnen, wurde seit den 1970er Jahren eine schrittweise Föderalisierung des Landes eingeleitet, die in der Verfassungsreform von 1993 – mit der Begründung von drei Regionen und drei Sprachgemeinschaften – niedergelegt und 2001 durch das sog. *Labermont*-Abkommen weitergeführt wurde. Die Umwandlung Belgiens vom Einheitsstaat in einen Bundesstaat hat zu einer komplizierten politischen Gliederung geführt, die nur schwer mit anderen Bundesstaaten zu vergleichen ist. Neben den drei Regionen Flandern, Wallonien und Brüssel gibt es zusätzlich drei (keineswegs deckungsgleiche) „Gemeinschaften" auf flämisch-, französisch- und deutsch-sprachiger Grundlage. Die Regionen haben inzwischen sehr weitgehende gesetzgeberische Zuständigkeiten (vgl. Hecking 2003). Allerdings bleibt Belgien ungeachtet dieses radikalen föderativen Staatsumbaus durch die flämisch-wallonischen Konflikte in seiner Existenz weiterhin bedroht (vgl. auch Chardon 2009).

UK: administrative, exekutive und legislative Devolution

Hinsichtlich des Vereinigten Königreichs[54] war man von jeher der Auffassung, dass es sich bei Schottland und Wales um zwei eigenständige „keltische Nationen" (*celtic nations*, Sharpe 2000: 67) handelte und man sprach sogar von einem „social federalism" (Sharpe 2000). Jedoch blieb bis vor kurzem das im Grundsatz der *Parliamentary Sovereignty* verwurzelte Prinzip des unitarischen Staates unangetastet. Ende der 1990er Jahre leitete die *New Labour*-Regierung

---

54 Von den 60 Mio. Einwohnern des Vereinigten Königreichs leben 50 Mio. in England, 5 Mio. in Schottland, 2,9 Mio. in Wales und 1,7 Mio in Nordirland.

ihre Politik der *devolution* dadurch ein, dass – nach Volksabstimmungen in Schottland und Wales – in diesen Regionen gewählte regionale Parlamente (*assemblies*) eingerichtet wurden. Nach dem Karfreitagsabkommen von 1998 nahm auch in Nordirland die parlamentarische Vertretung unter dem Namen *Stormont* ihre Arbeit wieder auf. Allerdings wurde sie seit dem Jahr 2000 viermal suspendiert[55]. Konzeptionell zeichnet sich die britische Devolution – im Unterschied zur kontinentaleuropäischen Föderalisierung und Dezentralisierung – dadurch aus, dass die territorialen Vertretungen und Exekutiven zwar neue Aufgaben, Autonomierechte und Pflichten erhalten, diese aber – dem Verfassungsgrundsatz der Parlamentssouveränität folgend – lediglich delegiert und ausgeliehen, also nie endgültig abgegeben sind, sondern als rückholbar angesehen werden (Sturm 2003: 227; Kastendiek et al. 1999: 287). Herkömmlich wird zwischen administrativer, exekutiver und legislativer Devolution unterschieden[56]. Die erstere – bis 1997 vorherrschende (vgl. Münter 2005: 29 ff.) – Variante meint lediglich die dem klassischen Westminster-Modell weitgehend verhaftete Übertragung von Verwaltungsaufgaben auf regional zuständige Querschnittsressorts auf nationalstaatlicher Ebene, z. B. in Form der Einrichtung von Territorialministerien (*Scottish Office* 1885; *Welsh Office* 1964/65; *Northern Ireland Office* 1972). Die exekutive Devolution bezieht sich auf einen Transfer von Verwaltungsaufgaben auf regionale Körperschaften zur eigenständigen Erledigung, wobei die Rahmengesetzgebung in Westminster zentralisiert bleibt, die Vertretungskörperschaften allerdings legislative Anpassungen an die regionalen Verhältnisse im Sinne sekundärer Gesetzgebungsbefugnisse vornehmen können (Münter 2005: 25 f.). Dies traf beispielsweise bis 2006 auf Wales zu, da die *National Assembly of Wales* erst mit dem *Government of Wales Act* von 2006 primär gesetzgebende Kompetenzen erhalten hat (z. B. in den Bereichen Landwirtschaft, Fischereien, Forstwirtschaft, Kultur etc.). Bei einer solchen Übertragung von primären Gesetzgebungsbefugnissen auf regionale Parlamente spricht man von legislativer Devolution (Kastendiek et al. 1999: 287), die bereits seit 1999 auf Schottland zutrifft, wo dem Parlament (*Scottish Parliament*) – abweichend vom *ultra vires*-Prinzip – eine Art Allzuständigkeitsvermutung eingeräumt wurde (Sturm 2002: 58). Durch den *Scotland Act 2012* wurden dem Schottischen Parlament weitere Kompetenzen und fiskalische Autonomierechte übertragen. Es bleibt somit abzuwarten, ob in dem für Herbst 2014 vorgesehenen Referendum tatsächlich zugunsten einer Unabhängigkeit Schottlands votiert werden wird. Dagegen stellt die parlamentarische Vertretung Nordirlands eine legislative Körperschaft mit eingeschränktem Handlungsbereich dar, der sich in „erlaubte", „vorbehaltliche" und „ausgenommene" Rechte unterteilt (vgl. *Northern Ireland Act* 1998), wenngleich auch die nordirische Vertretung inzwischen legislative Kompetenzen besitzt. Das ursprüngliche Vorhaben der *Labour*-Regierung, über den Weg regionaler Referenden auch in den acht englischen Planungsregionen gewählte Regionalvertretungen zu schaffen, blieb unverwirklicht, nachdem die

---

55 So wurde Nordirland zuletzt zwischen 2002 und 2007 direkt vom Londoner Nordirlandministerium aus regiert. Der Grund für die Suspendierungen war der anhaltende Konflikt von Katholiken und Protestanten.
56 Die Überschneidungen zu den hier ebenfalls verwendeten Konzepten und Begriffen der politischen/administrativen Dezentralisierung und administrativen Dekonzentration liegen natürlich auf der Hand (siehe weiter unten).

Bevölkerung in der *North-East-Region* den Vorschlag einer regionalen Vertretung mit der eklatanten Mehrheit von 78 % der Abstimmenden abgelehnt hatte (Sturm 2006: 137).

<small>England als „schwarzes Loch" der Devolution</small>

Vor diesem Hintergrund wird England auch als „schwarzes Loch" der britischen Devolution bezeichnet (Trench 2009: 342). Auch wenn mit Blick auf Schottland und Wales von einer „Quasi-Föderalisierung" („road to quasi-federalism"; Wilson/Game 2006) gesprochen werden kann, bleibt diese angesichts dessen extrem asymmetrisch, dass sie nur 13 % der UK-Bevölkerung erfasst und auch zwischen den einzelnen (stärker föderalisierten) Regionen hinsichtlich der Kompetenzen und Befugnisse erheblich variiert (Jeffery 2009). Dies verdeutlicht auch Abbildung 33.

Abbildung 33: Asymmetrische Devolution im Vereinigten Königreich

Region/ „nation"	% UK-Bevölkerung	% UK-BIP	Form der Devolution
England	83,6	85,7	Direktregierung durch Westminster; keine gewählten Regionalvertretungen; keine Devolution
Schottland	8,6	8,1	Scottish Parliament mit primären Gesetzgebungsbefugnissen in den meisten Politikfeldern (außer Außenpolitik); Allzuständigkeit; weitreichende legislative Devolution
Wales	4,9	3,9	National Assembly of Wales bis 2006 nur mit sekundären, danach mit einigen primären Gesetzgebungsbefugnissen in von Westminster festgelegten Bereichen; erweiterte legislative Devolution
Nordirland	2,9	2,2	Northern Ireland Assembly mit primären Gesetzgebungsbefugnissen in Bereichen, die nicht Westminster vorbehalten sind (erlaubte/vorbehaltliche/ausgenommene Rechte); begrenzte legislative Devolution

Quelle: in Anlehnung an Jeffery 2009 mit eigenen Ergänzungen

„Einfache" Regionalisierung und Bildung von Groß-Kreisen

<small>Frankreich: Regionen als Selbstverwaltungsebene</small>

Frankreich hat als Mutterland des napoleonischen Staatsmodells mit der 1982 eingeleiteten und 2003 weitergeführten Dezentralisierung (siehe weiter unten) ebenfalls das pfadabhängig überkommene unitarisch-zentralistische Staatsmodell verlassen und staatliche Zuständigkeiten auf die subnationalen Ebenen übertragen. Allerdings stellt sich die Entwicklung nicht – wie in Italien, Spanien und Belgien – als Föderalisierung, sondern als Regionalisierung dar. Zwar waren auch hier die Regionen (*régions*) Adressat der Reformen. Sie erhielten 1982 den Status vollwertiger Gebietskörperschaften (*collectivités locales*/heute: *territoriales*) und wurden 1986 mit demokratisch gewählten, politisch verantwortlichen Vertretungsorganen (*conseil régional*) und indirekt gewählten Regionalexekutiven (*président du conseil régional*) ausgestattet. Allerdings wurde bei der Verfassungsänderung von 2003 explizit festgelegt, dass die Regionen eine subnationale Selbstverwaltungsebene darstellen, die den bisher existierenden zwei Selbstverwaltungsebenen (Départements und Kommunen) hierarchisch gleichgestellt und nicht übergeordnet sind (sog. *non-tutelle*). Die funktionale Gleichstellung der Regionen mit den Départements und den Kommunen kommt darin zum Ausdruck, dass ihnen eine mit den beiden letzteren identische allgemeine Aufgabenvermutung (*clause de compétence générale*) zugeschrieben wurde. Dies hatte die in der Reformdiskussion zunehmend kritisierte Aufgabenkonkurrenz und -überschneidung (*enchevêtrement*) zur Folge. In ihrer Verwaltungszuständigkeit sind die Regionen nach wie vor begrenzt, was daran ablesbar ist, dass ihr Anteil an der Gesamtzahl des Personals der drei subnationalen Selbstverwaltungsebenen nur 0,7 % ausmacht. Somit wurde der Entwicklung der Regionen hin zu einem quasi-föderalen Status bewusst ein Riegel vorgeschoben.

In dem umfassenden Reformgesetz (*Loi de réforme des collectivités territoriales*), das nach langwierigen und kontroversen Gesetzesvorbereitungen am 16. Dezember 2010 beschlossen wurde und am 1. Januar 2015 in Kraft treten sollte, werden auch die Stellung und Funktionen der Regionen erheblich verändert. In einem neuen intergouvernmentalen Konzept werden einerseits die Regionen und die Départements und andererseits die Kommunen und deren interkommunale Zusammenschlüsse (*intercommunalités*) als die zwei wesentlichen subnationalen Handlungsfelder (*pôles*) unterschieden. Dabei wird die Stellung der Regionen innerhalb des ersteren *pôle* hervorgehoben, ohne freilich ihre grundsätzliche Gleichstellung mit den subnationalen Ebenen aufzugeben. Zur Vermeidung der in Vergangenheit stark kritisierten Aufgabenüberschneidungen wird den Regionen ebenso wie den Départements die allgemeine Aufgabenvermutung entzogen und werden ihnen bestimmte Zuständigkeitsbereiche zugewiesen. Ob und in welchem Umfang die in diesem Reformgesetz (mit den Stimmen der damals regierenden *Sarkozy*'schen konservativen Mehrheit) beschlossenen institutionellen Veränderungen verwirklicht werden, ist allerdings aufgrund des Politikwechsels in Frankreich inzwischen fraglich geworden. Am 15. Mai 2012 wurde *François Hollande*, der der Sozialistischen Partei angehört, zum neuen Staatspräsidenten gewählt und in den nachfolgenden allgemeinen Wahlen konnte die Sozialistische Partei zudem eine regierungsfähige Mehrheit in der *Assemblée Nationale* erringen. Es wurde bereits angekündigt, die beschlossenen Reformen rückgängig zu machen und eigene Reformschritte einzuleiten.

In Italien blieben die unteren substaatlichen Ebenen (Provinzen, Kommunen) trotz der einschneidenden Regionalisierungsbewegung (Quasi-Föderalisierung) ungeachtet ihrer territorialen Fragmentierung von Reformen bislang unberührt, was sich auch aus der Reformunfähigkeit der *Berlusconi*-Regierung und ihrer konservativen Mehrheit erklärt. Unter dem Druck der sich verschärfenden Finanz- und Euro-Krise und auf Drängen der EU schnürte die neue „Technokraten"-Regierung unter *Mario Monti* schließlich ein Reformpaket, das auf die Reduktion der öffentlichen Ausgaben zielt (siehe auch Kapitel 3.6.1). Als eines der Schlüsselelemente ist die territoriale Reorganisation der Ebenen der Provinzen und Großstädte enthalten. Mit Hilfe des parlamentarischen Druckmittels der Vertrauensfrage (*voto di fiducia*) im Parlament zur Abstimmung gestellt, wurde das Reformpaket am 7. August 2012 mit großer Mehrheit als Gesetz beschlossen (vgl. La Repubblica vom 8. August 2012). Das Gesetz sieht unter anderem vor, bis Ende 2012 die Zahl der Provinzen von 110 auf 50 (mit einer Durchschnittsgröße von mindestens 350.000 Einwohnern) zu vermindern[57], was teilweise der Schaffung von Regionalkreisen und damit de facto der Abschaffung von Provinzen im traditionellen Sinne entspricht. Allerdings erscheinen das „Ob" und „Wie" der Umsetzung einer solchen Territorialreform auf der Provinzebene unsicher.

Schweden: Experimentelle Regionsbildung

In Schweden, einem unitarischen, jedoch ausgeprägt dezentralisierten Land, bilden die Kreise (*län*) die geographische (duale) Basis sowohl für die untere Ebene der staatlichen Verwaltung (*länsstyrelse*) als auch für die (obere) kommunale Selbstverwaltungsebene (*landstingskommuner*). In diese außerordentlich stabile Gebietskulisse ist kürzlich in der Absicht, die Kreise (*län*) territorial zu reformieren und auch funktional ihre Regionalisierung herbeizuführen, deutlich Bewegung gekommen (vgl. Lidström 2010: 61 ff.). In einem ersten (zunächst als experimentell bezeichneten) Schritt wurden 1999 die – nun ausdrücklich Regionen (*region*) genannten – Großkreise Skåne und Västra Götaland unter Einbeziehung der beiden Großstädte Malmö bzw. Göteborg und zweier benachbarter Kreise geschaffen, die direkt gewählte Regionalversammlungen haben (z. B. Region Västra Götaland). Neben ihren bisherigen Kreisaufgaben wurden den neuen Regionen insbesondere Aufgaben der regionalen Planung und Entwicklung übertragen, die bislang von den staatlichen Behörden wahrgenommen worden waren. Zunächst als Experiment bis 2001 angelegt, wurden diese bis 2010 verlängert. Während in dieser Reformvariante die betreffenden Kreise in der neuen Region aufgehen, geben die Kernstädte, unter Beibehaltung ihres kommunalen Status, ihre Kreiszuständigkeit an die Region ab. Die Bildung der Region wird insofern (im Sinne einer Funktionalreform) mit einer weiteren Dezentralisierung staatlicher Aufgaben verknüpft, als die bislang von der (nunmehr aufgelösten) staatlichen Kreisverwaltung (*länsstyrelsen*) ausgeführten Aufgaben der regionalen Planung und regionalen Entwicklung auf die Regionen und ihre Regionalversammlungen übertragen wurden. Eine dritte Region wurde auf der Insel Gotland eingeführt. Inzwischen wurde die Regionsbildung in diesen drei Fällen als dauerhafte Regelung beschlossen.

Die Empfehlungen einer Kommission („Verantwortungskommission", *ansvarskommittén*[58]), die die Regierung 2002 berufen hatte und die nach mehr-

---

57 Für eine Liste der 50 fortbestehenden bzw. der mit ihnen zusammengelegten und damit abgeschafften *province* vgl. http://www.landesverfassungsgericht-mv.de/presse/aktuelle/download/LVFG9-17u.pdf.
58 Voller Titel der Kommission: „Hållbar samhällsorganisation med utvecklingskraft" (= „Innovationsfähigkeit zur nachhaltigen Wohlfahrtsstaatsentwicklung"; vgl. auch Wollmann 2008: 40 f.)

jährigen Beratungen 2007 ihre Ergebnisse vorlegte (vgl. Lidström 2010: 70 ff.), zielen insbesondere darauf, die noch bestehenden 20 Kreise (mit durchschnittlich 420.000 Einwohnern) aufzulösen und statt ihrer sechs bis neun Großkreise = Regionen (mit direkt gewählten regionalen Parlamenten) zu bilden (vgl. SOU 2007 a, 2007 b; siehe auch Wollmann 2008: 40 f.). Unverkennbar knüpfen diese Vorschläge an die Entwicklung an, die mit den ersten Schritten einer Regionalisierung angestoßen worden ist. Gleichzeitig sollen die Aufgaben und Verantwortlichkeiten der Kommunen erhalten und gestärkt werden, mit einem Fokus „on the heavyweight welfare services and core planning functions" (SOU 2007 b: 10). Allerdings steht die Umsetzung dieser oder anderer Reformvorschläge noch immer aus (vgl. Lidström 2010: 76). Inzwischen kommt zunehmend Kritik an der schwedischen Regionalisierungspolitik auf, da die subnationalen Kompetenz- und Institutionenstrukturen durch diese eher unübersichtlicher und heterogener geworden sind (Olsson/Åström 2004 sprechen von „regional mess"; siehe auch Stegmann McCallion 2008).

In Deutschland erfolgt die neuere Regionalisierungsbewegung innerhalb der bereits gegebenen föderalen Verwaltungsstruktur. Dabei ist die Bildung stadtregionaler Strukturen in den urbanen Ballungszentren (Region Hannover, Stadtverband Saarbrücken, Regionalverband Stuttgart, Städteregion Aachen) von der Bildung quasi-regionaler Kreisstrukturen in der Fläche bzw. in den schwächer besiedelten Gebieten (vor allem in Ost- und Norddeutschland) zu unterscheiden. Beiden Formen ist eigen, dass die „Altkreise" durch (quasi-) regionale Strukturen mit gebietskörperschaftlicher Verfasstheit, teils unter „Einkreisung" von kreisfreien Städten, abgelöst werden, weshalb auch von „harter Regionalisierung" (siehe oben) gesprochen wird (Bogumil/Grohs 2010: 93). Ein Beispiel bietet das Land Mecklenburg-Vorpommern, wo der Landtag nach einer überaus kontroversen politischen Diskussion eine einschneidende Reform der Kreisebene beschloss, durch die mit Wirkung zum 1. Januar 2009 die Bildung von quasi-regionalen Kreisstrukturen erfolgen sollte (aus den bisher zwölf Landkreisen sollten – bei gleichzeitiger „Einkreisung" der sechs bislang kreisfreien Städte – künftig fünf Großkreise mit durchschnittlich 350.000 Einwohnern entstehen). Das von einigen Kreisen angerufene Landesverfassungsgericht entschied in seinem Aufsehen erregenden Urteil vom 26. Juli 2007[59], dass das „Kreisgebietsreformgesetz" wegen Verfahrensmängeln verfassungswidrig sei. In seinem bemerkenswerten richterlichen *obiter dictum* fügte das Gericht hinzu, dass es auch aus materiellen Gründen verfassungsrechtliche Bedenken hegte[60]. Daraufhin beschloss der Landtag ein (revidiertes) Landkreisneuordnungsgesetz, welches zum 4. November 2011 in Kraft trat und mit dem festgelegt wurde, dass zwar die Landeshauptstadt Schwerin sowie die Hansestadt Rostock ihren Status als kreisfreie Städte behalten, ansonsten jedoch ein drastischer Neuzuschnitt der

Deutschland: Stadtregionen, Regionalkreise

---

59 http://www.landesverfassungsgericht-mv.de/presse/aktuelle/download/LVFG9-17u.pdf.
60 Das Gericht führte hierzu unter anderem aus: „Kreise müssen so gestaltet sein, dass es ihren Bürgern typisch möglich ist, nachhaltig und zumutbar ehrenamtliche Tätigkeit im Kreistag und seinen Ausschüssen zu entfalten. Diesen Aspekt hat der Gesetzgeber vernachlässigt. Es liegt auf der Hand, dass eine ehrenamtliche Tätigkeit als Mitglied des Kreistages oder eines seiner Ausschüsse bei einer beträchtlichen Vergrößerung der Fläche eines Kreises ebenso beträchtlich erschwert werden kann und vielfach wird. Infolge des höheren Zeitaufwandes, der damit verbunden wäre, drohte erkennbar die Gefahr, dass die Bereitschaft von Bürgern, ein Ehrenamt auf Kreisebene wahrzunehmen, weiter nachlässt".

Kreisebene in Richtung quasi-regionaler Strukturen (mit zwischen 280.000 und 160.000 Einwohnern) zu erfolgen hat (von Gayl 2010). Ähnliche Diskussionen kamen inzwischen auch in anderen Bundesländern auf.

Abbildung 34: Regionalkreisbildung in Mecklenburg-Vorpommern

Seit 4. September 2011; Ø EW: von 91.056 auf 204.875; Ø Fläche: von 1.288 km² auf 2.897 km²
Quelle: http://de.wikipedia.org/wiki/Kreisgebietsreform_Mecklenburg-Vorpommern_2011

Ungarn/Polen: EU-Beitritt als Triebkraft der Regionalisierung

In den mittel-osteuropäischen Reformländern lag der Schwerpunkt des Auf- und Ausbaus der subnationalen Politik- und Verwaltungsstrukturen zunächst auf lokalen Selbstverwaltungsebenen und -einheiten. Erst in einer späteren Reformphase rückte die Einrichtung einer regionalen Selbstverwaltungsebene in den Blick. So wurden in Ungarn seit den mittleren 1990er Jahren mehrere Schritte zur Bildung von regionalen Einheiten oberhalb und unterhalb der Kreise unternommen. Dies betraf zum einen die 1996 mit Blick auf die EU Strukturfondsförderung eingerichteten sieben NUTS Regionen. Strebte die Regierung 2002 an, die NUTS-Regionen bis 2006 in Organe einer regionalen Selbstverwaltung mit eigenen gewählten Vertretungen umzuwandeln, so blieb das Vorhaben in Ermangelung der erforderlichen gesetzgeberischen Mehrheiten auf der Strecke. Von der 2012 herrschenden *Orbán*-Regierung wurden die NUTS-Regionen abgeschafft. Zum anderen wurden unterhalb der Kreise Kleinregionen („Mikro-Regionen") eingeführt, in denen sich Gemeinden freiwillig zum Zwecke von Planung und Entwicklung zusammenfinden sollten. Anfangs wurden 138 und zuletzt 174 solcher „Mikro-Regionen" gebildet (vgl. Kovács 2012). Insgesamt verfehlten diese institutionellen Anläufe das Ziel, entscheidungs-, handlungs- und koordinationsfähige Institutionen auf der regionalen Ebene zu etablieren.

Stattdessen lief die Entwicklung auf einen, wie pointiert gesagt worden ist, „Dschungel von Institutionen auf der Meso-Ebene" (so Kovács 2012) hinaus.

In Polen folgte die Transformation einem „dilatorischen (Macht-)Kompromiss" (vgl. Wollmann/Lankina 2003: 100 ff.), in dem sich die siegreiche *Solidarność* auf die Schaffung demokratischer Strukturen auf der lokalen Ebene konzentrierte, während sich die kommunistischen Eliten zunächst in den 49 regionalen Verwaltungsbehörden (*wojevództwa*) behaupteten. Letztere waren in der kommunistischen Phase als regionale Brückenköpfe zentraler Staats- und Parteiherrschaft eingerichtet worden. Erst 1997 – nach mehreren Anläufen – gelang ein umfassendes Reformpaket, aufgrund dessen die von 49 auf 16 reduzierten Regionen (in einer den französischen Départements ähnlichen Dualstruktur) die territoriale Basis bildeten, sowohl für die staatliche Regionalverwaltung (mit dem Präfekten, *wojvod*, an der Spitze) als auch für die regionale Selbstverwaltung mit einer direkt gewählten Regionalvertretung (*sejmik*) und einem von dieser gewählten Leiter (*marszalek*; siehe Swianiewicz 2003: 287; Brusis 2010). Als ein wesentlicher Reformantrieb erwiesen sich der angestrebte Beitritt Polens zur EU und das Interesse, damit die institutionellen Voraussetzungen für die Inanspruchnahme von Fördermitteln der EU, die auf NUTS-Förderregionen zugeschnitten sind, zu verbessern (vgl. Wollmann/Lankina 2003: 106).

Zwischenfazit und Vergleich

Im Bereich der Regionalisierung/Föderalisierung sind vielfältige Varianten zu beobachten. Während die napoleonisch geprägten Länder, mit Ausnahme von Frankreich, und das Vereinigte Königreich auf Föderalisierungsmodelle zusteuerten, wurde in Deutschland, in den mittel-osteuropäischen Ländern und in Skandinavien die „einfache" Regionalisierungsoption gewählt. Hinsichtlich der ersten Gruppe ist deutlich geworden, dass die Reformentwicklung oftmals auf markant asymmetrische Formen hinauslief, innerhalb derer die Kompetenzen und Handlungsmöglichkeiten der (quasi-)föderalen Subjekte uneinheitlich verteilt sind, was die neuen Föderalstaaten in Europa markant von den „alten" föderalstaatlich verfassten Ländern (Deutschland, Österreich, Schweiz) unterscheidet.

Reformvielfalt in Europa

Ferner zeigte sich, dass die einfache Regionalisierung in zahlreichen Facetten vorkommt. Sie lässt sich anhand der Merkmale Gebiets- vs. Funktionalprinzip sowie Grad der Verbindlichkeit (harte vs. weiche Regionalisierung) systematisieren (siehe Abbildung 35).

Die Kompetenzabschichtung erfolgt dabei entweder nach unten (*top-down*, d. h. vom Staat auf die Region) oder nach oben (*bottom-up*, d. h. von der kommunalen Ebene auf die Region), wobei Letztere in der Regel mit der Etablierung vollkommen neuer regionaler Gebietseinheiten, zumeist in kommunaler Verfasstheit, verbunden ist. Einen weiteren Sonderfall in der Gruppe der einfachen Regionalisierer stellen die Transformationsländer dar, deren Regionsbildung vielfach förderpolitischen Erwägungen folgte und sich eher auf die (statistische) Systematik der NUTS-Regionen stützte, oftmals ohne diese „mit Leben zu füllen".

Abbildung 35: Varianten der „harten" und „weichen" einfachen Regionalisierung

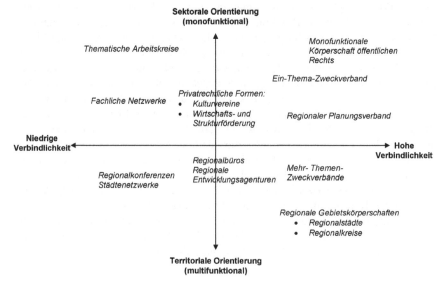

Quelle: Bogumil/Grohs 2010: 94

4.2.3 Dezentralisierung und Dekonzentration

Multifunktionalität vs. Monofunktionalität

Wie oben dargestellt, ist zunächst zwischen Dezentralisierung/Kommunalisierung einerseits und administrativer Dekonzentration andererseits zu unterscheiden (siehe oben). Bei der Dezentralisierung/Kommunalisierung kommt es zur Integration von ehemals einzelfachlich organisierten staatlichen Aufgaben in die multifunktional aufgebaute lokale Selbstverwaltung. Somit läuft diese Reformstrategie auf eine Stärkung der Gebietsorganisation (*multi purpose model*) hinaus. Dagegen geht die administrative Dekonzentration mit einem Ausbau der sektoral organisierten staatlichen Fachverwaltung nach dem Prinzip der Monofunktionalität (*single purpose model*) einher. Auch verbleiben die dekonzentrierte Verwaltungseinheit und die betreffende Aufgabe unter der politischen Kontrolle und Verantwortlichkeit des Staates[61].

---

61 In dieser Hinsicht gibt es eine Überschneidung mit der weiter oben beschriebenen administrativen Dezentralisierung oder unechten Kommunalisierung, da auch diese keine politische Verantwortlichkeit auf Seiten der Selbstverwaltungsinstanzen einschließt. So wurde mit Blick auf den deutschen Fall die Übertragung von Landesaufgaben auf die Kreise in der Literatur teilweise auch dem Typus der administrativen Dekonzentration zugeordnet (siehe Wollmann 2008).

Abbildung 36: Föderalisierung und Regionalisierung in Europa

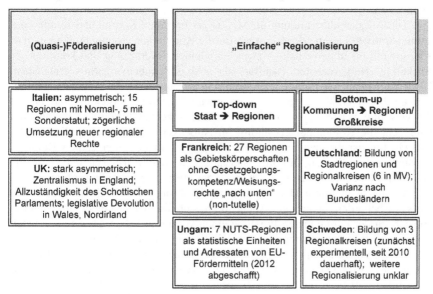

Quelle: eigene Darstellung

Für die Analyse der Dezentralisierungs- und Kommunalisierungsstrategien kann ferner auf die in Kapitel 2.1.3 eingeführte Unterscheidung zwischen einem „monistischen" und einem „dualistischen" Aufgabenmodell zurückgegriffen werden. Dem ersteren ist eigentümlich, dass alle Aufgaben, die den Kommunen zustehen oder zugewiesen sind, „echte" kommunale (Selbstverwaltungs-/*self government*-) Funktionen sind, für die grundsätzlich die gewählte Kommunalvertretung zuständig ist. Demgegenüber ist das dualistische Aufgabenmodell dadurch charakterisiert, dass die Kommunen zwei Typen von Aufgaben haben können: Zum einen sind dies echte kommunale Aufgaben, die insbesondere in der traditionellen generellen Zuständigkeitsvermutung gründen. Für deren Entscheidung ist, wie im monistischen Modell, die gewählte Kommunalvertretung zuständig. Zum anderen kann den Kommunen die Aufgabe zugewiesen werden, Funktionen auszuführen, die ihnen vom Staat übertragen werden. In diesem Falle ist nicht die Kommunalvertretung, sondern in der Regel die Exekutive der Kommunen (Bürgermeister, *maire* usw.) für die Ausführung zuständig und verantwortlich. In Ansehung solcher übertragenen Aufgaben kann man von einer „unechten" Kommunalisierung (vgl. Wollmann 2008: 259 ff.) oder administrativen Dezentralisierung sprechen. Dagegen kennt das monistische Aufgabenmodell ausschließlich eine „echte" Kommunalisierung bzw. politische Dezentralisierung (vgl. Kuhlmann 2009 a: 81 f.; Kuhlmann et al. 2011). Als Lackmustest für die Unterscheidung zwischen den beiden Aufgabentypen kann das Baugenehmigungsverfahren gelten. Während es im monistischen Modell eine echte, also letztlich von der Kommunalvertretung zu entscheidende kommunale Aufgabe darstellt, fällt es im dualistischen Modell unter die übertragenen, von der kom-

monistisches Aufgabenmodell

dualistisches Aufgabenmodell

munalen Exekutive (unter Ausschluss der Kommunalvertretung) auszuführenden Funktionen.

Die Aufgabenübertragung im Modus der unechten Kommunalisierung oder administrativen Dezentralisierung hat für die Kommunen erhebliche Konsequenzen, sowohl im Innenverhältnis zwischen Gemeindevertretung und kommunaler Exekutive (Bürgermeister, Landrat) als auch im Außenverhältnis zum Staat. Denn zum einen ist für die Durchführung der unechten kommunalen Aufgaben im Innenverhältnis nur die kommunale Exekutive zuständig und besitzt die gewählte Vertretung – zumindest formal – keinen Einfluss. Zum anderen untersteht die Kommunalverwaltung im Außenverhältnis der über die Rechtsaufsicht hinausgehenden Fachaufsicht. Dagegen gilt bei einer echten Kommunalisierung (politischen Dezentralisierung; siehe oben) grundsätzlich, dass die gewählte Gemeindevertretung nach innen das oberste Entscheidungsorgan ist und die Kommune in ihrem Handeln nur der Rechtsaufsicht durch die staatlichen Aufsichtsbehörden unterliegt. Auch wenn sich die Unterschiede in beiderlei Hinsicht in der kommunalen Praxis vielfach verwischt haben, bleiben sie, wenn es zum Konflikt kommt, virulent (vgl. Wollmann 2008: 259 ff. m. N.).

Dezentralisierungspolitik beruht grundsätzlich auf der Annahme, dass die Ebene der Aufgabenansiedlung und Politikverantwortung einen Unterschied hinsichtlich der Performanz öffentlicher Leistungserbringung macht. Allerdings sind die in der einschlägigen Literatur dokumentierten Befunde und Aussagen zu Dezentralisierungseffekten hochgradig widersprüchlich (vgl. Pollitt 2005; De Vries 2000; Treisman 2007). So finden sich – teils theoretisch abgeleitet, teils empirisch informiert – sowohl Belege für positive als auch für negative Effekte, die stichwortartig in Abbildung 38 zusammengefasst werden.

Abbildung 37: Aufgabenmodelle und Dezentralisierung

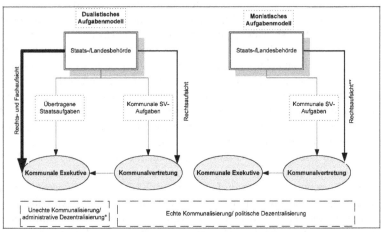

* tendiert in Richtung „administrative Dekonzentration"
** Die im monistischen Modell bekannte „Selbstverwaltungsaufgabe nach Weisung" unterliegt der staatlichen Fach- und Rechtsaufsicht
Quelle: eigene Darstellung

Angesichts dieser unterschiedlichen, teils markant gegenläufigen Einschätzungen kommen einschlägige Studien zum Schluss, dass weniger der Fakt der Dezentralisierung als solcher die unterschiedliche Leistungsbilanzen erklärt, sondern vielmehr die konkrete Umsetzung des Dezentralisierungsprogramms (vgl. Treisman 2007: 21 ff.; De Vries 2000: 200) sowie die Spezifik des Politikfeldes (vgl. De Vries 2000: 200 f.; Ostrom/Bish 1977; Kuhlmann et al. 2011).

Schweden – Spitzenreiter politischer Dezentralisierung

Schweden kann als ein Spitzenreiter der politischen Dezentralisierung in Europa angesehen werden (siehe auch Kapitel 3.3). Das monistische Aufgabenmodell findet sich dort nach wie vor in bemerkenswert reiner Ausprägung, da die gewählten Kommunalvertretungen für alle den Kommunen zugewiesenen Aufgaben ausnahmslos, also auch für das oben erwähnte Baugenehmigungsverfahren, zuständig sind (vgl. Wollmann 2008: 204 ff.). Unter Anwendung der in der schwedischen Diskussion gemachten Unterscheidung zwischen *lagstyrd* (rechtgesteuerter) und *folkstyrd* („volks-" oder besser „politikgesteuerter") Entscheidungsfindung sind Entscheidungen im Baugenehmigungsverfahren zwar rechtlich gesteuert (*lagstyrd*), bleiben jedoch im Kern eine kommunalpolitische (*folkstyrd*) Beschlussfassung (vgl. Wollmann 2008: 131, 204).

[margin: Schweden: umfassende politische Dezentralisierung]

Um die Stärkung der Zuständigkeiten und der Autonomie der durch die Gebietsreform neu zugeschnittenen Gemeinden anzuleiten, inaugurierte die Regierung in den 1980er Jahren ein Reformprogramm, das „Freie Kommunen Experiment" (*frikommuner*), das zwischen 1984 und 1991 zunächst 40 Kommunen von einer Vielzahl gesetzlicher Bindungen freistellte (vgl. Strömberg/ Engen 1996: 284 f.). Es wurden unter anderem die Zuständigkeiten für Primär- und Sekundärschulen kommunalisiert, die staatlichen Finanzzuweisungen entregelt (insbesondere durch verstärkten Übergang von Zweckzuweisungen zu Globalzuweisungen) und die Autonomie der Kreise und Gemeinden in den Entscheidungen über ihre politischen und administrativen Strukturen ausgeweitet (vgl. Montin 1999). Auf der Grundlage einer hierzu durchgeführten Evaluierung wurde 1991 ein neues Kommunalgesetz verabschiedet, durch das die Befugnisse der Kommunen, insbesondere in Fragen der internen Organisation, stark erweitert wurden (vgl. Häggroth et al. 1993). Ferner wurde der deregulierte Bereich ausgedehnt, auf Dauer gestellt und für alle Kommunen verbindlich gemacht. Darüber hinaus sind die Aufgaben in den genannten Sektoren flächendeckend politisch dezentralisiert worden, so etwa im Bildungswesen und in der Arbeitsmarktpolitik (Premfors 1998), wo die Kommunen die Funktionen der inzwischen aufgelösten Zentralbehörden übernehmen (Montin 1999; Pierre 1995 b).

[margin: „Freie Kommunen Experiment"]

Abbildung 38: Vor- und Nachteile von Dezentralisierung

Wirkungs-dimension	Vorteile	Nachteile
Effektivität	– Adressatennähe/lokales Wissen; Zielgenauigkeit (Oates 1972; Mill 1991); – Innovations-/Experimentierfähigkeit	– Unzureichende Spezialisierung/ Fachkompetenz (Segal 1997) – Legalitätsdefizite wegen Lokalpolitisierung des Verwaltungshandelns (Pettit 2004)
Effizienz	– Wettbewerb zwischen kleinen Einheiten erhöht Effizienz (Oates 1972, Tiebout 1956) – Einsparung durch Verbunderträge (Economies of scope)	– Abnehmende Skalenerträge (Economies of scale; Alesina/ Spolarole 2003; Wagener 1967) – Ausgabenexpansion auf Kosten des Zentralstaats (Rodden 2002)
Horizontale Koordination	– Verbesserte fachübergreifende Koordination (multi-purpose-Vorzüge; Wollmann 2006) – Schwächung von Fachbruderschaften	– Höhere Konfliktintensität durch dauerhafte fachübergreifende Abstimmungsprozesse – Unzureichende territoriale Koordination bei zu kleinen Gebietseinheiten
Vertikale Koordination	– Policy-Stabilität durch lokale Veto-Spieler (Tsebelis 2002) – Vertikale Machtbalance; Gegengewichte zur Zentralmacht (Weingast 1995)	– „Blame shifting" durch Zentralstaat – Fehlende Kongruenz zwischen Einnahmen- und Ausgabenverantwortung (Konnexität) – Abstimmungsdefizite zwischen Verwaltungsebenen
Demokratische Kontrolle/ Teilhabe	– Mehr Partizipation; „Bürgersinn" (Dahl/Tufte 1973) – Transparenz, Zurechenbarkeit von Entscheidungen	– Anfälligkeit für Korruption (Bardhan/Mookherjee 2006) – Transparenzverluste bei „unechter" Kommunalisierung
Einheitlichkeit/ Gleichbehandlung	– Lokale/regionale Varianz ermöglicht flexiblere Angebote – Anpassungsfähigkeit an lokale Problemlagen und Präferenzen	– Mehr Leistungsunterschiede – Gleichwertigkeit der Lebensbedingungen bedroht – Rechtsunsicherheit durch unterschiedliche Rechtsanwendung

Quelle: in Anlehnung an Grohs et al. 2012: 127 (m. w. N.)

Frankreich – politische Dezentralisierung und administrativer Dualismus

In Frankreich (vgl. Kuhlmann 2009 a: 82 ff., 2009 b, 2008; Reiter 2010) war der hohe Zentralisierungsgrad unter anderem daran abzulesen, dass Aufgaben, wie die Erbringung sozialer Dienste oder Stadtplanung, die in traditionell (politisch) dezentralisierten Ländern, wie Deutschland und Schweden, seit langem typische echte kommunale Selbstverwaltungsaufgaben sind, bis 1982 in der Hand der Staatsverwaltung auf Département-Ebene (unter Leitung des Präfekten) lagen. Die wesentlichen Schritte der Dezentralisierung in Frankreich lassen sich zwei Phasen zuordnen, deren erste durch die Gesetzgebung der 1980er Jahre (sog. *Acte I*) ausgelöst wurde[62]. Die zweite Dezentralisierungsphase (*Acte II*) startete mit der Verfassungsänderung vom 28. März 2003[63], gefolgt von weiteren Dezentralisierungsgesetzen im Verlauf der 2000er Jahre. Zunächst wurde im Rahmen von *Acte I* das Verfassungssystem der Départements dadurch grundlegend umgekrempelt, dass die Exekutivfunktion des Präfekten auf den (indirekt) gewählten Präsidenten des Generalrats überging, der nunmehr Chef der sich neu etablierenden Département-Verwaltung wurde. Ein klarer Machtverlust des Präfekten ging zudem mit der Abschaffung der bis dahin von ihm ausgeübten strikten und umfassenden a priori Staatsaufsicht (*tutelle*) einher, die auf eine abgeschwächte Form der (a posteriori) Rechtsaufsicht zurückgeschnitten wurde[64]. Der Zentralstaat verlagerte im Wege echter Kommunalisierung und „Departementalisierung", die auch ein Mitentscheidungsrecht des Rates (*pouvoir réglementaire*) einschlossen, zahlreiche Kompetenzen auf die Ebene der lokalen Gebietskörperschaften. Dabei wurden einerseits Aufgaben, die bis 1982 vom Staat wahrgenommen wurden, den Kommunen (*communes*) als echte kommunale Aufgaben übertragen (politische Dezentralisierung). Andererseits bleibt es in Teilbereichen bei einer dualistischen Aufgabenzuteilung, in welcher der Bürgermeister weiterhin übertragene Staatsaufgaben, quasi als „Agent des Staates" (*agent d'Etat*[65]), ausführt (z. B. Standesamtsangelegenheiten, Baugenehmigungen im unbeplanten Bereich). Allerdings bewegt sich die Dezentralisierungslogik in Frankreich insgesamt eher auf das monistische Aufgabenmodell im Wege der politischen Dezentralisierung zu. Mit der Verfassungsänderung von 2003 (*Acte II*) erhielt die Dezentralisierung in Frankreich erstmals Verfassungsrang, indem in Art. 1 festgeschrieben wurde, dass die „Organisation der französischen Republik dezentralisiert" ist. In der Einführung einer Art von Subsidiaritätsprinzip, ist ein für die „unteilbare Republik" bislang auf konstitutioneller Ebene ungewöhnlicher Vorstoß zu erkennen.

Frankreich: „dezentralisierte Republik"

politische Dezentralisierung

---

62 Ausgangspunkt war das Rahmengesetz (*loi-cadre*) zur Dezentralisierung, das am 2. März 1982 von der damaligen sozialistischen Regierung unter Staatspräsident *François Mitterrand* verabschiedet wurde. Hieran schlossen sich weitere 48 Gesetze und 269 Dekrete an, mit denen die in der französischen Geschichte bislang umfassendste Dezentralisierungsreform eingeleitet wurde.
63 Loi constitutionnelle no. 2003-276 du 28 mars 2003 relative à l'organisation décentralisée de la République.
64 Zur Durchsetzung von rechtsaufsichtlichen Beanstandungen muss der Präfekt nunmehr die Verwaltungsgerichte bzw. Rechnungskammern anrufen.
65 Diese Regelung geht bereits auf 1790 zurück und umfasst nach wie vor die Doppelfunktion des französischen Bürgermeisters als Ausführungsorgan der Beschlüsse der Gemeindevertretung einerseits und als untere staatliche Vollzugsinstanz (*Agent d'Etat*) andererseits.

<u>Abschichtung der Sozialaufgaben</u>

Betrachtet man die Ebene der Départements, so schlägt in funktionaler Hinsicht zweifelsohne der Bereich der „Sozialen Aktion", für den die Generalräte nun vollständig – auch finanziell – die Kompetenz haben, am stärksten zu Buche (Reiter 2010)[66]. Den Départements wurden mit dem Gesetz vom 13. August 2004 außerdem Aufgaben des Bildungswesens (Übertragung der technischen Bediensteten von *collèges*), der Infrastruktur (20.000 km Nationalstraßen; Personaltransfers aus den staatlichen Infrastrukturbehörden), des sozialen Wohnungsbaus sowie aus den Bereichen Kultur und Sport übertragen.

<u>institutionelle Konkurrenz</u>

Allerdings hat die Dezentralisierung in Frankreich nicht zu einer klaren Trennung der Ebenen (Trennmodell), sondern zu einer verstärkten Verwaltungsverflechtung und institutionellen Konkurrenz (sog. *enchevêtrement*) im subnationalen Raum geführt. In dem Reformgesetz vom 16. Dezember 2010 wird eine Klärung und Bereinigung dieser Aufgabenüberschneidungen und -doppelungen angestrebt (siehe oben).

Zudem bleibt daran zu erinnern, dass der Dekonzentrationsgrad zentralstaatlicher Verwaltung in Frankreich nach wie vor sehr hoch ist. Dies kann daran abgelesen werden, dass 95 % der Staatsbediensteten außerhalb der Pariser Ministerien in den Außenstellen der Provinz (*services extérieurs de l'Etat*) tätig sind (Thoenig 2005: 689). Wenngleich diese territorialen Staatsbehörden im Zuge der Dezentralisierungspolitik erheblich an Wirkungsmacht verloren haben (Borraz/Le Galès 2005: 21 f.), sind sie dennoch lokal präsent geblieben und agieren noch immer im ganzen Land „at the grass roots level" (Thoenig 2005: 689). Zudem wurde ihre Stellung im Laufe der 1990er und 2000er Jahre – trotz Dezentralisierung – sogar noch gestärkt. So sah das unter dem sozialistischen Premierminister Rocard im Februar 1989 gestartete Reformprogramm eines „Renouveau du Service Public" umfassende Schritte zur (weiteren) „Territorialisierung" der Staatsverwaltung durch die Installierung zusätzlicher örtlicher – und insoweit stärker bürgernah – operierender Verwaltungsinstanzen vor, deren (budgetäre, personelle etc.) Handlungsautonomie zugleich gestärkt wurde (Rouban 1999). Eine weitere Aufgabenübertragung von der ministeriellen Ebene auf staatliche Außenstellen wurde durch das Dekonzentrations-Gesetz von 1992, das unter den sozialistischen Regierungschefs *Cresson* und *Bérégovoy* verabschiedet wurde, eingeleitet. Die Kompetenz- und Aufgabenverlagerung von den „Pariser Zentralen" in den nachgeordneten staatlichen Verwaltungsunterbau der „Peripherie" wurde 1995 auch unter dem konservativen Premierminister *Juppé* im Rahmen des Reformprogramms „Réforme de l'Etat et des services publics" weiter forciert, was auch einige Standortverlegungen in die Provinz einschloss. Zugleich sind Schritte der Re-Konzentration staatlicher Verwaltung darin zu erkennen, dass die koordinierende Stellung des Präfekten im Verhältnis zur dekonzentrierten staatlichen Fachverwaltung im Zuge der Reformen gestärkt wurde. Die aktuellen Entwicklungen, insbesondere das Finanzreformgesetz von 2001 (*loi organique relative aux lois de finances – LOLF*), welches einen neuen Handlungsrahmen für das Finanzwesen, die Ressourcenbewirtschaftung und Budgetierung in der

<u>Dekonzentration und Dualismus</u>

---

66 So wurden der RMI (*revenu minimum d'insertion*), ein der Sozialhilfe vergleichbares Minimaleinkommen für Langzeitarbeitslose, und die damit zusammenhängenden Wiedereingliederungsmaßnahmen (*actions d'insertion*) komplett den Generalräten übertragen, worin ein wichtiger Vorstoß zu einer integrierten Arbeitsmarkt- und Sozialpolitik in der Verantwortung der Départements zu erkennen ist.

Staatsverwaltung konstituierte, laufen auf einen erneuten Autonomiegewinn der örtlichen Staatsbehörden im Verhältnis zur Ministerialverwaltung, aber auch zum Präfekten, hinaus. Mit der Globalbudgetierung auf der Basis von Programm- und Leistungszielen (*finalités*) zwischen Fachressort und nachgeordneten Behörden wurden die Handlungsspielräume Letzterer gestärkt und die Kontroll- und Steuerungskapazität der „Pariser Zentrale" weiter geschwächt. Im Ergebnis von Dezentralisierung und Dekonzentration haben sich die kostspielige personelle Verdoppelung (*doublon*) und der „Dualismus" (Marcou 2010) administrativer Funktionen noch verstärkt, wie auch das *Comité Balladur* (2009) kritisch hervorgehoben hat.

Italien – kodifizierte politische Dezentralisierung und persistenter Zentralismus

Auch in Italien, als weiterem Beispielland des traditionell zentralistisch-napoleonischen Verwaltungsmodells, wurde mit den *Bassanini*-Gesetzen sowie der Verfassungsreform von 2001 eine entschiedene politische Dezentralisierung auch der kommunalen Ebene angestrebt (Behnke 2010), die in Anlehnung an den englischen Sprachgebrauch „devolution" genannt wurde (vgl. Brunazzo 2010: 185 ff.). Sie ist darauf gerichtet, den kommunalen Ebenen (*comuni, province*) breite Aufgabenzuständigkeiten in Richtung echter kommunaler Funktionen einzuräumen, worin die Variante einer politischen Dezentralisierung zu erkennen ist[67]. Die Verfassungsänderung von 2001 geht so weit, eine umfassende Verwaltungszuständigkeit der *comuni* zu statuieren, es sei denn die Aufgaben sind ausdrücklich anderen Ebenen zugewiesen (vgl. Art. 118 I Costituzione, art 13 I Testo unico delle leggi sull'ordinamento degli enti locali, „Tuel", v. 18. August 2000). Gleichzeitig wird das dualistische Aufgabenmodell bekräftigt (Art. 3, V. Tuel). Allerdings bleibt die Staats- und Verwaltungspraxis in Italien hinter diesem Verfassungsentwurf bislang eklatant zurück und der Vollzug von Verwaltungsaufgaben durch den Staat auf der subnationalen Ebene ist, nicht zuletzt durch den Präfekten (*prefetto*) auf der Ebene der *province*, nach wie vor bestimmend (vgl. Schefold 2007: 66). Im Dualismus überwiegend staatlicher und zurückstehender kommunaler Verwaltungsstränge kann, ähnlich wie in Frankreich, das Fortwirken (*napoleonisch-*) zentralistischer Strukturen gesehen werden. Diese Entwicklung spiegelt sich auch darin wider, dass der Anteil der Kommunalbeschäftigten an der Gesamtheit des öffentlichen Personals bei nur 14 % und der der Staatsbeschäftigten nach wie vor weit über die Hälfte beträgt (vgl. Abbildung 23; vgl. auch Abbildung 24). Somit ist die politische Dezentralisierung, obzwar in der Verfassung kodifiziert, bislang weithin unverwirklicht geblieben.

Italien: Verfassungsreform vs. Verwaltungspraxis

Persistenz dekonzentrierter Staatsverwaltung

---

67 Die unter der *Berlusconi*-Regierung angekündigte Abschaffung der Provinzen zur Entlastung der öffentlichen Kassen ist bislang nicht umgesetzt worden und wurde auch von einigen Parlamentariern als unwahrscheinlich eingeschätzt (vgl. Focus vom 8. September 2011).

Ungarn – anfängliche weitreichende Dezentralisierung und jüngste Re-Zentralisierung

Ungarn: von der De-zur Re-Zentralisierung

Wie weiter vorn bereits ausgeführt (Kapitel 3.5), war in Ungarn der Um- und Neubau der Verwaltungsstrukturen von einem Widerspruch gekennzeichnet. Auf der einen Seite war der Kommunalgesetzgebung des Jahres 1990 ein Dezentralisierungs- und Kommunalisierungsimpetus eigentümlich, von dem pointiert gesagt worden ist, er sei „extremely liberal by any international standard" (Davies 1995: 74, Wollmann/Lankina 2003: 93 ff.). Nach wie vor sind ca. 65 % aller öffentlich Bediensteten bei den Gemeinden (insbesondere den größeren und mittleren Städten) und nur 35 % bei der staatlichen Verwaltung auf Kreisebene und in den Sonderbehörden (*decos*) beschäftigt. Dies zeigt, dass Ungarn bis in jüngere Zeit einen Grad dezentral-kommunaler Aufgabenerledigung aufwies, der es in die Nähe Schwedens, des europäischen Spitzenreiters der Dezentralisierung, rückte.

Staatliche decos

Diesem ausgeprägt dezentralen Kommunalmodell stand jedoch von Anfang an der Anspruch und die Praxis der Zentralregierung gegenüber, in wichtigen Aufgabenfeldern sektorale staatliche Sonderbehörden (sog. *decos*) auf der regionalen und lokalen Ebene zu etablieren. Die Schaffung von vertikalen Strängen dekonzentrierter staatlicher Verwaltung zielte unverkennbar darauf, ein administrativ-exekutivisches Eigen- und Gegengewicht gegenüber der autonom agierenden kommunalen Ebene zu setzen. Seitens der kommunalen Ebene wird diese fortdauernde organisatorische und personelle Präsenz des Staates in Gestalt zahlreicher *decos* denn auch heftig kritisiert und als „resolute recentralization" gedeutet (vgl. Wollmann/Lankina 2003: 97 m. N.). Durch die am 1. Januar 2011 in Kraft getretene Verfassung („Grundgesetz"), die die konservative *Orbán*-Regierung mit ihrer breiten parlamentarischen Mehrheit durchsetzen konnte, ist eine weitere tiefgreifende Re-Zentralisierung des gesamten Verwaltungssystems und „Verstaatlichung" der subnationalen Ebene eingeleitet worden. Auf der Ebene der Kreise verlor deren Selbstverwaltung die meisten Zuständigkeiten und erhielt der von der Regierung ernannte Präfekt die Bestimmungsmacht über öffentliche Aufgaben. Wichtige von den Gemeinden bislang wahrgenommene Aufgaben (Schulen, Gesundheitsdienste) wurden verstaatlicht und die staatliche Kontrolle über die Kommunen verschärft (vgl. Kovács 2012).

Deutschland – „unechte" Kommunalisierung unter Ressourcenentzug

Deutschland: verwaltungsföderale Varianz

In Deutschland ist es, anknüpfend an die dualistische Aufgabentradition, zu einer weiteren Verlagerung von (landes-)staatlichen Aufgaben auf die Kommunen im Wege der „unechten Kommunalisierung" oder „administrativen Dezentralisierung" gekommen. Unbeschadet der verwaltungsföderalen Varianz zwischen den Bundesländern erfolgen die aktuellen Funktional- und Verwaltungsstrukturreformen überwiegend in der Organisationsform der „übertragenen" Aufgaben (Wollmann 1997 b; 2010 a; Burgi 2009: 163, 2010), d. h. unter Ausschluss der formalen Mitwirkungsrechte der Kommunalvertretung und im Modus der Fachaufsicht. Hierbei handelt es sich überwiegend um eine Aufgabenübertragung von der Landesebene auf die Kreise und die kreisfreien Städte, während das Gros der (kreisangehörigen) Gemeinden und Städte kaum berührt ist. Wegen der Zuständigkeit der Länder für die Kommunalgesetzgebung gibt es jedoch keine einheitliche Dezentralisierungsgesetzgebung, die auf alle Kommunen gleichermaßen anzuwenden wäre. Vereinfachend lassen sich die folgenden drei Varianten der Verwaltungsstrukturreform unterscheiden (Abbildung 39), wobei diese teils mit und teils ohne flankierende Gebietsreformen (siehe weiter unten) stattfinden und nur in einigen Bundesländern (z. B. Baden-Württemberg) mit landesstaatlich auferlegten Effizienzrenditen verbunden sind.

Abbildung 39: Varianten der Verwaltungsstrukturreform in deutschen Bundesländern

Administrative Dezentralisierung (Bsp.: BW)	Administrative Dekonzentration (Bsp.: NI)	Regionalisierung (Bsp.: MV)
• Umfassende unechte Kommunalisierung • Drastische Verschlankung sektoraler Staatsverwaltung • Stärkung der multifunktionalen Kreisebene als „untere Landesbehörden" • Stärkung d. staatlichen Mittelinstanzen	• Moderate Kommunalisierung • Ausbau staatlicher Sonderbehörden (sektoraler Etatismus) • Abschaffung der staatl. Mittelinstanzen • Kaum Aufwertung multifunktionaler Selbstverwaltung	• Übertragung landesstaatlicher Aufgaben an regionale Selbstverwaltungen • Regionalkreisbildung (MV: 12 ➜ 6) • Regionalisierung staatl. Koordinierungsfunktion • Reduzierung sektoraler Staatsverwaltung (im 2-stufigen Modell)

Quelle: Eigene Darstellung

Als Vorreiter und Paradebeispiel einer seit Beginn der 2000er Jahre in fast allen Bundesländern ins Rollen gekommenen „Welle" von Kommunalisierungen (vgl. Bull 2008; Kuhlmann 2009 a: 119 ff.; Kuhlmann/Bogumil 2010) gilt das Land Baden-Württemberg[68]. Seit 2005 wurden dort neben einer umfassenden unechten Kommunalisierung die staatlichen Mittelinstanzen (Regierungspräsidien) gestärkt. Das Kernelement der Reform bildete die komplette Auflösung von 350 der insgesamt 450 bestehenden staatlichen Sonderbehörden, deren Aufgaben- und Personalbestand in die vier Regierungspräsidien und in die 35 Landratsämter sowie neun kreisfreien Städte integriert wurde (Bogumil/Ebinger 2005; Richter 2009)
. Der Aufgaben- und Personaltransfer auf die Kommunen wurde zunächst vollständig aus dem Landeshaushalt beglichen. Daraus jedoch, dass diese staatlichen Transferzahlungen jährlich um 3 % reduziert werden, erhofft

Umfassende Kommunalisierung in Baden-Württemberg

---

[68] Ähnlich die dreistufigen Länder Nordrhein-Westfalen, Rheinland-Pfalz, Hessen und Sachsen. Eine Sonderrolle nehmen Thüringen und Sachsen-Anhalt ein, die anstelle von Regierungspräsidien/ Bezirksregierungen jeweils ein Landesverwaltungsamt mit den Aufgaben einer Mittelbehörde betraut haben. In den zweistufigen Ländern (Mecklenburg-Vorpommern, Brandenburg, Saarland, Schleswig-Holstein), die keine Mittelinstanzen haben, wurden ebenfalls Kommunalisierungsmaßnahmen ergriffen.

Erwirtschaftung von Effizienzrenditen sich die Landesregierung eine sog. Effizienzrendite von ca. 20 % innerhalb der nächsten fünf bis sieben Jahre, deren Erwirtschaftung den Kommunalverwaltungen auferlegt worden ist. Die Kommunalisierung in Deutschland (hier speziell Baden-Württemberg) hat einerseits zur Vereinfachung der subnationalen Institutionenlandschaft und zu einer Reduzierung der Behördendichte und Anzahl institutioneller Akteure im Mehrebenensystem geführt. Sie bewirkte eine klare funktionale Aufwertung der Kommunen, insbesondere der Kreise und kreisfreien Städte. Andererseits muss das expandierende Aufgabenvolumen in den deutschen Kommunen mit immer weniger Ressourcen bewältigt werden (Personalrückgang seit Beginn der 1990er Jahre um fast 40 %), was zu Vollzugs- und Qualitätsdefiziten führen kann und weitere Kommunalisierungsschritte problematisch erscheinen lässt (Bauer et al. 2007; Ebinger 2010; Richter 2010).

Vollzugsdefizite

Administrative Dekonzentration in Niedersachsen Ein Beispiel für administrative Dekonzentration bietet dagegen Niedersachsen, welches das einzige deutsche Bundesland ist, das den „Systemwechsel" von der Drei- zur Zweistufigkeit vollzogen hat (Bogumil/Kottmann 2006: 63). Mit dem Gesetz zur Modernisierung der Verwaltung in Niedersachsen vom 5. November 2004 wurden die vier Bezirksregierungen Braunschweig, Hannover, Lüneburg und Weser-Ems aufgelöst und die Regierungsbezirke aufgehoben (vgl. auch Reiners 2008). Dabei fand eine starke Dekonzentration der bisher gebündelten territorialen Staatsverwaltung (Bezirksregierungen) statt. Zwar wurde in Niedersachsen zunächst angestrebt, 70 % der freiwerdenden Aufgaben den Landkreisen und kreisfreien Städten zu übertragen („unechte Kommunalisierung"). Tatsächlich sind jedoch die Dezentralisierungseffekte minimal geblieben. Nach Abschaffung der vier Bezirksregierungen zum 1. Januar 2005 wurden nur knapp 10 % ihrer bisherigen Aufgaben kommunalisiert, wohingegen das Zuständigkeitsprofil der staatlichen Sonderbehörden deutlich ausgebaut worden ist. Zwar sind im Zuge der Reform immerhin 121 Landesbehörden (einschließlich der vier Bezirksregierungen) abgeschafft worden (Re-Konzentration). Jedoch ist darin, *neue Sonderbehörden* dass 21 Sonderbehörden neu geschaffen wurden und der Aufgabenbestand der Bezirksregierungen zum weit überwiegenden Teil (90 %) nicht kommunalisiert, sondern staatlichen Sonderbehörden oder der Ministerialverwaltung übertragen worden ist, eine erhebliche Aufwertung der sektoral organisierten Staatsverwaltung zu erkennen. Die Reform lief somit auf eine administrative Dekonzentration (neue Sonderbehörden), Aufgaben(re)zentralisierung (Übertragung an die Ministerien) und begrenzte Re-Konzentration (Abschaffung von Sonderbehörden) hinaus.

Vereinigtes Königreich/England – Aushöhlung des monistischen Aufgabenmodells und Re-Zentralisierung

Historisch war England exemplarisch für das monistische Aufgabenmodell. Auch wenn die Kommunen grundsätzlich nur Aufgaben ausüben konnten, die ihnen durch Parlamentsgesetz ausdrücklich zugewiesen waren (siehe Kapitel 3.4), handelte es sich, sobald die Funktionen den *local authorities* zugeschrieben waren, ausnahmslos um echte, von den Kommunalvertretungen zu entscheidende Aufgaben, also um politische Dezentralisierung (vgl. Wollmann 2008: 259 f.). Zwar hat das monistische kommunale Aufgabenmodell formal nach wie vor Geltung. Jedoch ist der Entscheidungsspielraum (*discretion*) der *local councils* seit den 1980er Jahren durch ein ungewöhnlich dichtes Netz von Direktiven (*guidances notes*) und Interventionsmöglichkeiten der Zentralregierung überlagert und ausgehöhlt worden (vgl. Wollmann 2008: 200 ff. m. N.; Kuhlmann 2006 a; Reiter et al. 2010). Überdies stellt das Vereinigte Königreich mit seiner dominanten Strategie der administrativen Dekonzentration (Agencification, Quangoisierung; siehe Kapitel 4.5.2) und der damit einhergehenden Re-Zentralisierung des Verwaltungssystems einen abweichenden Fall dar, da es hier zu einer europaweit einmaligen Schwächung und Aushöhlung des traditionell starken Funktionalprofils politisch verantwortlicher Kommunen gekommen ist (Stoker 1999)[69]. Diese war darauf gerichtet, Aufgaben, die traditionell bei den Kommunen angesiedelt waren, nunmehr staatlichen Agencies oder sog. Quangos (*quasi non-governmental organisations*)[70] zu übertragen, worin eine pointiert zentralisierende Wirkung der Reform erkennbar wird. „One of the notable features of the UK public sector reforms of 1987-1997 was that, unlike the parallel reforms in many continental European states, most of the decentralisation under the British Conservative administration was administrative rather than political" (Pollitt et al. 1998: 6 f.). Hinter dieser Strategie steckt ein tiefes Misstrauen der konservativen Regierung gegenüber der lokalen Selbstverwaltung, die mehrheitlich von *Labour* dominiert wurde. Die innerhalb der *dual-polity-* Tradition auf Whitehall beschränkte Zentralregierung ist nunmehr durch eigene Agencies und Quangos im lokalen Raum institutionell verankert und hat damit zunehmend die multifunktionale Kommunalverwaltung verdrängt und entmachtet. Die Reichweite der inzwischen erfolgten Quangoisierung kann daran abgelesen werden, dass es im Vereinigten Königreich im Jahre 2001 allein auf der lokalen Ebene 5.000 solcher staatlichen und halb-staatlichen Quangos gab, die von 50.000 staatlich ernannten *board members* geführt werden. Diesen stehen nur 500 *local councils* mit insgesamt 23.000 gewählten Ratsmitgliedern auf *district-* und *county-*Ebene gegenüber (Winchester/Bach 1999: 32)[71]. Abbildung 40 zeigt den Stand der Quangoisierung im Vereinigten Königreich Mitte der 1990er Jahre, wobei sowohl zentralstaatliche als auch lokale Organisationen eingeschlossen sind.

Randnotizen: UK: zentralstaatlicher Interventionismus; Ende der dual polity-Tradition; Agencification und Quangoisation

---

[69] Nachdem bereits in der Nachkriegszeit wichtige kommunale Selbstverwaltungsaufgaben (*National Health Service*, Gas, Elektrizität, Sozialhilfe) verstaatlicht, später teils privatisiert worden waren, verstärkte sich der staatliche Zugriff auf die kommunale Ebene im Zuge der *Thatcherist Revolution*, durch die das traditionell starke Kommunalmodell Englands nachhaltig geschwächt und das Verwaltungssystem deutlich re-zentralisiert wurde.
[70] Die gebräuchlichste Definition (vgl. Skelcher 1998: 13) fasst unter Quangos sog. NDPBs (*non-departmental public bodies*), die nicht direkt einem Ministerium angehören, aber öffentlich finanziert sind und eine abgegrenzte Aufgabe wahrnehmen. Quangos agieren weitgehend außerhalb des Einflusses der *local authorities/councils* und sind finanziell etc. von der Zentralregierung abhängig (vgl. Skelcher 2000). Die Leitung erfolgt über ernannte *boards* (daher die häufige Bezeichnung als „*appointed bodies*„), in denen die Zentralregierung und weitere Akteure vertreten sind.
[71] Mitte der 1990er Jahre hatten die lokalen, zentralstaatlich finanzierten Quangos ein Budgetvolumen von rund 40 Milliarden £, was fast jenem der Kommunen entspricht (Stoker 1999: 42).

Abbildung 40: Quangos im Vereinigten Königreich (1996)

Quango-Typ	Anzahl (1996)
Ausführend/vollziehend	
NDPBs	301
Non-recognized Northern Ireland NDPBs	8
NHS bodies	788
Non-recognized local quangos	4.653
Beratend	
NDPBs	674
Gesamtzahl ausführender und beratender Quangos	6.424

NDPB = non-departmental public bodies
Quelle: Skelcher 1998: 13 (m. w. N.)

Die im Mai 2010 von *Conservatives* und *Liberal Democrats* gebildete Koalitionsregierung hat begonnen, die bestehenden Quangos zu reduzieren. Damit verfolgen die Konservativen das Ziel, den öffentlichen Sektor und dadurch das öffentliche Defizit zu verringern. Bislang sind rund 80 (von insgesamt etwa 1.000) Quangos abgeschafft worden. Ein kürzliches Regierungsdokument benannte 177 weitere „Streichkandidaten"[72]. Ferner zielt die am 15. November 2011 in Kraft getretene Kommunalgesetzgebung (*Localism Act*) unter anderem darauf, die traditionelle *ultra vires*-Doktrin durch die Einführung einer Allzuständigkeit (*general power of competence*) weitgehend abzulösen und damit das Aufgabenprofil der *local authorities* aufzuwerten (vgl. oben Kapitel 3.4). Ob es jedoch gelingt, den Re-Zentralisierungstrend anzuhalten oder gar umzukehren, bleibt abzuwarten.

Zwischenfazit und Vergleich

dominanter Dezentralisierungstrend

Dezentralisierung und Kommunalisierung stellen europaweite Trends der Verwaltungsreform dar. Lediglich im Vereinigten Königreich (England) sowie in jüngster Zeit in Ungarn kam es zu markant re-zentralisierenden Tendenzen im Verhältnis zwischen staatlicher und kommunaler Ebene. In der Grundtendenz läuft die Verwaltungsentwicklung im europäischen Raum somit darauf hinaus, dass die kommunalen Gebietskörperschaften an Kompetenzen und Handlungsmöglichkeiten gewinnen und der Staat Funktionen „nach unten" abgibt. Im Ergebnis dringt das multifunktionale starke Kommunalmodell (*multi purpose model*) weiter vor. Allerdings unterscheiden sich der Modus und die Wirkungen der Dezentralisierung/Kommunalisierung erheblich. Während in Schweden umfassend politisch dezentralisiert und das monistische Aufgabenmodell weiter

---

72 One by one, the quangos are abolished. But at what cost?, N. Morris, The Independent, 2010-07-27: „192 quangos to be axed" (http://www.bbc.co.uk/news/uk-politics-11538534).

gestärkt wurde, kam es in Deutschland mit den neuen Verwaltungsstruktur- und Funktionalreformen überwiegend „nur" zur administrativen Dezentralisierung und „unechten" Kommunalisierung, durch die das traditionelle dualistische Aufgabenmodell weiter bekräftigt wurde. Außerdem drohen in dem Maße, wie der Anteil der übertragenen Aufgaben im Funktionalprofil der Kommunen weiter zunimmt, im Innenverhältnis die gewählten Vertretungen weiter an Einfluss gegenüber der kommunalen Exekutive zu verlieren und im Außenverhältnis die Kommunalverwaltungen noch stärker unter die staatliche (Fach-)Aufsicht zu geraten und im gewissen Sinne zu „verstaatlichen" (vgl. Wollmann 2008: 259 ff.). Allerdings bergen die Übertragung weiterer staatlicher Aufgaben auf die Kommunen und damit die Erweiterung des kommunalen Aufgabenprofils auch das Potenzial einer fortschreitenden Kommunalisierung von staatlichen Aufgaben. Denn die Tatsache, dass die Ausführung dieser Aufgaben in Deutschland bei einem direkt gewählten Bürgermeister bzw. Landrat liegt[73] und dass dieser – ungeachtet der staatlichen Fachaufsicht und Einwirkung – stark in den kommunalpolitischen Kontext eingebunden ist, kann einer politischen Kommunalisierung Vorschub leisten. Auch Frankreich und Italien, die einschneidende Schritte der politischen Dezentralisierung kodifizierten, halten nach wie vor grundsätzlich am dualen Aufgabenmodell fest und weisen eine starke Persistenz staatlicher Verwaltung in der Fläche auf, wenngleich die Staatsaufsicht inzwischen erheblich abgeschwächt wurde.

Abbildung 41: Dezentralisierung und Kommunalisierung in Europa

Dominierender Dezentralisierungstypus (aktuelle Reformen)

Aufgabenmodell	Politisch/echt	Administrativ/unecht	Re-Zentralisierung
Dualistisch	Frankreich Italien	Deutschland	Ungarn
Monistisch	Schweden		Vereinigtes Königreich

Quelle: eigene Darstellung

---

[73] Dies ist in Deutschland bei den hauptamtlichen Bürgermeistern der Flächenländer durchweg der Fall, bei den Landräten in allen bis auf zwei Bundesländer. Die Direktwahl der lokalen Exekutive (Bürgermeister) ist außerdem in Ungarn, Italien und vereinzelt im Vereinigten Königreich eingeführt worden.

4.2.4 Ländervergleich: Konvergenz, Divergenz, Persistenz und Erklärungsfaktoren

Konvergenz

konvergierende Tendenzen

Die Länderanalysen haben gezeigt, dass Reformen im Mehrebenensystem europaweit auf der verwaltungspolitischen Agenda stehen. Es dominiert ein institutionenpolitischer Trend der Dezentralisierung/Regionalisierung und Abschichtung von Kompetenzen auf untere Ebenen innerhalb der nationalen politisch-administrativen Systeme, von dem es nur wenige Ausnahmen in Europa gibt. Zum einen weist die Entwicklung der Meso-Ebene auf eine fortschreitende Regionalisierung hin. So haben insbesondere die vormals unitarisch-zentralistisch regierten Länder der napoleonischen Ländergruppe, Italien, Spanien und Belgien, einen paradigmatischen Wandel und eine deutliche Annäherung (Konvergenz) an föderalstaatliche Verfassungsarrangements durchlaufen, wenn auch wiederum mit Unterschieden in den Ergebnissen und in der Reichweite der Reformen. Diesen Ländern ist die (quasi-)föderale Variante von Regionalisierung eigen, in der die Regionen mit eigenen Gesetzgebungs- und Verwaltungszuständigkeiten ausgestattet werden und die sie von den normalen kommunalen Gebietskörperschaften abhebt, ohne freilich einen vollen föderalen Status zu erlangen. Auch das Vereinigte Königreich weist in seiner Entwicklung eine Annäherung an föderale Systeme auf. Da jedoch aufgrund der pointiert zentralistischen Organisation der englischen Verwaltung, die als schwarzes Loch der britischen *devolution* bezeichnet wird, diese quasi-föderale Konstruktion höchst asymmetrisch ist, bleiben die Unterschiede zu den klassischen und neuen Föderalstaaten in Europa signifikant.

Aufwertung kommunaler Selbstverwaltung

Im Hinblick auf die Dezentralisierungspolitik unterhalb der Meso-Ebene, also im kommunalen Raum, ist eine Konvergenz der europäischen Verwaltungssysteme hin zu einer multifunktionalen, politisch verantwortlichen und institutionell abgesicherten kommunalen Selbstverwaltung zu beobachten, die traditionell für die nord-mitteleuropäische Ländergruppe, unter anderem Schweden, Vereinigtes Königreich, Deutschland, charakteristisch ist/war. Zwar steckt auch hier der Teufel im Detail, da die Funktionsabschichtung auf die kommunale Ebene nach Ausmaß und Reichweite variierte und auch in der politischen Aufwertung der Kommunen unterschiedliche Ansätze verfolgt wurden. Grundsätzlich lässt sich aber eine klare Tendenz (Konvergenz) zur funktionalen und politischen Stärkung kommunaler Selbstverwaltung in Europa feststellen.

Persistenz/Divergenz

Aus der (empirisch eher distanzierten) Makro-Perspektive zeigen sich also deutlich isomorphe und konvergente Entwicklungen in den administrativen Mehrebenensystemen europäischer Länder. Schaut man allerdings genauer hin, so muss die Konvergenz-Annahme, vor allem im Hinblick auf konkrete Reformwege und Reformergebnisse (*practice/result convergence*) deutlich differenziert werden.

Abweichende Fälle

Zunächst einmal gibt es markant abweichende (*deviant*) oder divergierende Fälle von den beschriebenen grundsätzlichen Trends. So stellte das Vereinigte Königreich (England) im hier untersuchten Ländersample mit seiner weitgehenden Entmachtung der Kommunen und dem Abrücken vom Modell der funktional starken kommunalen Selbstregierung bisher einen Sonderling in Europa dar. Neuerdings tendiert jedoch auch Ungarn in diese Richtung. In der napoleonischen Ländergruppe ist Frankreich ein abweichender Fall insoweit, als es auf der Meso-Ebene lediglich eine einfache Regionalisierung – und keine Föderalisierung – anstrebte. Seine Regionalisierungspolitik, in der die Regionen nur mit eigenen Entscheidungs- und Verwaltungszuständigkeiten ausgestattet wurden und demokratisch gewählte Vertretungskörperschaften (Regionalräte) erhielten, unterscheidet sich markant von der (quasi-)föderalen Variante in anderen Ländern. Ein wiederum anderes Entwicklungsmuster von politischer Regionalisierung findet sich im Zusammenhang damit, dass die bisher im zweistufigen Kommunalsystem bestehenden Kreise im Zuge ihrer territorialen Zusammenlegung eine funktionale Aufwertung erfahren, die in der neuen Bezeichnung als Region Ausdruck findet. Dies trifft etwa auf Schweden zu, aber auch auf Dänemark (siehe hierzu Kapitel 4.3). Somit zeigt sich, dass die europäischen Länder sehr unterschiedliche Reformwege gewählt haben, so dass *practice convergence* eher innerhalb bestimmter Ländergruppen/-cluster, nicht jedoch gesamteuropäisch festzustellen ist.

<aside>unterschiedliche Regionalisierungswege</aside>

Darüber hinaus weist die Dezentralisierungspolitik unterhalb der Meso-Ebene deutliche Varianzen auf. So unterscheidet sich die dominant politische Form der Dezentralisierung innerhalb des weiter gestärkten monistischen Aufgabenmodells in Schweden markant von der überwiegend administrativen Dezentralisierung oder unechten Kommunalisierung in Deutschland (unter Beibehaltung des überkommenen dualistischen Aufgabenmodells).

Erklärungsfaktoren

Die beschriebene Konvergenz aus der Makroperspektive kann einerseits in Anlehnung an den Soziologischen Institutionalismus damit begründet werden, dass Dezentralisierungspolitiken nachgeahmt werden (*mimetic isomorphism*), weil sie sich anderswo als erfolgreich erwiesen haben oder weil die Zentralisierung und Hochzonung von Aufgaben als (verwaltungs-)politisch unkorrekt, also normativ nicht wünschenswert oder – im Sinne der *logic of appropriateness* (siehe Kapitel 2.3) – als „unangemessenes Verhalten" angesehen wird (*normative isomorphism*). Ferner kann diesem Denkansatz zufolge auf den exogen erzeugten (obzwar nicht im strikten Sinne rechtlichen) Zwang zur Dezentralisierung (*coercive isomorphism*) verwiesen werden, wofür konkret die EU-Politik (etwa Strukturförderung) angeführt werden kann, die vor allem die bislang zentralistisch verfassten Staaten veranlasst, dezentrale/regionale Institutionen zu installieren, da andernfalls direkte oder indirekte Sanktionen zu erwarten sind. So gingen maßgebliche Impulse zur Regionsbildung in den letzten Jahren von der EU aus. Einerseits wecken und verstärken der EU-Ausschuss der Regionen (AdR) und die in ihm eröffneten Mitwirkungsrechte der Regionen in einzelnen EU-Mitgliedstaaten den Wunsch, durch die Stärkung der regionalen Ebene effektiver im Politiksystem der EU Einfluss nehmen zu können. Andererseits wird (wie die Beispiele von Polen

<aside>Konvergenz durch Nachahmung</aside>

<aside>Konvergenz durch EU-induzierten Zwang</aside>

und Ungarn zeigen) in der – mit den NUTS-Regionen der EU-Förderkonzeption übereinstimmenden – Regionsbildung eine Voraussetzung gesehen, die Chancen der Beantragung und Gewährung von EU-Mitteln zu verbessern.

<small>Konvergenz durch externen Problemdruck</small>

An den Ökonomischen Institutionalismus anknüpfend, kann argumentiert werden, dass die nationalen Akteure in Europa auf die ähnlichen externen Herausforderungen, die sich ihnen stellen, mit ähnlichen institutionenpolitischen Strategien reagieren, da diese eine Maximierung des institutionellen Nutzens und Annäherung an ein (ökonomisches) Optimum versprechen (zu den theoretischen Grundlagen siehe Kapitel 2.3). Hier lassen sich zum einen funktionale Gründe und Notwendigkeiten anführen, die – in konvergierenden Pfaden – die europäischen Länder veranlassten, um auf der Meso-Ebene eine neue Handlungs- und Planungsebene einzuziehen. Beispielhaft hierfür ist die Einführung der Regionen als Gebietskörperschaften in Frankreich (1982) und in Polen (1999). Zum anderen können wiederum die Integrations- und Konzentrationsprozesse, die sich aus der Europäisierung und Globalisierung ergeben, als Faktoren benannt werden, die exogenen Druck auf die nationalen Verwaltungssysteme erzeugen. So muss vor allem in den traditionell zentralistisch regierten Ländern ein Ausgleich gefunden werden, um die expandierende supranationale Konstruktion der EU hinreichend stabil „von unten" zu machen und dadurch auch nach innen zu legitimieren – zumal angesichts ihrer nach wie vor unzulänglichen eigenen demokratischen Legitimierung. Es könnte aus Sicht des Ökonomischen Institutionalismus behauptet werden, dass eine rationale Optimierungsstrategie für die Akteure darin besteht, die EU-indizierte Zentralisierung und Konzentration auf supranationaler Ebene durch Dezentralisierung/Regionalisierung und Dekonzentration im nationalen/ subnationalen Kontext zu kompensieren, was dann zu konvergenten Entwicklungen führt.

<small>Akteursinteressen und Handlungsstrategien</small>

In einigen Ländern ist es, wie gezeigt wurde, zu massiven Umbrüchen und teils geradezu paradigmatischen institutionenpolitischen Wechseln gekommen. Um diese zu erklären, scheint weder die enge ökonomische Interpretation noch das Isomorphismus-Theorem des Soziologischen Institutionalismus ausreichend, sondern es müssen die Interessenkonstellationen handelnder Akteure als wesentliche Bestimmungsfaktoren und eigenständige Variable einbezogen werden, womit der akteurzentrierte Institutionalismus als Erklärungsansatz ins Spiel kommt. So war zum einen für die Föderalisierung und Regionalisierung das Bestreben relevanter Akteure ausschlaggebend, für die durch ethnische, sprachliche und politische Identitäten geprägten Bevölkerungsteile in einzelnen Regionen einen Handlungsraum politisch-demokratischer und kultureller Selbstbestimmung zu erreichen. Dies trifft in der neueren Entwicklung insbesondere auf Spanien und Belgien, aber auch auf Italien (insbesondere in den Regionen mit besonderem Status, etwa Alto Adige/Südtirol und Sizilien) und auf das Vereinigte Königreich (vor allem auf Schottland) zu.

Eindrucksvoll kann die Bedeutsamkeit handelnder Politik- und Verwaltungsakteure in Reformprozessen, die dann je nach Akteurskonstellationen zu markant unterschiedlichen Reformeffekten führen können, auch für den deutschen Fall illustriert werden. So erklärt sich die Vorreiterrolle Baden-Württembergs bei den Kommunalisierungsreformen in Deutschland maßgeblich aus der Koalition zwischen dem damaligen Ministerpräsidenten (*Teufel*) und den Landräten, die nicht zuletzt darauf basierte, dass Ersterer den Verzicht der Landesregierung auf eine Kreisgebietsreform gegen die Zustimmung Letzterer zur Aufgabenübertragung in Verbindung mit der Effizienzrendite eintauschte. In Niedersachsen dagegen verfolgte die Landesregierung das Ziel, sich mit der Abschaffung der Bezirksregierungen politisch zu profilieren, was zu entsprechend fragmentierten Verwaltungsstrukturen und einer Kopflastigkeit an landesstaatlichen Sonderbehörden führte.

Last but not least, sei Frankreich als instruktiver Fall für die Leistungsfähigkeit des akteurzentrierten Institutionalismus als Erklärungsansatz angeführt. Eine der wesentlichen Ursachen dafür, dass sich die Sozialisten (obzwar traditionell eher jakobinisch-egalitär orientiert) in den 1980er Jahren der Dezentralisierung verschrieben und sie mit einigem Erfolg umsetzten, ist in der typischen Verschränkung von nationaler und lokaler Politikarena zu suchen. Der nationale Gesetzgeber folgte in weiten Teilen lokalen Interessen, die sich aufgrund der rasanten Zunahme des *cumul des mandats* seit der Nachkriegszeit[74] als immer durchsetzungsfähiger erwiesen hatten. Ein ähnliches Muster gilt auch für die Dezentralisierung im Rahmen von *Acte II* (siehe Kuhlmann 2009 a: 86 f.).

Allerdings bedürfen auch die beschriebenen persistenten und divergenten Entwicklungsmuster der Verwaltungssysteme Europas einer Erklärung, wofür vor allem auf historische Faktoren zurückgegriffen werden kann. Institutionelle Pfadabhängigkeiten und Hinterlassenschaften zeigen sich zum einen im Bereich der kommunalen Aufgabenmodelle und daraus folgenden Kommunalisierungsstrategien. So ist das Festhalten am monistischen Aufgabenmodell und der fortgesetzte dezentralisierende Grundzug in der Verwaltungspolitik Schwedens Ausdruck seiner historisch eingeprägten und eingeübten Praxis, die auch nicht durch neuere Ökonomisierungsdiskurse grundlegend in Frage gestellt wurde. Auch in Deutschland ist eine historische Pfadabhängigkeit (unter anderem) darin zu erkennen, dass die preußisch begründete, in der deutsch-österreichischen Verwaltungsgeschichte wurzelnde Dualität des kommunalen Aufgabenmodells, die auch für die französischen, italienischen und ungarischen Kommunen gilt, weiterhin Bestand hat, was an anderer Stelle auch als Hinterlassenschaft der autoritär-obrigkeitsstaatlichen Staatsform des 19. Jahrhunderts bezeichnet wurde (vgl. Wollmann 1999 a: 51 ff., 2010 a). Aber auch Versuche, den deutschen Verbundföderalismus in ein dual konstruiertes wettbewerbsföderales Modell umzubauen, wie dies einige Reformprotagonisten favorisieren und es die ökonomische Föderalismustheorie nahelegt, dürften an der Beharrungskraft der überkommenen Strukturen und Verflechtungsbeziehungen scheitern, die auf frühe institutionelle Weichenstellungen zurückgehen (Kropp 2010: 34 ff.).

Pfadabhängigkeiten und institutionelle legacies

---

74 So hatte sich der Anteil der lokalen Mandatsträger, die neben ihrem lokalen Amt noch zumindest ein weiteres innehatten, zwischen 1956 und 1985 verdoppelt (Mény 1992: 23).

4.3 Territorialreformen

4.3.1 Begriffsbestimmung und reformpolitische Einordnung

<small>zweistufige Kommunalsysteme</small>

Die europäischen Länder weisen – unterhalb der nationalen Ebene bzw. föderalen Ebene – ein zweistufiges Kommunalsystem auf (siehe Kapitel 3.6.2; Abbildung 27). Die obere Ebene wird als Kreisebene (*counties, landstingskommuner, province* usw.) und die untere Ebene als Gemeindeebene *(boroughs/districts, kommuner, comuni)* bezeichnet[75]. Die folgende Darstellung ist in erster Linie auf die untere („klassische") kommunale Ebene gerichtet, soll jedoch die Entwicklung der „oberen" Ebenen ebenfalls einbeziehen.

<small>territoriale Fragmentierung</small>

In den meisten Ländern war die kommunale Ebene historisch von einem hohen Grad territorialer Kleinteiligkeit und Fragmentierung gekennzeichnet, der, vielfach in das späte Mittelalter zurückreichend, durch den gebietlichen Teppich und Zuschnitt der Kirchengemeinden bedingt war. Auf der einen Seite tritt eine Ländergruppe hervor, in der die nationalen Regierungen darauf hinwirkten, die administrative Leistungsfähigkeit der Kommunen durch deren territoriale und demographische Vergrößerung (Maßstabsvergrößerung) zu steigern. Zwar sollte das demokratische Potenzial der Kommunen erhalten und vergrößert werden, jedoch stand die verwaltungsökonomische Verbesserung (*efficiency*) als bestimmender Handlungsrahmen (*frame*) im Vordergrund (vgl. John 2010:

<small>nordeuropäisches Modell: Up-Scaling</small>

106 ff. für das Vereinigte Königreich). Diese als *Up-Scaling* (vgl. Baldersheim/ Rose 2010 a: 20, 2010 b) bezeichnete strategische Stoßrichtung der kommunalen Gebietsreformen lag den Territorialreformen zugrunde, die nach dem 2. Weltkrieg insbesondere in Schweden, England/UK und auch in Deutschland durchgeführt wurden. In der international vergleichenden Literatur ist deshalb von einem „nordeuropäischen" Reformmodell (Norton 1994: 40) die Rede.

Dieser nordeuropäischen Ländergruppe steht eine Gruppe von Ländern gegenüber, in denen die (vielfach ins 18. Jahrhundert zurückgehende) kleinteilige territoriale Struktur weitgehend unverändert geblieben ist. Reformanläufe, die von der Regierung in den 1970er Jahren auch unternommen wurden, scheiterten weitgehend, da sie an die Zustimmung der betroffenen Kommunen bzw. lokalen Bevölkerungen geknüpft wurden, welche sie jedoch nicht fanden. Da insbesondere Frankreich und Italien zu dieser Ländergruppe rechnen, wird in der vergleichenden Literatur vom „südeuropäischen" Reformmodell gesprochen. In

<small>südeuropäisches Modell: Trans-Scaling</small>

diesen Ländern sind (von Baldersheim/Rose *Trans-scaling* genannte) Strategien eingeschlagen worden, die darauf zielen, die operative Handlungsfähigkeit der weiterhin kleinmaßstäblichen Kommunen dadurch zu fördern und zu institutionalisieren, dass interkommunale Verbände/Formationen (*intercommunalité*) geschaffen werden. Die Begründung solcher Formen interkommunaler Kooperation, Doppelstrukturen und institutionellen Symbiosen kann als institutionenpolitischer „Ersatz" für förmliche Gebietsreformen im Wege von Gemeindezusammenlegungen gesehen werden.

---

75 Nachstehend werden beide institutionelle Ebenen im gebotenen Zusammenhang mit dem Oberbegriff „Kommunen" bezeichnet.

Abbildung 42: Territoriale Reformmuster in Europa

Nordeuropäische Reformvariante: Up-Scaling	**Südeuropäische Reformvariante: Trans-Scaling**
• UK, SE, DK, dt. Länder (NRW, HE) • Maßstabsvergrößerung; Fusion • UK: Ø EW: metrop. districts: 310.000; non metrop. districts: 100.000; counties: 760.000 • Leistungskraft; verwaltungs-ökonomische Verbesserung • Hintergrund: Funktional starke Kommunalsysteme; oft sozialdemokr. Handschrift; rationaler Zeitgeist/Planungseuphorie • Durchsetzung letztlich mittels verbindlicher Gesetzgebung • Unterordnung komm. SV unter parl. Entscheidungsmacht	• F, I, viele MOE-Länder; dt. Länder (RP, SH) • Kleinteilige Gemeindestruktur beibehalten; weitere Fragmentierung • F: 37.000 communes; Ø 1.700 EW • Hintergrund: Kommunale Aufgabenwahrnehmung durch Staatsverw. (napoleon. Länder) • Volontariat: Fusionen nur mit Zustimmung der Kommunen • Massive lokale Widerstände gegen Gebietsreform • Interkommunale Formationen als Ersatz (intercommunalité; Verbandsgemeinden; Ämter)

Quelle: eigene Darstellung

Auch in der Transformation der Länder Mittel-Ost-Europas von zentralistischen kommunistischen Regimen zu demokratischen Verfassungsstaaten wurde der territorialen und organisatorischen Umgestaltung der subnationalen Ebenen von Anfang an eine wesentliche Bedeutung für den Aufbau demokratischer und leistungsfähiger dezentraler Strukturen beigemessen. Mit Blick auf den angestrebten EU-Beitritt wurde in diesen Ländern die Konzipierung eines territorialen Neuzuschnitts der Ebenen von dem gebietlichen NUTS-Schema der EU stark bestimmt (siehe Kapitel 3.5). Die territorialen Reformprofile der Transformationsländer stehen nach Reichweite und Zielrichtung ebenfalls teilweise eher dem „nordeuropäischen" und teilweise eher dem „südeuropäischen" Reformtypus nahe (vgl. die Länderstudien in Horváth 2000, Swianiewicz 2010). Zum einen tritt eine Gruppe von Ländern hervor, die ein „südeuropäisches" Reformmuster insofern aufweisen, als ungeachtet der bestehenden Kleinteiligkeit der kommunalen Strukturen auf Gemeindefusionen verzichtet wurde und deren weitere Fragmentierung sogar zugelassen wurde (z. B. Ungarn, Tschechien). Zum anderen ist eine Gruppe von Ländern hervorzuheben, in denen die Regierungen unmittelbar nach dem Systemwechsel weitreichende kommunale Gebietsreformen durchsetzten und die insoweit typologisch dem „nordeuropäischen" Reformprofil nahestehen (z. B. Bulgarien, Litauen). Dabei dürfte die Absicht maßgebend gewesen sein, mit Blick auf den angestrebten Beitritt des Landes zur EU die Kommunen territorialorganisatorisch zu „modernisieren".

MOE: nord- und südeuropäische Reformwege

4.3.2 Nordeuropäisches Reformmuster: Gebietsfusion, Maßstabsvergrößerung, Verwaltungseffizienz

Vereinigtes Königreich: „sizeism" und reformpolitische Atemlosigkeit

Exemplarisch für die „nordeuropäische" Ländergruppe steht das Vereinigte Königreich, wo der instrumentelle Zugriff der nationalen Ebene auf die lokale Ebene von zwei Faktoren bestimmt wurde. Zum einen wurde herkömmlich aus dem Grundsatz der *Parliamentary Sovereignty* gefolgert, dass das Parlament durch Gesetzgebung jedwede institutionelle, auch gebietliche Änderung der kommunalen Ebene vornehmen kann (siehe Kapitel 3.4). Zum anderen war der Regierung in ihrem Umgang mit den Kommunen seit jeher eine, wie zugespitzt formuliert worden ist, „almost obsessive predominance... to production efficiency", eigen (Sharpe 1993: 252; vgl. auch John 2001: 102 ff.; 2010: 106 ff.).

[Marginalie: UK: obszessive Effizienzorientierung]

Diese Handlungslogiken zeigten sich in dem frühen territorial-organisatorischen Reformschub von 1888 und 1894, mit dem in England – vor den anderen europäischen Ländern – die subnationale Ebene umfassend umgekrempelt worden ist, um diese den instrumentellen Anforderungen der nationalen Regierung anzupassen (vgl. Wollmann 2008: 30 ff.). Zum einen wurden im Jahre 1888 in den 62 historischen (überwiegend ländlichen) *counties/shires* gewählte *county councils* und außerdem in 62 größeren Städten einstufige *county borough councils* eingerichtet. Zum anderen wurden 1894 innerhalb der *counties* rund 1.200 *district councils* als völlig neue untere Ebene des *local government* geschaffen. Das damit geschaffene Nebeneinander von zweistufigen (*counties* und *districts*) und einstufigen (*county borough councils*) kommunalen Strukturen wurde zur territorialen Grundlage des (im zeitgenössischen Ausland bewunderten) *Victorian local government* und bildete dessen territorial-organisatorisches Grundmuster bis in die 1970er Jahre.

Seit den 1970er Jahren durchlief das Kommunalsystem mehrere Wellen einschneidender territorial-organisatorischer Veränderungen, in denen sich wiederum die Bestimmungsmacht des Parlaments und der instrumentelle Zugriff der zentralen Ebene auf die kommunale geltend machten. In dem tiefgreifenden Reformschub von 1974 wurden zum einen die *district/borough councils* territorial drastisch zusammengelegt, ihre Zahl von 1.250 auf 333 mit durchschnittlich 170.000 Einwohner erhöht – eine im europäischen Vergleich beispiellose und als *sizeism* kritisierte (Stewart 2000) Größenordnung (vgl. Norton 1994: 41; Wilson/Game 2006: 58 ff.). Zum anderen wurden die – in ihrem gebietlichen Umfang auf die mittelalterlichen *shires* zurückreichenden – *county councils* neu zugeschnitten, ihre Zahl von 58 auf 47 vermindert und ihre durchschnittliche Bevölkerungsgröße auf 720.000 Einwohner gebracht. Schließlich wurde die beinahe hundertjährige Einstufigkeit (*county borough councils*) abgeschafft und die Zweistufigkeit auf das gesamte Kommunalsystem ausgedehnt. Damit wurden selbst Großstädte wie Birmingham zu *district councils* herabgestuft (im deutschen Verständnis: „eingekreist"), was in diesen auf verbreitete Ablehnung und anhaltende Bitterkeit stieß.

[Marginalie: Reformschub der 1970er Jahre]

Hatte das britische Kommunalsystem durch die Reform von 1974 tiefgreifende Veränderungen erfahren, durchlief es nach 1980 eine Abfolge weiterer

Umbrüche. 1986 machte die konservative Regierung unter *Margaret Thatcher* ein zentrales Teilstück der Reform von 1974 rückgängig. Die 1974 eingeführte (zweistufige) Struktur von 36 *metropolitan county councils* wurde rückgängig gemacht. Dadurch wurde die Herabstufung („Einkreisung") der Großstädte, wie Birmingham, zu *county*-zugehörigen *metropolitan district councils* aufgehoben, was von den Großstädten lebhaft begrüßt wurde. Denn sie erhielten den einstufigen (den deutschen kreisfreien Städten vergleichbaren) Status wieder. Gleichzeitig löste die *Thatcher*-Regierung in unverkennbar parteipolitischer Absicht den *Greater London Council* auf, der von der Labour Party beherrscht wurde und sich als Widerpart zur *Thatcher*-Regierung betätigt hatte. Die 1965 geschaffene zweistufige Kommunalstruktur im Großraum Londons wurde damit aufgehoben und der einstufige Status der 32 *London boroughs* wiederhergestellt.

<small>Mehrfachreform kommunaler Ein-/Zweistufigkeit</small>

In den frühen 1990er Jahren leitete die konservative Regierung unter *John Major* eine weitere einschneidende territorial-organisatorische Veränderung ein. In den verstädterten Regionen Englands wurde – auch jenseits der *metropolitan councils* – die in der Reform von 1974 eingeführte Zweistufigkeit von *districts/boroughs* und *counties* schrittweise beseitigt. Im Wege der territorialen, organisatorischen und funktionalen Fusionierung von *counties* und *districts/boroughs* entstanden sog. *unitary authorities*. Schrittweise wurden 56 *unitary authorities* – mit durchschnittlich ca. 209.000 Einwohnern – geschaffen (vgl. Wilson/Game 2006: 68-69).

Im Ergebnis ist inzwischen fast der gesamte verstädterte Siedlungsbereich Englands von einstufigen (*single tier*) Großstadtstrukturen geprägt, sei es von den 36 *metropolitan districts*, sei es von den 56 *unitary authorities*, die durchschnittlich 308.000 bzw. 209.000 Einwohner haben. Das zweistufige (*two tier*) Arrangement von *counties* und *districts* beschränkt sich auf ausgesprochen ländliche Gebiete. Aber auch dort liegen die durchschnittlichen Einwohnerzahlen vergleichsweise hoch, bei über 100.000 (*non metropolitan districts*), in den *non metropolitan counties* sogar bei knapp 760.000 (siehe oben Abbildung 20).

Unter der New Labour Regierung von *Tony Blair* wurde die von der *Tory*-Regierung 1986 verfügte Abschaffung des *Greater London Council*, wie im Wahlkampf versprochen, wieder rückgängig gemacht. Aufgrund der 1999 durchgeführten Volksabstimmung wurde die *Greater London Authority* als Londonweite Kommunalstruktur installiert – bei Fortbestehen der 32 *London boroughs*. Als gewählte „parlamentarische" Vertretung wurde die *London Assembly* und als Exekutive der direkt gewählte *Mayor of London* eingeführt. Damit besteht auch im Groß-Londoner Raum wieder ein zweistufiges Kommunalregime (aus den London *boroughs* und der *GLA)*, nachdem es 1965 erstmals eingeführt und 1986 abgeschafft worden war. Von der Entwicklung der kommunalen Strukturen in England ist kritisch gesagt worden: „breathless has been the pace of change over the past 30 years" (Leach/Pierce-Smith 2001: 236) – mit dem Ergebnis einer „diversity, fragmentation and perhaps sheer messiness of British local government" (Leach/Pierce-Smith 2001: 13) und eines „endless piecemeal tinkering with the system and the absence of wholesale reform" (John 2001: 103).

<small>Reform der Londoner Verwaltungsstruktur</small>

Schweden, Dänemark: territoriale Verankerung des lokalen Wohlfahrtsstaates

Die Industrialisierung und Verstädterung traten in Schweden, als ursprünglich überwiegend ländlich strukturiertem Land, erst seit den 1930 Jahren, d. h. deutlich später als beispielsweise im Vereinigten Königreich und in Deutschland ein. Vor diesem Hintergrund zielten die von der Regierung in zwei Schüben (1952 und 1974) verfolgten Gebietsreformen der Kommunen darauf, diese durch Ausweitung ihrer territorialen Basis in den Stand zu setzen, als maßgeblicher lokaler Träger des schwedischen Wohlfahrtsstaats (*den lokala staten*) zu agieren. Im Ergebnis wurde die Zahl der Kommunen drastisch von ursprünglich 2.282 (mit durchschnittlich rund 2.800 Einwohnern) auf 290 (mit durchschnittlich 31.300 Einwohnern reduziert (vgl. Häggroth et al. 1993: 12). Auch in Schwedens Verfassungs- und Politiksystem wird dem Parlament das Recht zuerkannt, territoriale Reformen der kommunalen Ebene gegebenenfalls ohne Zustimmung oder gegen Widerstand der lokalen Bevölkerung durchzusetzen. Im Ergebnis haben heute etwa drei Viertel aller schwedischen Gemeinden mehr als 10.000 Einwohner (siehe Abbildung 43).

<small>Schweden: Großkommunen als Träger des Wohlfahrtsstaates</small>

Abbildung 43: Einwohnerzahlen schwedischer Gemeinden (2007)

Einwohnerzahl	Anzahl der Gemeinden	Anteil in %
Unter 10.000	72	24,8
10.001-20.000	101	34,8
20.001-30.000	36	12,4
30.001-40.000	28	9,7
40.001-60.000	19	6,6
Über 60.000	34	11,7
Gesamt	290	100,0

Quelle: Lidström 2010: 63

Der gebietliche Zuschnitt der 20 schwedischen Kreise (*landsting kommuner*) mit durchschnittlich 420.000 Einwohnern blieb von diesem Reformschub unberührt. Die drei größten Städte des Landes (Stockholm, Göteborg und Malmö) erhielten in der Folgezeit einen (den deutschen kreisfreien Städten vergleichbaren) Status, der kommunale und Kreisaufgaben verbindet. Seit den späten 1990er Jahren kam eine Reformdebatte über eine Regionalisierung in Gang, in der auch die bisherigen Grenzen der Kreise in Frage gestellt wurden (für einen Überblick vgl. Lidström 2010, Olsson/Aström 2003; ferner Kapitel 4.2.2).

Auch Dänemark bietet in der skandinavischen Ländergruppe ein markantes Beispiel für den „nordeuropäischen" Reformtypus (vgl. Mouritzen 2010). In einem ersten Reformschritt wurde 1970 die Zahl der 1.386 Kommunen (*kommuner*,

d. h. 86 Städte und 1.300 Gemeinden) sowie 26 Kreise (*amter*) auf 271 Kommunen und 14 Kreise reduziert. Dem folgte 2007 ein weiterer noch „radikalerer" Reformschub, aus dem 98 Kommunen mit durchschnittlich 55.400 Einwohnern hervorgingen (vgl. Vrangbaek 2010, Dexia 2008: 249). Damit erreicht Dänemark eine Durchschnittsgröße, der Kommunen, die zwar noch immer merklich hinter der Dimension („Übergröße"/*sizeism*; Stewart 2000) der britischen Kommunalstruktur liegt, jedoch ansonsten einen europäischen „Spitzenplatz" einnimmt. Darüber hinaus wurden die 14 Kreise fusioniert und in fünf neue „Regionen" umgewandelt, deren Zuschnitt sich an NUTS Regionen der EU-Systematik orientierte (vgl. Dexia 2008: 250).

Dänemark: radikales Up-Scaling

Up-Scaling in Südeuropäischen und Transformationsländern: Griechenland, Bulgarien, Litauen

Unter den südeuropäischen Ländern erweist sich zum einen Griechenland vermöge jüngster massiver kommunaler Gebietsreformen als ein bemerkenswerter Fall von *Up-Scaling*. Es weist somit eine deutliche Konvergenz in Richtung des „nordeuropäischen" Reformtypus auf. Bis in die 1990er Jahre blieb das Land auf der Spur des „südeuropäischen" Territorialmusters mit seiner historisch überkommenen kleinteiligen gebietlichen Struktur der (durchschnittlich 1.900 Einwohner zählenden) 5.825 Gemeinden mit gewählten Gemeindevertretungen. Bis 1994 bestanden oberhalb der kommunalen Selbstverwaltungsebene 50 Präfekturen, die 1833 – nach dem Vorbild der seinerzeitigen französischen Département-Verwaltung – als untere Verwaltungsebene eingerichtet wurden und denen – dem Napoleonischen Staatsmodell nacheifernd – der Löwenanteil der öffentlichen Aufgaben übertragen worden war.

In der Welle massiver territorial-organisatorischer Reformen, die in den 1990er Jahren einsetzte, wurden zum einen 1994 die staatlichen Präfekturen in 50 präfektorale Selbstverwaltungskörperschaften (mit gewählten Vertretungen) umgewandelt (vgl. Hlepas 2003: 230 f.). Zum anderen wurde im Zuge der sog. *Capodistrias*-Reformen mit der „südeuropäisch" kleinteiligen Gebietsstruktur der Kommunen dadurch radikal gebrochen, dass deren Zahl durch massive Eingemeindungen (um über 80 %) von 5.825 auf 1.034 (mit nunmehr durchschnittlich 10.750 Einwohnern) reduziert wurde – darunter 914 Städte (*dimos*) und 120 Gemeinden (*koinotita*; vgl. Dexia 2008: 327, Hlepas 2003: 231 ff., 2010: 233 ff., Getimis/Hlepas 2010). Inzwischen wird eine noch weitergehende Territorialreform politisch diskutiert. Diese könnte durch den Reformdruck, welcher infolge der aktuellen Finanzkrise des Landes zugenommen hat, weitere Anstöße erhalten.

Griechenland: massive Gebietsreformen

Unter den Transformationsländern bietet Bulgarien ein Beispiel für *Up-Scaling* nach „nordeuropäischem" Muster. Bereits 1991 wurde in Bulgarien eine territorial-organisatorische Reform beschlossen und verwirklicht, aus der 264 Kommunen mit durchschnittlich 29.090 Einwohnern hervorgingen (vgl. Dexia 2008: 199). Dem folgte Litauen, wo 1994 die 581 unter dem kommunistischen Regime bestehenden kommunalen Einheiten um 88 % auf 56 Kommunen mit einer Durchschnittsgröße von 55.000 Einwohnern reduziert wurden (vgl. Beksta/Petkevicius 2000, Dexia 2008: 442), mit der Litauen (neben England und

Bulgarien, Litauen: auf "nordeuropäischem" Pfad

Dänemark) an der Spitze der EU-Länder liegt. Inzwischen ist in Litauen eine politische Diskussion in Gang gekommen, in der die durch die Reform von 1994 entstandenen Kommunen als zu groß kritisiert werden und gefordert wird, die Zahl der Kommunen wieder auf 80 bis 90 zu erhöhen und deren Durchschnittsgröße entsprechend zu senken (vgl. Dexia 2008: 443).

4.3.3 Südeuropäisches Reformmuster: Interkommunale Kooperation, territoriale Beharrungskraft und steigender Reformdruck

Frankreich: „Interkommunale Revolution" als pragmatischer Weg territorialer Konsolidierung

Aufgrund der ungewöhnlichen Kleinteiligkeit der kommunalen Gebietsstruktur und ihrer großen historischen Kontinuität ist Frankreich exemplarisch für das „südeuropäische" Modell (vgl. Norton 1994: 40). Der territoriale Zuschnitt der 37.000 Gemeinden *(communes)*, die durchschnittlich 1.600 Einwohner zählen, geht auf die Französische Revolution von 1789 zurück und wurzelt vielfach, historisch noch weiter zurückreichend, in den Kirchengemeinden. Er ist im Großen und Ganzen bis zum heutigen Tag unverändert geblieben. Zwar unternahm auch die französische Regierung 1971 – in zeitlicher Parallelität zu den „nordeuropäischen" Reforminitiativen – den gesetzgeberischen Versuch *(Loi Marcellin)*, die historisch kleinteilige kommunale Gebietsstruktur durch Fusionierung von Gemeinden zu überwinden. Jedoch ist dieser Reformanlauf seinerzeit vollständig gescheitert, da das Reformgesetz die Verwirklichung einer Gebietsreform von der Zustimmung der betreffenden Gemeinde und ihrer Bevölkerung (Grundsatz der „Freiwilligkeit", *volontariat*) abhängig machte und diese „freiwillige" Zustimmung in kaum einer Gemeinde erreicht wurde.

Frankreich:
gescheiterte
Reformversuche

Angesichts der pfadabhängig wirksamen territorialen Kleinteiligkeit der überwiegenden Mehrheit der Gemeinden ist in Frankreich in mehreren Entwicklungsschüben ein vielgliedriges und komplexes institutionelles System der interkommunalen Kooperation *(intercommunalité)* als ein Charakteristikum seiner subnational-lokalen Institutionenwelt entstanden (Kuhlmann 2010 c). Auf der Grundlage nationaler Gesetzgebung von 1890 und 1959 institutionalisierten die Kommunen ihre Zusammenarbeit zunächst in der Form von ein- bzw. mehrfunktionalen Zweckverbänden *(syndicats à vocation unique* bzw. *à vocation multiple)*. Sodann wurde 1966 eine neue Organisationsform der Gemeindeverbände, die sog. Großstadtverbände *(communautés urbaines CU)*, gesetzlich verankert. Sie zeichnet sich insbesondere durch die Gewährung eines eigenen interkommunalen Steuerrechts *(fiscalité propre)* und dadurch stärkere institutionelle, funktionale und budgetäre Integration – unter Beibehaltung der Mitgliedskommunen – aus (vgl. Marcou 2000). Ausnahmsweise durch verbindliche Gesetzgebung *(par la loi)*, also in Abweichung vom Grundsatz der Freiwilligkeit, wurden die Großstadtverbände in den vier metropolitanen Ballungsgebieten von Marseilles, Lyon, Lille und Strasbourg geschaffen; im weiteren Verlauf haben sich – nunmehr auf freiwilliger Basis – zunächst weitere zehn und zuletzt (2008) noch einmal zwei[76]

Wildwuchs der „intercommunalités"

---
76 Toulouse und Nice.

Großstadtverbände gebildet. Inzwischen sind diese 16 Großstadtverbände zu funktional und finanziell integrierten kommunalen Einheiten in Frankreichs wichtigsten großstädtischen Ballungsgebieten aufgestiegen. Obgleich die politische Autonomie der Mitgliedskommunen beibehalten wurde, kann diese Entwicklung als erster Schritt auf einem „pragmatischen Weg zum Erreichen von Territorialreformen trotz des Scheitern von Fusionen"[77] interpretiert werden (Marcou 2010: 41).

Einen bedeutsamen legislativen und institutionenpolitischen Schritt markierte schließlich ein Gesetz von 1999 (*Loi Chevènement*), das von einigen als eine „wahre interkommunale Revolution" (*veritable révolution intercommunale*; Borraz/LeGalès 2005) bezeichnet und gefeiert worden ist (vgl. Kerrouche 2010: 170 ff., siehe auch Kuhlmann 2010 c). Es zielte darauf, den Wildwuchs der *intercommunalité* dadurch zu vereinfachen, dass drei (nach Größe und Siedlungsstruktur differenzierte) Typen von interkommunalen Zusammenschlüssen mit eigener Steuerhoheit statuiert wurden, anhand derer sich die Gemeinden künftig gruppieren sollten. Als Ergebnis dieses Prozesses, der durch finanzielle Anreize sowie sanften Druck der Präfekten befördert wurde, sind bis 2011 – außer den 16 Großstadtverbänden – 191 Agglomerationsverbände (*communautés d'agglomération – CA*) und 2.387 Gemeindeverbände (*communautés de communes – CC*), d. h. insgesamt 2.599 EPCI mit Steuerhoheit gebildet worden, so dass inzwischen 96 % aller Gemeinden in einem dieser drei Typen von Zusammenschlüssen gruppiert sind.

interkommunale Revolution

Ungeachtet dieser institutionellen Konsolidierung wird eine fortwirkende Schwäche der *intercommunalité* zum einen darin gesehen, dass sie das subnationale Handlungsgeflecht eher weiter kompliziert als es zu entlasten[78]. Zum anderen wird als schwerwiegendes politisch-demokratisches Defizit die fehlende Direktwahl der Entscheidungsgremien der *communautés* bemängelt (vgl. Wollmann 2008: 45; Kuhlmann 2009 a: 90 ff.). Die Diskussion über eine umfassende Reform des subnationalen Institutionensystems hat dadurch einen neuen Anstoß erhalten, dass Präsident *Sarkozy* im Oktober 2008 eine hochkarätige Kommission unter Vorsitz des früheren Ministerpräsidenten *Balladur*, das nach diesem benannte *Comité Balladur*, berief und dieses im März 2009 seine Reformempfehlungen vorlegte (vgl. Comité Balladur 2009). Mit dem ehrgeizigen strategischen Ziel im Blick, „dass sich die intermunizipalen Einheiten in voll verantwortliche Gemeinden verwandeln, die Frankreich erlauben würden, über starke Gemeinden in einer vernünftigen Zahl zu verfügen"[79], schlug das *Comité* eine ganze Palette von Reformschritten vor (für Einzelheiten vgl. Némery 2010; Wollmann 2010 b; Marcou 2010; Kuhlmann 2010 c).

Reformvorschläge unter Sarkozy

---

77 „...la voie pragmatique de la réforme territoriale malgré l'échec des fusions de communes".
78 Die ist bildhaft als „*millefeuille*" (= „Cremeschnitte aus Blätterteig") beschrieben worden.
79 Proposition 9: „L'objectif à atteindre est, à terme, que les intercommunalités se transforment en communes de plein exercice, ce qui permettrait à la France de compter des communes fortes, en nombre raisonnable".

Abbildung 44: Entwicklung interkommunaler Kooperation in Frankreich 1993-2011*

Kooperationsform (EPCI)	1993	2000	2003	2011
Entwicklung von EPCI mit Steuerhoheit				
Communautés urbaines (CU)	9	12	14	16
Communautés d'agglomération (CA)**	-	50	143	191
Communautés de Communes (CC)***	193	1.533	2.195	2.387
Syndicats d'agglomération nouvelle (SAN)	9	9	8	5
Districts****	252	241	-	-
Communautés de villes (CV)*****	3	-	-	-
Gesamtzahl EPCI mit Steuerhoheit	466	1.845	2.360	2.599
Entwicklung des „Überdeckungsgrades"				
Anteil v. Kommunen in EPCI an Gesamtzahl d. Kommunen in %	13,8	58,0	80,9	95,5
Anteil d. Bevölkerung v. in EPCI gruppierten Kommunen an Gesamtzahl der Bevölkerung in %	26,7	61,3	81,1	89,9

* Nicht enthalten: Kooperationsformen mit Zuweisungsfinanzierung aus den Einzelkommunen (Syndicats à vocation unique – SIVU, Syndicats à vocation multiple – SIVOM, Syndicats mixtes); Gesamtzahl für 1999: 18.504
** Durch das Loi Chevènement 1999 neu eingeführt
*** Durch das Gesetz von 1992 neu eingeführt
**** Umwandlung in CU, CA oder CC vorgesehen (Loi Chevènement 1999)
***** Durch das Gesetz von 1992 neu eingeführt; Umwandlung in CU, CA oder CC vorgesehen (Loi Chevènement 1999)
Quellen: Kuhlmann 2009: 92; ferner: Direction Générale des Collectivités Locales/DESL 2004, 2011; eigene Zusammenstellung

Nach einem langwierigen und kontroversen Gesetzgebungsverfahren wurde das „Gesetz der Reform der territorialer Selbstverwaltung" (*Loi de réforme des collectivités territoriales*) am 16. Dezember 2010 verabschiedet, das einschneidende Veränderungen in Frankreichs subnationalem Institutionensystem vorsieht. Unter anderem sollen die Mitglieder der Vertretungsorgane (*conseillers communautaires*) der verschiedenen interkommunalen Zusammenschlüsse (*communautés de communes, d'agglomération, urbaines, métropoles*) in deren Mitgliedsgemeinden, die mehr als 3.500 Einwohner haben, ab 2014 direkt gewählt werden. Dagegen bleibt es in den Mitgliedsgemeinden mit weniger als 3.500 Einwohnern (und dies sind die meisten!) bei dem bisherigen Wahlmodus der indirekten Wahl durch die Vertretungen (*conseils*) der Kommunen. Dieses „gespaltene" Wahlverfahren spiegelt die politischen Konflikte und Kompromisse wider, die der Gesetzgebung zugrunde lagen. Des Weiteren ist – wiederum in Anknüpfung an die Empfehlungen des *Comité Balladur* – die Bildung von sog. *métropoles* vorgesehen. Als territoriale Basis der *métropoles* sind im Reformgesetz die acht *communautés urbaines* (CU) vorgesehen, die 1966 durch Gesetzgebung gebildet wurden. Hierbei handelt es sich bevölkerungsreichsten Großstädte mit Umlandgemeinden (Lyon, Lille, Marseille, Bordeaux, Toulouse, Strasbourg usw.). Zum anderen sind weitere vier interkommunale Verbände (*communautés d'agglomérations*) mit mehr als 500.000 Einwohnern als *métropoles* identifiziert worden, so dass im Ergebnis praktisch alle Großstadträume Frankreichs als *métropoles* organisiert werden sollen. Zwar werden die *métropoles* nicht, wie vom *Comité Balladur* vorgeschlagen, als neue eigenständige Gebietskörperschaften geschaffen, sondern setzen sich weiterhin – in der traditionellen Logik der *intercommunalité* – aus Mitgliedsstädten und -gemeinden zusammen. Jedoch wird eine weitere institutionelle und funktionelle Integration dadurch angestrebt, dass ihnen – neben eigenen Steuern (*fiscalité propre*) – wichtige Funktionen ihrer (formal weiterbestehenden) Mitgliedsgemeinden sowie Aufgaben ihrer jeweiligen Départements und Regionen übertragen werden sollen. Insbesondere Letzteres stellt eine bemerkenswerte Innovation dar. Institutionentypologisch wird im neuen Modell der *métropoles* eine den deutschen kreisfreien Städten (und den englischen *unitary authorities*) ähnliche Organisationslogik sichtbar, die sich dadurch auszeichnet, dass mehrere Ebenen funktional integriert werden. Schließlich ist im Reformgesetz ein erleichtertes Verfahren für die Fusion von Kommunen zur Schaffung „neuer Gemeinden" (*communes nouvelles*) vorgesehen. Hierbei wird allerdings weiterhin an jenem Prinzip der Freiwilligkeit (*volontariat*) festgehalten, vermöge dessen bereits der 1971 unternommene Anlauf zu einer umfassenden kommunalen Gebietsreform gescheitert ist. Insgesamt kann das Gesetz als ein weiterer entschiedener Schritt auf Frankreichs „pragmatischem Pfad zu einer kommunalen territorialen Reform trotz des Scheiterns von Gemeindefusionen" (Marcou 2010: 41) interpretiert werden. Allerdings bleibt abzuwarten, ob dieses ehrgeizige Reformprojekt in 2014/2015 tatsächlich, so wie vorgesehen, in Kraft treten wird, da mit *François Hollande* als neuem (sozialistischen) Staatspräsidenten und der linken Mehrheit in der Nationalversammlung auch die Karten einer umfassenden Reform der subnationalen Ebenen neu gemischt werden, so dass die im Gesetz von 2010 vorgesehenen Reformschritte voraussichtlich ganz oder teilweise zurückgenommen werden.

Marginalien: Direktwahl der interkommunalen Vertretung; Bildung von métropoles

Italien, Spanien: wachsende Fragmentierung und steigender Reformdruck

Auch Italiens Reformmuster entspricht dem „südeuropäischen" Typus. So zielte die 1990 verabschiedete Gesetzgebung darauf, die 8.100 Gemeinden (*communi*), deren durchschnittliche Einwohnerzahl bei 7.400 liegt[80], sowie auch die 110 Provinzen (*province*), die eine Durchschnittsgröße von 550.000 Einwohnern haben, zu Gebietsreformen auf freiwilliger Basis zu veranlassen. Die Ergebnisse waren indessen „lächerlich, da die Zahl der Gemeinden sich nicht verringert und die der Provinzen sogar erhöht haben" (Bobbio 2005: 38). Vor diesem Hintergrund war die 1990 und 2000[81] beschlossene Gesetzgebung darauf gerichtet, die Kommunen dazu zu ermutigen, interkommunale Verbände zur Kooperation in mehreren institutionellen Varianten zu bilden (vgl. Dexia 2008: 409). Zum einen sind (den institutionellen Formen der französischen *intercommunalité* und auch der deutschen Verwaltungsgemeinschaften/Ämter vergleichbar) *unioni di comuni* begründet worden, deren Zahl zwischen 2000 und 2008 von 50 auf 278 gesprungen ist und 1.240 (oder knapp 20 % der) Gemeinden mit 3,9 Millionen Einwohnern umfasst. Ferner ist für die (ausgedehnten) Berggebiete die Bildung von *Communitlà Montana* gesetzlich vorgeschrieben worden, zu denen inzwischen 4.201 (oder die Hälfte der) Gemeinden mit 10,8 Millionen Einwohnern gehören. Außerdem sind die Gemeinden eine Vielzahl von Kooperationsvereinbarungen (*consorzi*) eingegangen.

Ferner trat 1994 ein neues Gesetz (*Legge Galli*) in Kraft, durch welches die territoriale und institutionelle Fragmentierung in der Wasserversorgung überwunden werden sollte. Auf dieser Grundlage wurden – im gebietlichen Umkreis der einzelnen Provinzen – sog. „Agenturen mit optimalem territorialen Umfang" (= *autorità di ambiti territoriali ottimali* – AATO) als eine Variante obligatorischer interkommunaler Kooperation gebildet (Citroni 2010). Inzwischen sind im Wassersektor 91 solcher Verbände entstanden und 2006 wurde das AATO Schema auf die Abfallbeseitigung ausgedehnt (vgl. Ianello 2007, Lippi et al. 2008; Dreyfus et al. 2010).

Die Euro-Krise und der Druck von Seiten der EU haben inzwischen die neue italienische „Technokraten"-Regierung unter *Mario Monti* veranlasst, mittels Territorialreformen einen Beitrag zur Senkung der öffentlichen Ausgaben zu leisten. Neben der Schaffung von größeren Provinzen (siehe oben Kapitel 4.2.2) zielt das erwähnte Reformpaket vom August 2012 darauf, die in einem Gesetz von 1990 bereits vorgesehenen, jedoch seitdem unverwirklicht gebliebenen, Metropolen-Städte (*città metropolitane*) nunmehr mit Wirkung zum 1. Januar 2014 zu schaffen. Hierzu sollen die zehn größten Städte (Roma, Torino, Milano, Venezia, Genova, Bologna, Firenze, Bari, Napoli und Reggio Calabria) um ihre jeweilige bisherige Provinz erweitert und neue Metropolen-Städte gebildet werden, wobei die betreffenden zehn Provinzen abgeschafft und die ihnen angehörenden Städte beibehalten werden sollen. Die Vertretungen dieser neuen kommunalen Einheiten sollen sich in der Regel aus den Bürgermeistern der Mitgliedsstädte zusammen-

---

80 Die Gemeinden sind insbesondere im Norden hochgradig kleinteilig (man spricht pointiert von „pulverisierten Gemeinden", comuni-polvere), während sie im Süden großräumiger sind (vgl. Dexia 2008: 404).
81 Testo unico delle leggi sull'ordinamento deglio enti locali, „Tuel".

setzen, wobei der Metropolen-Bürgermeister in der Regel jener der betreffenden Großstadt sein wird. In ihrem institutionellen Entwurf erinnert die italienische *città metropolitana* an Frankreichs *communauté urbaine*. Allerdings ist auch in diesem Reformbereich die faktische Umsetzung als unsicher einzuschätzen und es bleibt abzuwarten, welche der neuen Regelungen tatsächlich mit Leben gefüllt werden.

Auch in Spanien sind im Einklang mit dem „südeuropäischen" Organisationsmuster interkommunale Verbände zur operativen Unterstützung der Gemeinden entstanden. Neben der folgenreichen Etablierung der Regionen (*comunidades autónomas*) als „quasi-föderale" subnationale Ebene (siehe Kapitel 4.2.2) war nach dem Ende der *Franco*-Diktatur und der Neubegründung der demokratischen Staats- und Verfassungsform im Jahr 1978 der Neubau der kommunalen Selbstverwaltung zunächst auf der traditionellen zweistufigen Kommunalstruktur eingeleitet worden (vgl. Alba/Navarro 2003: 203). Auf der unteren Ebene weisen die 8.111 Gemeinden (*municipios*), die durchschnittlich 5.430 Einwohner haben (davon zwei Drittel mit weniger als 1.000 Einwohnern), nach wie vor ein eher „südeuropäisches" Territorialprofil auf. Die obere Ebene wird von den 50 *provincias* gebildet, deren Vertretungsorgane (*diputación provincial*) nicht direkt, sondern mittelbar von den Gemeindevertretungen gewählt werden (vgl. Dexia 2008: 590). Bislang haben die Regionen, die über den gebietlichen Zuschnitt der Gemeinden entscheiden, von territorialen Reformen nicht nur Abstand genommen, sondern sie haben die Zahl der Gemeinden seit 1980 sogar noch erhöht. Die Schaffung oder Zulassung von durch territoriale Konsolidierung gestärkten Kommunen liegt offenbar nicht im Interesse der um ihren Einfluss besorgten Regionen (vgl. Alba/Naarro 2003: 214). Stattdessen sind (derzeit rund 1.000) teils mono-, teils plurifunktionale interkommunale Verbände (*Mancomunidades*) gebildet worden, denen rund 75 % aller Gemeinden angehören (vgl. Dexia 2008: 591). Ferner haben vier der Regionen (derzeit 81) *Comarcas* eingerichtet, denen die interkommunale Durchführung von durch die Regionen übertragenen Aufgaben obliegt.

Spanien: Regionen fürchten starke Gemeinden

Transformationsländer: Ungarn, Tschechien

Aus der Gruppe der mittel- und osteuropäischen Transformationsländer sind Ungarn und Tschechien für das „südeuropäische" Reformmuster exemplarisch. In Ungarn räumte die 1990 beschlossene Kommunalverfassung der unteren lokalen Ebene weitgehende Autonomie in der Bildung kommunaler Einheiten („Siedlungen") ein. Die lokale Bevölkerung machte von diesem Recht sogleich lebhaft Gebrauch, um die unter dem kommunistischen Regime durchgesetzten territorialen Fusionen von Kommunen rückgängig zu machen (vgl. Temesi 2000: 347; Soós 2003: 245; Wollmann/Lankina 2003: 95). Infolgedessen stieg die Zahl der Gemeinden nach dem Regimewechsel binnen Kurzem von 1.584 auf 3.175 mit durchschnittlich 3.170 Einwohnern und fast ein Drittel mit weniger als 500 Einwohnern. Zwar wurde das Kommunalsystem durch nachfolgende Reformen, insbesondere die von 1994, funktional und politisch beträchtlich gestärkt (siehe Kapitel 4.2.3), jedoch blieb der territoriale Zuschnitt der beiden Ebenen unver-

Ungarn: territoriale Re-Fragmentierung

ändert. In Reaktion auf die Existenz und den Fortbestand der Vielzahl kleiner und kleinster Gemeinden sind in Ungarn (auch insoweit im „südeuropäischen" Muster) unterschiedliche Formen interkommunaler Kooperation gesetzlich angeregt worden und entstanden. Dies gilt zum einen für ein Gesetz von 1997, durch das die (in der Regel monofunktionale) interkommunale Kooperation angestoßen werden sollte. Inzwischen werden ca. 2.590 solcher Kooperationsformen gezählt (vgl. Dexia 2008: 369). Zum anderen zielte ein Gesetz von 2003 darauf, die multi-funktionale Zusammenarbeit zwischen Gemeinden zu institutionalisieren (vgl. Pfeil 2010: 255 ff.). Die Regierung hat inzwischen die Bildung von 162 solcher multi-funktionaler interkommunaler Verbände veranlasst, in denen 97,5 % aller Gemeinden organisiert sind (vgl. Pfeil 2010: 256).

Ein weiteres ausgeprägtes Beispiel der territorialen Fragmentierung der kommunalen Ebene ist die Tschechische Republik (vgl. Illner 2003: 68 ff., 2010: 219 ff.; Dexia 2008: 231). Aufgrund der dem Systemwechsel 1990 folgenden spontanen Bildung von Gemeinden stieg auch hier die Zahl der Gemeinden von 4.120 auf 6.196 (vgl. Illner 2010: 223) mit durchschnittlich 1.640 Einwohnern und fast zwei Drittel unter 500 Einwohnern (vgl. Illner 2010: 224). Obgleich in der politischen Diskussion die Notwendigkeit einer kommunalen Gebietsreform seit langem diskutiert wird, ist von der Regierung eine ernsthafte Reforminitiative bislang nicht unternommen worden (vgl. Dexia 2008: 232). Auch in der Tschechischen Republik zielt die Bildung von interkommunalen Kooperationsformen darauf, die infolge ihrer geringen Größe kaum leistungsfähigen Kleingemeinden operativ zu unterstützen. Inzwischen sind 474 Gemeindeverbände entstanden, denen 4.680 (oder 70 % aller) Gemeinden angehören (vgl. Illner 2010: 230 ff.).

4.3.4 Reformhybrid: Deutschland zwischen Gebietsfusion und Verwaltungskooperation

Die in Deutschland verfolgten Reformstrategien können teils dem „nordeuropäischen" Muster des *Up-Scaling* und teils dem „südeuropäischen" Reformmodell des *Trans-Scaling* zugeordnet werden. Die Ursache für diese Varianz liegt in der verfassungsmäßig verankerten Zuständigkeit der Länder für „ihre" Territorial- und Gebietsreformpolitik, in welcher sich die unterschiedlichen siedlungsstrukturellen Gegebenheiten und variierenden parteipolitischen Konstellationen der Länder widerspiegeln. Prozedural bereiteten die Landesregierungen die Ausarbeitung und Umsetzung der von ihnen angestrebten Reformkonzepte jeweils durch die Berufung von Reformkommissionen, durch öffentliche Anhörungen und eine sog. Freiwilligkeitsphase vor, in denen den betroffenen Gemeinden Gelegenheit gegeben wurde, sich auf die vorgesehenen Gebietsänderungen „freiwillig" einzustellen. Konnte die Zustimmung von Gemeinden nicht erreicht wurden, entschied – in Übereinstimmung mit dem „nordeuropäischen" Reformtypus – das Landesparlament durch verbindliches Gesetz. Auf der einen Seite findet sich somit eine radikale (vergleichend gesprochen: „nordeuropäische") Reformvariante in den stark verstädterten und seinerzeit sozialdemokratisch regierten Bundesländern Nordrhein-Westfalen und Hessen, die auf die Schaffung von Einheitsgemeinden durch umfangreiche Gemeindefusionen und Eingemeindungen zielte. In beiden

Ländern wurde die Zahl der Gemeinden drastisch um über 80 % reduziert. In NRW entstanden Städte mit durchschnittlich 46.000 Einwohnern (vgl. Laux 1999; siehe Abbildung 45).

Auf der anderen Seite wurde in den (noch eher ländlichen) Ländern Rheinland-Pfalz und Schleswig-Holstein eine eher „südeuropäische" Reformvariante verwirklicht, indem auf Eingemeindungen der bestehenden Kleingemeinden weitgehend verzichtet und (der französischen *intercommunalité* vergleichbare) interkommunale Verbände zur operativen Unterstützung und Koordination der ihnen angehörenden Gemeinden eingeführt wurden. Dabei lassen sich zwei Varianten von Verbandsstrukturen unterscheiden. Zum einen gibt es interkommunale Verbände (sog. Ämter oder auch Verwaltungsgemeinschaften), wie etwa in Schleswig-Holstein, in denen die Leitungsorgane von den Mitgliedsgemeinden mittelbar bestimmt werden. Zum anderen „erfand" Rheinland-Pfalz die kommunalinstitutionelle und -geschichtliche Innovation der Verbandsgemeinde, die eine Art „Doppeldecker-Gemeinde" darstellt. In ihr bleiben die historischen Gemeinden („Ortsgemeinden") als politische Gemeinden mit wichtigen traditionellen Zuständigkeiten, wie Budgetrecht und lokaler Planungshoheit, weiterbestehen. Zugleich haben auch die Verbandsgemeinden als vollwertige kommunale Gebietskörperschaften direkt gewählte Vertretungen. Funktional sind sie für übergreifende Funktionen (z. B. Flächennutzungsplanung) sowie die operative Unterstützung der „Ortsgemeinden" zuständig[82].

„südeuropäisches" Reformmuster

Die meisten Länder optierten für eine „gemischte" (sozusagen zwischen „nord- und südeuropäischem" Reformtypus liegende) Variante, indem einerseits die Zahl der Gemeinden durch territoriale Konsolidierung deutlich zurückhaltender (beispielsweise in Baden-Württemberg und Bayern um 67 bzw. 71 %) reduziert wurde und sich eine Durchschnittsgröße der Kommunen von rund 8.000 Einwohnern ergab, während andererseits ebenfalls (unter anderem Verwaltungsgemeinschaften genannte) interkommunale Verbände als „Doppelstruktur" zur Unterstützung der ihnen angehörenden kleinen Gemeinden gebildet wurden. Zeitlich parallel wurden in den Bundesländern in den späten 1960er und frühen 1970er Jahren auch die Kreise territorial neu geschnitten, wobei ihre Gesamtzahl bundesweit (um 49 %) von 425 auf 237 vermindert und in den einzelnen Bundesländern jeweils entsprechend etwa halbiert wurde (mit einer Durchschnittsgröße von 60.000 Einwohnern) (vgl. Laux 1999: 176).

Doppelstrukturen

Nach 1990 wandten sich auch die ostdeutschen Landesregierungen einer Gebietsreform der Kreise als wichtigem Schritt zur Schaffung leistungsfähiger kommunaler Strukturen zu[83]. Durch Fusion der Kreise wurde deren Zahl insgesamt von 189 auf 87 reduziert, also mehr als halbiert und ihre Durchschnittsgröße auf über 100.000 Einwohner gebracht (hierzu und zum Folgenden vgl. Wollmann 1997 a: 284 ff.). Hingegen verzichteten die Landesregierungen – ungeachtet der Vielzahl kleiner und kleinster Gemeinden – (zunächst) weitge-

Kreisgebietsreform

---

82 Die nach diesem Muster in Rheinland-Pfalz entstandene Kommunalstruktur setzt sich aus 12 kreisfreien Städten, 163 Verbandsgemeinden, 28 verbandsfreien Städten/Gemeinden („Einheitsgemeinden") sowie 2.258 (oder 97 %) verbandsangehörigen Städten/Gemeinden (mit durchschnittlich 1.700 Einwohnern) zusammen.
83 Die DDR zählte zum Zeitpunkt der Deutschen Vereinigung insgesamt 7.565 Gemeinden (mit durchschnittlich 2.100 Einwohnern), 38 Stadtkreise (= kreisfreie Städte) und 189 Kreise (mit durchschnittlich 60.000 Einwohnern).

hend darauf, Gemeindegebietsreformen durch letztlich landesgesetzlich verfügte Gemeindezusammenschlüsse durchzuführen. Als Gründe können einerseits der politische Respekt vor der soeben wiedergewonnenen lokalen Demokratie gerade in den kleinen Orten und andererseits das in Gemeindegebietsreformen erfahrungsgemäß steckende Konfliktpotenzial angesehen werden, dem man zumindest fürs Erste aus dem Weg zu gehen suchte (vgl. Kuhlmann 2009 a: 116 ff.). Damit setzten sie auf eine sozusagen eher „südeuropäische" Reformstrategie, indem sie einerseits den bisherigen territorialen Zuschnitt der Gemeinden unverändert ließen und andererseits die Bildung von interkommunalen Verbänden anstrebten. Diese, nach den westdeutschen Vorbildern auch hier Verwaltungsgemeinschaften bzw. Ämter genannten Zusammenschlüsse haben die Funktion, die ihnen angehörenden Gemeinden operativ und kooperativ zu unterstützen (vgl. Wollmann 1997 a: 284 ff.). Als Ergebnis dieses frühen Reformprozesses zählte z. B. Brandenburg 1739 Gemeinden (mit durchschnittlich 1.800 Einwohnern) und 123 Ämter, wobei nur 3 % der Gemeinden „amtsfrei", also „Einheitsgemeinden" waren, während 97 % einem Amt angehörten (vgl. Wollmann 1996 a: 94 mit Daten zu Brandenburg und zu anderen ostdeutschen Ländern).

kaum Gemeindefusionen nach der Wende

neue Gebietsreformen in Ostdeutschland

Inzwischen ist in den ostdeutschen Ländern eine neue Runde von Kommunalreformen in Gang gekommen, in der es um die territoriale Reform der Gemeinden durch Gemeindezusammenlegungen und eine entsprechende Verringerung der Zahl und Reichweite der interkommunalen Verbände geht (vgl. Kuhlmann 2009 a: 116 ff.; Wollmann 2010 c). Den Auftakt für diese Reformwelle gab das Land Brandenburg. Nach lebhaften politischen Diskussionen und bei anhaltendem lokalen Widerstand beschloss der Landtag eine Gemeindegebietsreform, durch die mit Wirkung zum 1. Januar 2005 die Zahl der Gemeinden durch Gemeindefusionen von ursprünglich 1.479 auf 419 (in 2010) und die der Ämter von 152 auf 53 zurückgeschnitten wurden, wodurch der Anteil der „amtsfreien", also „Einheitsgemeinden" auf 35 % (vorher 3 %) stieg und dementsprechend der der amtsangehörigen auf 65 % (vorher 97 %) fiel. Damit macht sich verstärkt ein sozusagen „nordeuropäisches" Territorialreformmuster in Richtung *Up-Scaling* geltend. Ähnliche (ansatzweise „nordeuropäische") Gemeindegebietsreformen sind inzwischen in Sachsen-Anhalt, Thüringen und Sachsen vorbereitet bzw. verwirklicht worden (vgl. Kuhlmann 2009 a: 118; Wollmann 2010 c).

Das jüngste Beispiel bietet Sachsen-Anhalt, wo – begleitet von heftigen politischen und gerichtlichen Konflikten – der Landtag beschloss, mit Wirkung zum 1. Januar 2011 die Zahl der Gemeinden von ursprünglich 1.030 (mit durchschnittlich 2.000 Einwohnern) auf 219 (mit durchschnittlich 10.900 Einwohnern) durch Gemeindefusionen zu verringern. Von den Gemeinden ist ein Teil (ca. die Hälfte) nunmehr als Einheitsgemeinde organisiert, ein anderer Teil gehört den neugebildeten 18 Verbandsgemeinden an. Hierbei ist hervorzuheben, dass die bisherige Institution der Verwaltungsgemeinschaften im Zuge der Reform durch die Verbandsgemeinde, also die „Doppeldecker-Gemeinde", ersetzt worden ist, womit Sachsen-Anhalt der „Erfindung" von Rheinland-Pfalz folgte. Auch in Brandenburg wird aktuell über eine Kommunal- und Verwaltungsreform nachgedacht, die auf größere kommunale Gebietseinheiten, möglicherweise auch ein „Doppeldeckermodell" nach dem Vorbild der Verbandsgemeinden, hinauslaufen dürfte.

Sachsen-Anhalt: „Doppeldecker-Gemeinde"

Verwaltungsreformen in vergleichender Perspektive

Inzwischen hat als erstes westdeutsches Bundesland auch Rheinland-Pfalz eine kommunale Gebietsreform eingeleitet[84]. Diese beschränkt sich allerdings darauf, bis zur Kommunalwahl im März 2014 einen territorialen Neuzuschnitt der 28 verbandsfreien Städte/Gemeinden und der 163 Verbandsgemeinden (mit einer Regelgröße von durchschnittlich 10.000 für die ersteren und 12.000 Einwohnern für die letzteren) anzustreben. Dagegen bleiben die 2.258 verbandsangehörigen Ortsgemeinden, ebenso wie die Kreise, bislang ausdrücklich ausgeblendet.

Abbildung 45: Gemeindestrukturen in Deutschland

Bundesland	Anzahl Kreisangehöriger Gemeinden		Veränderung 1990-2010		Durchschnittliche EW-Zahl 2010*	Anzahl VG/Ämter (2010)	Anteil der VG-/amtsangehörigen Gemeinden 2010 in %
	1990	2010	Veränd. abs.	in %			
Brandenburg	1739	419	-1320	-76	6052	53	64,7
Meckl.-Vorp.	1149	814	-335	-29	2064	78	95,0
Sachsen	1626	485	-1141	-70	8701	99	51,7
Sachs.-Anhalt	1270	345	-925	-73	6991	45	73,9
Thüringen	1699	951	-748	-44	2407	121	87,1
Neue Länder	7483	3014	-4469	-60	3517	424	81,5

Bundesland	Anzahl Kreisangehöriger Gemeinden 2010	Durchschnittliche EW-Zahl 2010*	Anzahl VG/Ämter (2010)	Anteil der VG-/amtsangehörigen Gemeinden 2010 in %
BW	1102	9755	270	82,6
Bayern	2056	6089	313	48,0
Hessen	426	14256	-	0,0
Niedersachs.	1024	7785	137	71,8
NRW	396	45447	-	0,0
Rheinl.-Pfalz	2306	1755	163	97,9
Saarland	52	19942	-	0,0
Schl.-Holst.	1116	2542	87	92,6
Alte Länder	8478	13446	970	49,1

* Einwohnerzahlen der kreisfreien Städte sind in der Berechnungsbasis enthalten
Quellen: Statistisches Bundesamt 2010 und eigene Berechnung/Zusammenstellung

---

[84] Vgl. den Gesetzentwurf des (Ersten) Landesgesetzes zur Kommunal- und Verwaltungsreform vom 20. April 2010, Landtag Rheinland-Pfalz, Drs. 15/4488.

4.3.5 Ländervergleich: Konvergenz, Divergenz, Persistenz und Erklärungsfaktoren

Abschließend und zusammenfassend sei die Entwicklung des territorialen Zuschnitts der subnationalen Ebenen unter der Fragestellung diskutiert, ob, in welchem Maße und weshalb sie übereinstimmende (Konvergenz) oder unterschiedliche (Divergenz) Verlaufsmuster aufweist (für eine Übersicht und weitere Länderanalysen vgl. auch Hulst/Montfort 2007; Baldersheim/Rose 2010 c; Swianiewicz 2010). Hinsichtlich der Gebietsgrößen und Einwohnerzahlen weisen die Gemeinden im europäischen Vergleich nach wie vor große, teilweise eklatante Unterschiede sowohl in ihrer Durchschnittsgröße (zwischen 1.640 und 139.000) als auch, beispielsweise, im Anteil der Kommunen mit weniger als 5.000 Einwohnern (zwischen 96 % und 2 % bzw. 0 %, vgl. Abbildung 46) auf. Die Gebietszuschnitte lassen somit eine gesamteuropäische Konvergenz subnationaler Territorialstrukturen nicht erkennen, sondern deuten stark auf persistente Unterschiede und Divergenz hin.

persistente Unterschiede

Trend zum „nordeuropäischen" Reformpfad

Länderübergreifende Trends (Konvergenz) lassen sich jedoch innerhalb bestimmter Ländercluster feststellen. Einerseits zeigen die Länder des „nordeuropäischen" Reformprofils (England, Schweden, Dänemark, einige deutsche Bundesländer) untereinander Konvergenz darin, dass teilweise massive Eingemeindungen der bestehenden kleinen Kommunen vorgenommen wurden und demographisch vergrößerte Kommunen entstanden (*Up-Scaling*, Baldersheim/ Rose 2010 a). In einer neuerlichen seit 2000 einsetzenden Reformwelle haben sich auch das „südeuropäische" Griechenland sowie die mittel-osteuropäischen EU Beitritts-Länder Bulgarien und Litauen dem „nordeuropäischen" kommunalterritorialen Reformprofil angenähert, was durch die Finanz- und EURO-Krise sowie den Druck der EU zusätzlich befördert worden ist. Indessen weisen diese Länder – innerhalb der insgesamt gleichläufigen (konvergenten) Entwicklung – nach wie vor erhebliche Unterschiede in der Durchschnittsgröße ihrer Kommunen auf, die von 140.000 (England) bis 10.700 (Griechenland) reichen.

interkommunale Formationen

Andererseits wird zwischen den Ländern der Gruppe des „südeuropäischen" Reformmusters (Frankreich, Italien, Mehrzahl der MOE-Länder) Konvergenz darin sichtbar, dass keine kommunalterritorialen Reformen durch Eingemeindungen stattgefunden haben, die historische kleinteilige Kommunalstruktur mithin erhalten blieb und zu deren operativen Unterstützung eine Schicht von interkommunalen Verbänden geschaffen wurde (*Trans-Scaling*, Baldersheim/Rose 2010 a, siehe auch Hulst/Montfort 2007). Auch wenn diese Länder ein insgesamt übereinstimmendes (konvergentes) „südeuropäisches" kommunalterritoriales Veränderungsmuster zeigen, weisen sie in der durchschnittlichen Gemeindegröße beträchtliche Unterschiede (z. B. mit 1.720 Einwohnern in Frankreich und 7.250 Einwohnern in Italien) auf. Inwieweit die Finanzkrise und der EU-induzierte Handlungsdruck dazu führen werden, dass sich die „Süd-Länder" stärker in Richtung *Up-Scaling* bewegen und insoweit Konvergenz entsteht, bleibt indes abzuwarten. Anzeichen dafür sind allerdings in der italienischen Gesetzgebung von 2012 sowie in den griechischen Territorialreformen zu erkennen.

Abbildung 46: Gemeindegebietsstrukturen in Europa

Gemeinden	Ø Einwohnerzahl der Gemeinden	Ø Gemeindefläche in km²	% der Gemeinden mit < 5.000 Einwohnern	Anzahl der Gemeinden mit > 100.000
Czech Rep.	1.640	13	96	5
Cyprus	1.660	18	95	0
France	1.720	15	95	37
Slovakia	1.870	17	95	3
Hungary	3.170	29	91	9
Austria	3.510	36	91	5
Luxembourg	4.080	22	81	0
Latvia	4.340	123	91	2
Spain	5.430	62	85	58
Estonia	5.930	199	80	2
Malta	5.970	5	54	0
Germany	6.690	29	77	81
Romania	6.800	75	35	27
Italy	7.270	37	71	43
Slovenia	9.560	97	48	2
Greece	10.750	128	53	8
Finland	12.660	813	52	6
Poland	15.390	126	25	39
Belgium	17.910	52	14	8
Bulgaria	29.090	420	11	11
Sweden	31.310	1.552	4	13
Portugal	34.380	299	20	23
Netherlands	36.890	94	2	25
Ireland	37.310	612	37	15
Denmark	55.480	440	3	6
Lithuania	56.570	1.088	2	5
UK	139.480	562	Non relevant	68
EU 27	5.410	47	*82	500

* EU 26
Quelle: Dexia 2008

Die deutschen Bundesländer zeigen in den von ihnen verfolgten kommunalterritorialen Reformen in gemischtes (hybrides) Bild, indem in den meisten von ihnen ein eher „südeuropäisches" Reformprofil und in wenigen (Nordrhein-Westfalen, Hessen) ein eher „nordeuropäisches" anzutreffen ist. Mit der neuerlichen Veränderungswelle, die seit 1990 in den ostdeutschen Ländern in Gang gekommen ist, konvergieren auch diese (durch Eingemeindungen und Reduktion der interkommunalen Verbände) in Richtung des „nordeuropäischen" Reformmusters.

Abbildung 47: Konvergenz und Divergenz der Territorialpolitik in Europa

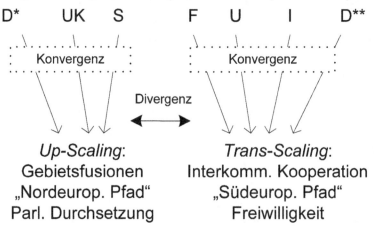

* Bsp.: NRW, Hessen, Sachsen, Sachsen-Anhalt, Brandenburg
** Bsp.: Rheinland-Pfalz, Schleswig-Holstein, Baden-Württemberg, Thüringen, Mecklenburg-Vorpommern
Quelle: eigene Darstellung

Welche Faktoren haben diese Konvergenzen bzw. Divergenzen bestimmt? Die Dynamik der auf „Maßstabsvergrößerung" der Kommunen gerichteten territorialen Entwicklung in den „nordeuropäischen" Ländern wurde handlungsstrategisch wesentlich davon angetrieben, dass deren Parlamenten verfassungsrechtlich und -politisch das Recht zuerkannt wird, die von der Regierung angestrebte kommunale Territorialstruktur – unter Berufung auf übergeordnetes „Gemeinwohl" – gegebenenfalls auch gegen die Ablehnung und den Widerstand der (kleinen) Kommunen verbindlich durchzusetzen. Diese parlamentarische Bestimmungsmacht liegt institutionengeschichtlich und politikkulturell in dem Mehrebenensystem dieser Länder begründet, wonach den Kommunen eine wesentliche Rolle in der lokalen Verwirklichung des nationalen Sozial- und Interventionsstaats zugewiesen worden ist und das Parlament nicht zuletzt hieraus das Recht ableitet, für einen trag- und leistungsfähigen gebietlichen und demographischen Zuschnitt der Kommunen zu sorgen. Die Auffassung und Bereitschaft, die kommunale Selbstbestimmung der parlamentarischen Entscheidungsmacht letztlich unterzuordnen, wurzelt in der politisch-parlamentarischen Kultur dieser (nicht von ungefähr überwiegend protestantischen) Länder.

parlamentarische Bestimmungsmacht

Eine bestimmende konzeptionelle Triebfeder (*framing*) der territorialen Reformen war darauf gerichtet, durch gebietliche und demographische „Maßstabsvergrößerung" der Kommunen deren operative Planungs-, Handlungs- und Koordinationsfähigkeit zu verbessern. Dieser Impuls machte sich in der vom „rationalistischen" Zeitgeist inspirierten Reformwelle der 1960er und 1970er Jahre ebenso wie in der neuerlichen jüngsten Reformrunde geltend. Im unterschiedlichen Maßstab und Tempo der Reformen kamen (im Sinne des akteurszentrierten Institutionalismus) unterschiedliche Zielsetzungen der maßgeblichen (partei-)politischen Akteure zum Ausdruck.

rationalistischer Zeitgeist

Im Gegensatz dazu liegen die Kontinuität und Persistenz der kommunalen Territorialstruktur in den „südeuropäischen" Ländern in der pfadabhängig akzeptierten verfassungsrechtlichen, -politischen und politikkulturellen Maxime begründet, dass territoriale Veränderungen durch Eingemeindung nur mit Zustimmung der betroffenen Kommunen und ihrer Bevölkerung stattfinden dürfen. Dieses Prinzip der „Freiwilligkeit" (*volontariat*), das sich in der kommunalpolitischen Praxis als ein nachhaltiges Hindernis territorialer Veränderungen erwiesen hat, gründet institutionengeschichtlich und politikkulturell darin, dass in diesen Ländern die administrative Verwirklichung und Umsetzung der nationalen Sozial- und Interventionspolitik bis in jüngste Zeit überwiegend der (napoleonisch-zentralistischen) Staatsverwaltung zugewiesen war, während die Funktion der Kommunen wesentlich darin gesehen und darauf fokussiert wurde, politische Arena und Ort lokaler Identitätsstiftung für die lokale Bevölkerung zu sein. Zudem ist das Prinzip der „Freiwilligkeit" kommunalterritorialer Veränderung in dem institutionell verbürgten Einfluss verankert, den (beispielhaft in Frankreich) die lokalen Bürgermeister als Verteidiger des territorialen Status quo auch auf der nationalen Ebene ausüben (für eine differenzierte vergleichende Länderanalyse siehe Baldersheim/Rose 2010c).

Freiwilligkeitsprinzip

Eine Abweichung oder gar ein deutlicher Richtungswechsel von einer „pfadabhängig" geprägten institutionellen Entwicklungsspur vollzieht sich dann, wenn sich die entscheidungsrelevanten Akteure im Sinne des akteurzentrierten Institutionalismus (etwa durch eine von ihnen als dringlich eingeschätzte Funktionskrise der bestehenden territorial-organisatorischen Strukturen) zu einem institutionenpolitischen „Kraftakt" veranlasst sehen. Dieser kann durch gewichtige externe Druckfaktoren, wie ökonomisch-fiskalische Krisen (z. B. Finanz- und EURO-Krise der „Süd-Länder") und demographische Probleme/Schrumpfungsprozesse ausgelöst werden, wofür die ostdeutschen Länder, aber auch die krisengeschüttelten südeuropäischen Staaten, wie Griechenland, Beispiele bieten. So wurde der jüngste Reformschub in den ostdeutschen Ländern von der Wahrnehmung bestimmt, dass die existierenden Klein- und Kleinstgemeinden demographisch, politisch, ökonomisch und finanziell zunehmend „ausbluten" und die operative und politische Funktionsfähigkeit der interkommunalen Verbände zudem durch Koordinations-, Kooperations- und Transaktionskosten vermehrt in Frage gestellt wird. Ähnliche Einschätzungen und Motive stehen in Frankreich hinter der im Reformprojekt von 2010 beabsichtigten funktionalen, finanziellen und demokratischen Stärkung der *communautés* als pragmatische Annäherung an eine territoriale Reform „ohne explizite Eingemeindungen" (Marcou 2010) und mithin als schrittweise graduale Abweichung von der pfadabhängig dominierenden

politischer Kraftakt

externer Druck und Krisen — *intercommunalité*. Auch die italienische Regierung hat mit dem Reformpaket von 2012 auf zunehmende fiskalische Krisenerscheinungen und den exogen (durch die EU) ausgeübten Druck reagiert.

Abbildung 48: Theoretische Erklärung der Territorialreformen

Faktor	Erklärungsansatz	Neo-institutionalistische Theorierichtung
Fiskalische, ökonomische, demographische Druckfaktoren	Streben nach funktionaler Optimierung; rationale/effiziente Problemlösung	Ökonomischer/ akteurzentrierter Institutionalismus
(Partei-)Politische Präferenzen/ institutionenpolitische Profilierung/Kraftakte	Policy-/Vote-Seeking; Parteiendifferenz; Akteurskonstellationen; Vetospieler	
Reformüberzeugungen: Effizienz/Produktivität vs. lokale Identitätsstiftung	Diskursherrschaften, Ideologien, framing	Soziologischer (diskursiver) Institutionalismus
Reformtraditionen: parlament. Durchsetzung vs. Freiwilligkeitsprinzip	historisch-kulturelle Verankerung von Entscheidungsstilen	Historischer Institutionalismus

Quelle: eigene Darstellung

4.4 Verwaltungsreform zwischen Staat und Markt: Privatisierung und Re-Kommunalisierung

4.4.1 Begriffsbestimmung und reformpolitische Einordnung

Die Neujustierung des Verhältnisses zwischen Staat/öffentlicher Verwaltung, Markt und Zivilgesellschaft gehört von jeher zu den Schlüsselthemen der Verwaltungsreform. In Westeuropa lassen sich dabei verschiedene Reformphasen und Diskurskonjunkturen unterscheiden (vgl. Jann 2001). Die 1960er und frühen 1970er Jahre waren international durch eine Expansion staatlicher Tätigkeit und einen – wenn auch je nach Staatstradition unterschiedlich ausgeprägten – Ausbau des modernen Wohlfahrtsstaates gekennzeichnet, der zu einem Anwachsen öffentlicher Aufgaben und zur Zunahme von Verwaltungsfunktionen führte, etwa ablesbar an steigenden Staats- und Staatsbeschäftigtenquoten (siehe hierzu Abbildung 23 und Abbildung 24). Die angelsächsisch inspirierte NPM-Doktrin setzte mit Beginn der 1980er Jahre darauf, den Aktionsradius staatlicher und *Begrenzung auf Kernaufgaben* kommunaler Verwaltungen auf „Kernaufgaben" zu begrenzen und der öffentlichen Aufgaben- und Ausgabenexpansion durch Maßnahmen der Privatisierung, Auslagerung und Delegation einen Riegel vorzuschieben. Theoretische Rechtfertigungen für den minimalistischen Staat und die Überlegenheit des Marktes bei der Leistungserstellung ließen sich insbesondere aus der Public Choice-Literatur (vgl. Downs 1957; Dunleavy 1991; Niskanen 1971) und der Neuen Institutionenökonomik ableiten (Transaktionskostenanalyse, Principal-Agent-Theorie, Theorie der Verfügungsrechte; Williamson 1985; zusammenfassend Reichard 2002; Schröter 2011: 82 ff.). Angetrieben durch ökonomische Krisenerscheinungen, aber auch politische Strategiewahlen, wie insbesondere neo-konservative und ordoliberale Strömungen des Thatcherism im Vereinigten Königreich oder der Reaganomics in den USA, ging es vor allem im angelsächsischen und angloamerikanischen Raum vielfach eher um Staatsabbau denn -umbau.

Im kontinentaleuropäischen Raum machte sich als ein wesentlicher Auslöser und Katalysator für Privatisierungs- und Liberalisierungsmaßnahmen zudem die auf Marktöffnung und Wettbewerbsfreiheit gerichtete Politik der EU geltend. So lief die Wettbewerbspolitik der EU darauf hinaus, den Staat auf seine Kernfunktionen zurückzuschneiden und im Wesentlichen auf eine Gewährleistungsfunktion (*enabling*) zu beschränken, wohingegen die Erbringung (*providing*) in der Regel externen (privaten oder Non-Profit) Akteuren vorbehalten sein soll (Wollmann 2002 b). Die „Errichtung eines Gemeinsamen Marktes" (Art. 2 des EG-Vertrages), der 1992 mit der Schaffung des Binnenmarktes mit freiem Personen-, Waren-, Dienstleistungs- und Kapitalverkehr formell realisiert wurde, bildete eine prioritäre Aufgabe der Europäischen Union (Löwe 2003: 187). Die Bedeutung des Binnenmarktes beschränkt sich nicht nur auf die Schaffung eines gemeinsamen Marktes, sondern in dem hohen Stellenwert, den dieses Ziel besitzt, kommt auch der Primat des Marktes bzw. des Wettbewerbs insgesamt zur Geltung (ebd.: 188). Der EU-Einfluss machte sich dabei vor allem bei den sog. „Dienstleistungen von allgemeinem (wirtschaftlichen) Interesse" geltend, denen die Daseinsvorsorge (Energie, Wasser, Abfall, ÖPNV)[85] zuzuordnen ist (vgl. auch Waiz 2009: 41 ff.).

EU-Marktliberalisierung

Ein zusätzlicher Impuls zur Marktöffnung ging von nationalen Initiativen und Förderprogrammen aus, die sich auf die Installierung von Public Private Partnership (PPP)-Projekten richteten. Für Deutschland wären unter anderem bundesstaatliche Programme zu nennen, wie etwa der Wettbewerb „Lernende Regionen", ferner die Bund-Länder-Gemeinschaftsinitiative „Soziale Stadt" und strukturpolitische Programme der Länder, wie z.B. in NRW. Im Bundestag hatte ferner die SPD-Fraktion im Jahre 2001 eine – an britischen Erfahrungen orientierte – Projektarbeitsgruppe PPP eingerichtet, die PPP-Projekte als Elemente zur Steigerung von Effizienz sowie zur Modernisierung des Staates bezeichnete (Sack 2006). Auf Länderebene ist vor allem die damalige rot-grüne Regierung in NRW mit dem Start einer eigenen PPP-Initiative vorgeprescht, die ebenfalls entsprechende Projekte und Vorhaben angestoßen und befördert hat (siehe Sack 2006 m. w. N.).

nationale PPP-Initiativen

Spätestens seit der internationalen Finanzmarktkrise, die die negativen Folgewirkungen eines de-regulierten Staatswesens der Weltöffentlichkeit sichtbar vor Augen führte, haben jedoch zunehmend Liberalisierungs- und Privatisierungskritiker Gehör gefunden, so dass sich der Ruf nach einer staatlichen Re-

---

85 Der Begriff ist von Ernst Forsthoff eingeführt worden (1938) und sollte die neuen Aufgaben der staatlichen Leistungsverwaltung kennzeichnen, welche im Zuge der Industrialisierung zur Bedürfnisbefriedigung des Einzelnen notwendigerweise kollektiv erbracht werden mussten (vgl. auch Hösch 2000: 25 ff.). Aufgaben der Daseinsvorsorge werden vor allem in der Kommune als örtliche Gemeinschaft wahrgenommen.

Re-Kommunalisierung als neuer Trend?	Regulierung des Marktes bis hin zur Wiederverstaatlichung bzw. Re-Kommunalisierung privatisierter Aufgabenbereiche verstärkte. Inzwischen scheint sich, zumindest in einigen liberalisierten Sektoren, ein verwaltungspolitischer Richtungswechsel anzukündigen (siehe weiter unten). Auslöser, Prozesse und Ergebnisse dieser jüngeren Re-Regulierungs- und Re-Kommunalisierungsbewegung sind allerdings empirisch bislang noch wenig erforscht.
Funktionalprivatisierung und vertragliche PPPs	Für die Analyse der NPM-inspirierten und EU-getriebenen Marktöffnungs- und Leistungstiefenpolitik empfiehlt es sich, zwei Varianten zu unterscheiden (siehe Libbe et al. 2004: 60 ff.). Bei der Variante der *funktionalen Privatisierung* geht es darum, öffentliche Aufgaben, für die Staat und/oder Kommunen entweder eine (rechtlich festgeschriebene) Gewährleistungsverantwortung tragen oder die sie freiwillig wahrnehmen, auf externe – sei es auf privat-gewerbliche, sei es auf gemeinnützige – Akteure zu übertragen, indem sie auf verschiedene Formen der Vertragspolitik zurückgreifen. Institutionenökonomisch gesprochen, kommt es zur Trennung von *Principal* (Staat/Kommune) und *Agent* (ausführende Organisation), wobei die Rückbindung des „Erfüllungsgehilfen" (*Agent*) an den öffentlichen Akteur über ein vertragliches Arrangement, etwa Konzessions-, Leasing-, Betreiberverträge, erfolgt. Dieser Rückzug der Kommunen aus der Durchführungsverantwortung durch Leistungsvergabe an Dritte wird in der einschlägigen Literatur mit unterschiedlichen, mehr oder weniger genauen Begriffen belegt (vertragliche PPP, Outsourcing, Auslagerung, Fremdvergabe, Delegation, Oursourcing, *contracting out* etc.). Das NPM-Konzept und die EU-Politik laufen allgemein gesehen darauf hinaus, stärker auf Fremdvergabe denn auf Eigenproduktion zu setzen.
Ausgliederung und Organisationsprivatisierung	Von der funktionalen Privatisierung ist die *Organisationsprivatisierung* zu unterscheiden, bei der es darum geht, den Rechts- und/oder Eigentumsstatus von öffentlichen Betrieben und Einrichtungen zu verändern und die als formelle oder als materielle erfolgen kann (siehe unten). Des Weiteren sind „moderatere" Formen von Leistungstiefenpolitik in den Blick zu nehmen, die „nur" auf institutionelle Entflechtung, Autonomisierung (Agencification) und *Ausgliederung* unter Beibehaltung der öffentlichen Rechtsform gerichtet sind[86]. Folglich lassen sich drei Untertypen von Organisationsprivatisierung und Ausgliederung unterscheiden (vgl. auch Reichard 2006):

– *Organisatorische Verselbständigung und Ausgliederung*: Hier geht es darum, Verwaltungsbereiche unter Beibehaltung der öffentlichen Rechtsform haushaltsmäßig und/oder organisatorisch zu verselbständigen, z. B. indem Eigen-/Regiebetriebe oder Anstalten öffentlichen Rechts gegründet werden. Die betreffenden Organisationsbereiche der Kernverwaltung werden dabei in rechtlich nicht selbständige (verwaltungsinterne) Betriebe, Anstalten oder Einrichtungen umgewandelt;

– *Formelle Organisationsprivatisierung*: Dabei werden öffentliche Unternehmen/Einrichtungen in eine private Rechtsform überführt (z. B. durch Gründung einer GmbH, AG, Genossenschaft etc.), allerdings ohne dass sich die Besitzverhältnisse ändern. Die Eigengesellschaften agieren dabei rechtlich

---

[86] Die Agenturbildung/Agencification als Variante der organisatorischen „Ausgliederung" wurde angesichts dessen, dass sie auch als Form der administrativen Dekonzentration betrachtet werden kann, bereits im Kapitel 4.2 behandelt.

und organisatorisch selbständig, bleiben jedoch wirtschaftlich im Eigentum des Staates/der Kommune;
- *Materielle Organisationsprivatisierung*: Diese bezeichnet den Teil- oder Komplettverkauf von öffentlichem Vermögen, von Unternehmen, Anlagen und Infrastruktureinrichtungen an Private. Eingeschlossen in dieser Begriffsbestimmung sind auch private Kapitalbeteiligungen an öffentlichen Einrichtungen (z. B. im Rahmen von gemischtwirtschaftlichen Unternehmen). Im vollständigen Verkauf kommunaler Betriebe und Anlagen an Private, der (im Unterschied zur funktionalen Privatisierung; siehe oben) zumindest nicht einseitig durch die öffentliche Hand rückgängig gemacht werden kann, ist der wohl konsequenteste und weitreichendste Schritt in Richtung Marktöffnung und Liberalisierung zu erblicken[87].

Zusammengefasst ergibt sich damit folgende Systematik von Privatisierungs- und Ausgliederungspolitik (siehe Abbildung 49).

Abbildung 49: Privatisierung und Ausgliederung

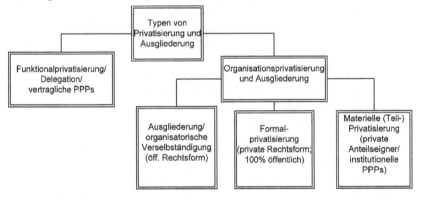

Quelle: Kuhlmann 2009 a: 153

4.4.2 Privatisierung von Staats- und Kommunalbetrieben

Die Privatisierung des Staats- und Kommunalwirtschaftssektors bildete in allen OECD-Ländern seit den 1980er Jahren ein vorrangiges Modernisierungsziel (vgl. Pollitt/Bouckaert 2011; Mayer 2006; Bieling et al. 2008; OECD 2003, 2008; Christmann 2004; Wollmann/Marcou 2010). Dabei war der Strategiewechsel dort besonders ausgeprägt, wo – wie im Vereinigten Königreich – ein hoher Staatswirtschaftsanteil mit einer parteipolitisch akzentuiert neoliberalen Regierungsprogrammatik oder – wie in Neuseeland – mit der pointiert neoliberalen Wende einer *Labour*-Regierung, die im Zuge der akuten Wirtschaftskrise vollzogen wurde, zusammenfiel (siehe Kapitel 4.1).

Privatisierung als OECD-Trend

---

[87] Zu ergänzen wäre noch der „reine" Aufgabenabbau, der mit einem partiellen oder kompletten Wegfall der betreffenden Aufgabe einhergeht, was auf bestimme freiwillige kommunale Aufgaben zutrifft und sich z. B. in der Schließung von Schwimmbädern, Sportstätten, Kultureinrichtungen etc. zeigt.

Vereinigtes Königreich

UK: Radikalprivatisierung und minimizing

Im Vereinigten Königreich war es ein erklärtes Reformziel der *Thatcher*-Regierung, den umfangreichen Bestand an öffentlichen Versorgungsbetrieben und nationalisierten Wirtschaftsunternehmen möglichst vollständig abzustoßen, nicht zuletzt um hierdurch die Gewerkschaften zu schwächen und eine Art „Volkskapitalismus" zu fördern (Schröter 2001: 421). Das Vereinigte Königreich ist jenes europäische Land, in dem sich die Eigentumsverhältnisse am schnellsten gewandelt haben und die Privatisierung am radikalsten war. Es ist damit zum Vorreiter und – trotz aller Negativentwicklungen – Vorbild in der EU geworden und hat die europäische Liberalisierungspolitik nachhaltig geprägt. Im Ergebnis des britischen marktradikalen Privatisierungsprogramms wurden rund drei Viertel der ehemals nationalisierten Unternehmen privatisiert, darunter Industriebetriebe (wie z. B. British Steel), aber auch Dienstleistungsbetriebe, wie British Telecom, British Airport Authority, die Wasserver- und -entsorger, die Elektrizitätsgesellschaften und schließlich die Staatsbahnen. Als problematische und nichtintendierte Folgewirkungen der radikalen Privatisierungspolitik im Vereinigten Königreich sind – neben dem in vielen Bereichen fehlenden Wettbewerb – teilweise erhebliche Qualitäts- und Leistungseinbußen vor allem in den netzgebundenen Diensten zu konstatieren. Dies wurde besonders prekär am Beispiel der Staatsbahnen sichtbar, wo nach dem tödlichen Unfall bei Hatfield im Jahr 2000 aufgrund beschädigter Gleise, die die private Infrastrukturgesellschaft Railtrack nicht reparieren ließ, obgleich sie davon wusste, massive Kritik an dieser Form der marktradikalen Privatisierung aufkam.

Privatisierungseffekte und Re-Regulierung

Rückblickend wird diese auch als das „Paradigma einer Geschichte von Misserfolgen" interpretiert (Drews 2008: 46). Hinzu kamen massive Entlassungen, etwa im Elektrizitätssektor zwischen 1990 und 2001 ca. 58 % der Arbeitsplätze (von 140.000 auf 60.000; vgl. Lippert 2005: 79) und soziale Polarisierungen, beispielsweise durch eine enorme Preissteigerung im Elektrizitätsbereich seit 2005 sowie vermehrte Stromabschaltungen und Wassersperrungen in verschuldeten Privathaushalten (vgl. Dickhaus/Dietz 2004: 48). Privatisierungsbedingte Produktivitätserhöhungen ließen sich hingegen eher wenig nachweisen (vgl. Pollitt/Bouckaert 2011), was sich auch aus fehlendem Wettbewerb in vielen privatisierten Aufgabenfeldern erklärt. Der zunehmende Popularitätsverlust der Privatisierungspolitik dürfte dann auch einer der Gründe dafür gewesen sein, dass New Labour am Ende der 1990er Jahre zu einer moderateren Ordnungspolitik überging und auf „Privatisierungen um jeden Preis" verzichte, obgleich die Marktorientierung grundsätzlich erhalten blieb. Kennzeichnend für den britischen Privatisierungsansatz und in gewisser Weise auch wegweisend für die europäische Verwaltungspolitik insgesamt ist zudem der massive Auf- und Ausbau einer neuen Regulierungsbürokratie, die aus politisch-institutionell relativ unabhängigen monofunktionalen Behörden und Agenturen besteht (z. B. Office of Telecommunications – Oftel bzw. analog Ofgas, Ofwat, OfRail). Als problematisch erweist sich hierbei – abgesehen von der Re-Bürokratisierung durch Re-Regulierung – die oftmals eher geringe faktische Steuerungswirkung der Behörden gegenüber den Privaten (wie sich am Beispiel von Railtrack anschaulich zeigt) sowie unzureichende politische Kontrolle und Verantwortlichkeit der Regulierungsbehörden (vgl. Schröter 2001: 422).

Auf der subnationalen und kommunalen Ebene ist vor allem der Verkauf weiter Teile des Sozialwohnungsbestandes an die jeweiligen Mieter (1995: 1,5 Mio. Wohnungen) sowie die Privatisierung im ÖPNV-Bereich zu erwähnen. So fand nach dem „1985 Transport Act" eine umfassende Marktliberalisierung statt, in deren Verlauf zahlreiche kommunale Busunternehmen formell und materiell privatisiert wurden (Christmann 2004: 233). Dagegen besteht im Bereich der Abfallentsorgung nach wie vor eine kommunale Zuständigkeit, allerdings gekoppelt mit Delegation an Private (Konzessionen; siehe weiter unten). Auch die 14 auf regionaler Ebene tätigen Elektrizitätsverteiler wurden vollständig materiell privatisiert, so dass fast der gesamte britische Elektrizitätssektor in privater Hand ist (Drews 2008: 50). Die Abfolge der wichtigsten Privatisierungsschritte in UK Abbildung 50 zu entnehmen (vgl. Abbildung 50).

Verkauf kommunaler Infrastrukturbetriebe

Abbildung 50: Privatisierung öffentlicher Unternehmen im Vereinigten Königreich nach Sektoren

	Telekommunikation
1981	Trennung des Post- und Fernmeldewesens (Post Office, British Telecom)
1984	Umwandlung in AG; Teilprivatisierung von British Telecom (Verkauf von 51 % der Aktien)
1991	Ende der „Duopol"-Phase; allmähliche Marktöffnung
1991	2. Börsengang der BT (verbleibender Staatsanteil: 21,8 %)
1993	3. Börsengang der BT (verbleibender Staatsanteil: 0 %)
1998	Nahezu vollständige Marktöffnung durch Liberalisierung des Bereichs Carrier Selection (nah und fern)
ab 2000	Mehrheitlicher Verkauf der Anteile an ausländische Telekommunikationsunternehmen
2001	Vollständige Marktöffnung durch die Aufhebung des Monopols bei der Telefonauskunft
	Post
1981	Trennung des Post- und Fernmeldewesens
2000	Postal Services Act 2000 (Einrichtung einer Regulierungsbehörde, neues Lizenzsystem)
2001	Umwandlung der Royal Mail in eine Aktiengesellschaft
2006	Vollständige Marktöffnung
	Bahn
1996	Privatisierung des Infrastrukturunternehmens (Railtrack)
1997	Vollständige Privatisierung des Bahnsektors
2000	Unfall bei Hatfield
2002	Gründung von Network Rail

Gas	
1986	Privatisierung von British Gas
1997	Aufspaltung von British Gas in British Gas plc. und Centrica
1998	Vollständige Marktöffnung

Wasser	
1989	Privatisierung der Wasserversorgung in England und Wales
ab Mitte 2000	Bestrebungen zur vertikalen Desintegration
2001	OFWAT stimmt einem derartigen Antrag von Welsh Water zu

Elektrizität	
1990	Privatisierung des Erzeugungs- und Übertragungsunternehmens sowie der regionalen Verteilerunternehmen
1990	Liberalisierung für den Industriesektor
1998	Vollständige Liberalisierung
seit 2005	Massiver Preisanstieg

Quellen: Drews 2008: 43 ff. und eigene Zusammenstellung

Schweden

Zurückhaltung in Kontinentaleuropa und Skandinavien

Während die angelsächsische Politikkultur und Staatstradition einen guten Resonanzboden für umfassende Privatisierungspolitik bieten, erfolgten entsprechende Reformschritte im kontinentaleuropäischen und skandinavischen Kontext gemäßigter und mit einigen Verzögerungen, wenngleich sie im Ergebnis durchaus signifikant sind. Dies hängt zum einen mit den Ausgangsbedingungen der Reformen, in Deutschland etwa mit einem deutlich geringen Bestand an nationalisierten Unternehmen im Vergleich zum Vereinigten Königreich zusammen. Aber auch die wohlfahrtsstaatlichen Traditionen der Länder (siehe dazu Kapitel 2.1) spielen eine wichtige Rolle. Im schwedischen Fall stehen radikale Privatisierungsansätze den politik-kulturell verwurzelten Vorstellungen vom ausgebauten Wohlfahrtsstaat (*folkshemmet*) sozialdemokratischer Prägung entgegen. So kam es zwar in Schweden nach dem wirtschaftlichen Einbruch in den 1980er Jahren zu einer neoliberalen Neuorientierung, in welcher manche Beobachter schon den Beginn eines „Systemwechsels" erblickten (Premfors 1998: 151). Insbesondere die bürgerliche Regierung unter *Bildt* (1991-1994) schloss sich unter ausdrücklicher Berufung auf die radikalen Vorbilder im Vereinigten Königreich und in Neuseeland dem Privatisierungsdiskurs an. Jedoch erfolgten keinesfalls marktradikale Privatisierungsansätze britischer Prägung, sondern eine „wettbewerbsori-

entierte Modernisierung" unter Berücksichtigung der Besonderheiten des schwe-   Schweden:
dischen Modells, flankiert durch sozialverträgliche Regulierungen (Schalauske/   wettbewerbsorientierte
Streb 2008: 215). Dabei sind nach der formalen Privatisierung mehrerer Staatsbe-   Modernisierung
triebe (Post, Telekommunikation) und der Marktöffnung im Elektrizitätsbereich
zu Beginn der 1990er Jahre auch einige materielle Privatisierungen vollzogen
worden, bei denen seit dem EU-Beitritt im Jahre 1995 zumindest teilweise die
Anpassung an EU-Richtlinien eine Rolle spielte. Mit der erneuten konservativen
Regierungsübernahme durch die sog. Allianz für Schweden unter der Führung
von *Fredrik Reinfeldt* im Jahre 2006 wurde ein umfangreiches Privatisierungsprogramm zum Verkauf von sechs staatlichen Unternehmen vorgelegt (Dansbo/
Wallner 2008: 29 ff.), von denen inzwischen unter anderem die Bankengruppe
Nordea und das Kreditinstitut SBAB veräußert wurden (Schalauske/Streb 2008:
222). Des Weiteren haben die auf Marktliberalisierung gerichtete Deregulie-
rungspolitik der Europäischen Kommission und die wachsende Präsenz und
Konkurrenz national und international operierender (Versorgungs-)Unternehmen
den kommunalen Sektor der öffentlichen Versorgungsleistungen (Energie-, Wasserversorgung, Abfallbeseitigung usw.), der traditionell ein Kernstück des multi-
funktionalen Aufgabenprofils und -verständnisses der schwedischen Kommunen
bildet, unter zunehmenden Druck gesetzt. Vor allem Kommunen mit bürgerlichen
Mehrheiten sind dazu übergangen, ihre kommunalen Betriebe durch Verkauf   Kommunalsektor
an nationale und internationale Unternehmen zu veräußern und sich damit aus   unter
den entsprechenden lokalen Handlungsfeldern merklich zurückzuziehen (vgl.   Privatisierungsdruck
Montin/Amnå 2000: 8; Strömberg/Engen 1996: 267). Trotz dieser Einschnitte
ist am schwedischen (Wohlfahrtsstaats-)Modell weitgehend festgehalten worden.
Im Laufe der „Wettbewerbsmodernisierung" wurden im internationalen Vergleich
höchst konkurrenzfähige öffentliche Unternehmen geschaffen (Vattenfall ist nach
wie vor zu 100 % in öffentlichem Besitz), ohne dass es zu größeren sozialen
Konflikten kam. Die wichtigsten Reorganisationsschritte in den schwedischen
Staatsbetrieben lassen sich wie folgt zusammenfassen (Abbildung 51).

*Abbildung 51: Privatisierung und Reorganisation öffentlicher Unternehmen in
Schweden nach Sektoren*

Telekommunikation	
1980	Gründung der Teleinvest AB
1981	Comvik AB erhält Erlaubnis zum Betrieb eines analogen Mobilfunknetzes
1982	Frequenzlizenzen für zwei weitere Mobilfunkbetreiber
1985	Abschaffung des Telefonmonopols
1988	vollständige Aufhebung des gesetzlichen Gerätemonopols Aufhebung des de facto Netzmonopols
1990	Errichtung des Statens Telenämnd
1992	Televerket verliert letzte Regulierungskompetenzen

1993	Regulierungsbehörde Telestyrelsen löst Statens Telenämnd ab Beginn der formalen Privatisierung: Umwandlung des Televerket in Telia AB Verabschiedung des Telekommunikationsgesetzes zur Förderung des Wettbewerbs
1997	Richtlinie (97/33/EC) als Grundlage für die Liberalisierung in den EU-Mitgliedsstaaten ab 1998
2000	Beginn der materiellen Privatisierung

Post	
1991	Der private Anbieter City Mail tritt in den Markt ein
1992	Abschaffung des Briefmonopols
1993	Abschaffung des Transportmonopols
1994	Postgesetz: Umwandlung (formale Privatisierung) der Postbehörde in die Aktiengesellschaft Posten AB (1993: 1684)
1997	Viele neue Markteintritte durch kleinere Firmen
1997	Erste europäische „Postrichtlinie": 97/67/EG
1998	Novellierung des Postgesetzes (SFS 1998: 483)

Bahn	
1988	Transportgesetz: Vertikale Trennung des Monopolunternehmens SJ, Übertragung der Verantwortung für unprofitablen Fernverkehr auf die regionalen Behörden
1990	Erster Markteintritt durch einen privaten Anbieter (BK Tåg)
1990	Liberalisierung des regionalen Güterverkehrs
1991	Erste EU-Eisenbahnrichtlinie: 91/440/EWG
1996	Völlige Liberalisierung des Güterverkehrs
2001	Auftrennung der SJ in sechs selbstständige Bereiche; Beginn der materiellen Privatisierung durch Verkauf von drei Bereichen
2003	Tiefe Krise: SJ wird vom Staat vor dem Bankrott gerettet

Elektrizität	
1991	Weißbuch zu einer Industriepolitik für Wachstum
1992	Formelle Privatisierung: Umwandlung des Statens Vattenfallsverk in Vattenfall AB Neue staatliche Behörde Svenska Kraftnät übernimmt Verantwortung für Betrieb des nationalen Stromnetzes Weißbuch für einen Elektrizitätsmarkt mit Wettbewerb
1996	Vollständige Deregulierung des schwedischen Elektrizitätsmarkts Richtlinie zum Elektrizitätsbinnenmarkt (96/92/EG)
1998	Elektrizitätshandelsgesetz tritt in Kraft Neue Regulierungsbehörde STEM nimmt Arbeit auf
2003	Neue EU-Richtlinie zum Elektrizitätsbinnenmarkt (2003/54/EC)

Quellen: Schalauske/Streb 2008: 226 ff. und eigene Zusammenstellung

Frankreich

In Frankreich wirken unter anderem die Tradition des interventionistischen Staates (*dirigisme*) und eines starken öffentlichen Sektors (*Service Public*) mit gesellschaftsintegrierender Funktion privatisierungshemmend. Es stellt sich zudem als ein Fall dar, welcher durch erhebliche Diskontinuitäten in der unternehmerischen Betätigung des Staates gekennzeichnet ist (Mayer 2006: 104), was unter anderem mit einem starken Parteieneffekt in der Privatisierungspolitik erklärt werden kann. So wurden – in eklatantem Gegensatz zum britischen Politikansatz – in den 1980er Jahren unter der sozialistischen Regierung sogar zunächst umfangreiche Verstaatlichungen (insbesondere von fünf profitablen Industriekonzernen und des Bankenwesens) vorgenommen, welche jedoch mit dem Amtsantritt *Chiracs* (1984-1988) sogleich wieder rückgängig gemacht worden sind. Der Privatisierung von insgesamt 66 Staatsbetrieben mit mehr als 900.000 Beschäftigten folgte mit dem Regierungswechsel 1988 abermals eine Rücknahme von Privatisierungsplänen, bevor die Privatisierungskampagne mit dem erneuten Amtsantritt der Konservativen 1993 wieder auf die Agenda kam (Schröter 2001: 427). Charakteristisch waren sog. *privatisations silencieuses* (vgl. Mayer 2006: 113), also der Rückgriff auf privates Kapital zur Finanzierung von Staatsbetrieben sowie die (explizit illegale, da ohne Gesetzesgrundlage vorgenommene) Veräußerung mittelbarer Staatsbetriebe. Für den Zeitraum 1978 bis 1986 registrierte der *Haut Conseil du Secteur Public* 160 Fälle solcher ungesetzlichen Vermögensprivatisierungen (vgl. Mayer 2006: 113). Während – auch angesichts rechtlicher Hürden – die öffentlichen Monopole zunächst aus den Privatisierungsvorhaben ausgeklammert wurden, kam es in den 1990er Jahren schrittweise zur Marktöffnung, beginnend mit La Poste, gefolgt von France Télécom (1997) und Air France (1997), welche auch direkt zum Erreichen der Maastricht-Kriterien beitrug[88]. Ferner kam es zu umfangreichen Teilprivatisierungen (*privatisations par morceaux*), darunter Elf-Aquitaine, der Versicherer CNP, das Ölunternehmen Total, das Chemieunternehmen Rhone-Poulenc und die Autobahnen (*Autoroutes du Sud de la France*) sowie zur Veräußerung der Banque Nationale de Paris (BNP) und des Stahlkonzerns Usinor-Sacilor. Seit dem Wahlsieg der UMP im Jahre 2002 hat sich die liberale Neuorientierung in Frankreich noch einmal deutlich verstärkt. Die Liste der seit 2002 in Aktiengesellschaften überführten und anschließend teilweise verkauften Staatsunternehmen ist beträchtlich und umfasst unter anderem den ehemaligen staatlichen Energieriesen EdF-GdF, dessen erste Aktien 2005 auf den Markt kamen, sowie die Flughafengesellschaft Aéroports de Paris (Beckmann 2008: 132). Zudem wurden die ehemals gesetzlich verankerten staatlichen Mehrheitsbeteiligungen bei Air France und France Télécom in Minderheitsbeteiligungen umgewandelt. Inzwischen hat die Privatisierungsbewegung, die seit dem Amtsantritt von *Sarkozy* im Jahre 2007 noch einmal an Dynamik gewonnen hat, auch die Sozialsysteme (etwa Privatisierung von Krankenhäusern) und die Bildung erreicht (ebd.). Trotz dieser für Frankreich durchaus einschneidenden Privatisierungsschritte befinden sich die

Marginalien:
Frankreich: Diskontinuität der Privatisierungspolitik

zögerlichster Privatisierungsfall in der EU

zunehmend marktliberale Orientierung

---

88 France Télécom überwies 37,5 Mrd. Francs an den französischen Staatshaushalt für die Übernahmen eines Teils der Pensionsverpflichtungen durch die Regierung – die Operation senkte das Defizit um ca. 0,5 des BIP (vgl. Mayer 2006: 154).

Post, die zum 1. März 2010 in private Rechtsform überführt wurde, und die Eisenbahn weiterhin in staatlichem Besitz (Stand 2012) und wird Frankreich im Hinblick auf die Marktöffnung als das bei weitem zögerlichste Land eingeschätzt, in welchem auch europäische Liberalisierungsvorgaben zum jeweils spätmöglichsten Zeitpunkt umgesetzt wurden (Beckmann 2008: 126). Dies hängt einerseits mit der Politikstrategie zusammen, die ehemaligen Staatsmonopolisten möglichst umfassend auf die Konkurrenz vorzubereiten, andererseits mit dem öffentlichen Druck, etwa Beschäftigungsverhältnisse oder Rentenregelungen zu sichern.

gemischtwirtschaftliche Unternehmen

Im kommunalen Bereich haben in Frankreich gemischtwirtschaftliche Unternehmen (*Societés d'économie mixte locales – SEML*) an Bedeutung gewonnen. In den 1980er Jahren gab es an die 100 Neugründungen pro Jahr (Santini 1990, I), so dass zeitweilig von einem regelrechten „SEML-Reflex" die Rede war (ebd.; Kuhlmann 2009 a: 161) und diese in manchen kommunalen Aufgabenfeldern inzwischen die Oberhand haben, etwa im ÖPNV. 2008 gab es 1.094 SEML mit insgesamt 51.000 Beschäftigten. Nach der Neugründungswelle der 1980er Jahre ist inzwischen eine Konsolidierung und teils auch ein leichter Rückgang aufgrund organisatorischer Konzentrationsprozesse festzustellen (Grossi et al. 2010). In Frankreich stellt eine Reihe von rechtlichen „Disziplinierungsmaßnahmen" für organisatorische PPPs den privilegierten Zugriff der öffentlichen Entscheidungsträger sicher. Im Unterschied zu Deutschland müssen nämlich die öffentlichen Träger bei SEML grundsätzlich Mehrheitseigner sein und auch die Mehrheit der Stimmen/Sitze in den Aufsichtsgremien haben[89]. Mit der Gesetzesnovelle vom 2. Januar 2002 wurde sogar die mögliche Höchstbeteiligung der öffentlichen Kapitaleigner an den SEML von 80 % auf 85 % heraufgesetzt (bei einer Minimalbeteiligung von nach wie vor 50 %) und damit die Minimalbeteiligung der nichtöffentlichen Anteilseigner auf 15 % herabgesetzt (vgl. Deporcq et al. 2003: 36). Daran, dass 63 % des in den französischen SEML insgesamt gebundenen Kapitals bei den lokalen Gebietskörperschaften und nur 21 % bei privaten Kapitaleignern und Banken liegt[90], ist klar die Vorrangstellung der kommunalen Träger innerhalb der französischen Variante institutioneller PPPs abzulesen. Teilweise nehmen die Kommunen Aufgaben der Daseinsvorsorge auch selbst (*en régie*) über quasi-autonome „öffentlich-kommerzielle Einrichtungen" (*établissements publics à caractère industriel et commercial – EPIC*) wahr. Bei diesen wird in Teilbereichen privates Recht angewendet (z. B. im Haushaltsrecht, im Streitfall, bei Kunden- und Lieferantenbeziehungen, teils im Tarifrecht (vgl. Lachaume 1997: 113), so dass ihre Installierung näherungsweise als ein Äquivalent zur deutschen Variante der Formalprivatisierung angesehen werden kann, die als solche im kommunalen Raum in Frankreich nicht gebräuchlich ist.

---

89 Article L. 1522-1 du CGCT.
90 Die restlichen 16 % der insgesamt 11 Mrd. Francs, die das Kapital der französischen SEML bilden (Stand 2002), liegen im Wesentlichen bei staatlichen Institutionen und anderen SEML.

Italien

In Italien ist der Beginn einer gezielten nationalen Privatisierungspolitik in etwa zeitgleich mit der Dezentralisierungsbewegung (siehe Kapitel 4.2.3) zu verorten und im Zusammenhang mit der ökonomischen und politischen Krise des Landes sowie mit dem EU-induzierten Privatisierungsdruck zu sehen. Dabei war für Italien bis in die frühen 1990er Jahre eine vergleichsweise ausgebaute staatliche Wirtschaftstätigkeit, etwa in der Nahrungsmittel- und Stahlindustrie, charakteristisch. Das seit 1992 von den verschiedenen Koalitionsregierungen beschlossene und implementierte Privatisierungsprogramm stellt, gemessen am Erlösvolumen, das umfangreichste der OECD-Länder in jenem Jahrzehnt dar (Mayer 2006: 160). Zunächst kam es unter der Regierung *Amato* zu formellen Privatisierungen, darunter der Staatsholdings und -unternehmen IRI, ENI, ENEL[91] und der Bahn (*Ferrovie dello Stato*), womit auch die Zielstellung einer Entpolitisierung des Managements und einer Beschneidung des Parteieneinflusses verbunden war. Dieser Phase folgte der Übergang zu materiellen Privatisierungen, zunächst unter der Regierung des parteilosen ehemaligen Zentralbankgouverneurs *Ciampi* zwischen 1993 und 1994, später unter *Berlusconi* (1994), *Dini* (1995-96), *Prodi* (1996-1998) und *d'Alema* (1998-2000). Sie war durch einen zunehmenden Einfluss der EU, insbesondere ihrer Binnenmarktpolitik, Konvergenzkriterien und Konsolidierungsauflagen, auf die italienische Ordnungspolitik geprägt, so dass es zunehmend zur „Supranationalisierung" der Privatisierung in Italien kam[92]. Wesentliche materielle Privatisierungen auf nationaler Ebene bezogen sich zunächst auf Veräußerungen im Banken- und Versicherungswesen, darunter des Credito Italiano, IMI und Comita. Sie schlossen ferner den Verkauf des Staatsunternehmens Nuovo Pignone und der staatlichen INA ein. Sodann wurden Privatisierungen von Netzwerkunternehmen und in der öffentlichen Daseinsvorsorge (*servizi di publicca utilità*) vorbereitet, die bis dato als Monopolisten organisiert waren. So kam es 1995 zur materiellen Teilprivatisierung des staatlichen Energieunternehmens ENI, das zwischen 1992 und 1995 bereits ca. 140 Beteiligungen veräußert hatte (vgl. Benedetti 1996: 47). 1997 schlossen sich die materielle Privatisierung der Telecom Italia, die Restrukturierung der Staatsbahn entlang europäischer Vorgaben (Trennung von Infrastruktur- und Transportwesen im Rahmen einer Holding) sowie 1999 der Börsengang des Elektrizitätsunternehmens ENEL an. Im Ergebnis erreichte die Privatisierungspolitik Mitte der 1990er Jahre mit einem Einnahmevolumen von 18 Bil. Lire im Jahre 1996 und weiteren 40 Billionen Lire im Jahre 1997 einen vorläufigen Höhepunkt, um sich sodann

Italien: umfangreiches Privatisierungsprogramm

Höhepunkt materieller Privatisierungen

---

91 ENEL (*Ente nazionale per l'energia elettrica*) ist der nationale Energieversorger, der aus der Verstaatlichung des Energiesektors im Jahre 1962 hervorgegangen war. Die kommunalen *municipalizzate* waren allerdings von der Nationalisierung ausgenommen und konnten sich auf dem italienischen Energiemarkt behaupten (siehe weiter unten). IRI (*Istituto per la Ricostruzione Industriale*) ist die nationale Holdinggesellschaft für industrielle Entwicklung. ENI ist die Öl- und Gasgesellschaft.
92 Etwa durch die sog. Andreatta van Miert-Vereinbarung zwischen dem damaligen italienischen Industrieminister, Paolo Savona, und dem Europäischen Wettbewerbskommissar, *Karel van Miert*, die die Rekapitalisierung des sanierungsbedürftigen Stahlunternehmens ILVA unter der Bedingung seiner anschließenden Privatisierung erlaubte (Mayer 2006: 181). Zudem sah das Abkommen die Privatisierung mittelbarer Staatsunternehmen vor und legte zur Kontrolle der Umsetzung ein Monitoring-Verfahren fest.

auf einem hohen Niveau von 25 Bil. Lire, die durch einen weiteren Rückzug des Staates, unter anderem aus der Bank BNL und der Fluggesellschaft Alitalia, sowie eine erneute partielle Veräußerung der Staatsholding ENI erzielt worden waren (Mayer 2006: 195 f.), zu konsolidieren.

Die Daseinsvorsorge im lokalen Raum (Wasser, Abwasser, Abfall, ÖPNV, Energie) erfolgte in Italien – ähnlich wie in Deutschland, Skandinavien und UK – bis zum Beginn der 1990er Jahre überwiegend durch öffentliche Institutionen. Italien verfügt traditionell über eine ausgebaute Kommunalwirtschaft, vielfach in Form der sog. *municipalizzate*, einer den deutschen Stadtwerken vergleichbaren Betriebsform, die bereits auf die Gesetzgebung von 1903 zurückgeht (Grossi et al. 2010; Citroni 2010). Innerhalb der *municipalizzate* sind die verschiedenen Versorgungssparten institutionell gebündelt und sie befinden sich traditionell zumeist vollständig in öffentlichem Eigentum. Zu Beginn der 1990er Jahre kam es infolge nationaler Gesetzgebung, die wiederum im Kontext der Dezentralisierungspolitik Italiens zu sehen ist, zu einer verstärkten organisatorischen Diversifizierung und Ausgründung von Betrieben (*corporatization*), so dass inzwischen ca. 50 % der kommunalen Beschäftigten in ausgegründeten Unternehmen tätig sind (Grossi/Reichard 2008: 604). Es fanden einerseits umfangreiche formale Privatisierungen mit einer klaren Präferenz für die Aktiengesellschaft (*società per azioni*-SpA) statt, was auch als „radical change from municipality to local public group of companies" (Grossi 1999: 6) bezeichnet worden ist. Heute sind ca. 58 % aller kommunalen Betriebe Italiens als SpA organisiert (Grossi/Reichard 2008: 605). Infolge des zunehmenden Übergangs zur privaten Rechtsform verdoppelte sich allein zwischen 2001 und 2006 die Zahl der kommunalen Aktiengesellschaften und GmbHs von 405 auf 1.024 (vgl. Confservizi 2006; Grossi/Reichard 2008: 604). Andererseits haben materielle Privatisierungen an Bedeutung gewonnen (Lippi 2003: 163; Bobbio 2005: 43) und es wurden Teil- oder Komplettverkäufe getätigt, etwa im kommunalen Energiesektor. 30 % aller kommunalen Betriebe werden infolge zunehmender Einbeziehung privaten Kapitals inzwischen als gemischtwirtschaftliche Unternehmen geführt (Grossi/Reichard 2008: 602). In 40 % der kommunalen GmbHs (*societá a responsabilitá limitata – SrL*) halten private Anteilseigner sogar die Mehrheit (Kuhlmann/Fedele 2010). Jüngst wurde vom Parlament die (Teil-)Privatisierung der kommunalen Wasserversorgung ab 2012 beschlossen, die vorsieht, dass die Gemeindebetriebe mindestens bis zu 40 % ihres Aktienpakets an Private vergeben müssen und der private Aktionär die Führung der Gesellschaft übernehmen soll. Die öffentliche Hand soll künftig nicht mehr als 30 % der Wassergesellschaften besitzen. Im Energiesektor gibt es nur noch wenige Städte (z. B. Turin, Venedig, Brescia), deren *municipalizzate* komplett in kommunaler Hand sind, während in der Mehrheit der Kommunen nationale oder multinationale Energiekonzerne als *co-shareholders* agieren (Wollmann/Baldersheim et al. 2010). Insgesamt haben aber die italienischen *municipalizzate* (im Unterschied zu den deutschen Stadtwerken) ihre Position auf dem Energiemarkt verteidigen und teils sogar ausbauen können (siehe dazu weiter unten).

Deutschland

Die Kombination von europäischen Einflüssen, finanziellen Zwängen (auch als Folge der deutschen Wiedervereinigung) und der zunehmenden ideologischen Öffnung in Richtung Wettbewerbsorientierung und Liberalisierung führten Mitte der 1990er Jahre auch in Deutschland zum Durchbruch einer – wenn auch im europäischen Vergleich – verspäteten Privatisierungspolitik. Ende 1982 gab es in der Bundesrepublik noch 4.070 Unternehmen, bei denen die öffentliche Hand über Kapital- oder Stimmrechtsmehrheit verfügte, eingeschlossen die kommunalen Verkehrs- und Versorgungseinrichtungen sowie die Versicherungen, Landesentwicklungsgesellschaften und Industrieunternehmen, an denen die Bundesländer beteiligt waren (Deckwirth 2008: 65). Auf Bundesebene waren die Bundespost und die Bundesbahn im Staatsbesitz und es gab Bundesbeteiligungen an Industrieunternehmen (Volkswagen, VEBA, Salzgitter AG). Mit der Regierungsübernahme der konservativ-liberalen Koalition unter *Helmut Kohl* im Jahre 1982 wurde eine erste Privatisierungsliste vorgelegt, deren Umsetzung mit der Aufspaltung der Bundespost in die Bereiche Post, Postbank und Telekommunikation im Jahre 1989 eingeleitet wurde. War die Privatisierungsdynamik zu Beginn der *Kohl*-Ära noch vergleichsweise gering, gewann sie gegen Mitte und Ende der 1990er Jahre deutlich an Wucht und Geschwindigkeit. Zum einen waren ca. 8.500 volkseigene Betriebe (VEBen) der ehemaligen DDR nach 1990 durch die hierzu eingesetzte Treuhandanstalt zu privatisieren. Zum anderen gingen die Telekom (ab 1996) und die Post (ab 2000) an die Börse und wurde der Börsengang der Deutschen Bahn vorbereitet. Während bei der Telekom die Verbraucherpreise zunächst sanken, kam es bei der Post zu deutlichen Steigerungen der Portokosten für Privatkunden. In beiden Sektoren wurde ein massiver Arbeitsplatzabbau betrieben, so bei der Telekom von ca. 110.000 Arbeitsplätzen innerhalb von zehn Jahren (Wehner 2005: 37)[93] und bei der Post von ca. 30.000 Stellen zwischen 1999 und 2004, die nur zum Teil durch neue Stellen (vor allem Minijobs und prekäre Beschäftigungsverhältnisse) bei der Konkurrenz ausgeglichen werden konnten (Deckwirth 2008: 75 m. w. N.). Zudem wurde bei der Post die Service- und Filialdichte deutlich reduziert[94]. Insgesamt gingen die Privatisierungsprogramme der 1990er Jahre und die hierzu mit großen Mehrheiten verabschiedeten Liberalisierungsgesetze in den Bereichen Telekom, Post, Bahn und Energie weit über das hinaus, was zu Beginn der *Kohl*-Ära beschlossen worden war und sorgten gleichwohl kaum für öffentliche Aufmerksamkeit (Zohlnhöfer 2001: 365 f.; Deckwirth 2008: 68). Auch nach dem Amtsantritt der rot-grünen Regierung unter Kanzler *Schröder* im Jahre 1998, in der weiterhin auf marktwirtschaftliche Elemente und Liberalisierung gesetzt wurde, sowie der Regierungsübernahme durch die große Koalition 2005 und die konservativ-liberale Koalition 2009 unter Kanzlerin *Merkel* setzte sich die privatisierungsfreundliche Politik fort.

Dies zeigt sich etwa an dem von allen drei Regierungen vehement verfolgten (wenngleich nach der Finanzmarktkrise 2008 wieder verschobenen) Börsengang

Deutschland: verspätete Privatisierungspolitik

negative Folgen für Verbraucher und Beschäftigte

---

93 Die 2005 angekündigte Entlassung von weiteren 32.000 Mitarbeitern und Auslagerung von 50.000 Beschäftigten in eine Beschäftigungsgesellschaft im Jahre 2007 führten dann auch zum ersten Streik in der Geschichte der Telekom (Deckwirth 2008: 72).

94 Im April 2003 wurden innerhalb einer Nacht fast 40.000 Briefkästen abgehängt (Wehner 2005: 24). Von den 22.000 Filialen des Jahres 1992 waren 2005 nur noch 12.000 übrig (ebd.).

der Bahn als letzte Stufe der seit 1994 betriebenen Bahnreform, die bisher weder für Nutzer noch für Bahnbeschäftigte Verbesserungen mit sich gebracht hat (vgl. Deckwirth 2008: 78 ff.), und an der inzwischen wieder auf die Politikagenda gesetzten Privatisierung der Deutschen Flugsicherung. Lagen die Veräußerungserlöse im öffentlichen Gesamthaushalt (Bund, Länder und Gemeinden) 1970 noch bei ca. 1,9 Mrd. DM und 1980 bei rd. 4,4 Mrd. DM, stiegen sie 1995 auf rd. 31 Mrd. DM und erreichten 1998 mit knapp 53 Mrd. DM ihren Höhepunkt (Röber 2009), so dass sich Deutschland in dieser Zeitspanne – zumindest auf nationaler Ebene – der marktradikalen NPM-Gruppe von *minimizing*-Ländern angenähert hat. Die Versorgungssparten Energie, Wasser, Abwasser, Abfall und Verkehr sind in Deutschland – anknüpfend an die Tradition der lokalen Daseinsvorsorge – eine originär kommunale Aufgabe, die überwiegend in öffentlicher Hand und in Form der kommunalen Stadtwerke institutionalisiert ist. Diese unter Berufung auf ihren Gemeinwohlauftrag abgeschirmten „lokalen Märkte" gerieten seit den 1990er Jahren ebenfalls unter den Liberalisierungs- und Wettbewerbsdruck der EU (Trapp et al. 2002; Wollmann 2002 b). Darüber hinaus sehen sich immer mehr Kommunen aufgrund der Haushaltskrise veranlasst, weitere Aufgabenbereiche auszulagern oder zu privatisieren. Ähnlich wie in anderen Ländern wurde zum einen auf Ausgliederung oder formale Privatisierung gesetzt, was etwa daraus ersichtlich wird, dass ca. 50 % der kommunalen Bediensteten inzwischen in ausgegliederten Kommunalbetrieben beschäftigt sind (Grossi/Reichard 2008: 604). Die Gesamtzahl kommunaler Betriebe in Deutschland wird auf ca. 4.000 geschätzt, von denen jede deutsche Stadt (über 50.000 Einwohner) durchschnittlich ca. 20 besitzt[95], die Großstädte durchschnittlich sogar je 90 Betriebe (ebd.). Die Ausgliederungsbewegung in den deutschen Kommunen lässt sich in erster Linie als Übergang zur privaten Rechtsform (Formalprivatisierung) beschreiben, was zugespitzt auch als „Fluchtbewegung vom Eigenbetrieb (…) in Richtung Eigengesellschaft" (Reichard 2001: 89) bezeichnet worden ist. Dabei dominiert mit einem Anteil von 73 % die Rechtsform der GmbH (Richter et al. 2006: 63). Nimmt man alle privaten Rechtsformen kommunaler Beteiligungen (GmbH, GmbH&Co. KG, AG, GbR und andere) zusammen, so ergibt sich ein Anteil privatisierter kommunaler Beteiligungen von über 80 % (1.855 Fälle) bei den Kommunen über 50.000 Einwohner (Universität Potsdam/KGSt 2003) und von über 90 % (2.775 Fälle) bei den großen deutschen Städten (vgl. Libbe et al. 2004: 68). Darin, dass inzwischen an fast 40 % der kommunalen Unternehmen Private beteiligt sind, sich heute bereits jedes zehnte kommunale Unternehmen (11 %) mehrheitlich im Eigentum Privater befindet (Universität Potsdam/KGSt 2003) und rund 20 % der kommunalen großstädtischen Energieversorger in Deutschland nur noch Minderheitsbeteiligungen der Kommunen sind (Libbe et al. 2004), ist ein klarer Schritt in Richtung materieller Privatisierung lokaler Infrastruktur zu erkennen. Allerdings gibt es hier starke Varianzen nach Sektoren, etwa zwischen dem Energiebereich, der – als bekanntermaßen profitables Wirtschaftsfeld – besonders stark der materiellen Privatisierung unterworfen ist, und dem ÖPNV, in dem – als klassischem „Zuschussbereich" – Vermögensprivatisierungen deutlich weniger verbreitet sind (vgl. Libbe et al. 2004: 76 ff.; Scheele/Sterzel 2000:

---

95 Datenbasis: Umfrage in 190 Kommunen ab 50.000 Einwohnern mit einem Rücklauf von 71 % (= 135 Städte; Richter et al. 2006).

16 f.). Auch im Wassersektor dominieren klar die kommunalen Eigen- und Regiebetriebe und ist der Anteil rein privater Unternehmen mit 3,5 % (der insgesamt ca. 6.000 deutschen Wasserbetriebe) noch immer sehr gering (BGW 2005: 15; Kuhlmann 2009 a: 175; siehe Abbildung 52).

Abbildung 52: Rechtsformen/Besitzverhältnisse in der kommunalen Daseinsvorsorge in Deutschland

Rechtsform/Besitzverhältnisse	Wasser	Energie	ÖPNV
Öffentliche Rechtsform (in % der Unternehmen)			
Eigenbetrieb	22	-	2
Anstalt Öffentlichen Rechts	5	-	-
Zweckverband	2	-	-
Gesamt Öffentliche Rechtsform	29	-	2
Private Rechtsform (in % der Unternehmen)			
GmbH	47	57	58
AG	24	43	40
Gesamt Private Rechtsform	71	100	98
Besitzverhältnisse (in % der Unternehmen)			
100 % Kommunal*	55	29	68
Kommunale Mehrheitsgesellschaft**	38	54	28
Kommunale Minderheitsgesellschaft**	7	17	4
Gesamt	100	100	100

* unmittelbare und mittelbare Beteiligungen
** Mehrheitsgesellsch.: komm. Anteil 50 – < 100 %; Minderheitsgesellsch.: komm. Anteil > 50 %
Quellen: Libbe et al. 2004: 78 (m. w. N.) und eigene Zusammenstellung

Ungarn

Die Ausgangssituation Ungarns in der Transformation vom kommunistischen zentralistischen System des Landes zum demokratischen und dezentralen Verfassungsstaat war 1990 politisch, ökonomisch und staatsorganisatorisch entscheidend von der Hinterlassenschaft der real-sozialistischen Staatswirtschaft geprägt. Zwar hatte die kommunistische Partei Ungarns unter *Kádár* seit den späten 1950er Jahren – in Reaktion auf den Volksaufstand von 1956 – die staatswirtschaftliche Struktur etwas gelockert und insbesondere im kleinindustriellen und handwerklichen Sektor marktwirtschaftliche Elemente zugelassen

Ungarn: real-sozialistische Staatswirtschaft

("Kádárismus", "Gulaschkommunismus"; vgl. Tittor 2008: 277), jedoch blieb das System bis zur „Wende" im Kern zentralistisch-staatswirtschaftlich bestimmt. Nach 1990 wurde diese staatswirtschaftliche Grundstruktur in mehreren Entwicklungssträngen aufgelöst.

Zum einen wurde die Privatisierung des industriellen Sektors eingeleitet, die als materielle Privatisierung angelegt war, d. h. als Verkauf von Anteilen oder ganzen Firmen an die Interessenten, die am geeignetsten schienen (vgl. Tittor 2008: 285). Dabei kam der staatlichen Privatisierungsagentur APV (*Á llami Privatizációs és Vagyonkezelő Rt.*), die der deutschen Treuhandgesellschaft vergleichbar ist, eine Schlüsselrolle zu (ebd.: 287 ff.). Zum anderen erwiesen sich der Telekommunikations- und der Energiesektor als wichtige Felder der Deregulierungs- und Privatisierungspolitik (im Einklang mit ähnlichen Entwicklungen in anderen europäischen Ländern; ebd.: 289 ff.; für eine detaillierte Studie vgl. Valentiny 2007).

Treuhandgesellschaft APV

Eine tiefgreifende Umwälzung der Eigentümer- und Anbieterstruktur vollzog sich zudem bei den öffentlichen Dienstleistungen und in der Daseinsvorsorge (Wasser, Abwasser, Abfallbeseitigung, Schulen, Freizeiteinrichtungen, öffentlicher Nahverkehr, Sozialwohnungen usw.). Während des kommunistischen Regimes hatte dieses staatliche Eigentum formal den Vertretungsorganen („Räten") der subnationalen Ebenen unterstanden. Nach 1990 wurden diese Aufgaben durch die Kommunalverfassung von 1990 und flankierende Gesetze den (insgesamt 8.000) Städten und Gemeinden sowie (19) Kreisen übertragen und diesen gleichzeitig das Eigentum an den entsprechenden Einrichtungen zugesprochen (vgl. Teller/Somogyi 2005: 46).

Kommunalisierung

Durch die Kommunalisierung des Eigentums und der Funktionen in diesem weiten Aufgabenbereich wurden die Gemeinden und Städte vor enorme operative und finanzielle Probleme gestellt, die sie durch unterschiedliche Strategien zu bewältigen versuchten. Zum einen wurden öffentliche Aufgaben, insbesondere Wasser, Abwasser, Fernheizung, auf gemeindlicher Ebene regie-ähnlichen Betrieben übertragen (vgl. Temesi 2000: 366; Horvath 2008: 233). In diesen sog. „budgetären Einrichtungen" wird die Gemeinde administrativ, personell und finanziell praktisch direkt tätig. Zum anderen haben die Gemeinden Einrichtungen und Betriebe ausgegründet, die – den deutschen Eigengesellschaften vergleichbar – weiterhin in ihrem Eigentum bleiben, jedoch privatrechtlich (als GmbH oder Aktiengesellschaft) organisiert sind. Unter finanziellem Druck sind die Gemeinden verbreitet dazu übergegangen, zusammen mit privaten Investoren gemischtwirtschaftliche Betriebe (institutionelle PPPs) zu bilden (vgl. Dexia 2008: 369). Teilweise haben die Gemeinden – unter budgetärem Druck – aber auch Veranlassung gesehen, Einrichtungen und Betriebe der öffentlichen Dienstleistungen vollständig an private Investoren zu verkaufen, etwa im Bereich der Wasserwirtschaft (vgl. Temesi 2000: 367, Horvath 2008: 233; Soós 2003: 248 ff.). Insgesamt überwiegen jedoch noch immer die „budgetären Einrichtungen" (mit über einem Drittel) gegenüber den Gesellschaften privaten Rechts/GmbHs (mit einem knappen Drittel) und den materiell privatisierten Betrieben (mit einem Zehntel; Zahlen für 1996-1998, vgl. Teller/Somogyi 2005: 48).

Ausgründungen und Privatisierungen

Zwischenfazit und Vergleich

Für die vergleichende Gegenüberstellung der Privatisierungspolitik in den hier betrachteten europäischen Ländern kann auf die von Pollitt/Bouckaert vorgeschlagene vereinfachte Typologie von *marketizer/minimizer*, *modernizer* und *maintainer* zurückgegriffen werden (vgl. Pollitt/Bouckaert 2004: 172 ff.)[96]. Der ersten Gruppe (*minimizer*) sind solche Länder zuzuordnen, die besonders einschneidende materielle Privatisierungsschritte auf nationaler Ebene vorgenommen und dabei eine drastische Schrumpfung des (wirtschaftenden) öffentlichen Sektors vorgenommen haben. Dagegen wären der Gruppe der *modernizer* jene Länderfälle zuzurechnen, die zwar eine Markt- und Wettbewerbsöffnung vollzogen, aber auf umfassende materielle Privatisierungspolitik und minimalistischen Staatsrückbau weitgehend verzichtet haben. Der *maintainer*-Gruppe gehören nach Pollitt/Bouckaert solche Länder an, die im Wesentlichen den Status quo erhalten haben. Dies trifft allerdings im Bereich der Privatisierungspolitik auf keines der betrachteten Länder zu, so dass hier auf diese Rubrik verzichtet wird (vgl. Abbildung 53).

Abbildung 53: Modernizer und Minimizer in der Privatisierungspolitik

Quelle: eigene Darstellung

---

[96] Pollitt/Bouckaert (2004) stützen ihre Ländertypologie auf das gesamte NPM-Repertoire, während die hier vorgenommene Einordnung sich nur auf Privatisierungsansätze bezieht.

Setzt man die Privatisierung von Staatsbetrieben auf nationaler Ebene in den hier betrachteten europäischen Ländern noch einmal ins Verhältnis zu den Ausgangsbedingungen der Reformen, insbesondere dem Bestand an nationaler (öffentlicher) Wirtschaft, so lässt sich etwas vereinfachend die folgende Länderzuordnung vornehmen:

Abbildung 54: Ausgangsbedingungen und Intensität materieller Privatisierung im Ländervergleich

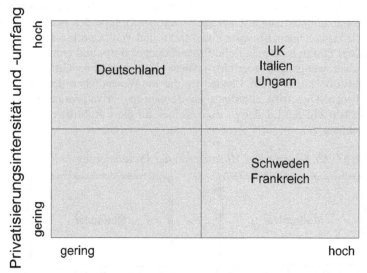

Quelle: eigene Darstellung

4.4.3 Funktionalprivatisierung, Fremdvergabe, Delegation

purchaser-provider-split

Die Übertragung der öffentlichen Aufgabenerledigung auf externe „Erfüllungsgehilfen", die in Anlehnung an die NPM-Terminologie auch als *purchaser-provider-split* oder *principal-agent*-Beziehung beschrieben wird, bildet ein weiteres zentrales Handlungsfeld der Verwaltungsreform in den europäischen Staaten. Es geht darum, (Teil-)Leistungen über Verträge an externe Anbieter zu vergeben (Outsourcing/*contracting out*), wobei die Gewährleistungsverantwortung beim öffentlichen Träger verbleibt, was auch als der Übergang zum „gewährleistenden Staat" (*enabling state*) interpretiert worden ist (vgl. Schedler/Proeller 2000). Da es sich bei der Funktionalprivatisierung oft um die Fremdvergabe von Ausführungs- und Dienstleistungsfunktionen handelt, stehen vielfach subnationale und lokale Verwaltungseinheiten, die die Zuständigkeit für diese Aufgaben haben, als Handlungsarenen/-ebenen im Mittelpunkt. Typischerweise fanden die Konzepte von Outsourcing, *marketization*, und *competitive tendering* besonders ausgeprägt in Ländern mit bislang fast ausschließlich öffentlicher Erbringung der

Sozial- (und Gesundheits-)Dienstleistungen Verbreitung (Vereinigtes Königreich, Schweden).

Vereinigtes Königreich

Wiederum nimmt das Vereinigte Königreich hier eine radikale Vorreiterposition ein. Bis in die 1970er Jahre waren ein Vorrang des kommunalen Sektors und faktisch ein Anbietermonopol der *local governments* bei der Leistungserbringung bezeichnend. Dies war durch die Überzeugung der in der unmittelbaren Nachkriegsphase regierenden *Labour Party* geprägt, dass die Leistungsfähigkeit des expandierenden modernen Wohlfahrtsstaats am besten gewährleistet sei, wenn er überwiegend von öffentlichem Personal implementiert werde (Wollmann 2008). Im Bereich der sozialen Dienste etwa wurde die Auffassung, dass der öffentliche Sektor hierzu am besten befähigt sei (man sprach von dessen *self-sufficiency*, vgl. Stewart 2000: 51), durch die einsetzende professionelle Ausbildung des einschlägigen Personals, insbesondere der Sozialarbeiter, gestützt (vgl. Stewart 2000: 46 ff.). Unter der von *Margaret Thatcher* geführten konservativen Regierung wurde dieses traditionelle kommunale Organisationsmodell dadurch verändert, dass die *local governments* gesetzlich verpflichtet wurden, zahlreiche kommunale Leistungen (Müllabfuhr, Kantinen, Straßenreinigung, Instandhaltung usw.) im Wege der öffentlichen Ausschreibung (*tendering*) im Marktwettbewerb zu vergeben (*compulsory competitive tendering* – CCT). Hieran konnten sich private und gemeinnützige Dienstleister, aber auch die entsprechenden Verwaltungsteile (*inhouse*) der Kommunen beteiligen. So sind die *local authorities* dazu übergegangen, sich im Wege des Outsourcing der einschlägigen Dienste externer (privater wie gemeinnütziger) Anbieter zu bedienen und sich damit das Konzept eines *purchaser-provider-split* zu Eigen zu machen. Beispielsweise wird die Heimpflege (*residential care*) in wachsendem Umfang von sog. *independent*, d. h. privaten und gemeinnützigen, Anbietern geleistet. Befanden sich 1970 noch 63 % der Heimplätze in kommunaler Trägerschaft, so waren dies 2002 nur noch 14 % (vgl. Wollmann 2008: 128 m. w. N.). Allerdings war die Vergabe der Leistungen von Anfang an kaum von striktem Wettbewerb als vielmehr von *partnership, trust and cooperation* angeleitet (für ein instruktives Beispiel vgl. die vom *Lancashire County Council* formulierte *Contract Strategy*; ebd.). Der Rückzug der Kommunen aus der direkten Leistungserbringung kommt in diesem Aufgabenfeld auch darin zum Ausdruck, dass zwischen 1998 und 2003 die Zahl der kommunalen Beschäftigten in der Heimpflege um 21 %, in der häuslichen Pflege um 6 % und in der unmittelbaren Sozialarbeit vor Ort (*area office, field work staff*) ebenfalls um 6 % zurückgegangen ist.

> UK: compulsory competitive tendering – CCT

Das CCT wurde zwar unter *New Labour* wieder abgeschafft und durch das *Best-Value*-System (siehe Kapitel 4.5.3) ersetzt, so dass allein innerhalb eines Jahres (2000-2001) die Zahl der Ausschreibungen um immerhin 23 % zurückging (Wegener 2004). Allerdings müssen die Kommunen auch innerhalb des neuen Systems ihre Leistungen mit privaten Anbietern vergleichen und auslagern (Reimer 1999: 157 ff.). Eine Wirkung der wettbewerblichen Ausschreibungen ist die Entlassung von etwa 300.000 Kommunalbeschäftigten seit Anfang der

> Abschaffung von CCT

1990er Jahre, wobei vor allem Tätigkeitsbereiche der *manual workers* betroffen waren (Kantinenbewirtschaftung, Müllabfuhr, Freizeit- und Sporteinrichtungen, Gebäudereinigung, Straßenbau und -instandhaltung; siehe unten Abbildung 55). Der Marktwettbewerb bewirkte zudem eine „Degradierung" von Arbeitsverhältnissen im Kommunaldienst, insbesondere sinkende Löhne und Sozialleistungen (Kranken- und Urlaubsgeld), vermehrte Zeit- und Kurzverträge, generelle Beschäftigungsunsicherheit und Mehrfachbeschäftigung (*multiple jobholding*) sowie zunehmende Arbeitsbelastung (Reimer 1999: 157 ff.; siehe hierzu auch Kapitel 4.5.4).

Abbildung 55: Personalabbau in britischen Kommunen im Zuge von CCT

Aufgabenbereich	1990	1998	2000	Veränderung 1990-2000	
				in Tsd.	in %
Bildungswesen	1431	1204	1300	-131	-9,2
Soziales	417	395	388	-29	-7,0
Polizei	199	207	204	5	2,5
Bauwesen	114	61	59	-55	-48,2
Anderes	806	712	739	-67	-8,3
Gesamt	2967	2579	2690	-277	-9,3

Quellen: Bach/Winchester 2003: 294 und eigene Berechnung/Zusammenstellung

Schweden

Auch in Schweden ist die Funktionalprivatisierung über *purchaser-provider-split* seit den 1980er Jahren als Reformkonzept aufgegriffen und implementiert worden. Im ursprünglichen politisch-ideologischen Verständnis vom schwedischen Wohlfahrtsstaat hatte – ähnlich wie im Vereinigten Königreich – der öffentliche Sektor den Vorrang bei der Leistungserbringung und kam vor allem den Kommunen eine Schlüsselrolle darin zu, dass die sozialen und öffentlichen Dienstleistungen fast ausschließlich von den Behörden und Beschäftigten der Kommunen selber erbracht wurden. Die Verwirklichung und Praxis des modernen schwedischen Wohlfahrtsstaats lag mithin wesentlich beim lokalen Staat (*„den lokala staten"*, Pierre 1994). Unter dem Druck der budgetären Krise wurde auch in Schweden die dem NPM-Konzept entlehnte Reformidee einer der Kommerzialisierung, Anbieterpluralisierung und externen Leistungsvergabe im Marktwettbewerb aufgegriffen. Durch zahlreiche Wettbewerbselemente, wie Betreibermodelle, Entflechtungen, Dienstleistungsgutscheine oder Benutzerentgelte sollte der Übergang vom Leistungs- zum Gewährleistungsstaat sichergestellt werden (vgl. Rieger/Naschold 1997: 17). Zur Förderung und Überwachung der Wettbewerbsöffnung wurde am 1. Juli 1992 die Wettbewerbsbehörde

Schweden: Anbieterpluralisierung, Wettbewerb

Konkurrensverket eingerichtet. Genau ein Jahr später trat ein Wettbewerbsgesetz (*Konkurrenslagen*) in Kraft, das in Anlehnung an EG-Regelungen wesentliche Verbote hinsichtlich wettbewerbsbeschränkender Kooperationen enthielt (Roseveare et al. 2004: 9 ff.). Den beiden Slogans der bürgerlichen Regierung folgend „Brecht das kommunale Dienstleistungsmonopol" und „Wahlfreiheitsrevolution in den Gemeinden!" (van Otter 1999: 96), wurden in einer wachsenden Zahl von Kommunen soziale Dienstleistungen (z. B. Alten- und Behindertenpflege usw.), die bislang fast ausschließlich von kommunalem Personal ausgeübt worden waren, nunmehr im Wettbewerb an privat-kommerzielle und gemeinnützige Träger vergeben. So ist seit den frühen 1990er Jahren eine Reihe von Kommunen dazu übergangen, beispielsweise im Feld der Altenhilfe, private oder gemeinnützige Anbieter zu gewinnen oder lokale *vouchers*, z. B. im Schulbereich, anzuwenden (vgl. Wollmann 2008: 132 ff.). Vor allem von bürgerlichen Mehrheiten regierte Kommunalvertretungen verfolgten solche liberalisierenden Strategien. Insgesamt ist die schwedische Reformstrategie – im Unterschied zum britischen Ansatz – jedoch durch einen gemäßigteren Umgang mit Marktkräften sowie einen geplanten und regulierten Wettbewerb gekennzeichnet, der den Leistungsempfängern größere Wahlmöglichkeiten (etwa über Schul- und Kita-Gutscheine etc.) eröffnet. Zwar konnten privat-kommerzielle und gemeinnützige Anbieter inzwischen auf den für sie neuen Märkten zunehmende Anteile für sich gewinnen. Neben den kommunalen und regionalen Einrichtungen übernehmen sie jedoch weiterhin eine allenfalls ergänzende Rolle (Schröter 2001: 435). So wird der größte Teil der lokalen Dienstleistungen, nämlich rund 90 %, nach wie vor von Kommunalbediensteten, vor allem von kommunalen Sozialarbeitern, erbracht (vgl. SKF/ SCB 2004: 116)[97].

„Wahlfreiheitsrevolution"

Frankreich

Frankreich weicht von den anderen hier untersuchten Ländern zunächst insoweit markant ab, als die Aufgaben der (lokalen) Daseinsvorsorge von jeher „delegiert", also privaten Leistungsträgern im Wege von Konzessionsverträgen überantwortet werden. Das Modell der Funktionalprivatisierung oder kontraktuellen PPP (*gestion déléguée*) ist im französischen Kommunalsystem seit langem – historisch bereits auf das 19. Jahrhundert zurückgehend – etabliert[98] und wurde von ausländischen Beobachtern auch als *French-style privatization* bezeichnet (Citroni 2010). Diese „Produktionsvariante" breitete sich, obzwar weniger als Folge des NPM als vielmehr im Zusammenhang mit der dezentralisierungsbedingten Aufgabenexpansion (siehe Kapitel 4.2.3), seit den 1980er Jahren weiter aus. Regiebetriebe, die sich inzwischen in einigen Städten etabliert hatten, verschwanden vielfach von der Bildfläche und private Anbieter errangen eine dominierende Rolle („un rôle leader"; Lorrain 1995: 105), so dass – wie etwa

Frankreich: Tradition der gestion déléguée

---

97 Zahlen für 2003.
98 So geht beispielsweise die erste historische Erwähnung von Konzessionsverträgen in Frankreich bereits auf das ancien régime zurück, als im Jahre 1778 durch *Louis XVI* die Seine-Wasseraufbereitung an die *Compagnie des eaux de Paris des frères Perrier* übertragen wurde (Duval 2006: 6).

im Wassersektor, den sich heute drei private Großkonzerne aufteilen – von einer „Generalisierung der Delegation" die Rede ist (Duval 2006). Allein in der Trinkwasserversorgung stieg der private Anteil von 30 % Mitte der 1950er Jahre auf 60 % im Jahre 1983 und schließlich weiter auf fast 80 % bis zum Jahre 1999 (Guérin-Schneider/Lorrain 2003: 46; siehe Abbildung 56). Im Bereich der Abfallentsorgung befinden sich nur 13 % der Betriebe in kommunaler Regie, während der Löwenanteil an private Unternehmen delegiert wird, insbesondere an die zwei Großkonzerne *Veolia-Environnement* (früher *Compagnie Générale des Eaux*) und *STA-Suez* (früher: *Lyonnaise des Eaux*). Die Marktöffnung in der kommunalen Daseinsvorsorge (Wasser, Abfall, ÖPNV) erfolgte in erster Linie über eine Ausweitung der Praxis von Konzessionsverträgen mit privaten Anbietern (*exploitants*), bei der die Kommune allerdings weiterhin die Gewährleistungsverantwortung behält und auch grundsätzlich Eigentümerin der Betriebe und Anlagen bleibt. Die Firmen, mit denen die Kommunen Konzessionsverträge abschließen, gehören fast alle zu den gleichen Großkonzernen (*grands groupes*), worin der hohe Konzentrations- und Integrationsgrad auf der Anbieterseite im Kontrast zur institutionellen Fragmentierung auf der (kommunalen) Nachfrageseite sichtbar wird.

Abbildung 56: Funktionalprivatisierung im französischen Wassersektor (2000)

Leistungssparte	**% der Gemeinden**	**% der Bevölkerung**
Wasserversorgung		
Direkte Durchführung	48	21
Delegation	52	79
Abwasserentsorgung		
Direkte Durchführung	62	48
Delegation	38	53

Quelle: Hansen/Herbke 2004: 300

Ein weiteres Handlungsfeld der Fremdvergabe öffentlicher Leistungserbringung ist der Bereich der sozialen Dienste. Mit der Expansion des dritten Sektors in Frankreich seit den 1960er Jahren wurden zunehmend gemeinnützige Organisationen (*associations*) zu wichtigen Akteuren im Bereich der „Sozialen Aktion". Mit Beginn der 1970er Jahre ist angesichts des rasanten Anstiegs von Neugründungen gemeinnütziger Organisationen (*associations*) von einem regelrechten „Baby-Boom" der Non-Profits in Frankreich die Rede (ebd.). So wurden zwischen 1970 und 2000 pro Jahr durchschnittlich 48.500 Non-Profits (*associations*) neu gegründet, was einem Gesamtwachstum seit 1975 um ca. 1,3 Mio. neuer *associations* in Frankreich entspricht. Am Ende der 1990er Jahre wurde vor diesem Hintergrund bereits von einem neuen *Welfare-Mix* gesprochen (Archambault 1997: 181 f.).

Italien

In Italien war für den Bereich der sozialen Dienste, ähnlich wie in Deutschland, traditionell die Leistungserbringung durch freie Träger, vor allem durch die katholischen Wohlfahrtsorganisationen, aber auch – wie etwa in der Altenpflege – durch die Familien selbst charakteristisch. Zwar gab es in den 1970er und 1980er Jahren von Seiten linker Ratsmehrheiten einige Versuche, die Rolle der kommunalen Anbieter nach skandinavischem Vorbild zu stärken. Jedoch behielten die Non-Profit-Organisationen zunächst ihre dominante Position als Serviceanbieter (Fargion 1997: 142 f., 76 f.; Bönker et al. 2010). Insgesamt herrschte somit bereits vor der NPM-Diskussion der 1980er Jahre ein Anbietermix aus kommunalen Leistungsträgern, insbesondere in den größeren Städten, und – überwiegend – kirchlichen Non-Profit-Organisationen vor (Bobbio 2005: 43). Inzwischen hat in diesem Sektor eine massive Aufgabenverlagerung auf private Träger stattgefunden, in der manche bereits den „triumph of privatism" sehen (Bobbio 2005: 43) und die bewirkt, dass die ohnedies in Italien bestehende Fragmentierung der Sozialpolitik und die Leistungsdisparität im Land, vor allem das Nord-Süd-Gefälle, noch verstärkt wird. Auch bei internen Serviceleistungen (Gebäudemanagement, IT, Kantinen etc.) finden sich zunehmend Ansätze funktionaler Privatisierung und Fremdvergabe (Grossi/Reichard 2008: 603; Dipartimento della Funzione Pubblica 2006). Allerdings wird bezweifelt, dass die (obzwar gestärkten) lokalen Exekutiven in der Lage sind, dieses neue *networked local government* zu steuern, das durch Partnerschaften, Verträge und vielfältige kontraktuelle Arrangements gekennzeichnet ist und welches zunehmend institutionell „auszufransen" droht (Meneguzzo 1997; Magnier 2003: 193).

> Italien: Outsourcing im Sozialsektor

Im Bereich der Daseinsvorsorge hingegen ist weniger die funktionale als vielmehr die organisatorische und materielle Privatisierung im Zusammenspiel mit den erwähnten institutionellen Ausgründungen (*corporatization*) kennzeichnend (siehe oben). Zwar wurde beispielsweise im Trinkwassersektor aufgrund von EU-Normen sowie als Folge nationaler Gesetzgebung, insbesondere des Gesetzes Nr. 36 von 1994 (sog. Galli-Gesetz), der Weg für wettbewerbliche Ausschreibungen und Konzessionsverträge mit Privaten legislativ geebnet. Jedoch haben die italienischen Kommunen bislang nur sehr zurückhaltend von dieser Privatisierungsoption Gebrauch gemacht (siehe Abbildung 57), so dass im Wassersektor bis zum Jahre 2007 nur vier von 91 „Optimalen Territorial-Distrikten"[99] von wettbewerblichen Ausschreibungen und Konzessionen Gebrauch machten (Lippi et al. 2008: 632). Insgesamt ist somit von „slow progress of concessions across the national territory", zumindest in diesem Aufgabenfeld, die Rede (Lippi et al. 2008: 628), was nicht zuletzt mit der ausgeprägt lokalistischen Kultur Italiens und der starken Stellung der multifunktional organisierten Kommunalwirtschaft, insbesondere im Norden (weniger ausgeprägt im Zentrum und Süden) des Landes, erklärt wird (ebd.).

> wenig Wettbewerb im Infrastruktursektor

---

99 Die „Optimalen Territorial-Distrikte" (*Ambiti territoriali ottimali* – ATO), die in Italien – mit je unterschiedlichen Zuschnitten – für die einzelnen Versorgungssparten (Wasser, Müll etc.) installiert wurden, sind monofunktionale Organisationsformen, in denen sich mehrere Kommunen und deren jeweilige Versorgungsbetriebe in einem bestimmten (versorgungstechnisch „optimalen") Gebiet zusammenschließen. Sie lassen sich näherungsweise mit den deutschen Zweckverbänden vergleichen. Ihre Regulierung unterliegt der regionalen Gesetzgebung (Lippi et al. 2008).

Abbildung 57: Betreiberstrukturen in der italienischen Wasserversorgung (1999)

	Operation of aqueducts	Water supply	Wastewater treatment	Sewerage	Overall
Municipality	3714 (80.1%)	4534 (84.6%)	3644 (85.8%)	6340 (95%)	6463 (82.6%)
Munic. enterprise (*municipalizzate*)	83 (1.8%)	88 (1.6%)	60 (1.4%)	59 (0.9%)	107 (1.4%)
Consortium	400 (8.6%)	329 (6.1%)	170 (4%)	100 (1.5%)	528 (6.7%)
Public body	28 (0.6%)	19 (0.4%)	33 (0.8%)	8 (0.1%)	53 (0.7%)
Joint stock company	130 (2.8%)	144 (2.7%)	148 (3.5%)	100 (1.5%)	215 (2.7%)
Other	280 (6%)	246 (4.6%)	190 (4.5%)	70 (1%)	460 (5.9%)
Total	4635	5360	4245	6677	7826

Quelle: Citroni 2010: 202 (m. w. N.)

Deutschland

Deutschland: Tradition der Subsidiarität

In Deutschland ist der Bereich der sozialen Dienste ein bevorzugtes Handlungsfeld externer Leistungsvergabe und Vertragspolitik. Dabei ist daran zu erinnern, dass lokale Wohlfahrtsdienste in Deutschland, basierend auf dem Subsidiaritätsprinzip, traditionell von gemeinnützigen Trägern erbracht, also extern „vergeben" werden, worin eine verwaltungshistorische Gemeinsamkeit mit Italien zu erblicken ist. Ist damit in diesem Bereich zwar die Delegation von jeher die übliche Variante der Leistungserbringung, hat sich jedoch ein Monopol der großen Wohlfahrtsverbände mit ausgeprägten korporatistischen Vernetzungen herausgebildet (Grohs 2010). Vor diesem Hintergrund war die entsprechende Bundesgesetzgebung darauf gerichtet, im Bereich der sozialen Dienste die bisherige rechtliche Vorrangstellung der Wohlfahrtsverbände aufzuheben und die Anbieterseite zu pluralisieren. Inzwischen sind Prozesse von Marktöffnung vor

Marktöffnung bei sozialen Diensten

allem im Bereich der (ambulanten) Pflegedienste zu beobachten, die beispielsweise in Ostdeutschland zu mehr als 60 % von privat-gewerblichen Anbietern wahrgenommen werden, während die Kommunen als Anbieter hier kaum von Bedeutung sind (siehe Abbildung 58)[100].

---

100 Im Bereich der kommunalen Kinderbetreuung und auch bei anderen Diensten der kommunalen Kinder- und Jugendhilfe ist die Marktöffnung in Richtung privat-gewerblicher Akteure weniger vorangeschritten (siehe Grohs 2010). Dort dominieren die etablierten Wohlfahrtsverbände (Westdeutschland) oder auch kommunale Anbieter (Ostdeutschland).

Abbildung 58: Funktionalprivatisierung im Bereich ambulanter Pflegedienste in Deutschland

Jahr	Anteil an der Gesamtzahl der Pflegedienste in %					
	Ost			West		
	Öffentlich	Freie Träger	Privatgewerblich	Öffentlich	Freie Träger	Privatgewerblich
2001	1,0	38,2	60,8	2,3	49,3	48,4
2003	0,7	36,8	62,5	2,0	48,7	49,3

Quellen: Statistisches Bundesamt 2003 c, 2005 und eigene Zusammenstellung

Die externe Leistungsvergabe über Verträge spielt aber auch im Bereich der Daseinsvorsorge und Infrastruktur sowie bei freiwilligen kommunalen Selbstverwaltungsaufgaben im Kultur- und Sportbereich eine zunehmend wichtige Rolle. Neben den „klassischen" Konzessionsmodellen im Energiesektor greifen die Kommunen verstärkt auf Betreibermodelle im Bereich der Abfallwirtschaft (z. B. Müllverbrennungsanlagen), im kommunalen Hochbau (z. B. Schulgebäude) und bei Schwimmbädern, Bibliotheken, Museen, Theatern, Sport- und Touristikanlagen zurück. Soweit es um Neuinvestitionen geht, wird die Errichtung der entsprechenden Anlagen komplett privat oder gemischtwirtschaftlich finanziert und anschließend das Betreiben dem privaten Unternehmen durch Vertrag überlassen, wobei – etwa bei Müllverbrennungsanlagen – Vertragslaufzeiten von bis zu 30 Jahren festgeschrieben wurden. Diese Formen der langfristig angelegten „Delegation" (oder vertraglichen PPPs) finden in den deutschen Kommunen aufgrund der Finanzknappheit und des Investitionsstaus in den Städten immer mehr Verbreitung. Ausweislich einer Untersuchung des DIfU im Auftrag der PPP-Task Force des BMVBW von 2005 ist seit 2004 ein regelrechter PPP-Boom zu verzeichnen und haben sich die Verträge gegenüber den Vorjahren verdoppelt. So hat das DIfU für 2005 eine Anzahl von ca. 160 längerfristigen kommunalen PPP-Infrastrukturprojekten in Deutschland erhoben, die neben der Ko-Finanzierung auch den darauf folgenden mehrjährigen (teils über 20-jährigen) Betrieb und die Unterhaltung der Einrichtungen durch Private umfassen (DIfU/ BMVBW 2005: 4).

<small>Betreibermodelle im Infrastruktursektor</small>

Ungarn

In Ungarn sind die Gemeinden unter wachsendem finanziellen Druck und geleitet von NPM-inspirierten Outsourcing und *marketization*-Konzepten ebenfalls dazu übergangen, die Erbringung von öffentlichen Leistungen im Wege von Konzessionen und Verträgen an private Anbieter zu vergeben. Dabei greift Ungarn im Vergleich zu anderen Staaten Zentral- und Osteuropas überdurchschnittlich auf Leistungen Dritter zurück (vgl. OECD 2008: 29 f.; Stryuk 2003: 19; Briški 2003: 93 ff.; Kopányi et al. 2000; Soós 2003: 248). Wie diese besitzt Ungarn zwar – aufgrund des sozialistischen Erbes – keine etablierte Tradition der Delegation von Aufgaben, vor allem im Non-Profit-Bereich (Stryuk 2003: 7). Jedoch führte

<small>Ungarn: Zugriff auf externe Anbieter</small>

dies in Ungarn aufgrund des gleichzeitigen Fehlens kommunal-administrativer Kapazitäten nach der Wende dazu, dass private Anbieter in profitversprechenden Bereichen deutlich intensiver zum Zuge kamen als in anderen Ländern Mittel- und Osteuropas zum gleichen Zeitpunkt.

Ein anschauliches Beispiel für diese Entwicklung in Richtung funktionaler Privatisierung liefert die Wasserversorgung (vgl. Tittor 2008: 296). Bis 1990 bestanden 33 staatlich betriebene regionale Wasserbetriebe unter der Kontrolle einer „Zentralen Wasserbehörde". Nach 1990 wurde die Wasserversorgung eine pflichtige kommunale Aufgabe und deren Einrichtungen gingen mithin in das Eigentum der Gemeinden über. Inzwischen bestehen, in kommunalem Eigentum befindlich und „extrem fragmentiert" (Tittor 2008: 296), insgesamt 377 Wasserversorgungsunternehmen, die die Wasservorsorgung im Wege langfristiger (15- bis 20-jähriger) Konzessionen an private, insbesondere ausländische Anbieter (Veolia, Suez, RWE, E.ON usw.) vergeben haben. Das Entwicklungsmuster in der ungarischen Daseinsvorsorge kann also beschrieben werden als der Übergang von einer staatszentralistisch organisierten Leistungsproduktion hin zu einem zunächst kommunal-dezentralisierten System, welches sich inzwischen dem Markt geöffnet hat und in dem es zunehmend zur funktionalen Privatisierung, insbesondere durch Konzessionen, kommt.

Fragmentierung der Daseinsvorsorge

Des Weiteren ist auf den Bau von Autobahnen (vgl. OECD 2008: 29), den öffentlichen Personennahverkehr, das Bestattungswesen sowie soziale Dienste und Gesundheitsleistungen (vgl. Temesi 2003: 31) hinzuweisen, die dem Trend zum *contracting-out* und zur Funktionalprivatisierung, wenn auch in jeweils unterschiedlichen Rechtsformen, unterliegen. So führt die Zuständigkeit der kommunalen Ebene für die Bereitstellung medizinischer Versorgung dazu, dass in 80 % der Fälle die Kommunen mit den jeweiligen Ärzten auf Kontraktbasis zusammenarbeiten (vgl. Füzesi et. al 2005: 282). Auch bei den sozialen Dienstleistungen wird etwa im Bereich der Obdachlosenbetreuung in weit über 50 % der anfallenden Aufgaben über Verträge auf NGOs zurückgegriffen, da diese als erfahrener und auch als kostengünstiger eingeschätzt werden (vgl. Hrast et al. 2009: 108). Andere Beispiele, in denen Kommunen mit Non-Profit-Organisationen zusammenarbeiten, sind der Betrieb von lokalen Kultureinrichtungen, wie Bibliotheken und Gemeindezentren, oder andere soziale Leistungen (häusliche Pflege, Drogenprävention, etc.; vgl. Jenei/Kuti 2003: 146). Die Verträge mit externen Dienstleistern werden dabei oftmals nach einer Ausschreibung vergeben, ohne dass die Kommunen bei der Vertragsgestaltung auf externe Hilfe zurückgreifen oder eine sorgfältige Überprüfung durch die Kommunalverwaltung oder gar die Gemeindevertretung stattfindet (vgl. Baar 2001: 118). Insgesamt wurden auf kommunaler Ebene immerhin ca. 15 % der gesamten Ausgaben in Verträge mit Dritten investiert (vgl. Kopányi et al. 2000: 38). *Contracting-out* und funktionale Privatisierung zählen damit in Ungarn, noch stärker als in anderen zentral- und osteuropäischen Ländern, zu einer weit verbreiteten Strategie (vgl. Baar 2001: 103).

Verträge mit Non-Profit-Organisationen

Zwischenfazit und Vergleich

Zusammenfassend seien noch einmal die Ausgangsbedingungen in Bezug zur Intensität der Reformen gesetzt. Im Ländervergleich zeigt sich, dass es einerseits sehr unterschiedliche Traditionen der öffentlichen Daseinsvorsorge und Startbedingungen der Reformen gab, was insbesondere im Bereich des lokalen Wohlfahrtsstaates und der sog. *public utilities* (Wasser, Entsorgung etc.) sichtbar wird. Diese wurden in einigen Ländern traditionell ausschließlich von den Kommunen bereitgestellt (UK, Schweden), in anderen überwiegend durch „Dritte" (z. B. soziale Dienste in Deutschland, Italien) oder von staatlichen Stellen (z. B. Ungarn vor 1990) erbracht. Trotz dieser Unterschiede ist es länderübergreifend zu einem signifikanten Trend in Richtung auf Funktionalprivatisierung, Outsourcing und Delegation gekommen, worin sich eine allgemeine Entwicklung hin zur „Gewährleistungskommune" und (zumindest in einigen Ländern) weg von der „Leistungs- und Produktionskommune" abzeichnet (vgl. Abbildung 59).

Abbildung 59: Ausgangsbedingungen und Richtung funktionaler Privatisierung im Ländervergleich

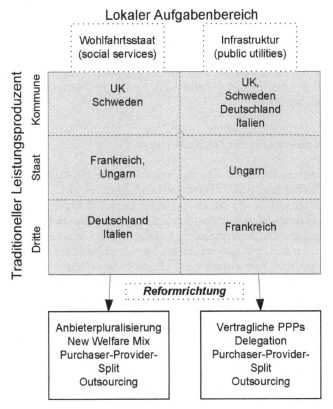

Quelle: eigene Darstellung

4.4.4 Gegenstrategien: Re-Kommunalisierung und Antiprivatisierungsreferenden

Seit Beginn des neuen Jahrtausends scheint sich – mutmaßlich als Folge kritischer Privatisierungseffekte sowie im Zusammenhang mit offenkundigem Marktversagen (Finanzmarktkrise) – eine Trendwende zur „Rückkehr des Öffentlichen" abzuzeichnen, die durch Re-Regulierung, Re-Kommunalisierung und Vermögensrückkäufe gekennzeichnet ist. In dem Bemühen der nationalen Regierungen und supranationalen Organisationen, die globale Wirtschafts- und Finanzkrise zu bewältigen, griffen diese wieder verstärkt auf staatliche Regulierungen zurück und gewannen öffentliche Institutionen an Bedeutung. Der neoliberale Schlachtruf „private is better than public" hat an Überzeugungskraft verloren, so dass sich eine „Re-Habilitierung" des Staates und des öffentlichen Gutes anzudeuten scheint. Allerdings gibt es im Hinblick auf diesen jüngeren Umschlag des Pendels lediglich verstreute empirische Hinweise (vgl. Verbuecheln 2009; Röber 2009; Engartner 2009; Wollmann/Marcou 2010). Zudem variieren Ausmaß und Intensität des „Pendelrückschwungs" erheblich nach Ländern, Verwaltungsebenen und Sektoren. Während etwa für die nationale Ebene prognostiziert wurde, dass der „Niedergang des unternehmerisch tätigen Staates (…) wahrscheinlich von Dauer sein (wird)" (Mayer 2006: 279), wird für die kommunale Ebene zumindest die Frage aufgeworfen: Is the „Pendulum swinging back?" (Wollmann/Marcou 2010; Wollmann 2011). Offensichtlich verschieben sich die Gewichte zwischen den Trägern von Aufgaben der Daseinsvorsorge wieder zugunsten kommunaler Institutionen – „das Pendel scheint sich wieder in die andere Richtung zu bewegen" (Röber 2009).

Re-Kommunalisierung in der Daseinsvorsorge

Der Energiesektor bietet ein anschauliches Beispiel für aktuelle Ansätze der Re-Kommunalisierung (vgl. Wollmann/Baldersheim et al. 2010; Libbe et al. 2011; Wollmann 2011). So haben die kommunalen Energiebetriebe in Italien trotz Privatisierungsdruck ihre Position auf dem italienischen Energiemarkt insgesamt behaupten und teils ausbauen können. Inzwischen kauften sich einige Großstädte sogar bei dem (privatisierten) Energieriesen ENEL ein und weiteten ihre Produktion und Vertriebsnetze aus. Beispielsweise haben sich die kommunalen Energiebetriebe von Milano und Brescia 2008 zu einem börsennotierten Energieunternehmen („A2A") zusammengeschlossen, das 3,9 % der gesamten Stromproduktion des Landes erbringt; hinzu kommen weitere kleinere kommunale Unternehmen mit rund 14 % der Stromproduktion. Angesichts dessen, dass in Italien die Atomstromgewinnung bereits 1987 durch nationales Referendum (in Reaktion auf die Katastrophe von Tschernobyl) ausgeschlossen und dies durch das nationale Referendum vom Juni 2011 bestätigt worden ist, gewinnen die kommunalen Energiegesellschaften, die sich weitgehend auf regenerative (insbesondere Hydro-)Energiequellen stützen, wachsende Bedeutung.

Nachdem in Deutschland in den 1990er Jahren schon vom „Stadtwerkesterben" die Rede war, konnten diese ihre Marktposition verteidigen und inzwischen sogar stärken, obgleich die beherrschende Stellung der „Big Four" (E.ON, RWE, EnBW, Vattenfall) unbestritten bleibt. Den kommunalen Energieunternehmen ist es zum einen gelungen, sich den neuen Wettbewerbsregeln anzupassen. Zum anderen wurden sie durch bundesgesetzliche Regelung dadurch geschützt, dass alle Versorgungsbetriebe mit unter 10.000 Kunden nicht der europäischen *debundling*-Vorgabe unterworfen wurden, was auf fast alle Stadtwerke in Deutschland zutrifft. Im Ergebnis kam es zu einer Re-Kommunalisierungsbewegung im Energiesektor, die darauf hinauslief, dass zum einen neue Stadtwerke gegründet wurden. Zum anderen werden Anlagen und Netze zurückgekauft und verzichten zahlreiche Kommunen darauf, ihre Konzessionsverträge mit den privaten Anbietern, von denen viele bis 2013 zu erneuern wären, zu verlängern, um wieder in die direkte Leistungserbringung einzusteigen. In einer Befragung aus dem Jahre 2011 gab ein Drittel der befragten Kommunen an, dass eine Rekommunalisierung im Bereich der Energieversorgung geplant sei, während nur 2 % angaben, eine weitere (Teil)Privatisierung anzustreben (vgl. Institut für den öffentlichen Sektor 2011: 6 ff.[101]). Ganz überwiegend (94 % der Nennungen) streben die Kommunen durch die Rekommunalisierung an, den kommunalen Einfluss und die Steuerung wahren zu wollen (ebd.: 8; siehe Abbildung 60).

Netzrückkäufe

Abbildung 60: Gründe von Rekommunalisierungsbestrebungen in der Energieversorgung

n = 120; Mehrfachnennungen möglich
Quelle: Institut für den öffentlichen Sektor 2011: 8

Als ein Beispiel zur Veranschaulichung sei die Stadt *Ahrensburg* in Schleswig-Holstein herausgegriffen (siehe folgend).

---

101 In die Befragung wurden 699 deutsche Kommunen mit mehr als 20.000 Einwohnern einbezogen (Rücklauf: 159 Gemeinden aus allen 13 Flächenländern; 22,7 %; vgl. Institut für den öffentlichen Sektor 2011: 6).

> Die Stadt Ahrensburg hat im Jahre 2006 den Vertrag mit *E.ON* gekündigt (vgl. WDR, Monitor, 27. April 2006). Unter der programmatischen Überschrift „Ahrensburg gibt Gas" wurden die Gasversorgung in städtische Eigenregie übernommen und die Versorgungsnetze von *E.ON* zurückgekauft, was dort allerdings auf erheblichen Widerstand traf, da der Konzern den Verlust von Kunden und damit Einnahmen verhindern wollte. Die Stadt hingegen erhoffte sich mit der Gründung des städtischen Gasunternehmens (*GAG*) jährliche Einnahmen von ca. 1,5 Mio. Euro, die dann in den kommunalen Haushalt fließen sollten. Das *Ahrensburger* Beispiel ist inzwischen bei vielen anderen Kommunen in Norddeutschland, die ähnliche Erfahrungen in der Versorgungswirtschaft gemacht haben, auf Zuspruch und reges Interesse gestoßen. Jedoch bleibt angesichts dessen, dass zunächst einmal zusätzliche Investitionen – in *Ahrensburg* ca. 11 Mio. Euro – nötig sind, um sich von den Energieversorgern unabhängig zu machen, abzuwarten, inwieweit diese Strategie der Re-Kommunalisierung tatsächlich zur „Nachahmung" taugt.

"Big Four" unter Druck

Unter dem Druck der EU-Kommission, die auf Verstärkung des Wettbewerbs im Energiesektor drängte, gingen außerdem die „Big Four" zunehmend dazu über, ihre (Minderheits-)Anteile an Stadtwerken aufzugeben[102]. Als besonders spektakulärer Fall kann hier der Rückkauf von E.ON-Anteilen an kommunalen Stadtwerken, der sog. Thüga-Holding, in Höhe von 3 Mrd. Euro durch ein Stadtwerke-Konsortium im Jahre 2009 genannt werden[103]. Vattenfall ist inzwischen ebenfalls unter Druck, seine Stadtwerke-Holdings zu verkaufen[104]. Im Jahr 2010 waren 700 von insgesamt 1.372 Stadtwerken in der Energieversorgung tätig, ein Drittel von ihnen in der Stromproduktion, die sich auf rund 10 % der gesamten Stromgewinnung des Landes beläuft (vgl. VKU 2009). Die Rolle der Kommunen und ihrer Stadtwerke in der Energieversorgung hat dadurch zusätzliche Dynamik erhalten, dass die Bundesregierung – in Reaktion auf die Reaktorkatastrophe von Fukushima – im Juni 2011 den Ausstieg des Landes aus der Atomstromgewinnung bis 2022 beschlossen hat. Damit stehen die deutschen Kommunen und ihre Stadtwerke, die seit je Vorreiter in der Anwendung energiesparender und regenerativer Technologien (insbesondere Kraft-Wärmekopplung) sind, vor neuen energiepolitischen Herausforderungen und Chancen.

kommunale Energie(spar)politik in Frankreich

Auch in Frankreich, wo der Energiemarkt weiterhin vom Stromgiganten *Electricité de France* (EdF) beherrscht wird, der sich nach wie vor zu 80 % in staatlichem Eigentum befindet und dessen Elektrizität zu 75 % nuklear gewonnen wird, spielen die Kommunen und ihre 230 kommunalen Energieunternehmen eine durchaus merkliche Rolle in der (lokalen) Energiepolitik. Gestützt auf ihre dezentralisierungsbedingt gestärkte Position haben die französischen Kommunen diese erweitern können (vgl. Wollmann/Baldersheim et al. 2010). Zum einen hat sich seit den 1980er Jahren zunehmend eine kommunale Energie(spar)politik etabliert und gingen einige Lokalregierungen dazu über, ihre eigenen, den lokalen Bedin-

---

102 2001 hatte das Bundeskartellamt festgelegt, dass externe Minderheitsbeteiligungen an kommunalen Stadtwerken 10 % nicht übersteigen dürfen.
103 Süddeutsche Zeitung, 13. August 2009.
104 Frankfurter Allgemeine Zeitung, 11. April 2009.

gungen besser angepassten (alternativen) Energieerzeugungssysteme aufzubauen, indem etwa kleinere Wasserfälle zur Energieerzeugung genutzt und auch auf Kraft-Wärme-Kopplung sowie Windenergie gesetzt wurde (ebd.). Zum anderen nutzen die Kommunen ihre Versorgungsnetze zunehmend als Einnahmequelle, da sie als *autorités organisatrices* im Rahmen der Konzessionsverträge Einfluss auf die Höhe der Abgaben, die Preisgestaltung und die Leistungsparameter nehmen können.

Im Vereinigten Königreich waren den Kommunen nach der 1946 durchgeführten vollständigen Verstaatlichung des bis dahin weitgehend kommunalen Energiesektors, der nach 1989 umfassend materiell privatisiert wurde (siehe oben), kaum Aufgaben in der lokalen Energieversorgung verblieben. Doch auch dort zeichnet sich inzwischen eine Wiederbelebung der energiepolitischen Aktivitäten der *local governments* ab. So hat die im Mai 2010 gebildete konservativ-liberale Koalitionsregierung die Kommunen ausdrücklich dazu aufgefordert, durch einen Wiedereinstieg in eigenes kommunales Engagement dazu beizutragen, dass das nationale Politikziel, bis 2020 den Anteil der erneuerbaren Energien am Gesamtverbrauch auf 15 % zu steigern, erreicht werden kann[105]. Inzwischen haben eine ganze Reihe von Städten, vorab Sheffield, Leeds und Bradford, entsprechende Projekte begonnen[106]. Zudem sind die Kommunen dazu übergegangen, bislang ausgelagerte Aufgaben wieder in eigene Trägerschaft zurückzunehmen (*insourcing*). In einer Befragung von 140 *local authorities* in England, Schottland und Wales gaben fast 60 % an, eine solche Rückübernahme bereits durchgeführt zu haben, vorzubereiten oder zu planen; knapp 20 % vermerkten, dass sie Dienstleistungen niemals extern vergeben („outgesourct") haben (vgl. APSE 2011: 11). Das *insourcing* umfasst ein breites Spektrum an Aufgaben, unter anderem Müllabfuhr, Abfallverwertung, soziale Dienste, Bildung, Wohnungswesen, Instandhaltung (ebd.: 15 ff.).

lokale Energiepolitik und insourcing im UK

Der Wassersektor bietet ein weiteres Anschauungsfeld für Gegen- und Korrekturstrategien zum Privatisierungstrend (Citroni 2010, Wollmann 2011). In Italien, wo die konservative *Berlusconi*-Regierung durch das *Ronchi* Dekret von 2009 einer weitgehenden Privatisierung der Wasserversorgung den gesetzlichen Boden bereitet hatte, wurde diese Entwicklung durch das nationale Referendum vom 11. Juni 2011 gestoppt, in dem mit überwältigender Mehrheit die Privatisierung der Wasserversorgung abgelehnt wurde. Die politische Kampagne, die dem Referendum vorausging, wurde wesentlich vom *Forum Italiano dei Movimenti per l'Acqua*, einer breiten (überwiegend linken) Bewegung getragen, der 150 Kommunen und verschiedene politische Gruppierungen angehören[107]. Diese Bewegung spiegelt den Grad der Politisierung (und teilweise Ideologisierung) wider, den die Ablehnung der „Privatisierung des Wassers" erreicht hat. Mit dem

keine „Privatisierung des Wassers" in Italien

---

105 Am 28. August 2010 richtete *Chris Huhne*, Secretary of State (Minister) for Energy and Climate Change, an alle Kommunen ein offizielles Schreiben, in dem er unter anderem ausführte, dass „for too long, Whitehall's dogmatic reliance on ‚big' energy has stood in the way of the vast potential role of local authorities in the UK's green energy revolution" (http://www.decc.gov.uk/publications/basket.aspx?FilePath=News%2f376-unlocking-local-power-huhne-letter.pdf&filetype=4#basket).
106 Vgl. die *league table* der energiepolitisch inzwischen aktiven Kommunen unter: http://www.aeat.com/cms/assets/MediaRelease/2011-press-releases/Microgeneration-Index-Press-Release-11th-March-2011.pdf.
107 http://www.fame2012.org/index.php?id=52.

Referendum dürfte dem Vordringen internationaler privater Wasserunternehmen ein Riegel vorgeschoben sein.

Auch in Deutschland, wo sich Großunternehmen, wie Veolia, Suez, RWE und E.ON, seit den 1990er Jahren in kommunale Stadtwerke „einkauften" und so in die vormals überwiegend kommunale Wasserversorgung vordrangen, zeichnet sich zunehmend eine Gegenbewegung ab. Beispielhaft ist die Stadt Stuttgart zu nennen, die 2003 ihre Wasserwerke an die EnBW verkauft hatte und deren Kommunalvertretung in Reaktion auf einen diesbezüglichen Bürgerentscheid im Juni 2010 beschloss, die Wasserwerke 2013 mit Auslaufen des Konzessionsvertrags - zurückzukaufen[108]. Eine lebhafte politische Kontroverse ist auch in Berlin um eine mögliche Rekommunalisierung der Wasserbetriebe entbrannt. Dort waren im Jahre 1999 49,9 % der Wasserbetriebe an Veolia und RWE verkauft worden. Im Juli 2012 hat das Land Berlin den Rückkauf der RWE-Anteile in Höhe von ca. 654 Mio. Euro beschlossen und auch der 24,95 %-Anteil von Veolia soll zurückgekauft werden (Berliner Morgenpost v. 9. August 2012).

Auch in Frankreich sind in den letzten Jahren Kommunen bzw. Verwaltungsgemeinschaften von der Delegation auf Regie umgestiegen. Als Grund hierfür wird unter anderem das Bestreben der öffentlichen Akteure genannt, sich unabhängig von den *grands groupes* (Veolia, Suez, SAUR) zu machen und einen stärkeren politischen Einfluss auf den Wassersektor in der Region zu erlangen. Dabei ist daran zu erinnern, dass sich trotz „generalisierter Delegation" in Frankreich der Löwenanteil der Trinkwassernetze (Ende der 1980er Jahre immerhin 99 %; vgl. Lachaume 1997: 67) weiterhin im Besitz der Kommunen befand, die als *autorités organisatrices* rechtlich die Möglichkeit haben, aus dem Konzessionsvertrag auszusteigen und die Produktion wieder in Eigenregie zu übernehmen (*sortir de la délégation*). Neben der Hauptstadt *Paris*, die – wegweisend für viele Kommunen – im Jahre 2010 ihre Wasserversorgung re-kommunalisierte, kann die Stadt *Grenoble* als weiteres spektakuläres Beispiel genannt werden. Als Ergebnis dieser Entwicklung stieg der Anteil der französischen Bevölkerung, deren Wasserversorgung von den Kommunen selber (*en régie*) betrieben wird, von 18 % im Jahr 1970 auf immerhin 28 % in 2008 (Bordonneau et al. 2010: 134).

> In Grenoble wurden die bis 1989 als Regie-Betrieb geführten, 1990 privatisierten und 1997 in eine institutionelle PPP (SEML) umgewandelten Wasserbetriebe mit Ratsentscheidung vom 20. März 2000 wieder re-kommunalisiert[109]. Die *Régie des Eaux de Grenoble* (REG) sind heute als „öffentliche Einrichtung" organisiert (*Etablissement Public Industriel et Commercial* – EPIC), die sich komplett in kommunalem Besitz befindet. Gleichzeitig wurde die Abwasserentsorgung „interkommunalisiert", ist also heute auf der Ebene der *Communauté d'Agglomération Greonoble-Alpes Métropole* (la Métro) angesiedelt. In einigen Regionen Frankreichs haben diese Maßnahmen zu regelrechten Kettenreaktionen dergestalt geführt, dass auf das Beispiel einer Kommune, die den Anfang macht, zahlreiche weitere folgen, so dass sich tatsächlich ein Trend zur Re-Kommunalisierung herauszuschälen scheint.

---

108 http://www.wasser-in-buergerhand.de/nachrichten/2010/stgt_fuer_rekommunalisierung_wasser.htm.
109 Vgl. http://www.reg-grenoble.fr/espacepublic/LaREG/quisommesnous.aspx, 30. August 2010.

Aber auch in anderen Handlungsfeldern sind Privatisierungen oder Verträge mit Privaten wieder rückgängig gemacht worden. Im Bereich der deutschen Müllentsorgung ist dies gar als „orange Revolution" bezeichnet worden (Engartner 2008: 70; Verbuecheln 2009). Beispielsweise re-kommunalisierte die nordrhein-westfälische Stadt Bergkamen, nachdem sie bereits Mitte der 1990er Jahre ihr Stromnetz zurückgekauft hatte, im Jahre 2006 auch die Abfallentsorgung (Schäfer 2007; Dreyfus et al. 2010). Diesem Beispiel folgte eine Vielzahl von weiteren deutschen Städten (Verbuecheln 2009; Gruner et al. 2009). Einer Studie aus dem Jahre 2007 zufolge planten zum damaligen Zeitpunkt immerhin 10 % der deutschen Kommunen, ihre Müllentsorgung zu re-kommunalisieren (Ernst & Young 2007: 16); im Jahre 2009 wurden 44 Fälle erhoben, in denen Re-Kommunalisierungspläne im Abfallbereich auf der Politikagenda standen (Gruner et al. 2009; Dreyfus et al. 2010). In Frankreich sind unter anderem die städtischen Schulkantinen (*restauration scolaire*) ein bekanntes Beispiel für Re-Kommunalisierungen (etwa in Le Havre, wo es nach prekären Leistungseinbrüchen des privaten Betreibers zur Re-Kommunalisierung kam). Einer Umfrage zufolge werden die Schulkantinen in französischen Großstädten inzwischen wieder mehrheitlich in kommunaler Eigenregie geführt (63 %) und in nur 37 % der Fälle „delegiert" oder ausgeschrieben (*marché public*; vgl. Dexia Crédit Local/AMGVF 2004; Kuhlmann 2009 a).

Bürgerbegehren als Privatisierungsbremse

Für Deutschland sei schließlich noch auf die Option einer direktdemokratischen Verhinderung von Privatisierungen hingewiesen, von der eine Vielzahl von Städten (erfolgreich) Gebrauch gemacht hat. So gab es zahlreiche Bürgerbegehren und Bürgerentscheide, die darauf zielten, politisch bereits beschlossene (Teil-) Privatisierungen von kommunalen Unternehmen und Infrastruktureinrichtungen zu blockieren. In NRW wurden in mehreren Großstädten Bürgerbegehren gegen (Teil-) Privatisierungen von Stadtwerken initiiert, die in einigen Fällen, so etwa in Düsseldorf, Hamm, Steinheim und Münster[110], auch die formellen Hürden (Abstimmungsquoren von 20 %) überwinden konnten, so dass die Unternehmen in kommunaler Hand blieben. Besonders häufig wurden Bürgerbegehren gegen die Privatisierung lokaler Infrastruktur – wie Bürgerbegehren generell – in Bayern registriert, das den Platz 1 im deutschen „Volksentscheid-Ranking" einnimmt (siehe Mehr Demokratie 2003). Im Bereich der kommunalen Wasserversorgungsunternehmen gingen die Bürgerentscheide in Bayern allesamt – soweit die Abstimmungsquoren erreicht wurden – zugunsten der Privatisierungsgegner aus.

Neben der Daseinsvorsorge richten sich „Anti-Privatisierungs-Begehren" in Deutschland auch auf Privatisierungspläne im Bereich der freiwilligen Selbstver-

---

110 In Düsseldorf stimmten im Jahr 2001 97.700 Bürger gegen den Verkauf der Stadtwerke, gegenüber 11.883, die sich dafür aussprachen. Die Abstimmungsbeteiligung lag bei 24,8 % der Wähler, so dass das Ergebnis rechtskräftig wurde. Ähnliches gilt für die Stadt Hamm, wo sich 79,3 % der Bürger, die an der Abstimmung teilnahmen gegen die geplanten Teilprivatisierung der Stadtwerke aussprachen, so dass die Stadtwerke zu 100 % im Eigentum der Stadt verblieben (Bogumil/Holtkamp 2002: 83 f. m. w. N.). Auch die Stadt Münster ist ein prominentes Beispiel für eine durch Bürgerentscheid gestoppte Teil-Privatisierung der kommunalen Stadtwerke (Libbe et al. 2004: 83 m. w. N.).

waltungsaufgaben, etwa Schwimmbäder, Bibliotheken, Kultureinrichtungen. Der Begehrensgegenstand ist dabei nicht unbedingt ein (Teil-)Verkauf, also die materielle Privatisierung, der betreffenden Einrichtungen, sondern oftmals „nur" eine funktionale Privatisierung über Betreibermodelle (vertragliche PPPs). In der Praxis bedeutet allerdings diese vermeintlich moderatere Form von Privatisierung auch eine erhebliche Abhängigkeit der Kommune von den Betreibern wie auch oftmals eine Abwendung von Gemeinwohlbelangen, wogegen sich dann der Widerstand von Bürgergruppen formiert. Ein illustratives Beispiel bietet die Stadt Erlangen, wo im Jahre 2005 die mittels PPP anvisierte Umwandlung des populären Erlanger Schwimmbades in ein Spaßbad durch Bürgerentscheid verhindert wurde (Ver.di 2005: 4). Damit hat sich bereits an zahlreichen Beispielen gezeigt, dass direktdemokratische Instrumente wirkungsvoll eingesetzt werden konnten, um kommunalpolitische Beschlüsse zur Privatisierung oder zum Teil-Verkauf lokaler Infrastruktur und kommunaler Versorgungsunternehmen zu revidieren.

Mobilisierung der Privatisierungsgegner

Das Mobilisierungspotenzial von überlokal agierenden sozialpolitisch engagierten Interessengruppen, allen voran die Gewerkschaft ver.di, und der Umweltschutzverbände, die die Belange von potenziellen „Privatisierungsverlierern" vertreten, hat sich als wichtiger Erfolgsfaktor von Antiprivatisierungskampagnen erwiesen (Bogumil/Holtkamp 2002: 84). Inzwischen gibt es eine Reihe von Städtebeispielen (z. B. Bielefeld, Münster), die belegen, dass schon allein die Androhung von Bürgerbegehren und die Befürchtung auf Seiten der Ratsmehrheit und der exekutiven Politik, ein Volksentscheid könnte für sie negativ ausgehen, diese dazu bewegen, ihre Privatisierungspläne wieder zurückzunehmen. Offensichtlich wird die durch erfolgreiche Bürgerentscheide einhergehende politische Niederlage als noch prekärer und verhinderungswürdiger angesehen als die budgetären und haushaltsrechtlichen Restriktionen, die man mit der Privatisierung zu lockern und zu beseitigen beabsichtigte.

4.4.5 Ländervergleich: Konvergenz, Divergenz, Persistenz und Erklärungsfaktoren

Konvergenz, Divergenz, Persistenz

Marktöffnung als „Mega-Trend"

Privatisierung, Vermarktlichung und Kommerzialisierung öffentlicher Leistungen haben sich als wesentliche „Mega-Trends" der Verwaltungsreform in europäischen und internationalen Kontext erwiesen. Die Privatisierung nationalisierter und kommunalisierter Wirtschafts-, Dienstleistungs- und Infrastrukturunternehmen sowie der Übergang von (überwiegend) öffentlicher zu vermehrt privat-gewerblicher Leistungserbringung bei gleichzeitiger Beschränkung öffentlicher Institutionen auf eine „Gewährleistungsfunktion" können als grundsätzlich gleichläufige Entwicklungen in den europäischen Staaten und ihren Verwaltungssystemen in den vergangenen zwanzig Jahren betrachtet werden. Neben der formalen und inzwischen zum großen Teil auch materiellen Privatisierung von Staatsbetrieben kam es auf der kommunalen Ebene europaweit zu vermehrten Ausgründungen von Eigengesellschaften und Unternehmen privaten Rechts (*corporatization*; Grossi/Reichard 2008). Zudem erweisen sich der *purchaser-provider-split* und die Einbindung privater Leistungsanbieter über Leistungsverträge (funktionale Privatisierung) als übergreifende (konvergente) Modernisierungstrends in den Verwaltungen Europas. Der öffentliche Sektor ist als Folge dieser Entwicklungen in vielen europäischen Ländern nicht nur numerisch geschrumpft (siehe Abbildung 5), sondern er hat sich auch sektoral stärker ausdifferenziert und fragmentiert, da zahlreiche externe, monofunktional operierende „Erfüllungsgehilfen" in die öffentliche Leistungserbringung eingebunden wurden und sich Staat und Kommunen als direkte Produzenten öffentlicher Güter zurückgezogen haben.

Die hierarchische Steuerung über die Kernverwaltungen ging zurück, während ausgegliederte und privatisierte Leistungsbereiche hinzukamen und nunmehr einen zunehmend unüberschaubarer werdenden Kranz von privaten oder halb-öffentlichen (para-gouvernementalen/-munizipalen) „Satelliten" bilden. In den untersuchten Ländern hat sich die Akteurslandschaft im Bereich der öffentlichen Aufgabenerledigung erheblich ausdifferenziert und das Modell des „Gewährleistungsstaates" immer mehr an Bedeutung gewonnen. Für die europäischen Kommunalsysteme kann der im Vereinigten Königreich konstatierte „shift from a system of local government to a system of local governance" (Stoker 1999: 41) als charakteristisch insgesamt angesehen werden. Hierbei hat Frankreich aufgrund seiner „Delegationstradition" einen Vorsprung, während die anderen Länder entsprechend konvergierende Entwicklungsmuster in diese Richtung aufweisen. Gleichläufigkeiten ergeben sich aber auch im Hinblick auf die Wirkungen der „Satelliten-Bildung" (vgl. Lachaume 1996: 67; Kuhlmann 2009 a: 167), da sie durchweg zu vermehrten Steuerungs- und Kontrollproblemen, Transaktionskosten und Transparenzdefiziten geführt hat, zu deren theoretischer Erhellung die – oft zur Begründung der Privatisierungsoption herangezogene – Neue Institutionenökonomik mit ihrer Principal-Agent-Theorie hervorragend beitragen kann (vgl. Reichard 2002).

Unbeschadet der generellen europäischen Konvergenz in der Privatisierungsdiskussion und (teilweise) Privatisierungspraxis sind gleichwohl beachtliche Unterschiede in der Reichweite, Intensität und Art und Weise der Maßnahmenumsetzung zwischen den einzelnen Ländern (aber auch innerhalb der Länder zwischen Sektoren und Verwaltungsebenen) auszumachen. Dabei kann das Vereinigte Königreich als marktradikales Privatisierungsmodell herausgestellt werden, das aufgrund der zeitgleichen Entmachtung der *local governments* als Monopolanbieter zahlreicher Leistungen stark zentralisierende Züge trägt und das von Pollitt/Bouckaert (2004) – zusammen mit Neuseeland – der Gruppe der *marketizing-* und *minimizing*-Länder zugerechnet wurde („that have gone further and faster down the roads of marketizing and minimizing"; Pollitt/Bouckaert 2004: 179). Sie haben sich in der Modernisierung des öffentlichen Sektors am stärksten von Liberalisierungsideen und NPM-Konzepten leiten lassen.

Schweden und Frankreich können anknüpfend an Pollitt/Bouckaert als *modernizer* eingestuft werden, da die Privatisierung maßvoller erfolgte und in die jeweils bestehende Verwaltungskultur und Wohlfahrtsstaatstradition eingebettet wurde. In Schweden wurde dabei in erster Linie eine Modernisierung des Wohlfahrtsstaates durch Wettbewerbsöffnung und Anbieterpluralisierung vorgenommen, die durch soziale Regulierungen und Elemente der Nutzerdemokratie flankiert wurde. Die Privatisierung von Staatsbetrieben hat in Schweden bei

Marginalien:
para-gouvernementale „Satelliten"

Steuerungs- und Kontrolldefizite

marketizer/minimizer vs. modernizer

Weitem nicht das Ausmaß anderer europäischer Länder erreicht und materielle Privatisierungen sind nach wie vor die Ausnahme. Auch in Frankreich setzte die Wettbewerbsöffnung auf nationaler Ebene nur schrittweise und sehr spät ein, was ebenfalls mit dem Versuch im Zusammenhang zu sehen ist, überkommene Strukturen gemäß der französischen Tradition des *Service Public* zu erhalten und notfalls gegen Widerstand zu verteidigen. Auch im lokalen Raum wurden besondere rechtliche Vorkehrungen für einen privilegierten Zugriff öffentlicher Akteure auf teilprivatisierte Unternehmen (SEML) getroffen und sind zudem aufgrund der langjährigen Praxis von Konzessionierung keine radikalen Schritte in Richtung Funktionalprivatisierung nötig, so dass man hier auch von *modernizing* (im Sinne der Typologie von Pollitt/Bouckaert) sprechen kann.

Deutschland wurde von Pollitt/Bouckaert zu Beginn der 2000er Jahre als *maintaining-*/ansatzweise *modernizing*-Land qualifiziert, das auf der Grundlage der im Wesentlichen fortbestehenden Politik- und Verwaltungsstrukturen eher anpassende NPM-Veränderungen betreibt. Mit Blick auf die nationale Privatisierungspolitik der 1990er Jahre kann an dieser Eingruppierung jedoch nicht festgehalten werden. Zum einen verschärfte sich nach den vergleichsweise maßvollen Privatisierungsplänen zu Beginn der *Kohl*-Ära im Verlaufe der 1990er Jahre der Privatisierungsdruck rasant, so dass sich von den großen staatlichen Infrastrukturunternehmen heute nur noch die Bahn zu 100 % in Staatsbesitz befindet, deren Börsengang auch „nur" an der Finanzmarktkrise, nicht aber am fehlenden nationalen Politikwillen (vorläufig) scheiterte. Unabhängig von der politischen Couleur der Regierungen seit 1982 und (im Unterschied etwa zu Frankreich, Italien und zum Vereinigten Königreich) ohne nennenswerten Widerstand der Gewerkschaften entwickelte sich Deutschland seit Mitte der 1990er Jahre zum „fleißigen Übererfüller" (Deckwirth 2008: 87) europäischer Liberalisierungsvorgaben und verabschiedete die drei großen Liberalisierungsgesetze (Bahn 1994, Telekom 1996, Post 1997) in einem breiten nationalen Privatisierungskonsens. Vor diesem Hintergrund spricht manches dafür, dass sich Deutschland – zumindest mit Blick auf die nationale Ebene – vom *maintainer* zum *marketizer/minimizer* entwickelt hat, was sich auch im deutlichen Rückgang der Staatsbeschäftigtenquote von 12,2 % (1995) auf 9,6 % (2008) zeigt. Damit rangiert Deutschland in der OECD-Schlussgruppe, d. h. klar hinter Schweden (26,2 % in 2008) und Frankreich (21,9 %), aber auch markant hinter Italien (14,3 %), dem Vereinigten Königreich (17,4 %) und Ungarn (19,5 %), in etwa gleichauf mit Polen (9,7) und der Schweiz (9,7; vgl. OECD 2011; siehe Abbildung 24). Für die deutsche Kommunalwirtschaft als nach wie vor dominantem Standbein der Daseinsvorsorge ist die *marketizer/minimizer*-Einordnung teilweise etwas zu relativieren, da zwar auch dort zunehmend liberalisiert und privatisiert worden ist. Jedoch befinden sich die lokalen Strom-, Gas- und Wasserversorger nach wie vor überwiegend in kommunalem Besitz und finden sogar Rückkäufe teilprivatisierter Betriebe statt, so dass die Persistenz (*maintaining*) traditioneller Versorgungsstrukturen hier ausgeprägter ist.

Ein ähnliches Profil ergibt sich für Italien, das nach zurückhaltenden (formalen) Privatisierungsschritten zu Beginn der 1990er Jahre im weiteren Verlauf des Jahrzehnts das – gemessen am Einnahmevolumen – europaweit umfassendste Privatisierungsprogramm implementierte. Im Unterschied zu Deutschland als „Übererfüller" und „Antizipierer" europäischer Vorgaben war die EU-Politik in Italien

von maintaining zu minimizing?

einer der wesentlichen Auslöser und maßgebliche Triebkraft der Privatisierung, die sich von Privatverkäufen bis hin zu großen Börsengängen erstreckte. Nach dem Rückzug des Staates aus den Industrieunternehmen, dem Banken- und Versicherungssektor und schließlich schrittweise aus den großen Infrastrukturunternehmen erreichte die italienische Entstaatlichungspolitik Mitte/Ende der 1990er Jahre einen Höhepunkt. Wenngleich der italienische Staat nach wie vor unternehmerisch substanziell tätig ist und der Wandel vom *Stato impreditore* zum *Stato regolatore* nicht abgeschlossen scheint (Mayer 2006: 205), kann Italien mit Blick auf den Privatisierungsumfang der vergangenen zwei Jahrzehnte doch mit Recht der Gruppe von *marketizing/minimizing*-Länder zugeordnet werden. Dies findet auch darin Bestätigung, dass die Staatsbeschäftigtenquote in Italien bei 14,3 % (2008) und damit deutlich unter jener in Schweden und in Frankreich und sogar noch geringfügig unter der Quote des Vereinigten Königreichs liegt (OECD 2011).

Neben der Intensität und Reichweite unterscheiden sich zudem die Instrumente und Formen der Privatisierung in den europäischen Ländern, so dass es auch hier zu „divergence within convergence" kommt. Während in Schweden nach wie vor auf nationaler Ebene die Formalprivatisierung als dominante Privatisierungsstrategie vorherrscht und auf lokaler Ebene die Funktionalprivatisierung vordrang, wurde im Vereinigten Königreich, Deutschland, Italien wesentlich stärker materiell privatisiert. Dies zeigt sich einerseits bei den Staatsbetrieben, vor allem den Infrastrukturunternehmen. Es wird aber auch im kommunalen Wirtschaftssektor deutlich, wo zunehmend auf gemischtwirtschaftliche Unternehmen und private Kapitalbeteiligung gesetzt wurde. Insoweit ist die Privatisierungspolitik in diesen Ländern radikaler, da sie mit einer nicht mehr einseitig rückholbaren Veräußerung öffentlichen Eigentums einhergeht. Dagegen weist Frankreich wiederum Ähnlichkeiten zu Schweden insoweit auf, als auch hier im kommunalen Raum eher auf *purchaser-provider-split* – allerdings anknüpfend an die über 100-jährige Konzessionierungskultur – gesetzt wurde und damit die Möglichkeit erhalten bleibt, dass die öffentliche Hand unilateral beschließen kann, die Anlagen wieder *en régie* zu übernehmen, was inzwischen wieder verstärkt zu beobachten ist.

„divergence within convergence"

Abbildung 61: Diskurskonvergenz und Praxisdivergenz der Privatisierung im Ländervergleich

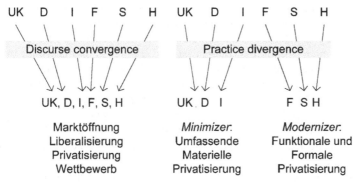

Quelle: eigene Darstellung

Erklärungsfaktoren

Die beschriebene diskursive und institutionelle Konvergenz in der Privatisierungspolitik der europäischen Staaten hat exogene und endogene Bestimmungsfaktoren, welche auf die eingangs skizzierten Erklärungsansätze des Neuen Institutionalismus verweisen. Neben den wirtschaftlichen Krisenerscheinungen und wachsenden Finanzierungsproblemen des Wohlfahrtsstaates, als entscheidenden makro-ökonomischen Auslösern des internationalen Privatisierungsdiskurses [111], ist als eine wesentliche konvergenzfördernde (exogene) Triebkraft im hier behandelten Reformbereich die EU-Politik herauszustellen.

makro-ökonomische Auslöser

Theoretisch kann dabei auf den Soziologischen Institutionalismus rekurriert werden, der isomorphe Anpassungen unter anderem aufgrund von (externem) Zwang – *coercive isomorphism* – unterstellt, also im Falle der EU als Anpassung aufgrund von Rechtspflichten. Zwar kann die EU eine Privatisierung öffentlicher Unternehmen nicht verfügen. Jedoch ist die Kommission bei Verstößen öffentlicher Unternehmen gegen die Wettbewerbsregeln befugt, geeignete Richtlinien und Verordnungen an die Mitgliedsstaaten zu erlassen, die dann unmittelbar *coercive pressure* generieren. So wurde einerseits von der Möglichkeit Gebrauch gemacht, über sektorale europäische Regulierungen Infrastrukturbereiche zu liberalisieren (etwa EU-Richtlinie Strom, EU-Richtlinie über die Verwertung von Gewerbeabfällen etc.). Darüber hinaus sind die im Vertrag verankerten Regelungen zum Binnenmarkt, zum europäischen Wettbewerbsrecht, das europäische Vergaberecht (Schmidt 2008; Töller 2010) und die Rechtsprechung des EuGH, also der Rechtsbereich der negativen Integration, relevant im Sinne von *coercive pressure* (Schmidt 2004: 18 f.; Töller 2010). Diese Regelungen führten dazu, dass durch den Ausschreibungswettbewerb Privatisierungen zunehmen, da kommunale Unternehmen wegen des unsicheren Verfahrensausgangs oftmals nicht mehr antreten oder private Unternehmen Konzessionen erhalten. Ähnliches gilt für das Beihilfeverbot der Art. 87 ff. (vgl. auch Blauberger/Töller 2011), wo durch den Wegfall von Beihilfen an öffentliche Unternehmen der Effizienzdruck zur Privatisierung zunahm und private Unternehmen Marktanteile hinzugewannen[112].

coercive isomorphism durch EU-Recht

Normative pressure wurde dagegen durch die Europäische Kommission in jenen Handlungsbereichen erzeugt, in denen es ihr an eigenen Regulierungskompetenzen mangelt. Dies erfolgt zum einen dadurch, dass den kommunalen Akteuren spezifische Techniken (OMK, Benchmarking, Peer review) zum „wechselseitigen Erlernen" nahegelegt werden. Zum anderen wird die mimetische Nachahmung bestimmter Organisationsvarianten (Privatisierung) und Verfahren (wettbewerbszentrierte Steuerung) bei der Leistungserbringung dadurch befördert, dass die Kommission normative Konzepte über die bevorzugte Art und Weise der Leistungserbringung in der lokalen Daseinsvorsorge verbreitet und über das *Framing* (Rein/Schön 1993; Quack 2005) Einfluss ausübt. Die übergreifende neoliberale Diskurskonjunktur der 1980er und 1990er Jahre ist somit durch die EU maßgeblich befördert worden und bietet eine wesentliche

normativer Druck und framing

---

111 So veräußerten viele deutsche Kommunen ihre Betriebe, Einrichtungen und Infrastruktur vor allem mit dem Ziel, den Verwaltungshaushalt zu entlasten und aus der staatlichen Haushaltssicherung herauszukommen (vgl. Bogumil/Holtkamp 2002: 81).

112 Es sind allerdings – wie auch beim Vergaberecht – allgemeine sowie sektorspezifische Ausnahmen zu beachten (siehe Inhouse-Lagen; Altmark Trans-Urteil des EuGH, etc.).

Erklärung für die Überzeugungskraft, die der Slogan „private is better than public" über Länder und Sektoren hinweg – wenn auch mit Unterschieden (siehe weiter unten) – entfalten konnte.

Einerseits lässt sich die Konvergenz der Privatisierungsbewegung demnach als eine exogen und *top down* durch die EU-Institutionen angestoßene oder zumindest beschleunigte Entwicklung interpretieren (sog. *downloading*; vgl. Dyson/Goetz 2003), die durch *coercive* bzw. *normative pressure* gekennzeichnet ist. „Anpassung durch Zwang" trifft dabei im hier untersuchten Ländersample vor allem auf Italien und Frankreich, eingeschränkt auch auf Schweden und Ungarn sowie im deutschen Fall auf den Energie-, teils den Abfallsektor zu, wo Privatisierungen durch die EU-Politik (Richtlinien, sektorspezifische Regulierungen, Beihilfepolitik, ökonomische Auswirkungen der Binnenmarktpolitik, Konvergenzkriterien der Wirtschafts- und Währungsunion) unmittelbar und mittelbar ausgelöst worden sind.

downloading und uploading

Andererseits gab es im europäischen Politikkontext auch *bottom up*-Prozesse (*uploading*), die von einzelnen Mitgliedsstaaten (endogen) ausgingen, diffundierten und schließlich (exogen) „europäisierend" wirkten. Dies trifft insbesondere auf das Vereinigte Königreich zu. Wenn einerseits *Margaret Thatcher* als europafeindlich bezeichnet wurde (Mergel 2005: 198 f.), so war doch andererseits der Einfluss des britischen Privatisierungsmodells auf die EU – und vermittelt über diese auch auf ihre Mitgliedsstaaten – signifikant (Drews 2008: 41). In nahezu allen Bereichen der öffentlichen Infrastruktur war das Vereinigte Königreich innerhalb der EU Vorreiter bei den Prozessen der Kommerzialisierung, Privatisierung und Liberalisierung. Dies führte dazu, dass das britische Modell – ungeachtet aller Mängel – zum Maßstab für die Reorganisationsprozesse in anderen Ländern sowie für die Diskurse und Leitbilder auf europäischer Ebene wurde und sich die Europäische Kommission sogar explizit auf die Dynamiken im Vereinigten Königreich bezog (Dickhaus/Dierz 2004: 46). Ähnliche *bottom up*-Entwicklungen gingen von der deutschen Politik aus, die sich ebenfalls als Promotor einer forcierten europäischen Liberalisierungsbewegung erwies. So war die EU im Bereich der staatlichen Infrastrukturunternehmen keinesfalls Auslöser der Privatisierungsprozesse, sondern sie verhalf den bereits laufenden Verhandlungen zum Durchbruch bzw. beschleunigte diese (Deckwirth 2008: 87). Hier zeigt sich also, wie die EU „genutzt" wurde („*usage of Europe*"; vgl. Goetz 2006), um einerseits bestimmte nationale Politikpräferenzen im eigenen Land zu legitimieren und andererseits den Politikkurs auf europäischer Ebene zu beeinflussen.

Die konvergenten Muster im europäischen Privatisierungsdiskurs sind aber auch endogen dadurch bedingt, dass sich in den betrachteten Ländern „Privatisierungskoalitionen" bildeten, die eine ideologische Öffnung zum Marktmodell und zur Liberalisierungspolitik einte. Diese Konstellation kann mit den Instrumenten des akteurzentrierten Institutionalismus theoretisch erfasst werden, der die Verhaltenspräferenzen von Vetospielern und die Handlungsstrategien von Akteuren, vor allem die Programmatik und die wahlpolitischen Ziele (*policy*- und *vote-seeking*) nationaler Parteien und lokaler Politikakteure in den Blick nimmt. In Deutschland kann dies beispielhaft an der ideologischen Wende der beiden großen Volksparteien abgelesen werden, deren Regierungen sich nach 1982 auf

Privatisierungskoalitionen

einen breiten Privatisierungskonsens stützen konnten, flankiert durch eine geringe Mobilisierung von Seiten der Gewerkschaften (abgesehen von der Postgewerkschaft), so dass die Vetospielerkonfiguration „privatisierungsfreundlich" war. Die Privatisierungspolitiken der unterschiedlichen Regierungen konnten mehr oder minder nahtlos an die jeweiligen Vorgänger anknüpfen und eine nennenswerte Parteiendifferenz ist nicht zu erkennen. Auch in Italien gab es – hier allerdings gegen den Widerstand der Gewerkschaften – einen weitgehenden politisch-ideologischen Privatisierungskonsens der relevanten Politikakteure auf nationaler Ebene. Dieser stütze sich darauf, dass Privatisierungen als Politikstrategie genutzt und legitimiert wurden, um die Inbeschlagnahme der Staatsunternehmen durch die Parteien zu brechen (*consociativismo*; Berti 1998) und die engen Beziehungen zwischen dem Management der Staatsbetriebe und der politischen Klasse zu lösen, die sich zu Beginn der 1990er Jahre aufgrund zahlreicher Korruptionsvorwürfe in einer tiefen Legitimationskrise befand. Aus akteurzentrierter Perspektive kann also auch hier die Privatisierungspolitik aus den Handlungspräferenzen der Politikakteure erklärt werden, die den wahlpolitischen Zielen (*vote-seeking*) der Regierungsparteien entgegenkam.

Gleichwohl hat die Analyse gezeigt, dass die Länder unterschiedlichen NPM-Pfaden folgten und verschiedenen Reformtypen zuzuordnen sind (*divergence within convergence*), was auf fortbestehende und sich teils verstärkende Unterschiede zwischen ihnen verweist. Zur Erklärung kommen zu allererst – wiederum anknüpfend an den akteurzentrierten Institutionalismus – die handelnden Politik- und Verwaltungsakteure ins Spiel. Denn diese verfügen über erhebliche Wahlfreiheiten, etwa bei der Initiierung oder auch Verhinderung von Privatisierungsmaßnahmen sowie bei der (Nicht-)Umsetzung europäischer Vorgaben. In den europäischen Ländern bestand ein erheblicher Spielraum hinsichtlich der Frage, ob und inwieweit die Privatisierungslogik des NPM aufgegriffen und umgesetzt wird. So erklärt sich die Radikalität der britischen Privatisierungsmaßnahmen wesentlich aus dem politischen Kraftakt der *Thatcher*-Regierung, der im eigenen Land kaum Vetoakteure entgegenstehen, und ihrer marktliberalen Politikideologie, die dann auf Europa insgesamt zurückwirkte. Dagegen verlief die Liberalisierung der deutschen Kommunalwirtschaft aufgrund einer Akteurskoalition aus Bundesregierung, EU-Kommission und Kommunen weniger einschneidend und wurde sogar eine Re-Kommunalisierung befördert. Zudem ist die Rücknahme von Privatisierungsplänen oder der Rückkauf von Anlagen auf der lokalen Ebene vielfach durch wahltaktische Überlegungen der kommunalen Politikakteure angetrieben (*vote-seeking*), für die ein erfolgreiches Bürgerbegehren gegen eine kommunal beschlossene Privatisierungsmaßnahme eine empfindliche „Schlappe" darstellt, die sie mit allen Mitteln verhindern wollen. Die Vetospielerkonfiguration erweist sich auch als erklärungskräftig für die gemäßigteren bzw. verzögerten Privatisierungsmaßnahmen im französischen und schwedischen Fall. Im Ersteren gab es „lebendigen" Widerstand gegen Privatisierungen, so dass diese nur in schwierigen Kompromisskonstellationen durchgesetzt werden konnten (vgl. Beckmann 2008: 126). In Letzterem waren materielle Privatisierungen – von Ausnahmen abgesehen – kaum konsensfähig, so dass auf gemäßigtere wettbewerbsorientierte Modernisierung gesetzt wurde, die sich allerdings auf breite Politikallianzen stützen kann (so in Schweden; vgl. Schalauske/Streb 2008: 215).

Insgesamt lässt sich die Varianz in der Privatisierungspolitik der europäischen Länder somit zum einen auf nationale oder lokale Vetospielerkonfigurationen und die Politikpräferenzen handelnder Akteure zurückführen (Mayer 2006: 275), bei denen allerdings Parteiendifferenzen nur bedingt eine Rolle spielen, wie die Beispiele des Vereinigten Königreichs und Deutschlands zeigen. Zum anderen erklärt sich die Privatisierungsvarianz zwischen den Ländern aus ihren jeweiligen Verwaltungs- und Public Sector-Kulturen, die den Korridor möglicher Privatisierungsschritte beeinflussten. Dies trifft auf die konsensgestützte Kultur des schwedischen *folkshemmet* und des gesellschaftsintegrierenden *Service Public* in Frankreich ebenso zu wie auf die deutsche Kommunaltradition der Stadtwerke oder die lokal verwurzelten *municipalizzate* in Italien, die trotz Privatisierungsdruck eine erstaunliche Beharrungs- und Überlebensfähigkeit bewiesen haben. Somit findet trotz aller Privatisierungsdynamik und EU-bedingten Diffusionsprozesse die Annahme des Historischen Institutionalismus Bestätigung, wonach verwaltungskulturelle Prägungen und öffentlichen Sektor-Kulturen pfadabhängige Institutionalisierungsverläufe zeitigen und Persistenzen oder auch Divergenzen bewirken. Anknüpfend an die konzeptionellen Überlegungen in Kapitel 2.3 lässt sich die theoretische Erklärung der nationalen Reformpfade im Bereich der Privatisierungspolitik wie folgt zusammenfassen.

<small>Staats- und Verwaltungskultur</small>

Abbildung 62: Theoretische Erklärung der Reformentwicklung im Bereich Privatisierung

Faktor	Erklärungsansatz	Neo-institutionalistische Theorierichtung
Exogene Erklärungsfaktoren (supra-/international)		
EU-Politik; Binnenmarktöffnung		
Wirtschafts- und Fiskalkrise	Coercive Isomorphism, Normative Pressure, Framing, Usage of Europe	Soziologischer Institutionalismus
NPM-Diskursdominanz		
Endogene Erklärungsfaktoren (national/lokal)		
Pro- und Anti-Privatisierungskoalitionen; Politikallianzen	Policy-/Vote-Seeking; Vetospieler-konfigurationen	Akteurzentrierter Institutionalismus, Vetospieler-Theorie
Verwaltungs- und Wohlfahrtsstaatstraditionen	Pfadabhängigkeiten, lock-in-Effekte, critical junctures	Historischer Institutionalismus

Quelle: eigene Darstellung

4.5 Binnenmodernisierung der Verwaltung und Reformen im öffentlichen Dienst

4.5.1 Begriffsbestimmung und reformpolitische Einordnung

Weiter oben wurde bereits ausgeführt (vgl. Kapitel 4.1), dass die Binnenmodernisierung der Verwaltung seit den 1980er Jahren stark von der internationalen Reformdoktrin des New Public Management geprägt wurde. Es bestand die Forderung, die regelgesteuerte Verwaltung, der Budgetmaximierung und bürokratische Verkrustung vorgeworfen wurden, in ein „kundenfreundliches Dienstleistungsunternehmen" umzuwandeln, das ergebnis- und kostenorientiert zu steuern sei (Hood 1991; Reichard 1994; Schedler/Proeller 2000). Hierzu sollten Instrumente der Output-Steuerung, Zielvereinbarungen, Controlling-Systeme und ökonomische Leistungsanreize eingeführt, hierarchische Strukturen aufgebrochen und eine klare Funktions- und Rollentrennung zwischen Politik und Verwaltung vorgenommen werden (im Einzelnen siehe Bogumil et al. 2007: 23 ff.). Effizienz und Effektivität sollten durch eine dezentrale Ressourcenverantwortung und eine entsprechende Umgestaltung der Aufbauorganisation (große betriebsähnliche Fachbereiche, Ergebniszentren, *Profit Centers*), Verfahren der Performanzsteuerung (Kosten- und Leistungsrechnung, Produktkataloge, Kennzahlensysteme, Berichtswesen) und ein leistungsbezogenes Personalmanagement gesteigert werden. Sowohl die Steuerung der internen Verwaltungsabläufe als auch jene der Verwaltung durch die Parlamente sollten nunmehr auf der Basis von Kontrakten und Zielvereinbarungen erfolgen. Durch Wettbewerbsmechanismen, insbesondere Leistungsvergleiche, Benchmarking und „Kundenmacht", sollte das neue System der Verwaltungssteuerung „unter Strom gesetzt" werden (vgl. KGSt 1993). Im Rahmen der internationalen NPM-Bewegung stellt dieses Maßnahmenbündel die binnenstrukturelle Mikrodimension des NPM dar (siehe Kapitel 2.2.2). Abbildung 63 verdeutlicht noch einmal die wichtigsten Merkmale der klassischen Weber'schen Verwaltungsorganisation, an deren Kritik das NPM ansetzt, und stellt diesen die Reformvorschläge des NPM im Bereich der Binnenmodernisierung gegenüber.

Lässt sich damit ein weitgehend konvergenter NPM-inspirierter Reformdiskurs feststellen, so werden doch in der Umsetzung und Handhabung der verschiedenen Reforminstrumente erhebliche Unterschiede zwischen den Ländern deutlich, worauf im Folgenden genauer einzugehen ist. Für die europäischen Verwaltungen kann grundsätzlich die Feststellung getroffen werden, dass eine radikale NPM-angeleitete und top-down implementierte Managerialisierung des öffentlichen Sektors, wie sie für das Vereinigte Königreich (ähnlich für Neuseeland) charakteristisch war, in der Mehrheit der Verwaltungen nicht stattgefunden hat: "Only New Zealand rivals the British commitment to this style of public sector reform" (Stoker 1998: 374). Dagegen kann man in Kontinentaleuropa zwar von einer signifikanten, aber keinesfalls umwälzenden Umsetzung des NPM-Konzeptes sprechen (Bouckaert 2006; Kuhlmann 2009 a). Dies bedeutet allerdings nicht, dass die Reformaktivitäten etwa auf den Gebieten der Delegation von Verantwortung, Verselbstständigung von Verwaltungseinheiten, Performanzsteuerung oder Leistungsbezahlung im öffentlichen Dienst gering wären. Sie fügen sich nur in den jeweiligen verwaltungskulturellen Kontext ein und sind weniger von jener *„hyperactive quality"* (Stoker 1998: 374), die am britischen Reformansatz kritisiert wurde.

Abbildung 63: Gegenüberstellung von klassischer Verwaltung und NPM-Reformvorschlägen

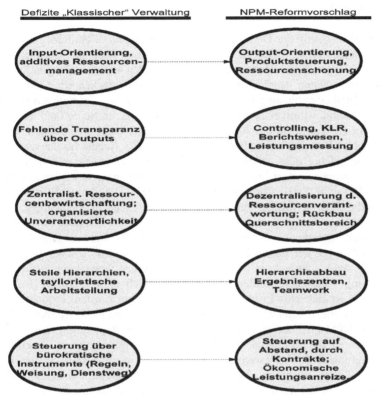

Quelle: eigene Darstellung

In diesem Zusammenhang ist auch darauf hinzuweisen, dass das umfassende Verständnis von NPM vielfach dazu geführt hat, dass andere, eher traditionelle und sektorale Reformschritte, die auf frühere (vor-NPM-)Reformdiskurse zurückgehen, oftmals vernachlässigt wurden, da sie vom NPM quasi „aufgesogen" wurden (Jaedicke et al. 2000: 57). Dies betrifft beispielsweise im deutschen Kontext die Bürgerämter, die keine NSM-Erfindung, sondern schon Anfang der 1980er Jahre in gänzlich anderem Kontext entstanden waren (vgl. Liedtke/Tepper 1989). In der Praxis sind allerdings die „klassischen" Reformansätze schwer von NPM-inspirierten Maßnahmen zu trennen; ganz im Gegenteil werden beide häufig kombiniert und amalgamiert. Dies gilt es im Auge zu behalten, wenn im Folgenden die Verwaltungsmodernisierung vergleichend betrachtet wird, wiederum mit besonderem Fokus auf die sechs Länderrepräsentanten der verschiedenen europäischen Verwaltungsprofile. Dabei stehen drei Reformbereiche im Mittelpunkt:

traditionelle vs. NPM-Modernisierung

(1) Organisationsstrukturen
(2) Verfahren und Steuerungsinstrumente
(3) Personal

4.5.2 Organisationsstrukturen

Ministerialverwaltung: Agenturbildung

Die Modernisierung der Organisationsstrukturen in den öffentlichen Verwaltungen Europas war seit den 1980er Jahren stark vom Gedanken der Dezentralisierung[113], Hierarchieabflachung und institutionellen Verselbständigung von Organisationseinheiten geprägt. Inspiriert vom NPM-Gedanken einer klaren Rollen- und Funktionstrennung zwischen politisch-exekutiver Führung auf der einen Seite und administrativer Durchführung auf der anderen Seite, fand auf ministerialer Ebene vor allem das Agenturmodell in einer Reihe von Staaten Verbreitung (Döhler/Jann 2007: 8 ff.; Bach et al. 2010: 15 ff.). Angesichts der vermehrten Gründung solcher quasi-autonomen Verwaltungseinheiten (*executive agencies*) in den vergangenen zwei Jahrzehnten wurde schon von *agency fever* gesprochen (vgl. Pollitt et al. 2001; Christensen/Lægreid 2005). Die Funktion der Agencies besteht dabei darin, Vollzugs- und Regulierungsaufgaben zu übernehmen, welche zuvor in Ministerien angesiedelt waren. Die Verwaltung soll „entpolitisiert" und die Politik strategie- und steuerungsfähiger gemacht werden. Die Agenturen sollen dabei von der politischen Führung (Minister) „auf Abstand" *(„at arm's length")* – und nicht mehr im klassisch-bürokratischen Wege durch hierarchische Anweisung – gesteuert werden (Talbot 2004; Bach et al. 2010: 55 ff.), wofür wiederum der Betriebswirtschaft Instrumente entlehnt wurden (Produktbudgets, Leistungsverträge, kennzahlenbasiertes Controlling etc.; siehe Abbildung 12).

Die NPM-inspirierten Agencies sind von den Regulierungsagenturen zu unterscheiden, die im Zuge der EU-Binnenmarktliberalisierung als Gegenpol zur Privatisierung und Wettbewerbsöffnung installiert worden sind. Sie markieren den oft zitierten Übergang vom Leistungsstaat zum Gewährleistungs- und Regulierungsstaat, der anstelle von Eigenproduktion nur noch dafür Sorge tragen soll, dass in den neuen Märkten, die es früher nicht gab, ein fairer Wettbewerb durchgesetzt wird (Döhler 2008: 276). Hierzu bedient er sich quasi-autonomer Regulierungsagenturen, deren Politikferne einerseits die Glaubwürdigkeit regulativer Politik erhöhen soll (Pollack 1997; Bach et al. 2010: 21). Andererseits zielt die monofunktionale Ausrichtung der Agenturen darauf ab, die Informationsbeschaffungs- und Informationsverarbeitungskosten zu senken, die für klassische Verwaltungen in hochspezialisierten Regulierungsfeldern anfallen (McCubbins/Page 1987: 417). Hinsichtlich der Funktionsweise und Steuerungsprobleme weisen allerdings NPM- und Regulierungsagenturen eine Reihe von Ähnlichkeiten auf (vgl. Bach et al. 2010: 28 ff.).

---

113 Korrekterweise wäre hier von „Dekonzentration" zu sprechen, da Vollzugskompetenzen (etwa Verantwortung über Personal, Budgets etc.) innerhalb der Verwaltung „nach unten" delegiert/dekonzentriert werden, womit keinerlei Veränderungen in den politischen Entscheidungsbefugnissen und auch keine Kompetenzverschiebungen zwischen Ebenen des politisch-administrativen Systems – im Sinne der politischen Dezentralisierung/Regionalisierung (siehe Kapitel 4.2) – verbunden sind. Wenn also in diesem Kapitel der (in der Literatur gebräuchliche) Terminus von „Dezentralisierung" verwendet wird, dann mit Blick auf die Abschichtung und Delegation von administrativen Verantwortlichkeiten innerhalb einer Verwaltungsorganisation (z. B. Ministerium, Kommunalverwaltung), die konzeptionell eher der in Kapitel 4.2.3 behandelten „administrativen Dekonzentration" nahesteht.

Abbildung 64: Vollzugsbehörde vs. Agentur

Agentur i.w.S.: (Vollzugs-)Behörde	Agentur i.e.S. („moderne Agentur")
• strukturelle Verselbstständigung • öffentlich-rechtlicher Status • eigenes Aufgabenprofil • eigene Ressourcen • unterliegt d. ministeriellen Steuerung und Kontrolle (nicht gesetzlich unabhängig)	• Steuerung über Ziel- und Leistungsvereinbarungen • erweiterte Handlungsspielräume für das Management administrativer Ressourcen • Trennung v. Politikformulierung (Ministerialverwaltung) u. -umsetzung (Agentur)

Quelle: Bach et al. 2010: 13

Betrachtet man die Agency-Bildung in den hier interessierenden Ländern, so muss die deutlich unterschiedliche Handhabung und Umsetzung dieser „modernen" Variante von administrativer Dekonzentration (siehe Kapitel 4.2.3) in engem Zusammenhang mit den nationalen politisch-institutionellen Ausgangsbedingungen gesehen werden. Die zunächst sehr zurückhaltende Aufnahme des Agency-Konzeptes in Deutschland lässt sich durch den bereits gegebenen hohen Grad an administrativer Dekonzentration und politischer Dezentralisierung innerhalb des vom Subsidiaritätsgrundsatz geprägten verwaltungsföderalen Systems erklären. Der Verwaltungsvollzug liegt in Deutschland ohnedies bei den subnationalen Ebenen (Ländern, Kommunen), so dass man von einem Dekonzentrations-/Dezentralisierungsvorsprung im Vergleich zu unitarisch-zentralistischen Ländern, etwa Vereinigtes Königreich, Frankreich, Italien, sprechen kann (Wollmann 1996 b). Angesichts der bereits bestehenden, schon auf das späte 19. Jahrhundert zurückgehenden institutionellen Abschichtung zwischen Ministerien und Vollzugsverwaltung wird die deutsche Bundesverwaltung als nur begrenzt „agencifizierbar" (Döhler 2007: 13) eingestuft. Allerdings hat auch hier die Anzahl der als „Agencies" klassifizierbaren Einrichtungen auf Bundesebene seit der Nachkriegszeit zugenommen (für empirische Daten vgl. Bach/Jann 2010: 457 f.).

kein agency fever in Deutschland

Ein anderes Bild bietet der Fall des Vereinigten Königreichs, wo unter *Margaret Thatcher* ab 1988 die komplette Ministerialverwaltung im Zuge der sog. „Next Steps"-Initiative reorganisiert (dekonzentriert) wurde. Seither gilt der britische „Radikalansatz" als Paradebeispiel der Agencification in Europa. Mit dem Ziel, die hochzentralisierte Ministerialbürokratie in Whitehall aufzubrechen und in der offenkundigen politischen Absicht *Thatchers*, den *civil service* (und dessen Labour-affine Gewerkschaften) zu schwächen, wurden die bis dahin in den Ministerien angesiedelten Durchführungsaufgaben auf mehr als 100 *Next Steps Agencies* übertragen, die ca. 80 % des auf zentralstaatlicher Ebene beschäftigten öffentlichen Personals umfassen (Schröter 2001: 422). Im Jahre 2002 waren ca. 350.000 Personen in *Next Steps Agencies* tätig (Lodge 2007: 60). Die Agencies werden von einem – oftmals aus der Privatwirtschaft rekrutierten – *chief executive* geleitet, der – ganz im Sinne des Wahlspruchs „let the ma-

UK: radikale Agencification in Whitehall

nagers manage" – in Fragen der Ressourcenbewirtschaftung, Personaleinstellung/-entlassung/-bezahlung, Aufgabendurchführung etc. weitgehend autonom handeln kann. Das zentrale Steuerungsinstrument ist dabei ein sog. *framework agreement*, das zwischen Minister und *chief executive* abgeschlossen wird und welches die wesentlichen Eckdaten der Leistungserfüllung (Budget, Zeitrahmen, Modalitäten der Berichterstattung, Leistungskennzahlen etc.) festschreibt. Die *Next Steps Agencies* unterscheiden sich dabei in einer Reihe von Merkmalen, unter anderem hinsichtlich ihrer Größe (zwischen 30 und 65.000 Beschäftigten) und ihrer Aufgaben (z. B. Passport Agency; Child Support Agency; Prison Agency etc.; vgl. Lodge 2007: 57 ff.). Gemessen an der Anzahl bestehender Agenturen erlebte die Agencification im Vereinigten Königreich ihren Höhepunkt Ende der 1990er Jahre. Danach lässt sich tendenziell ein Rückgang beobachten (siehe Abbildung 65).

Abbildung 65: Anzahl der Next Steps Agencies

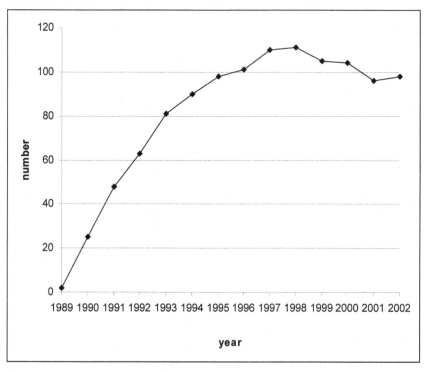

Quelle: in Anlehnung an Lodge 2007: 59 (m. w. N.)

Der britische *civil service* unterlag im Zuge der Agencification stark zentrifugalen Tendenzen mit dem Ergebnis, dass die zentralstaatliche Verwaltung heute hochgradig dekonzentriert, wenn nicht fragmentiert, und übergreifender Steuerung nur noch schwer zugänglich ist (Lodge 2007; Christensen/Laegreid 2001 b, 2010). Als Reaktion darauf wurde inzwischen eine Reihe von Agencies wieder abgeschafft und gibt es nunmehr die Forderung einer Re-Integration von Agenturen in die Ministerialverwaltung, die unter dem Schlagwort von *joined-up governance* oder *whole-of-government*-Reform diskutiert wird (ebd.).

In den anderen hier untersuchten Ländern wurde in weitaus weniger „radikaler" Weise auf das Agency-Konzept zurückgegriffen. Im Falle Schwedens hängt dies damit zusammen, dass die insgesamt 234 Agenturen (*ämbetsverk*; vgl. Tiessen 2007: 141), die den größten Teil der Staatsverwaltung ausmachen (99 % der Staatsbediensteten; vgl. Alam 1998: 103), teilweise auf eine mehr als 200-jährige Geschichte zurückblicken, so dass man hier ebenfalls von einem „Modernitätsvorsprung" sprechen kann. Auch in Frankreich ist die Staatsverwaltung seit langem hochgradig dekonzentriert (siehe hierzu Kapitel 4.2.3) und mit zahlreichen klassischen Vollzugsbehörden vor Ort (*services extérieurs de l' Etat*) ausgestattet, die allerdings über nicht unerhebliche faktische Handlungsspielräume verfügen. Damit ist das institutionelle Erfordernis einer zusätzlichen Entflechtung und „Territorialisierung" des französischen Staates eher begrenzt. Die mit dem Agenturmodell verknüpften Ansätze der Ergebnis- und Kontraktsteuerung sind jedoch in der französischen Staatsverwaltung bis vor kurzem nur wenig angewendet worden. Dagegen ist man in Schweden schon zu Beginn der 1990er Jahre zur „Resultatsteuerung" (*målstyrelse*; vgl. Sundström 2004) der Agencies übergegangen, so dass dort die Instrumente der Globalbudgetierung, Kontraktsteuerung, dezentralen Ergebnis- und Ressourcenverantwortung und Leistungsmessung seit fast 30 Jahren praktiziert werden. In Frankreich wurde erst seit dem In-Kraft-Treten des Organgesetzes über das öffentliche Finanzwesen von 2001 (*loi organique relative aux lois de finances – LOLF*) ein Reformschub in Gang gesetzt, der die Ergebnisverantwortung und Budgetautonomie der dekonzentrierten Staatsbehörden in Richtung auf ein Agency-Modell stärken könnte (siehe weiter unten).

Schweden: historisches ämbetsverk

„Resultatsteuerung"

Frankreich: LOLF für Staatsverwaltung

Auch in Italien, dessen Staatsverwaltung ebenfalls in nicht unerheblichem Maße dekonzentriert ist (Wollmann/Balboni et al. 2010), fand der NPM-Gedanke der Agency-Bildung Zuspruch, allerdings – ähnlich wie in Frankreich – eher zurückhaltend. Dabei ist daran zu erinnern, dass die ersten Agencies in Italien bereits in der Zeit des Königreichs von Piemont gegründet worden waren[114]. Mit der „Privatisierung" der Arbeitsverhältnisse im öffentlichen Dienst (siehe weiter unten) kam es zu Beginn der 1990er Jahre zunächst zur Gründung der Tarifverhandlungsagentur *Agenzia per la Rappresentanza negiziale delle Pubbliche Amministrazione (ARAN)* und zweier weiterer zentraler Regulierungsbehörden, unter anderem im Umweltbereich. Eine stärker an den britischen *Next-Steps-Reformen* ausgerichtete Agenturbildung erfolgte sodann mit der Ministerialreform des Jahres 1999, die die Neugründung mehrerer *executive agencies* auf zentralstaatlicher Ebene vorsah, darunter vier im Bereich des Finanzressorts. Insgesamt ist jedoch auch in Italien kein *agency fever* in Sicht. Zudem erbrachten Fallstudien in 10 Agencies (vgl. Fedele et al. 2007) den Befund, dass deren managerielle Steuerung nur bedingt funktioniert. Zwar verfügen sie inzwischen über weite Handlungsspielräume in der Ressourcenbewirtschaftung; jedoch war

Italien: wenig Agenturbildung und Kontraktsteuerung

---

114 Im Jahre 1720 ließ König *Vittorio Amendo* die Ministerien umstrukturieren und drei Agencies gründen: die Finanzagentur, die Steueragentur und die Agentur des Königlichen Hauses (vgl. Fedele et al. 2007).

im Jahre 2006 nur die Finanzagentur *fully contractualised* und eine Performanzsteuerung fand kaum statt (Fedele et al. 2007).

Ungarn zeichnet sich ebenfalls durch eine moderate Anwendung des Agency-Konzeptes aus. Zunächst kam es infolge des Transformationsprozesses Anfang der 1990er Jahre zu teils unkontrollierten Agenturneubildungen, bei denen jedes Ministerium sich seinen eigenen Kranz an Agencies zusammenstellte. Gleichwohl bewegte sich die Zahl der Agenturen auf Zentralebene selbst unter dem Einfluss von Pro-NPM-Kabinetten und des EU-Beitritts selten über 60 hinaus und konnte insofern kein deutlicher Trend in Richtung einer Agencification festgestellt werden (vgl. Hajnal/Kádár 2008: 26 f.). Vielmehr wurden in den letzten Jahren und insbesondere seit 2006 eine Entwicklung in Richtung einer Reintegration von Agenturen in deren angestammte Ministerien, eine Zusammenlegung von spezialisierten Agenturen in einer Behörde sowie eine Begrenzung der Agentur-Autonomie konstatiert (vgl. Hajnal 2010: 21 f.). Ziel war, neben den fiskalischen Einsparungen, auch eine Stärkung der politischen Kontrolle über die administrativen Strukturen zu erreichen, was insofern dem Post-NPM-Trend einer integrierteren Steuerung im Sinne eines *whole-of-government*-Ansatzes entspricht.

Ungarn: Reintegration von Agenturen

Fasst man die Reformverläufe zur Agencification noch einmal zusammen, so ergibt sich folgende Ländergruppierung (Abbildung 66).

Abbildung 66: Reformverläufe der Agencification im Vergleich

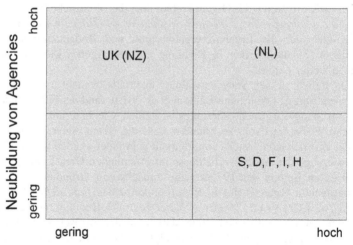

Quelle: eigene Darstellung

Kommunalverwaltung: One-Stop-Agencies und Aufgabenbündelung

Auf der subnationalen und lokalen Ebene fand der Agenturgedanke vor allem im Zusammenhang mit der Einrichtung von *One-Stop-Agencies* und Bürgerämtern Verbreitung, allerdings wiederum mit sehr unterschiedlichen Umsetzungsvarianten in den einzelnen Ländern (vgl. Askim et al. 2011). Vielerorts wurde das Ziel verfolgt, ein möglichst breites Angebot von Verwaltungsdienstleistungen gebündelt vor Ort und „aus einer Hand" anzubieten, den Bürgern dadurch aufwendige Wege zu ersparen und so die Kundenfreundlichkeit der Verwaltung zu steigern. In der Diskussion um einen „einheitlichen Ansprechpartner", dessen Installierung die EU-Dienstleistungsrichtlinie von 2006 allen Mitgliedsländern vorgeschrieben hat, insbesondere um ausländischen Investoren und Unternehmen den Kontakt mit den jeweiligen nationalen Verwaltungen zu erleichtern, wurde diese in vielen Ländern schon seit langem verfolgte Reformidee wieder aufgegriffen und in EU-Recht gegossen. So wurden in Deutschland in 58 % aller Kommunen und sogar in mehr als 80 % der Städte über 50.000 Einwohner Bürgerämter eingeführt.[115] Auch ein verstärkt ortsnahes Angebot von Dienstleistungen durch räumliche Dezentralisierung wurde in vielen deutschen Kommunen umgesetzt (40 %). Die Bürgerämter haben sich in Deutschland als eines der erfolgreichsten Reformkonzepte erwiesen, sowohl im Hinblick auf ihren Verbreitungsgrad in der Fläche der Kommunen als auch die durch sie bewirkten Leistungsverbesserungen (siehe Abbildung 67).

Deutschland: Bürgerämter

Abbildung 67: Ausbau der Kundenorientierung in deutschen Kommunen

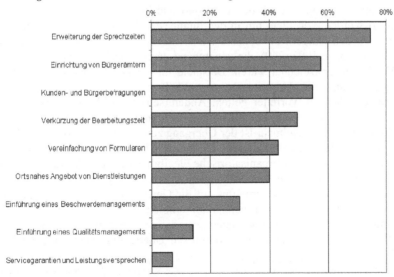

Quelle: Bogumil et al. 2007: 68

---

115 Hier wird auf die Befunde der Evaluation des „Neuen Steuerungsmodells" (NSM) zurückgegriffen, die die bislang umfassendste empirische Erhebung hierzu in Deutschland darstellt (zu Einzelheiten und Methodik siehe Bogumil et al. 2007; Kuhlmann et al. 2008). Sie wird im Folgenden zitiert als „NSM-Evaluation".

Ähnliche Anläufe hat es in Frankreich gegeben, wo sog. „Dienstleistungszentren" *(Maisons de Services Public – MSP)* eingerichtet wurden, deren Zahl sich seit Beginn der 1990er Jahre multipliziert hat[116]. Ihre Funktion besteht allerdings innerhalb des fragmentierten französischen Verwaltungssystems vornehmlich darin, Dienstleistungen unterschiedlicher Ebenen und Institutionen (Kommune, Département, Region, Staat, Vereine, öffentliche und private Unternehmen) zu bündeln. Inzwischen haben aber auch zahlreiche größere Städte die interne Neuorganisation der Bürgerdienste in Angriff genommen (vgl. Kuhlmann 2009 a: 214 ff.) und „Multi-Service-Stellen" *(guichet unique multiservice)* eingerichtet, die Verwaltungsleistungen „aus einer Hand" *(polyvalence d'accueil)* anbieten.

In Italien ist die Einrichtung von Bürgerämtern und *One-Stop-Agencies* typischerweise rechtlich verbindlich vorgeschrieben worden, was jedoch nicht gleichbedeutend mit deren flächendeckender Implementation ist. Zum einen hat der Gesetzgeber die Gründung von „Ämtern für die Beziehungen mit dem Publikum" vorgeschrieben[117]. Diese werden nicht nur für verschiedene kommunale Dienstleistungen, sondern auch zum Vollzug des neuen Informationsfreiheitsrechts genutzt und sollen den Zugang von Bürgern zu Verwaltungsakten gewährleisten (Promberger et al. 2000: 83 ff.). Ferner wurde zur Unterstützung von Unternehmensansiedlungen und Investorenberatung die Installierung von Einheitsschaltern *(sportello unico)* ebenfalls gesetzlich vorgeschrieben[118]. Schätzungen zufolge bündeln die neuen Einheitsschalter bis zu 60 (vormals organisatorisch zersplitterte) Verwaltungsvorgänge (ebd.: 85).

Für Schweden – wie die skandinavischen Länder insgesamt – kann festgestellt werden, dass zwar einerseits die bürgerbezogenen Verwaltungsdienste auch vielfach organisatorisch dezentralisiert und in „territorialisierte" Einheiten verlagert wurden, vor allem um in den dünnbesiedelten Gebieten die räumliche Distanz zu den Bürgern abzubauen. Dabei fanden „Center-Konzepte" Anwendung (vgl. Oppen 1997: 240), die zunehmend durch Angebots- und auch Anbieter-Vielfalt gekennzeichnet waren. Beispiele für solche One-Stop-Shops bieten die Städte Sundvalls, Upplands Väsby und Tierps, die teils auch in anderen Reformbereichen als Vorreiter gelten. Andererseits hat sich dieser Trend nach Einschätzung des schwedischen Kommunalverbandes[119] nicht flächendeckend durchsetzen können. Vielmehr ist der Übergang zum *purchaser-provider-split* die dominierende Reformrichtung (siehe hierzu auch Kapitel 4.4.3). Dieser zielt im Binnenverhältnis auf eine organisatorische Flexibilisierung der Verwaltungsstrukturen durch die Einführung von NPM-inspirierten Auftraggeber-/Auftragnehmerbeziehungen und im Außenverhältnis auf die Gewährung von Wahloptionen für Kunden *(voucher)* sowie einen verstärkten Anbietermix (Wollmann 2008: 227).

Auch im Vereinigten Königreich war die organisatorische Umgestaltung der Kommunalverwaltung weniger durch die Überlegung einer Aufgabenbün-

---

116 Insgesamt gibt es in Frankreich mittlerweile 352 MSP (Stand von 2002), wobei der Spitzenreiter mit 39 MSP die Region Rhône-Alpes und der landesweite Nachzügler (abgesehen von Korsika mit 2 MSP) die Region Limousin mit 5 MSP ist. Durchschnittlich verfügt jede französische Region über etwa 15 MSP (Kuhlmann 2009 a).
117 Gesetz Nr. 241/90; Legislativdekret Nr. 29/1993; Weisung des Ministerratspräsidiums von Oktober 1994 und Januar 1995.
118 Legislativdekret Nr. 112 vom März 1998 im Zusammenhang mit Bassanini I (Gesetz Nr. 59 vom März 1997).
119 Mitteilung vom 3. April 2012 (Sveriges Kommuner och Landsting).

delung und die Einführung von Bürgeramtsmodellen als vielmehr dadurch geprägt, die NPM-Idee des *purchaser-provider-split* und das daraus abgeleitete *Compulsory Competitive Tendering (CCT)* umzusetzen, das zu einer deutlichen Anbieterpluralisierung geführt hat (siehe Kapitel 4.4.3; Wollmann 2008: 225). Im Unterschied zu Schweden (wie auch Deutschland und Frankreich) wurden diese Reformen jedoch zentralstaatlich auferlegt und haben inzwischen zu einer monofunktionalen Fragmentierung der Kommunalverwaltung und nicht zur (bürgerorientierten) Bündelung von Verwaltungsleistungen geführt. Zudem hat das Konzept der Bürgerämter im britischen Kontext auch deshalb deutlich weniger Zuspruch gefunden als in Kontinentaleuropa, weil es erstens das klassische Melde- und Standesamtswesen, das einen Großteil des Aufgabenspektrums von Bürgerämtern ausmacht, nur in sehr reduzierter Form gibt und weil zweitens viele bürgerbezogene Aufgaben, etwa Geburten-/Sterberegister etc., durch staatliche Agencies ausgeführt werden, so dass die funktional-organisatorische Bündelung – wenn überhaupt – jenseits der Kommunen erfolgt, wofür die *Job-Centers Plus* ein Beispiel bieten. Letztere wurden im Jahre 2001 errichtet und sind (außer in Nordirland) einheitliche Anlaufstellen für Arbeitslosigkeit und Sozialhilfe (Askim et al. 2011: 1460 ff.). Sie sind Teil der Staatsverwaltung und galten auch als Vorbild für die ArGen in Deutschland.

Da in Ungarn nach wie vor viele staatlich dekonzentrierte Verwaltungseinheiten im subnationalen Raum operieren, gerieten vor allem diese Behörden in den Fokus von Modernisierungsmaßnahmen. So legte das Regierungsprogramm von 1999 den Schwerpunkt auf die Verbesserung der Regierungsarbeit durch Modernisierung der Institutionen. Als Konsequenz wurden einige dekonzentrierte Verwaltungsämter zusammengelegt und in die allgemeine staatliche Verwaltung integriert (vgl. Varga 2006: 710). Dabei stand das Konzept eines *Single-Window-Access* insoweit Pate, als das Ziel der Umstrukturierung vor allem darin bestand, ein verbessertes Informationsangebot für die Bürger anzubieten und den Verwaltungszugang für klein- und mittelständige Unternehmen zu vereinfachen (vgl. OECD 2000: 153). Dagegen gibt es auf Bürgeramtsmodelle im kommunalen Raum bislang kaum Hinweise.

Ungarn: kaum Bürgerämter

Zusammenfassend kann festgehalten werden, dass die Verbreitung von kommunalen Bürgeramtsmodellen als *Single-Window-Access* im deutschen Kontext auf der Basis einer freiwilligen Reformbewegung der Kommunen am weitesten vorangekommen ist. Dagegen ist in Italien trotz einer entsprechenden staatlichen Gesetzgebung eher wenig Bewegung in dieser Richtung zu erkennen. Ähnliches gilt für Ungarn, wo die Idee des integrierten Leistungsangebots eher Reformmaßnahmen in der Staatsverwaltung auslöste. Dies ist im Vereinigten Königreich ebenfalls zu beobachten, wo sich der Ansatz des One-Stop-Shops überwiegend auf die Staatsverwaltung (Agencies) und dabei vor allem auf die *Job Center Plus* beschränkt. Frankreich und Schweden nehmen eine mittlere Position ein, da Bürgeramtsmodelle eher experimentell und nicht flächendeckend, tendenziell aber in zunehmendem Maße angewendet werden. Neben den größeren Städten, die Bürgeramtsmodelle ausprobieren, haben auch „auf dem flachen Land" multifunktionale Service-Stellen (in Frankreich die *Maisons de Service Public* – MSP) eine recht ansehnliche Verbreitung gefunden (siehe Abbildung 68).

Abbildung 68: Varianten von One-Stop-Shops im Vergleich

Land	Nationale Modelle von One Stop Shops/ Funktionen	Verbreitungsgrad*
D	Bürgeramt: kommunale Leistungsbündelung	hoch
F	Guichet Unique Multiservice: kommunale Leistungsbündelung	mittel
	Maison de Service Public: Leistungsbündelung verschiedener staatl. + komm. Ebenen (ländlicher Raum)	mittel
I	Sportello Unico: Investorenberatung	gering
S	Bürgeramt: kommunale Leistungsbündelung	mittel/steigend
UK	Job Center Plus: Bündelung staatl. Sozialversicherungsleistungen (Erfüllungsarm d. staatl. Agency)	hoch (außer Nordirland)
H	Staatl. Verwaltungsämter: Single Window Access für Unternehmer (allg. Staatsverw.)	gering

Quelle: eigene Darstellung

4.5.3 Verfahren und Steuerungsinstrumente

Die Modernisierung der Verfahren und Steuerungsinstrumente in der Verwaltung wurde während der vergangenen Jahrzehnte ebenfalls stark durch das NPM-Konzept, insbesondere die Idee der Performanzsteuerung (Performance Measurement/Performance Management), geprägt (Pollitt/Bouckaert 2004: 87; Wollmann 2003 b, 2003c; Kuhlmann 2004, 2007b; 2010d; Proeller/Siegel 2009). Mit dem Begriff der Leistungsmessung ist dabei die Ermittlung der Leistungsfähigkeit öffentlichen Verwaltungshandelns über Kennzahlensysteme und Performanzindikatoren (*performance indicators – PIs*) gemeint. Performance Management schließt zusätzlich noch die Steuerung, d. h. die gezielte Einwirkung auf institutionelles Handeln, mittels Performanzinformationen ein. Zwar haben diese Reformansätze durch den betriebswirtschaftlichen Managerialismus (siehe oben) einen deutlichen Auftrieb erhalten. Jedoch findet sich der strategische Grundgedanke von Leistungsmessung und Evaluation auch bereits in früheren (vor-NPM-)Reformen wieder. So erlebte die indikatorengestützte Leistungs- und Wirkungsmessung bereits mit der Etablierung der Evaluation und Evaluationsforschung in den 1960er und 1970er Jahren international einen ersten bemerkenswerten Aufschwung (Derlien 1997: 6 f.; Wollmann 2003 a). Indem die New Public Management-Bewegung der 1980er und 1990er Jahre darauf gerichtet war, die Leistungsfähigkeit öffentlichen Handelns durch eine Steuerung über Ergebnisse/Resultate (Output-Steuerung, *management by results*) zu steigern, griff sie die für die Planungsdiskussion und Programmevaluation der

[Marginalien:] Performance Measurement/ Management

Evaluation und Wirkungsanalyse

1960er/1970er Jahre charakteristische Forderung nach Ergebnis- und Wirkungstransparenz (wieder) auf.

Darüber hinaus ist mit der europäischen Integration, in deren Kontext sich die horizontale Zusammenarbeit der Mitgliedstaaten als eigenständiger Modus der EU-Politik entwickelte (Speer 2002), der Ausbau von gemeinsamen Qualitätsbewertungssystemen (z. B. *Common Assessment Framework* – CAF; siehe Saatweber 2004), Leistungsvergleichen und Benchmarking innerhalb und zwischen den europäischen öffentlichen Verwaltungen verstärkt worden (Wallace 2005: 85; Goetz 2006: 483). Auch die von der EU statuierte Evaluationspflicht ihrer Strukturförderprogramme in der geradezu lehrbuchhaften Abfolge von ex-ante-, ongoing- und ex-post-Evaluation innerhalb eines fünfjährigen Programmzyklus hat seit den frühen 1990er Jahren zu einer deutlichen Aufwertung der Performanz- und Wirkungsbeobachtung in den öffentlichen Verwaltungen der Mitgliedstaaten geführt (Wollmann 2004: 25; zu Italien vgl. Lippi 2003). EU-Integration als Triebfeder

In dem Bemühen, Instrumente der Leistungsmessung, des Leistungsvergleichs und Benchmarkings einzuführen und anzuwenden, ist inzwischen eine auffällige Konvergenz in der Verwaltungsmodernisierung der europäischen Länder zu erkennen (vgl. Van Dooren/Van de Walle 2008; Bouckaert/Halligan 2008; De Lancer 2009; Kuhlmann 2010 d). Angesichts der raschen Konzeptdiffusion im internationalen Kontext schien sich aus Sicht mancher Beobachter bereits eine allumfassende Konvergenz in Richtung eines *managerial state* abzuzeichnen. ähnliche Instrumente der Performanzsteuerung

Unbeschadet dieser Diskurs- und Konzeptkonvergenz lassen sich jedoch in der Umsetzung, Handhabung und Wirkung von Leistungsmessung und Performanzsteuerung wiederum auffällige Differenzen zwischen den europäischen Ländern feststellen. Diese beziehen sich insbesondere auf folgende Aspekte (vgl. Bouckaert/Halligan 2008; de Lancer 2009; Van Dooren/Van de Walle 2008; Kuhlmann 2010 d): unterschiedliche Umsetzung

- instrumentelle Ausgestaltung, d. h. Art und Inhalt von Leistungsindikatoren[120] („what is measured");
- Institutionalisierung des Performanzmanagements im politisch-administrativen Mehrebenensystem („who measures");
- Steuerung von Leistungsmessungen (*top down vs. bottom up*);
- Transparenz von Leistungsdaten nach außen und Sanktionswirkung (Belohnungen/Strafen für gute/schlechte Leistung);
- Nutzung von Performanzinformationen für Entscheidungs- und Steuerungsprozesse.

Betrachtet man die verschiedenen Varianten, in denen Performanzsteuerung innerhalb von Verwaltungen und zwischen Verwaltungsträgern/-ebenen auftreten kann, so ergibt sich folgendes Bild (Abbildung 69). Dabei sind einzelne Varianten der Performanzsteuerung als typisch anzusehen für bestimmte europäische Länder, z. B. die vertikal-hierarchische Performanzsteuerung für England und die

---

120 Üblicherweise wird zwischen Input-, Output-, Impact-, Outcome- und Prozess-Indikatoren unterschieden, die jeweils spezifische Aspekte der Performanz abbilden (vgl. Van Dooren/Van de Walle 2008; Jann/Jantz 2008). Vielfach dominieren die eher leicht messbaren Input- und Output-Indikatoren, bei denen lediglich Ausgaben, Personalkosten, Stückzahlen etc. zu messen sind, während die schwerer zu erhebenden Impact- und Outcome-Indikatoren, die kausal komplexer strukturiert sind und zudem relationale Größen (Effektivität etc.) beinhalten, weniger verbreitet sind.

horizontal-freiwillige Variante des lokal-selbstgesteuerten Leistungsvergleichs für Deutschland und Schweden (siehe weiter unten).

Abbildung 69: Varianten der Performanzsteuerung in der Verwaltung

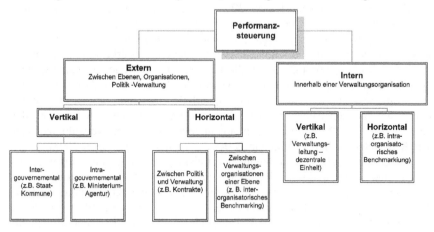

Quelle: eigene Darstellung

Performanzsteuerung als umfassende staatliche Kontrolle: Vereinigtes Königreich/England

Englands schon früh entwickelte Ansätze von Performanzmanagement[121] sind im europäischen Kontext (nicht zuletzt wegen der sprachlichen Zugänglichkeit) am bekanntesten. Sie können als prototypisch für eine zentralstaatlich angeleitete, verpflichtende, flächendeckend installierte und sanktionskräftige Variante von Performance Management angesehen werden. Dabei sind die jeweils für die Leistungserbringung zuständigen Verwaltungseinheiten (*executive agencies* oder *local governments*) gehalten, die in Zielvereinbarungen und Kontrakten festgeschriebenen Leistungsziele zu erfüllen. Die Zielerreichung und Einhaltung von Leistungsstandards wird in der Regel durch externe Institutionen beobachtet und überwacht. So wurden auf zentralstaatlicher Ebene sog. *Public Service Agreements* (PSAs) eingeführt, in denen die Leistungsziele der einzelnen Ministerien für eine Dreijahresperiode festgeschrieben sind. Diese PSAs enthalten jeweils Angaben darüber, auf welche Weise, durch wen und bis wann die Leistungsziele[122] erfüllt und wie die Zielerreichung gemessen werden soll. Der im Jahre 1998 eingeführte *Comprehensive Spending Review* (CSR) koppelt zudem die inhaltlichen Leistungsziele der PSAs mit vorab definierten Budgetvorgaben und

Public Service Agreements – PSAs

---

[121] Die ersten Versuche zur Messung und Bewertung öffentlicher Aufgabenerfüllung reichen im britischen Fall mehr als 100 Jahre zurück. Schon Ende des 19. Jahrhunderts wurden Kennzahlensysteme angewendet, um die Leistung von Lehrern in staatlichen Schulen zu messen (Pollitt/Bouckaert 2004: 87).

[122] Die PSA des Cabinet Office enthält unter anderem die folgenden Ziele: „Support the Prime Minister in leading the Government"; „Achieve co-ordination of policy and operations across government" (siehe http://www.cabinetoffice.gov.uk/reports/psa/psa2004.aspx, 26.2.2010).

enthält seit 2000 zusätzlich zu den bereits definierten Input- und Output- Indikatoren weitere Wirkungsindikatoren (Bouckaert/Halligan 2008: 346 f.).

Auch für die kommunale Ebene wurde im Verlauf der 1980er Jahre ein zunehmend ausgefeiltes System von Leistungskennzahlen, Indikatoren und *Performance-Rankings* installiert (Wegener 2004: 257), das sich mit der Gründung der *Audit Commission* im Jahre 1982 zu einem allumfassenden staatlichen Kontroll- und Interventionsinstrument entwickelt hat. Seit der Installierung des *Best Value* (BV) Regimes im Jahre 1999, später (2002) des *Comprehensive Performance Assessment* (CPA) sowie seit 2009 des noch umfassenderen *Comprehensive Area Assessment* (CAA) sind Performance Measurement und Leistungsvergleiche verpflichtend für alle *local councils* vorgeschrieben (vgl. Stewart 2003: 121 ff.). Zusätzlich finden lokale *Public Service Agreements*, die zwischen den *local councils* und der Zentralregierung abgeschlossen werden, Anwendung. Hintergrund ist das Bemühen der britischen Zentralregierung, die Leistungsfähigkeit der Kommunalverwaltung in der Erbringung von Dienstleistungen dadurch zentral zu steuern und zu kontrollieren, dass die Erreichung und Einhaltung der (teils von der Zentralregierung vorgegebenen, teils von den Kommunen selbst definierten) Leistungsindikatoren laufend überprüft werden, wobei eine 4-Punkte-Skala verwendet wird (*outstanding/excellent, good, adequate, inadequate*; siehe Abbildung 70).

BBV, CPA, CAA

Abbildung 70: Auszug aus dem Annual Performance Assessment der Stadt Liverpool (Kinder- und Jugendhilfe, 2008)

Assessment judgement area	Annual Performance Assessment Grade
Overall effectiveness of children's services	3
Being healthy	3
Staying safe	3
Enjoying and achieving	3
Making a positive contribution	3
Achieving economic well-being	3
Capacity to improve, including the management of services for children and young people	3

Inspectors make judgements based on the following scale 4: outstanding/excellent; 3: good; 2: adequate; 1: inadequate
Quelle: www.liverpool.gov.uk/Council_government_and_democracy/About_your_council/CPA/index.asp, 29. September 2009

Schlechte Leistung kann dadurch bestraft werden, dass im schlimmsten Fall die Absetzung der gewählten kommunalen Führung und ihre Ersetzung durch externe Fachleute zentral verfügt wird, während die (vermeintlich) guten Kommunalverwaltungen von der Zentralregierung belohnt werden, z. B. durch Freistellung von gesetzlichen Bindungen, zusätzliche Mittel usw. (vgl. Kuhlmann/Wollmann 2006: 385 f.; Kuhlmann 2011). Eines der Hauptprobleme sind die enormen

enorme Transaktionskosten

Transaktionskosten, die mit den permanenten und umfangreichen Leistungsinspektionen und mit der institutionellen Dichte staatlicher Audit- und Inspektionsinstanzen verbunden sind (Davis et al. 2001: 14). Darüber hinaus gibt es auf lokaler Ebene eine weit verbreitete Antipathie und wachsenden Widerstand gegen die permanenten Leistungskontrollen der zentralen *Auditors*, was zu subversiven Strategien führt. Last but not least, scheinen die Inspektionen oftmals alles andere als valide und verlässliche Performanzinformationen zu generieren, weil der Inspektionsprozess künstlich ist und die Verwaltungsakteure kreativ darin sind, den Inspektoren das gewünschte *Best Value*-Klima zu vermitteln, da es mehr um *style* als um *substance* geht (Davis et al. 2001: 20)[123].

Die jüngere Entwicklung im Vereinigten Königreich seit den Parlamentswahlen des Jahres 2010, in deren Ergebnis eine bürgerlich-liberale Koalition die Regierungsgeschäfte übernahm, ist durch einen deutlichen Kurswechsel in der Verwaltungspolitik gekennzeichnet[124] (vgl. Kuhlmann 2011). Als Meilenstein dürfen der Beschluss, die unter *Thatcher* installierte *Audit Commission* aufzulösen bzw. ihre Aufgaben privaten Firmen (Grant Thornton, KPMG LLP, Ernst & Young, DA Partnership) zu übertragen, sowie die Abschaffung des CAA gelten. Nach mehr als 20 Jahren öffentlicher Performanz-Politik zieht sich der Zentralstaat nunmehr aus dieser zurück und begründet dies vor allem mit dem Kostenaufwand und der Bürokratisierung, die der Verwaltung durch Zielsteuerung, Inspektion, Auditing und Leistungsvergleich entstanden seien[125]. Es bleibt abzuwarten, inwieweit dieser Kurswechsel von Dauer sein wird.

Performanzsteuerung qua Gesetz und Implementationslücke: Italien

Auch in Italien folgte die Einführung von Performanzsteuerung in der öffentlichen Verwaltung einem dominanten top down-Muster und war besonders ausgeprägt durch zentralstaatliche und teils regionale Gesetzgebung angeleitet (Kuhlmann/Fedele 2010). Auslöser und Antriebskraft der NPM-Modernisierung waren in Italien vor allem der politische Umbruch während der 1990er Jahre und die damit einhergehende umfassende Dezentralisierung des Politik- und Verwaltungssystems (siehe hierzu Kapitel 4.2.3)[126], an die sich entsprechende Reformforderungen im öffentlichen Sektor anschlossen (siehe ausführlich Ongaro 2009). Eine Vielzahl von Gesetzen, Dekreten, Verordnungen etc. wurde erlassen,

---

123 „Authorities that are good at producing strategies and plans, collecting performance data and establishing audit trails may be able to ‚paper over' problems with service delivery." (Davis et al. 2001: 20). „We're sceptical of the value of audit and inspection. (…) There's a danger that the inspectors will lose touch with reality" (senior officer, local authority, zit. nach Davis et al. 2001: 20).
124 Vgl. hierzu die Einschätzung von *Talbot* in „Britain in 2011".
125 „Through a load of targets and inspections and performance indicators, our public service professionals have been forced to answer to Ministers in Whitehall. And that's why things haven't improved enough (…). We're turning that system on its head. We're going to get rid of the bureaucracy that wastes so much money and saps so much staff morale" (Cameron, D., Public Services – you call the shots (http://www.number10.gov.uk/news/statements-and-articles/2011/01/public-services-you-call-the-shots-58988, 19. Januar 2011).
126 Die Bassanini-Reformen (Bassanini I-IV; siehe Kapitel 4.2.3), die zwischen 1997 und 2001 verabschiedet wurden (Gesetze 59/1997; 127/1997; 191/1998; 50/1999, 3/2001), bilden den Regelungskern der italienischen NPM-Reformen (wie auch der Dezentralisierungspolitik; vgl. Promberger et al. 2000: 30-37; Longo/Plamper 2004: 330).

um einzelne Reforminstrumente bis ins Detail zu regeln und rechtlich verbindlich vorzuschreiben. Zunächst wären die Budgetreformen von 1995 (Dekret Nr. 77/1995) und von 1997 (Bassanini II) sowie die Gesetze 142/1990 und 29/1993 zu erwähnen. Letztere schrieben den Kommunen eine neue Form der ergebnisorientierten Management-Kontrolle (ergänzend zur bisherigen Legalitätskontrolle) vor. Ein Kernelement der 1995er Reform (Dekret 77/1995) war die Einführung des sog. Management Plans (*piano esecutivo di gestione – PEG*), der darauf zielte, Controlling-Verfahren (*controllo di gestione*) verbindlich zu installieren und die Verwaltungen zu verpflichten, Zielvereinbarungen, Leistungs- und Wirkungsindikatoren sowie Verfahren der Performanzmessung (*misurazione dei servizi*) einzuführen (Garlatti/Pezzani 2000). Zudem sollte der PEG auf kommunaler Ebene zu einer klareren Trennung von politischer Exekutive (*giunta*) und Verwaltungsmanagement (*dirigenti*) beitragen, indem zwischen ihnen Leistungskontrakte abgeschlossen werden sollten (Longo/Plamper 2004: 327 ff.). Weitere rechtlich fixierte und verpflichtend vorgeschriebene NPM-Instrumente sind die Kosten- und Leistungsrechnung (Dekret 77/1995), die output-orientierte Globalbudgetierung (1997) sowie die Einführung einer kennzahlenbasierten Bürger-Charter (*carta dei servizi*), mit der die Messung von Qualitätsindikatoren und Kundenzufriedenheit verbindlich geregelt wurde (Gesetze Nr. 241/1990 und 59/1997).

In der Praxis war diese Strategie des NPM *through law* allerdings nur bedingt erfolgreich (Lippi 2003: 159-160; Capano 2003: 787), da die Gesetze sehr uneinheitlich und unvollständig umgesetzt wurden, wobei es auffällige Varianzen zwischen den einzelnen Regionen gibt (Magnier 2003: 189 f.). Somit gibt es auf der einen Seite in einem Teil der italienischen Verwaltungen zwar deutliche Reformfortschritte. Beispielsweise wurde konstatiert, dass die Budgetreformen auf der lokalen Ebene inzwischen weitgehend implementiert seien und die Kommunen bereits im Jahre 1993 bis zu 60 % ihrer Haushaltsmittel budgetierten (Lippi 2003: 152). In praktisch allen Kommunalverwaltungen wurden neue Systeme der Management-Kontrolle eingeführt und Finanzziele formal definiert, für deren Einhaltung die jeweiligen Fachbereichsleiter (*dirigenti*) verantwortlich sind (Ongaro/Valotti 2008). Bis 2001 hatten 93 % der italienischen Kommunen Controlling-Stellen installiert und 50 % hatten neue Kostenrechnungsverfahren eingeführt (Capano 2003: 794 m. w. N.; Grossi/Mussari 2008: 31).

Auf der anderen Seite erweisen sich die praktischen Auswirkungen dieser formal-institutionellen Veränderungen als begrenzt. Die bevorzugte Budgetierungsmethode im Rahmen des erwähnten PEG ist nach wie vor inputorientiert, wohingegen Ergebnis- oder gar Wirkungsindikatoren kaum für die Budgetaufstellung herangezogen werden (Longo/Plamper 2004: 328; Ongaro/Valotti 2008: 184). Einer Umfrage aus dem Jahre 1999 zufolge (Promberger et al. 2000: 96 f.) hatte damals nur ca. ein Viertel der italienischen Kommunen im Rahmen des PEG Performanzindikatoren definiert und wenige hatten nicht-fiskalische Kennzahlen eingeführt. Wenngleich kein Zweifel daran bestehen kann, dass die NPM-Maßnahmen in Italien inzwischen durchaus zur Steigerung von Transparenz und Ergebnisorientierung beigetragen haben (Bobbio 2005: 42), so ist doch eine klare Nutzungslücke hinsichtlich der performanzorientierten Steuerungsinstrumente und insgesamt ein heterogener Umsetzungsstand in der

Vielzahl von NPM-Regelungen

Piano esecutivo di gestione – PEG

regionale Varianz

Verwaltung festzustellen, der auch als *implementation gap* bezeichnet worden ist (Capano 2003: 794; Ongaro/Valotti 2008). Dies zeigt, dass – ähnlich wie im britischen Fall – die zentralstaatliche *top down*-Steuerung von Performanz-Management nur begrenzt Wirkung zeigt.

Performanzsteuerung als Eigenentwicklung „von unten": Schweden, Deutschland, Frankreich

Schweden: Vor dem Hintergrund der gewachsenen Evaluierungs- und Informationsfreiheitskultur genießen Formen der Performanzsteuerung und Selbst-Evaluation im schwedischen Verwaltungssystem von jeher eine hohe Verbreitung und Akzeptanz, was auch in der konsensdemokratischen Ausrichtung des Politiksystems insgesamt begründet liegt. So existiert keine, dem britischen Ansatz vergleichbare, zentralstaatliche Verpflichtung der Kommunen zur Leistungsmessung und Qualitätskontrolle, sondern diese Initiativen sind *bottom up* entstanden, freiwillig und dennoch infolge der hohen Transparenz von Leistungsdaten nach außen auch sehr wirkungskräftig. Zudem ist für die skandinavische Verwaltungsmodernisierung insgesamt typisch, dass sie eher experimentell lernend anstatt ideologisch-dogmatisch ausgerichtet ist (Riegler/Naschold 1997: 18). Des Weiteren war von vornherein die Zweigleisigkeit von ergebnisorientierten (NPM-) Maßnahmen und Nutzerbeteiligung kennzeichnend (Oppen 1997: 239). Leistungsmessung und -vergleich beinhalteten also immer auch eine außenwirksame bürgerbezogene Komponente.

Für die Kommunalverwaltung, als der wichtigsten Leistungs- und Vollzugsebene in Schweden, sind – neben den schon zu Beginn der 1990er Jahre installierten Verfahren ergebnisorientierter Steuerung durch Einführung von *purchaser-provider-split* (siehe oben), Zielvereinbarungen, Kontrakten und Budgetierung (Oppen 1997: 239) – zwei Reformansätze besonders hervorzuheben. Zum einen werden kommunale Leistungsinformationen bereits seit 1987 für alle schwedischen Kommunen in einer vom schwedischen Kommunalverband und dem staatlichen Statistikamt gemeinsam verwalteten Datenbank erhoben, zusammengestellt und in Jahresberichten veröffentlicht. Dieses beispielhafte interkommunale Benchmarking-System ist dadurch gekennzeichnet, dass es für jedermann über Internet zugänglich die Kosten kommunaler Tätigkeiten in einem breiten Satz von Dienstleistungen jährlich gemeinde- und aufgabenscharf dokumentiert („Vad kostar versamheten i Din kommun?", „Was kosten die Tätigkeiten in Deiner Kommune?"; Wollmann 2008: 228 m. w. N.). Zum anderen werden interkommunale Qualitätsvergleiche in Vergleichsnetzen *(comparative municipal quality networks)* seit Ende der 1990er Jahren ebenfalls durch den schwedischen Kommunalverband initiiert (siehe Strid 2004). Diese zielen darauf, Qualitätsindikatoren kommunaler Leistungen zu definieren und interkommunal zu vergleichen. Im Jahre 2012 nahmen insgesamt 51 der ca. 290 schwedischen Gemeinden an den Qualitätsvergleichen teil, wobei ein Netzwerk aus fünf bis zehn Teilnehmern besteht und die Themenschwerpunkte unter anderem Vorschulen und lokale Arbeitsmarktpolitik sind.

Auf zentralstaatlicher Ebene wurde Performanzsteuerung insbesondere in Form eines *management-by-results*-Systems in den unabhängigen Behörden (*ämbetsverk*) installiert, welches diese über kennzahlenbasierte Kontrakte verpflichtet, jährliche *result*-gestützte Berichte zu erstatten (vgl. Tiessen 2007: 150 ff.). Auch hier ist daran zu erinnern, dass diese Ansätze der „Resultatsteuerung" (siehe oben; Sundström 2004) bereits ein fester Bestandteil des schwedischen Verwaltungshandelns waren, bevor die NPM-Debatte Performance Measurement auf die modernisierungspolitische Tagesordnung gesetzt hatte (Wollmann 2008: 227). So haben die Ende der 1980er Jahre eingeführten kennzahlengestützten Berichte des schwedischen Finanzministeriums über die Produktivität des öffentlichen Sektors bereits eine recht lange (vor-NPM-)Tradition. Als Ausdruck der den skandinavischen Ländern eigentümlichen politischen Kultur dienen diese Verfahren der Performanzmessung und Selbst-Evaluation jedoch weniger einer Kontrolle „von oben" über die Einhaltung von Leistungsvereinbarungen (Kontrakten), sondern sie sind eher in Interaktions- und Lernprozesse zwischen den relevanten Akteuren eingebettet. Ein Beispiel für Zielhierarchien in der schwedischen Staatsverwaltung bietet die Naturschutzbehörde:

Kennzahlen-Kontrakte

Abbildung 71: Zielhierarchien am Beispiel der schwedischen Naturschutzbehörde

---

Politikområde „Umweltpolitik"
Ziel: „Der nächsten Generation eine Gesellschaft zu überlassen, in der alle großen Umweltprobleme in Schweden gelöst sind."
   Verksamhets område „Aktive und vorbeugende Umweltarbeit"
   Ziel: „Nationale und internationale Entwicklung und Anwendung von Steuerungsmitteln in Bezug auf die fünf grundlegenden Umweltziele sowie die Beeinflussung von Einstellungen und Verhalten bei Individuen und Organisationen, um zu erreichen, dass diese sich ihrer Umweltverantwortung gerecht verhalten."
      Verksamhetsgren „Aufsicht und Regulierung"
      Ziel 2: „Spätestens 2006 gibt es einen Plan für die Aufsichtsarbeit des Naturvårdsverket in den Jahren 2007-2009, um die Anwendung des Umweltgesetzbuches bei Kommunen und Regionen zu verbessern.
      „Verksamhetsgren „Information"
      Ziel 1: „Wesentliche Akteure haben Informationen erhalten, was sie zum Erreichen der Umweltziele beitragen können".

Quelle: Tiessen 2007: 157 (m. w. N.)

Deutschland: In Deutschland hielten Instrumente der Performanzsteuerung und des Leistungsvergleichs vor allem seit dem Aufkommen der vom Neuen Steuerungsmodell (NSM) inspirierten Reformbewegung Einzug in die öffentliche Verwaltung. Ähnlich wie in Schweden, erfolgte auch hier die Aufnahme der Reformkonzepte *bottom up*, beginnend bei den Kommunen, über die Länder bis (ansatzweise) hin zum Bund. Um von der Regel- und Verfahrenssteuerung zur Output- und Performanzsteuerung überzugehen, begannen die Kommunen zunächst da-

Neues Steuerungsmodell – NSM

mit, Produkte zu definieren, Produktkataloge zu erstellen und diese mit Indikatoren, Kennzahlen und Leistungsdaten zu füllen. Ausweislich der oben erwähnten NSM-Evaluation haben 29 % der deutschen Kommunen Produkte flächendeckend oder zumindest teilweise (9,9 %) definiert oder sie waren noch dabei, Produktkataloge aufzubauen (22,9 %). Zudem haben die Bemühungen kontinuierlich zugenommen, für Verwaltungsleistungen die Kosten genauer zu beziffern. So wurde die Kosten- und Leistungsrechnung in 12,7 % der Kommunen vollständig, in 33,0 % teilweise umgesetzt; in 27,1 % befindet sie sich noch im Aufbau. Allerdings werden die aufwändig erstellten Produktkataloge kaum für Steuerungszwecke herangezogen. In 14,2 % der Kommunen, die Produktdefinitionen verwenden, findet überhaupt kein Anschluss der Produkte an wesentliche Instrumente des NSM statt und es stellt sich hier die Frage, inwiefern der beträchtliche Aufwand der Erstellung von Produktkatalogen in diesen Fällen gerechtfertigt ist.

interkommunale Vergleichsringe

Ein weiteres Feld der Performanzsteuerung in der deutschen öffentlichen Verwaltung findet sich in Form der Leistungsvergleiche und des Benchmarkings. Zunächst wiederum beginnend auf der kommunalen Ebene wurden Vergleichsringe ins Leben gerufen, die darauf abzielten, Prozesse, Strukturen und Leistungen von Verwaltungen interorganisatorisch zu vergleichen. Dabei wurde der Startschuss zu einer zeitweise um sich greifenden regelrechten Vergleichseuphorie durch die Bertelsmann Stiftung im Jahre 1990 mit ihrem Projekt „Grundlagen einer leistungsfähigen Kommunalverwaltung" gegeben (vgl. Schuster 2003), gefolgt von der KGSt, die mit der Gründung des IKO-Netzes im Jahre 1996 ein „internes Informationssystem der Kommunen" etablierte (siehe Kuhlmann 2004). 43,3 % der deutschen Kommunen beteiligen sich zumindest gelegentlich an interkommunalen Leistungsvergleichen, Vergleichsringen und Wettbewerben, nur ein knappes Viertel der Kommunen (23,3 %) nimmt an solchen Maßnahmen gar nicht teil (Bogumil et. al. 2007: 72 ff.; siehe Abbildung 72).

Abbildung 72: Interkommunaler Wettbewerb und Leistungsvergleiche in deutschen Kommunen

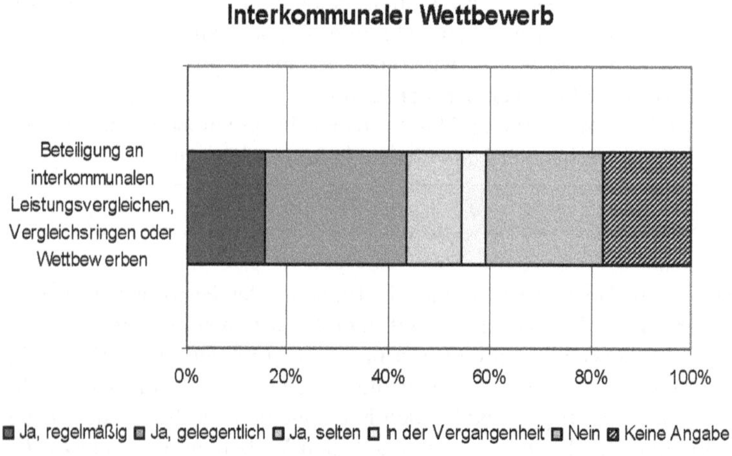

Interkommunaler Wettbewerb

Quelle: Kuhlmann 2011: 169 (m. w. N.)

Allerdings gibt es Hinweise darauf, dass die Ausstiegsquote aus Vergleichsprojekten nicht unerheblich ist (Kuhlmann 2004) und dass zudem der beträchtliche Aufwand dieses Unterfangens seinen Nutzen übersteigt, da Leistungsinformationen nicht für Steuerungszwecke verwendet werden. Auch wenn somit Leistungsvergleiche zumindest in der kommunalen Verwaltungspolitik inzwischen einen gefestigten Platz haben, weisen sie darin eine erhebliche Schwäche auf, dass ihre Ergebnisse den kommunalen Parlamenten und der kommunalen Öffentlichkeit nicht oder eingeschränkt, jedenfalls keineswegs verbindlich zugänglich sind.

Inzwischen gibt es auch in der Bundesverwaltung und in den Landesbehörden (z. B. Finanzämter, Polizei und andere) entsprechende Vergleichsprojekte[127]. Ferner wurde vom Prinzip der reinen Freiwilligkeit insoweit abgerückt, als zum einen bei der Steuerung und Durchführung von Vergleichen, vor allem hinsichtlich Kosten und Wirtschaftlichkeit, auch die Rechnungshöfe zunehmend ins Spiel gekommen sind (etwa in Mecklenburg-Vorpommern, Baden-Württemberg). Zum anderen bedient sich auch die Kommunalaufsicht teilweise dieses Instruments, wie das Beispiel der Gemeindeprüfungsanstalt in NRW belegt (Banner 2007; Bogumil/Ebinger 2012).

Im Zeichen eines wettbewerbsföderalen Diskurses sind Leistungsvergleiche in Deutschland inzwischen sogar in das Grundgesetz aufgenommen worden. Mit Art. 91 d GG, der im Rahmen der Föderalismusreform II neu eingefügt wurde (Gesetz vom 29. Juli 2009, BGBl I 2248), ist eine Rechtsgrundlage für Leistungsvergleiche/Benchmarking zur Feststellung und Förderung der Leistungsfähigkeit der öffentlichen Verwaltungen geschaffen worden. Indem die Vorschrift als Kann-Bestimmung formuliert wurde, ist am Freiwilligkeitsprinzip festgehalten worden. Hintergrund der Verfassungsänderung ist dabei – neben den allgemeinen (NPM-nahen) Ideen von Leistungstransparenz, Effektivitäts- und Effizienzsteigerung – vor allem einerseits das Anliegen, mittels Leistungsinformationen die parlamentarische Kontrolle zu stärken, die als Ziel von Verwaltungsmodernisierung begriffen wurde (BT-Drs. 16/12410: 8). Zum anderen soll der föderative Wettbewerb um die beste Lösung angeregt werden (vgl. Stellungnahme Sachverständigenanhörung Rechtsausschuss des BT vom 4. Mai 2009: 3; BT-Drs 16/12410: 8). Inwieweit die neue Verfassungsregel tatsächlich zu mehr föderalem Wettbewerb und Leistungsvergleich führen wird, bleibt indes abzuwarten, auch wenn die Bertelsmann-Stiftung bereits einen „Aktionsplan" zur Umsetzung von Art. 91 d GG vorgelegt hat (vgl. Bertelsmann Stiftung 2010).

Leistungsvergleiche im Grundgesetz

Frankreich: Entgegen der Vermutung, dass sich aufgrund des zentralistischen Verwaltungsmodells in Frankreich Reformen ausschließlich nach dem *top-down*-Muster vollziehen ließen, zeigt die Praxis der Performanzsteuerung ein deutlich anderes Bild. So gibt es bereits seit den 1980er Jahren bemerkenswerte lokale Initiativen zur Einführung von Performance Management, während auf zentralstaatlicher Ebene entsprechende Bemühungen im Laufe der 1990er Jahre nur langsam in Gang kamen und dort nennenswert erst seit 2001 (LOLF) zu beobachten sind. Eine Umfrage in 82 Kommunen aus dem Jahre 1991 ergab den

kommunale Performanzsteuerung

---

127 Vgl. die Beiträge im Behördenspiegel, Executive Letter „Grundgesetz Art. 91 d: Leistungsvergleich in der öffentlichen Verwaltung", September 2010.

Befund[128], dass ca. 30 % der befragten Verwaltungen bereits zu diesem Zeitpunkt mit indikatorengestützten Leistungsberichten (*tableaux de bord*) und 55 % mit Formen der Kostenrechnung (*comptabilité analytique*) arbeiteten. In 15 % der Kommunen gab es mindestens einen Controller (*conseiller/analyste de gestion*). Ein beispielhafter Auszug aus einem *tableau de bord* für das Standesamt (Etat Civil) der Stadt Le Havre zeigt Abbildung 73.

Abbildung 73: Auszug aus dem Tableau de Bord der Stadt Le Havre, Standesamt (2004)

Leistungsindikator	Definiertes Leistungsziel	Ergebnis 2004
Durchschnittliche Wartezeit am Schalter	Max. 10 min	< 6 min.
Anteil von Anträgen, die in weniger als 5 Tagen bearbeitet wurden	Min. 90 %	96 %
Anteil von beantworteten Telefonanrufen (appels non perdus)	Min. 92 %	99 %
Anteil von Anrufen, die nach max. 3 Mal Klingeln angenommen werden	Min. 90 %	92 %

Quelle: Kuhlmann 2009 a: 208 (m. w. N)

Interessanterweise spielte der französische Zentralstaat als Reforminstanz – in markantem Unterschied zum Vereinigten Königreich – zunächst keine federführende Rolle. Im Jahre 2002 waren schon 85 % der Städte über 50.000 Einwohner mit selbstevaluativen Verfahren in der Verwaltung vertraut; 60 % hatten diese sogar eingeführt, davon 30 % bereits vor mehr als fünf Jahren[129]. Allerdings ist die Reformaktivität im lokalen Raum aufgrund der heterogenen Gebietsstrukturen (siehe Kapitel 4.3.3) sehr ungleich verteilt. Zudem sind die Leistungsinformationen nach außen wenig sichtbar und die Öffentlichkeit hat kaum Zugang. Systematische interkommunale Leistungsvergleiche wurden bislang nicht praktiziert und die Sanktionswirkung von Leistungsmessung ist begrenzt.

Zielsteuerung nach LOLF

Inzwischen hat in Frankreich auch die nationale Gesetzgebung das Konzept der Performanzsteuerung aufgegriffen und damit eine zusätzliche Mobilisierung in der französischen Verwaltung ausgelöst (Naulleau 2003: 136). Wegweisend war das bereits erwähnte LOLF von 2001, welches einen neuen Handlungsrahmen für das Finanzwesen, die Ressourcenbewirtschaftung und Budgetierung in der Staatsverwaltung konstituierte. Es sieht neue Formen der Globalbudgetierung auf der Basis von Programm- und Leistungszielen (*finalités*), Kontraktmanagement und Leistungsevaluation vor. Die Umsetzung soll durch Programmdirektoren mittels jährlicher Leistungsvereinbarungen (*projets annuels de performance* – PAP) und Berichtspflichten (*rapports annuels de performance* – RAP)

---

128 Datenbasis ist eine von Meyssonnier in 82 Kommunen mit über 5.000 Einwohnern durchgeführte Umfrage aus dem Jahre 1991 (Meyssonnier 1993).
129 Datenbasis ist eine von Basle im Auftrag des *Institut des villes* durchgeführte Umfrage in insgesamt 118 Städten über 50.000 Einwohner, von denen 48 antworteten (vgl. Basle 2003).

gesteuert werden (Fievet/Laurent 2006: 142). Im LOLF ist vorgesehen, dass sich das Parlament auf strategische Entscheidungen über grundlegende *missions* beschränken und deren Umsetzung den Ministerien vermittels Programm- und Budgetvorgaben überlassen soll. Die Ministerien erhalten Programmbudgets, die übertragbar und deckungsfähig sind und die mit einer „Wirkungskaskade" von 47 „strategischen Missionen", 158 ressortbezogenen Programmen, 580 Maßnahmen, 630 Leistungszielen und 1.300 Leistungsindikatoren verbunden sind.

Das erste LOLF-Budget wurde im Jahre 2006 verabschiedet und bereits jetzt zeichnet sich eine Reihe von Problemen ab. So sehen manche Beobachter in der Beschränkung des Parlaments auf Generalentscheidungen über *missions* eine weitere Abwertung der (ohnehin schwachen) *Assemblée Nationale* (vgl. Kempf 2003: 312 ff.). Zudem werden Kontroll- und Steuerungsverluste der Ministerien gegenüber der dekonzentrierten Staatsverwaltung befürchtet, die infolge der Globalbudgetierung aufgewertet wurde und zusätzlich Handlungsspielräume erhalten hat. Gleiches gilt im Verhältnis dieser zu den Kommunen, da die Lokalverwaltungen nun stärker von den Budgetzuweisungen der Staatsverwaltung abhängen, womit die politische Dezentralisierung in Frankreich konterkariert wird. Zudem hält in der Staatsverwaltung seit dem In-Kraft-Treten des LOLF eine regelrechte Indikatoren- und Kennzahlenwut Einzug, so dass sich eine neue Bürokratisierung durch das Kennzahlenwesen abzeichnet. Dessen unbeschadet, gibt es bereits Diskussionen darüber, inwieweit sich eine gesetzliche Vorgabe vom Typ LOLF zukünftig für die Kommunen empfehlen könnte, wovor einige Beobachter schon jetzt warnen, da eine solche generelle Verpflichtung vollkommen an der kommunalen Handlungsrealität vorbeigeht (Fievet/Laurent 2006: 145).

Folgeprobleme des LOLF

Performanzsteuerung zwischen Transformationsprozess und NPM-Diskurs

Da in den Staaten Zentral- und Osteuropas während des Transformationsprozesses der Aufbau rechtsstaatlich-administrativer Strukturen zunächst im Vordergrund stand, kamen *Performance-Measurement*-Ansätze vermehrt erst Ende der 1990er Jahre zur Anwendung (vgl. Hajnal 2008: 140). Überdies stieß die Einführung von Instrumenten des Leistungsvergleichs mitunter auf Skepsis, da dies Erinnerungen an zentralistische Planvorgaben hervorrief und andere administrative Reform- und Handlungsfelder nach wie vor als wichtiger angesehen wurden (Mark/Nayyar-Stone 2002: 2). Da während der sozialistischen Zeit die Qualität der Verwaltungstätigkeit von den Bürgern nicht hinterfragt werden durfte, fehlten zudem jegliche Erfahrungen mit Qualitätsanforderungen (vgl. Varga 2006: 722). Gleichwohl bildeten sich insbesondere während der EU-Vor-Beitrittsphase in den MOE-Staaten *Performance-Measurement*-Systeme heraus. So etablierte eine wachsende Zahl ungarischer Kommunen Performanz-Indikatoren im Haushaltswesen, die die Basis für spätere umfassendere Ansätze von Performanzsteuerung bildeten. Da dieser Prozess auf Freiwilligkeit beruhte, blieb die Ausbreitung und Intensität jedoch im kommunalen Raum sehr heterogen (vgl. Hajnal 2008: 143). Auch auf zentralstaatlicher Ebene entwickelten sich in den Staaten Mittel- und Osteuropas *Performance-Management*-Systeme, wobei Litauen und Lettland unter anderem mit umfassenden Initiativen im Bereich der Gesetzesfolgenab-

Leistungsmessung und Planwirtschaft

schätzung als Vorreiter im osteuropäischen Raum gelten (vgl. Nemec 2008 a: 367). In anderen Ländern Osteuropas fand die Einführung von Performance Management auf zentralstaatlicher Ebene eher unkoordiniert statt, indem einzelne Ministerien im Rahmen ihres Kompetenzbereiches verschiedene Maßnahmen implementierten, wie der slowakische Fall beispielhaft zeigt (vgl. Nemec 2008 b: 302). So installierte das dortige Bildungsministerium nach britischem Vorbild im Schul- und Hochschulbereich Bewertungssysteme und importierte so zugleich Stärken und Schwächen des britischen Systems (siehe oben; Nemec 2008 b: 302). Auch in Ungarn lag auf staatlicher Ebene die Anwendung von Qualitätssicherungsinstrumenten im Ermessen der jeweiligen Behördenleiter, wobei seit den 1990er Jahren ISO Modelle (9.000, 9.001) und später das *Common Assessment Framework* (CAF) von den Verwaltungsbehörden genutzt wurden (vgl. Varga 2006: 723). Aufgrund der unterschiedlichen Anwendung zwischen den Behörden entwickelte das Innenministerium 2003 bald jedoch eine ungarische Version des CAF und nahm zunehmend koordinierende Funktionen wahr (vgl. ebd.). Typische Problemlagen mit Leistungsmessung, wie etwa die unzureichende Nutzung von Leistungsinformationen für Steuerungszwecke, wurden jedoch auch in anderen MOE-Staaten beobachtet (Jenei 2009: 10 f.). Insgesamt fand in Ungarn wie in anderen Ländern Ost- und Mitteleuropas keine durchgängige, ebenenübergreifende Einführung von Performance Management in der Verwaltung statt, sondern es wurden ad hoc-Ansätze in einzelnen Ministerien oder Lokalbehörden verfolgt, so dass es in diesem Reformbereich eine starke institutionelle Varianz gibt (vgl. auch Wilcox/Bugai 2004: 12; Jenei 2009: 11 f.).

Vergleicht man zusammenfassend die Etablierung von Performanzsteuerung im lokalen Raum anhand der Merkmale „staatliche Steuerung" und „Verbreitungsgrad", so ergibt sich für die hier betrachteten Länder folgende Einordnung (Abbildung 74).

4.5.4 Personal: Modernisierung des öffentlichen Dienstes

In der NPM-orientierten Verwaltungsmodernisierung war das Management der Humanressourcen zunächst vielfach eher Gegenstand von Rhetorik denn Realität (Demmke 2006: 384). Kritisiert wird rückblickend – sogar von der NPM-freundlichen OECD –, dass in der Theorie und Praxis der Verwaltungsmodernisierung eine „Investition in die Menschen" fehle (OECD 2005; Demmke 2006; Bogumil et al. 2007: 61 ff.). Es standen eher Fragen der Haushaltsbewirtschaftung, des Finanzmanagements, des Prozess-Reengineering etc. im Mittelpunkt, die eher etwas mit klassischem *Scientific Management* als mit moderner Personalentwicklung zu tun hatten. Dies erscheint umso prekärer, als in einer Vielzahl von europäischen Verwaltungen ein dramatischer personeller Schrumpfungstrend zu beobachten ist (siehe Kapitel 3.6).

Abbildung 74: Steuerung und Verbreitung von Performance Management auf der lokalen Ebene im Vergleich

Quelle: eigene Darstellung

Folgende Trends der Personalreform haben inzwischen eine europaweite und internationale Verbreitung gefunden (vgl. Naschold et al. 1999: 37; Selden 2007: 40 ff.), obgleich die konkreten Maßnahmen und Umsetzungsstrategien unterschiedlich ausfallen und über Effekte und Wirkungen in der Regel wenige (oder eher ernüchternde) Erkenntnisse vorliegen (Demmke 2007):
(1) *Downsizing*/Personalabbau;
(2) Lockerung des Statusrechts und Normalisierung der Arbeitsbeziehungen;
(3) Erprobung neuer Personalauswahlverfahren und Reform des Ausbildungswesens;
(4) Dezentralisierung von Personalkompetenzen;
(5) Leistungsorientierte Bezahlung.
Die folgenden Ausführungen befassen sich insbesondere mit den beiden letztgenannten Aspekten der Personalmodernisierung, da diese eine hervorragende Bedeutung in der aktuellen Reformbewegung der europäischen Verwaltungen gewonnen haben.

leistungsorientierte Bezahlung

Die Einführung von leistungsbezogenen Elementen in das öffentliche Vergütungs- und Bezahlungssystem ist in allen europäischen Verwaltungen als gemeinsamer Trend zu beobachten (Demmke 2007). Eine Studie in 24 EU-Mitgliedsstaaten[130] (+ Norwegen) ergab für die zentralstaatliche Verwaltungsebene den Befund, dass die Hälfte der Länder[131] Maßnahmen ergriffen hat, um einen stärkeren Zusammenhang zwischen Leistung und Bezahlung im öffentlichen Dienst herzustellen, darunter auch die hier exemplarisch betrachteten Länder Deutschland, Vereinigtes Königreich, Frankreich, Italien, Schweden und Ungarn (siehe Abbildung 75). In allen Ländern wurden Reformentwürfe für den öffentlichen Dienst verabschiedet, die darauf zielen, individuelle Leistung zu fördern und zu bewerten, wofür immer häufiger neue Leistungsbewertungssysteme eingeführt und Zielvereinbarungen abgeschlossen werden. Leistungsbeurteilungen werden stärker mit personellen Konsequenzen verbunden, die Auswirkungen auf Leistungsabsprachen, Leistungsbezahlung, Laufbahnentwicklung, Beförderungsentscheidungen und teilweise auch Arbeitsplatzsicherheit haben (Demmke 2007: 5).

individuelle Leistung im Zentrum

Delegation von Personalverantwortung

Trotz dieses grundlegenden Trends hin zu mehr Leistungsorientierung in den öffentlichen Diensten Europas sind wiederum starke Unterschiede zwischen den einzelnen Ländern im Hinblick auf die konkrete Ausgestaltung der Leistungsbezahlung, die Implementationsstrategien und ihre Effekte im Verwaltungsalltag festzustellen. Diese sind auch durch das bisherige öffentliche Dienst-System zu erklären, wobei vor allem der Ausgestaltung als *career-based* mit klassischem Laufbahnsystem oder als *position-based* mit positionsbezogener Rekrutierung/Funktionsmodell Bedeutung zukommt (siehe Kapitel 2.1.4). Ferner wurde in vorliegenden Studien (OECD 2005; Demmke et al. 2007) ein Zusammenhang zwischen dem Grad der Delegation von Personalkompetenzen in der Verwaltung und dem Stellenwert leistungsbezogener Vergütung festgestellt. So gibt es bisher nur wenige EU-Staaten (in der Regel *position-based systems*), wie beispielsweise das Vereinigte Königreich, in denen die leistungsorientierte Besoldung auch tatsächlich einen zentralen Stellenwert in der Verwaltungspraxis einnimmt (auch Finnland, Dänemark). Dagegen haben Länder mit wenig Delegation von Personalverantwortung (zumeist *career-based systems*) bislang auf eher traditionelle Formen der Personalmotivation, wie Fortbildung und Beförderung, gesetzt, wenngleich auch hier ein Wandel festzustellen ist, wie Beispiele aus Frankreich, Ungarn, Italien und Deutschland belegen. Schließlich ist noch darauf hinzuweisen, dass zahlreiche empirische Studien die tatsächliche Motivationswirkung von monetären Leistungsanreizen nachhaltig in Zweifel ziehen und die anreizorientierten Entgeltsysteme zunehmend in die Kritik geraten (vgl. Mühlenkamp 2010; Demmke 2009).

---

[130] Belgien, Bulgarien, Dänemark, Deutschland, Estland, Finnland, Frankreich, Griechenland, Vereinigtes Königreich, Irland, Italien, Litauen, Luxemburg, Malta, Niederlande, Polen, Portugal, Rumänien, Schweden, Slowakei, Slowenien, Spanien, Tschechien, Ungarn, Zypern (zu Einzelheiten und Methodik siehe Demmke 2007).

[131] Außerdem: Dänemark, Finnland, Litauen, Estland, Slowakei, Malta, Spanien, Belgien, Bulgarien (Demmke 2007: 18).

Abbildung 75: Leistungsorientierte Besoldungselemente in den EU-Mitgliedsstaaten (2006)

EU Mitgliedsstaaten mit leistungsorientierten Besoldungselementen	EU Mitgliedsstaaten ohne leistungsorientierte Besoldungselemente	Anmerkungen
Schweden, Großbritannien, Dänemark, Finnland, Deutschland, Litauen, Estland, Italien, Slowakei, Ungarn, Malta, Spanien, Frankreich, Belgien, Bulgarien	Griechenland, Luxemburg, Portugal, Slowenien, Niederlande, Tschechische Republik, Zypern, Irland, Polen, Rumänien	Österreich und Slowenien planen die Einführung, in den Niederlanden sind leistungsorientierte Elemente an der Gesamtbezahlung unbedeutend, in Frankreich wird vor allem das Instrument der Prämien angewandt, zu Lettland und Polen liegen keine Daten vor, in Polen wird leistungsorientierte Bezahlung nur an die nominierten Beamten (ca. 3 % der Beschäftigten) vergeben, Portugal befindet sich gegenwärtig in einem umfassenden Reformprozess

Quelle: Demmke et al. 2007: 18 (m. w. N.)

Kontinentaleuropäische Systeme: Deutschland, Frankreich, Italien

Deutschland – Fortbestand der „Zweigleisigkeit" im öffentlichen Dienst und moderater Leistungsbezug: Im deutschen Kontext ist aufgrund der nach wie vor bestehenden Dualität des Statusrechts (Beamte/Angestellte) zunächst die Dienstrechtsreform (von 1997), mit der Leistungselemente in der Beamtenbesoldung eingeführt wurden, zu unterscheiden von der Tarif-Reform (2005/06), die die leistungsorientierte Bezahlung für die Angestellten vorgesehen hat (TVöD für Bund und Kommunen bzw. TV-L für die Länder). Nachdem der letzte Anlauf einer Reform des öffentlichen Dienstrechtes in den 1970er Jahren gescheitert war, wurden mit dem Dienstrechtsreformgesetz von 1997, das als Rahmengesetz des

Dienstrechtsreform, Tarif-Reform

Bundes in Kraft trat[132], für die Statusgruppe der Beamten erste moderate Schritte zu einer stärker leistungsorientierten Bezahlung eingeleitet. Das traditionelle Senioritätsprinzip (also automatische Beförderung nach Dienstalter) wurde durch Leistungselemente angereichert, indem nunmehr neben dem Dienstalter auch die individuelle Leistung eines Bediensteten ausschlaggebend dafür sein sollte, wie schnell er die nächste Besoldungsstufe erreicht. Zum anderen wurde die Möglichkeit von Leistungsprämien als Einmalzahlungen und Leistungszulagen eingeführt (vgl. Kuhlmann 2006 b).

Auch für die Tarifbeschäftigten bei Bund und Kommunen wurde mit dem Abschluss des TVöD am 13. September 2005 die Grundlage für die leistungsorientierte Bezahlung geschaffen, die ab dem 1. Januar 2007 eingeführt wurde (§ 18 Abs. 1 TVöD). Das Leistungsentgelt stellt dabei eine variable und leistungsorientierte Bezahlung zusätzlich zum Grundgehalt dar und umfasst zunächst ein Entgeltvolumen von 1 % der ständigen Monatsentgelte des Vorjahres, wobei als Zielgröße 8 % anvisiert sind (§ 18 Abs. 2 TVöD). In der Praxis zeigt sich, dass zwar inzwischen eine beachtliche Zahl von Verwaltungen auf Bundes- und Kommunalebene vom Instrument der Leistungszulagen Gebrauch macht[133] und dabei sogar oftmals die Beamten mit einbezogen werden (vgl. Tondorf 2006; PWC 2008; Stellermann et al. 2009). Jedoch ist ein Problem darin zu sehen, dass die Ausschüttung eher nach dem Gießkannenprinzip erfolgt, also viele Beschäftigte eine nur geringfügige Zulage erhalten (durchschnittlich 77 % bei den Kommunen und zwischen 93 und 100 % beim Bund), was die Anreizwirkung in Frage stellt. Zudem scheint die Handhabung der Leistungszulagen weniger auf tatsächlicher Leistung(-smessung) zu basieren, da die Bewertungssysteme meist sehr grob sind und wenig Differenzierung zulassen (90 % der Bundesbehörden sehen nur 3 bis 4 Leistungsstufen vor). Selten erfolgt eine Verknüpfung mit vorab definierten Zielen, da beispielsweise auf Bundesebene nur 5 % der Behörden das Leistungsentgelt mit Zielvereinbarungen verbinden (Stellermann et al. 2009: 23) und auch in den Kommunen Zielvereinbarungen insgesamt weniger – wenngleich häufiger als auf Bundesebene – angewendet werden (PWC 2008: 13). Bei den Bundesbehörden liegt die Spannbreite des gezahlten Leistungsentgelts bei zwischen 4 und 2.415 Euro (Stellermann et al. 2009: 24; siehe Abbildung 76).

---

132 Mit der Föderalismusreform I von 2006 wurde die Rahmengesetzgebungskompetenz des Bundes abgeschafft und die konkurrierende Gesetzgebung des Bundes (Art. 74 GG), die der Zustimmung des Bundesrates bedarf, auf grundlegende Statusangelegenheiten beschränkt. Von dieser Kompetenz hat der Bund mit dem neuen Beamtenstatusgesetz, das am 1. April 2009 in Kraft trat und das bisherige BRRG ablöste, Gebrauch gemacht. Die Länder haben nunmehr eine ausschließliche Gesetzgebungskompetenz in Fragen der Beamtenbesoldung, -versorgung und des Dienstrechts für ihre Landes- und Kommunalbeamten.
133 Ausweislich einer Studie von Price Waterhouse Coopers (PWC, die sich auf eine Umfrage in 136 deutschen Kommunen stützt (siehe PWC 2008), hatten 2007 46 % der Kommunen eine Dienst-/Betriebsvereinbarung zur Einführung der leistungsorientierten Bezahlung abgeschlossen und Ende 2007 Leistungsentgelte an ihre Beschäftigten ausgezahlt. Auf der Bundesebene waren es Mitte 2009 insgesamt 176 Behörden (von 183 an der Evaluation teilnehmenden), was einem Anteil von 96 % der erfassten Behörden bzw. 94 % der Beschäftigten entspricht. Damit sind Dienstvereinbarungen zum Leistungsentgelt in der Bundesverwaltung nahezu flächendeckend eingeführt (siehe Stellermann et al. 2009: 19 f.).

Verwaltungsreformen in vergleichender Perspektive 235

Abbildung 76: Höhe des Leistungsentgelts in deutschen Bundesbehörden

Kategorie	Wert
Niedrigstes Leistungsentgelt (Spannbreite)	4 € bis 764 €
Höchstes Leistungsentgelt (Spannbreite)	270 € bis 2.415 €

Quelle: Stellermann et al. 2009: 22 (m. w. N.)

Im Bereich des Personalmanagements und der Personalentwicklung sind in Deutschland trotz der häufigen verbalen Betonung der Bedeutung der Mitarbeiterdimension in der Verwaltungsmodernisierung in der Praxis nur eingeschränkt Verbesserungen festzustellen. Zwar wurde in zahlreichen Verwaltungen inzwischen betriebswirtschaftlich geschultes Personal angestellt (beispielsweise in 36 % der Kommunen; vgl. Bogumil et al 2007: 61) und es werden zunehmend Mitarbeitergespräche geführt. Dennoch bleiben die Aktivitäten gemessen an den Zielvorstellungen auf eher wenig anspruchsvolle Verfahren beschränkt oder befinden sich im klassischen Bereich der Fort- und Weiterbildung (Abbildung 77).

Personalkürzung statt Human Resource Management

Abbildung 77: Personalmanagement in deutschen Kommunen

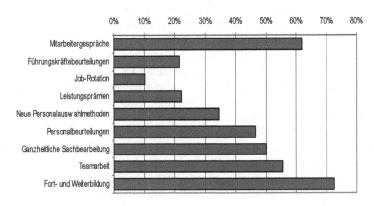

Quelle: Bogumil et al. 2007: 61; n = 870 Bürgermeister

Die geringe Reichweite der Personalreformen hängt dabei im deutschen Kontext vor allem mit dem massiven personellen Schrumpfungsprozess (in den Kommunen um 25 % seit 1990) und der Haushaltskrise zusammen. Dadurch sind kaum Spielräume für anspruchsvolle Methoden eines *Human Resource Management* vorhanden und moderate Leistungszulagen können den durch die Zusatzbelastungen hervorgerufenen Motivationseinbrüchen bei den verbleibenden Bediensteten nicht grundlegend abhelfen.

Frankreich – Traditionelle Prämiensysteme und neue Performanzorientierung

Auch in Frankreich wurde die Einführung von stärker leistungsorientierten Besoldungselementen in den vergangenen Jahren intensiv diskutiert. Dabei ist daran zu erinnern, dass Frankreich als erstes Land in Form der sog. *primes* leistungsorientierte Elemente in das Bezahlungssystem seiner öffentlichen Bediensteten aufnahm (Demmke 2006: 388). In dem 2006 vorgelegten Bericht des Ausschusses „*sur le coût et le rendement des services publics*" (über Kosten und Nutzen öffentlicher Dienstleistungen) wurde der verstärkte Einsatz von Zielvereinbarungen (*contrats d'objectifs*) im öffentlichen Dienst explizit empfohlen. Im Wesentlichen wird ein dreistufiges Besoldungssystem gefordert, das für alle Bediensteten einer bestimmten Besoldungsgruppe eine einheitliche Basisbesoldung (*traitement de base*), darüber hinaus einen funktions-/positionsbezogenen Zuschlag (*complément lié à l'emploi occupé*) und drittens eine Zulage vorsieht, die der individuellen Leistung des Beamten Rechnung trägt (*complément indemnitaire de rendement/prime de service*). Für die Festsetzung der Leistungsprämie soll dabei die Arbeitsleistung (*performance*) der Bediensteten durch die jeweiligen Dienstvorgesetzten bewertet werden, was im Rahmen von Mitarbeiter-Vorgesetzten-Gesprächen zu bewerkstelligen ist (Sadran 2006). Ferner hat das LOLF von 2001 (siehe oben) deutliche Auswirkungen auf das öffentliche Personalwesen, da die jeweiligen Budgetverantwortlichen in den Ministerien und dekonzentrierten Staatsbehörden nunmehr überschüssige Personalmittel in Leistungszulagen umwandeln können (vgl. Forest 2008: 327). Des Weiteren wurde ein System der systematischen Leistungsbewertung für die Staatsverwaltung verbindlich durch ein Dekret von 2002 eingeführt. Dieses verknüpft individuelle Arbeitsleistung mit Beförderungsentscheidungen, wovon im Jahre 2005 allein im Bereich des Wirtschafts- und Finanzministeriums 180.000 Beamte betroffen waren (Forest 2008: 327). In der Staatsverwaltung kann das Leistungsbudget bis zu 20 % des jährlichen Entgeltvolumens – also signifikant mehr als in Deutschland – umfassen. Allerdings wird es bislang vornehmlich an Führungskräfte ausgezahlt. Insgesamt ist für den französischen Staatsdienst damit, vor allem auf der Führungsebene, eine deutliche „Individualisierung" in der Bezahlung zu erkennen, die dem Leistungsgedanken einen höheren Stellenwert einräumt, allerdings aufgrund zweifelhafter Effekte inzwischen auch zahlreiche Kritiker, nicht nur unter Gewerkschaftern, gefunden hat (Forest 2008).

Auch auf der kommunalen Ebene gibt es viele Experimente mit leistungsorientierten Entgeltsystemen (*régimes indemnitaires/primes de services*; vgl. Crozet/Desmarais 2004). So befasste sich bereits Mitte der 1990er Jahre etwa die Hälfte der französischen Städte mittlerer Größe (über 10.000 Einwohner) mit der Reform des Personalmanagements (*gestion des ressources humaines*; vgl. Crozet/Desmarais 2004). Beispielhaft kann die Stadt Rouen erwähnt werden, die allen Führungskräften in der Verwaltung (*chefs de services, directeurs*) einen Teil der zuvor zentral in der Personalabteilung verwalteten Personalmittel als dezentrale „Prämienbudgets" zur eigenständigen Bewirtschaftung übertragen hat (vgl. Kuhlmann 2009 a: 212 ff.). Anhand vorgegebener Richtlinien müssen alle Führungskräfte jährlich die Verteilung der ihnen zugewiesenen Prämienmittel (*primes de service*) auf die Mitarbeiter in ihrem Verwaltungsbereich aufteilen und dabei die Leistungen der einzelnen Mitarbeiter bewerten. Das Niveau der Prämien ist abhängig von der Position und Aufgabenstellung eines Bediensteten in der Verwaltung, so dass beispielsweise eine höhere Führungskraft, etwa *DGA* (*administrateur hors classe*), eine höhere Maximalprämie erhalten kann als eine mittlere Führungskraft (z. B. *attaché principal*). Das Prämienniveau ist also relativ klar hierarchisch abgestuft, indem für die ranghöchsten Positionen höhere Leistungsprämien (z. B. *administrateur hors classe*: 250 bis 1.490 Euro), für die niedrigeren Positionen dagegen geringere Prämien (z. B. *rédacteur*: 30 bis 440 Euro) vorgesehen sind. Praktisch ist es so, dass – ähnlich wie in Deutschland – alle Beschäftigten am Prämienbudget partizipieren, wenn auch in unterschiedlicher Höhe. Damit besteht auch hier die Tendenz, dass Leistungsprämien eher pauschalisierte Gehaltsaufstockungen sind und mit echter Leistungsbewertung nur wenig zu tun haben. Beispielhaft für den nicht-technischen Verwaltungsdienst (*filière administrative*), ergibt sich folgendes Prämiensystem (Abbildung 78).

alle bekommen Prämien

Abbildung 78: Leistungsprämien im nicht-technischen Verwaltungsdienst der Stadt Rouen (2005)

Prämiengruppe/ Hierarchiestufe		Prämienniveau/Jährliche Leistungsprämie in Euro								
		1	2	3	4	5	6	7	8	9	10
1	Administrateur hors classe	250	350	1160	1220	1280	1400	1420	1450	1470	1490
2	Administrateur	200	300	990	1060	1120	1160	1200	1220	1240	1260
3	Directeur	100	200	500	560	610	630	650	680	700	730
4	Attaché principal 1er et 2ème classe	80	130	370	410	440	470	490	530	540	610
5	Attaché à compter du 9ème échelon	80	130	320	380	410	440	460	500	520	590
6	Attaché en dessous du 9ème échelon	80	130	290	340	370	390	410	430	450	490
6	Rédacteur chef	80	130	290	340	370	390	410	430	450	490
6	Rédacteur principal	80	130	290	340	370	390	410	430	450	490
7	Rédacteur	30	70	200	260	300	320	340	370	390	440
8	Adjoint administratif principal 1er et 2ème classe	300	600	1140	1260	1380	1500	1560	1680	1800	1920
8	Adjoint administratif	300	600	1140	1260	1380	1500	1560	1680	1800	1920
8	Agent administratif qualifié	300	600	1140	1260	1380	1500	1560	1680	1800	1920
8	Agent administratif	300	600	1140	1260	1380	1500	1560	1680	1800	1920

Quelle: Kuhlmann 2009 a: 213 (m. w. N.)

Italien – Transformation des Laufbahnsystems und Privatisierung der Dienstverhältnisse

Italien weist Ähnlichkeiten mit Frankreich und Deutschland darin auf, das die im Zuge von NPM verstärkt einsetzende Diskussion um mehr Leistungsorientierung im öffentlichen Dienst auf eine legalistische Verwaltungskultur trifft, die durch die Lebenszeitanstellung von Beamten im Rahmen des öffentlichen Dienstrechts, ein Beförderungssystem nach dem Senioritäts- und Laufbahnprinzip (*career-based system*) trifft (siehe auch Kapitel 3.1.2). Wie die NPM-Reform in Italien insgesamt (siehe oben), sticht auch hier die exzessive Regulierungswut durch Gesetze, Dekrete, Verordnungen etc. hervor, die auch als „deregulating regulation" und als typische Neigung „*to innovate by law*" (Meneguzzo 1997) bezeichnet worden ist. Im Unterschied zu den anderen beiden klassisch-kontinentaleuropäischen Systemen (Deutschland, Frankreich), deren öffentliche Dienste in den Grundmustern erhalten blieben, hat Italien seit den frühen 1990er Jahren einige radikale Veränderungen durchgemacht, von denen als besonders einschneidende die „Privatisierung" der Arbeitsverhältnisse im öffentlichen Dienst (mit nur wenigen Ausnahmen) herauszuheben ist. Diese wurde zunächst mit dem Legislativdekret von 1993 (D. Lgs no. 29) und dem Gesetz Nr. 87/1994 eingeleitet. Neben der Einführung von befristeten Arbeitsverträgen (max. drei Jahre für die Top-Führungsebene und max. fünf Jahre für mittlere und untere Führungskräfte)[134] und prinzipieller Kündbarkeit auch für einfache Verwaltungsbedienstete wurden die personelle Durchlässigkeit zwischen Behörden und Ebenen vereinfacht und die externe Rekrutierung von Quereinsteigern verstärkt (inzwischen 10 % bei den Top-Führungskräften der Ministerien; 50 % bei den City Managern der Gemeinden; vgl. Promberger et al. 2000: 66). Für öffentliche Bedienstete gilt damit heute im Wesentlichen das allgemeine Arbeitsrecht und die Arbeitsverhältnisse unterliegen der Tarifautonomie, wofür im Jahre 1993 eine neue Agentur, die *Agenzia per la Rappresentanza negiziale delle Pubbliche Amministrazione (ARAN)* gegründet wurde, welche die Tarifverhandlungen führt. Auch arbeitsrechtliche Konflikte gingen von den Verwaltungsgerichten auf die allgemeinen Arbeitsgerichte über. Waren mit dem Dekret von 1993 die Führungskräfte der Ministerien zunächst von diesen generellen Regelungen noch ausgenommen, was dazu geführt hatte, dass die Beamtenschaft zwischenzeitlich in zwei Statusklassen aufgeteilt war (Promberger et al. 2000: 63), so gilt die Angleichung der Arbeitsverhältnisse öffentlicher Bediensteter an das allgemeine Arbeitsrecht seit den Reformgesetzen von 1997 (Gesetze Nr. 59/1997, Nr. 127/1997) und den Legislativdekreten von 1998 (D. Lgs no. 80 und 387) nunmehr für die Verwaltung insgesamt (Lippi 2003: 148 f.)[135].

---

134 Allerdings bezieht sich die Befristung im Bereich der Führungskräfte lediglich auf die konkrete Position, auf der der Beamte beschäftigt ist, nicht auf die Anstellung als solche. Wie im Privatsektor umfasst der Arbeitsvertrag zwei Komponenten, wobei im öffentlichen Dienst meist zwei Verträge unterzeichnet werden: ein unbefristeter mit dem jeweiligen Ministerium/der Kommune, der auf dem kollektiven Tarifrecht basiert, und ein individueller befristeter Vertrag mit dem jeweiligen Dienststellenleiter, in dem auch individuelle Entgeltregelungen festgeschrieben werden.
135 Es gibt allerdings immer noch einige Ausnahmen von der „Privatisierung" der Dienstverhältnisse, etwa bei Universitätsprofessoren, Forschern und Diplomaten.

Besondere Hervorhebung verdienen in diesem Zusammenhang die Reformmaßnahmen im Bereich der leistungsorientierten Bezahlung und individuellen Leistungsbewertung, die sowohl im Staats- wie auch im Kommunaldienst Anwendung finden. So wurde das traditionelle senioritätsbasierte Laufbahnsystem durch ein positionsbezogenes System ersetzt, das mit Leistungselementen versehen wurde. Im Bereich der Führungskräfte werden nur noch 60 % des Entgelts nach Gehaltstabelle (Tarifvertrag) und 20 % positionsbezogen (Zusatzvergütung) ausgezahlt, während ein ansehnlicher Anteil von 20 % der Entlohnung leistungsbezogen in Form von „Produktivitätsprämien" erfolgt (Promberger et al. 2000: 64). Diese Prämien werden auf der Grundlage einer individuellen Leistungsbewertung vergeben, die ihrerseits auf vorab definierten Leistungszielen basiert (Legislativdekret Nr. 29/1993). Hierbei sollen die oben erläuterten NPM-Instrumente (siehe Abschnitt 2.2.2) der Management-Kontrolle zur Anwendung kommen, auf kommunaler Ebene beispielsweise der erwähnte Managementplan (*PEG*), um so eine jährliche Festlegung von Leistungszielen und deren Überprüfung durch den jeweiligen Vorgesetzten sicherzustellen.

position-based system

Zwar ist über die faktischen Auswirkungen dieser umfassenden Reformprogramme im öffentlichen Dienst wenig bekannt. Die bisherigen Erfahrungen zeigen jedoch, dass radikale Konzepte und umfassende Regulierungen im italienischen Kontext (noch weniger als anderswo) eine Garantie für tatsächliche Veränderungen und einen Wandel der Verwaltungspraxis bieten (vgl. Cristofoli et al. 2011: 267 f.). So haben ausweislich einer Umfrage der Bocconi-Universität fast 40 % der Kommunen die gesetzlich verpflichtende Einführung von Leistungsbezahlung für Führungskräfte bislang nicht umgesetzt; in 12 % der Kommunen liegt das Leistungslohnbudget unter der rechtlich vorgeschriebenen Mindesthöhe. Mehr als zehn Jahre nach der Verabschiedung des Reformgesetzes sind nur 7,4 % des Entgelts kommunaler Führungskräfte leistungsorientiert (ebd.: 268). Gleichwohl hat Italien im Vergleich zu den anderen beiden Ländern der kontinentaleuropäischen Gruppe die wohl konsequentesten Einschnitte in das überkommene öffentliche Dienst-System gewagt, was in Teilbereichen durchaus einen Paradigmenwechsel eingeläutet hat. Mit diesem sind aber auch Befürchtungen verbunden, wie etwa die, dass der (höhere) öffentliche Dienst durch die Abschaffung der „Permanenz" der Dienstverhältnisse im Zusammenspiel mit der neu eingeführten Möglichkeit einer automatischen Terminierung von Verträgen ministerialer Spitzenbeamter nach Regierungswechseln (soweit diese nicht binnen einer Frist von 90 Tagen nach dem Wahltermin verlängert werden) abgewertet und eindeutig politisiert würde. Dies widerspricht aber der gesetzgeberisch verfolgten NPM-Doktrin in mehrfacher Hinsicht, zum einen mit Blick auf die geforderte Managementautonomie, die dadurch eher geschwächt wird, und zum anderen im Hinblick auf die Trennung von Politik und Verwaltung, die sich dadurch verstärkt.

Paradigmenwechsel mit Folgeproblemen

Vereinigtes Königreich: Leistungslohn, Performance Culture, Fragmentierung und Degradierung des öffentlichen Dienstes

Dass das Vereinigte Königreich für seine Reformen im Personalwesen besonders bekannt geworden ist und vielerorts als Vorbild herangezogen wird, hängt nicht nur mit der Radikalität der Veränderungen im *civil service* seit dem Fulton-Report von 1968 zusammen, sondern auch mit den NPM-bezogenen Modernisierungsmaßnahmen im *public service* insgesamt. Vor allem sticht die im OECD-Ländervergleich wohl konsequenteste Umsetzung von Leistungsbezahlung im (*performance related pay – PRP*) im öffentlichen Dienst hervor. Allerdings steht häufig der 1996 eingeführte *Senior Civil Service* (SCS), der gerade 3.800 Spitzenbeamte in den höchsten Positionen der Ministerien und Agencies der Zentralverwaltung umfasst, im Zentrum der Aufmerksamkeit. Dagegen wird dem viel umfassenderen und im Verwaltungsalltag bedeutsameren *public service*, der auch die Bediensteten unterer Ebenen, einschließlich der ca. 2,9 Mio. Kommunalbeschäftigten umfasst, international weitaus weniger Aufmerksamkeit zugewandt. Daher soll mit diesem begonnen werden.

<small>radikale PRP-Umsetzung</small>

Einerseits hat der Gedanke der Leistungsbezahlung (*performance related pay – PRP*) in der britischen Kommunalverwaltung zunehmend Verbreitung gefunden und zur Modernisierung der traditionellen Personalbewirtschaftung beigetragen. Im Zuge der zentralstaatlich angestoßenen NPM-Modernisierung haben die Kommunen seit Ende der 1980er Jahre verbreitet PRP-Systeme und Zielvereinbarungen eingeführt sowie Personalverantwortung auf die mittlere und untere Führungsebene delegiert (Keen/Vickerstaff 1997). Eine Fallstudie im *Barst County Council* (mit 45.000 Vollzeitbeschäftigten) ergab den Befund, dass fast alle Verwaltungsführungskräfte mit Leistungsentgelten und Zielvereinbarungen arbeiten sowie regelmäßige individuelle Kompetenzbeurteilungen ihrer Mitarbeiter vornehmen. Es wurde ein „shift towards a new extremely rigorous, performance culture'" konstatiert (Keen/Vickerstaff 1997: 44), was als exemplarisch für die Veränderungen in der britischen Lokalverwaltung insgesamt angesehen werden kann (ebd.: 42).

<small>rigorose performance culture</small>

<small>Flexibilisierung der Arbeitsverhältnisse</small>

Darüber hinaus wurden seit Ende der 1990er Jahre das Tarifrecht und die Arbeitsverhältnisse im lokalen öffentlichen Dienst erheblich flexibilisiert. Die traditionell national ausgehandelten Rahmenverträge für das Kommunalpersonal (*national agreements*) wurden mit dem Ausstieg von 40 – überwiegend konservativ regierten – Kommunen im Jahre 1989, die mehr personalpolitische Gestaltungsmöglichkeiten und eine Flexibilisierung von Tarifregelungen forderten, in der Folgezeit weitgehend dezentralisiert (Winchester/Bach 1999: 48)[136].

Dem Innovationsschub im kommunalen Personalwesen, der mit PRP und Managerialisierung einherging, sind weitere problematische Aspekte entgegenzu-

---

<small>136 Eine wichtige Ausnahme vom generellen Regelungssystem für Lokalbeschäftigte stellen die Lehrer dar, die – wie erwähnt – im Vereinigten Königreich nach wie vor überwiegend Kommunalbedienstete sind und allein ungefähr ein Viertel des Lokalpersonals ausmachen. Die traditionell bei den kommunalen Tarifpartnern liegende Verhandlungs- und Regelungskompetenz für die Beschäftigungsverhältnisse von Lehrern wurde ihnen im Jahre 1991 entzogen und durch die Zentralregierung auf einen neuen Quango, den School Teachers' Review Body (STRB), übertragen. Damit wurde die gesamte Lehrerschaft von den Dezentralisierungsanläufen der Arbeitsbeziehungen im Lokaldienst ausgeschlossen und unterliegt (insoweit ähnlich wie in Kontinentaleuropa) nationalen – staatlich fixierten – Rahmenvorgaben (Winchester/Bach 1999: 49).</small>

halten. So ist es durch die Einführung von Marktwettbewerb (siehe hierzu Kapitel 4.4) zu deutlichen Verschlechterungen in der Qualität der Arbeitsverhältnisse von Kommunalbeschäftigten gekommen. Vor allem im Bereich der *manual workers* fand eine „Prekarisierung" und Degradierung der Arbeitsverhältnisse statt, was sich in sinkenden Löhnen und Sozialleistungen (Kranken- und Urlaubsgeld), vermehrten Zeit- und Kurzverträgen, genereller Beschäftigungsunsicherheit und Mehrfachbeschäftigung (*multiple jobholding*) sowie zunehmender Arbeitsbelastung zeigt (Reimer 1999: 157 ff.). Insbesondere für weibliche Beschäftigte, die traditionell einen hohen Anteil im Lokaldienst haben (ca. des Personals; vgl. Local Government Pay Commission 2003), verschlechterten sich die Arbeitsverhältnisse, da gerade die von Frauen dominierten (schlechtbezahlten und arbeitsintensiven) Bereiche, wie Schulkantinen und Gebäudereinigung, besonders oft von Privatisierungen betroffen waren (Reimer 1999: 158). Mittlerweile ist im Bereich der im öffentlichen Sektor tätigen *manual workers* eine Beschäftigungsunsicherheit und Entwertung der Arbeit eingetreten, die den Privatsektor zum Teil noch übertrifft. Die Herabstufung in Fragen des Gehalts und der Sozialleistungen, vor allem bei den *manual workers*, hängt auch mit der zunehmenden finanziellen Abhängigkeit der Kommunen vom Staat ab (siehe Kapitel 4.2.3), da die kommunalen Arbeitgeber oftmals rückläufige staatliche Zuschüsse auf die Personalkosten umlegen. Vor diesem Hintergrund kommt die *Local Government Pay Commission* zu dem Schluss, dass „local government (is) in danger of becoming the ‚poor relation' of the public sector" (ebd.: 2003).

Degradierung des local public service

Für den *civil service*, also den Staatsdienst in den Ministerien und Agencies, lässt sich die allgemeine Feststellung machen, dass dem Prinzip der Leistungsorientierung bei allen Reformbestrebungen ebenfalls eine zentrale Bedeutung zukam. Dies gilt für die Einführung flexibler Bezahlungssysteme, den Abschied vom Senioritätsprinzip und von festen Beförderungsansprüchen ebenso wie für die Einführung kennzahlenbasierter Zielvereinbarungen und Zielhierarchien sowie die Sanktionierbarkeit schlechter Leistung. Um Agenturen *businesslike* zu führen (Naschold et al. 1999: 46), wurden vielfach Manager aus der Privatwirtschaft extern rekrutiert, deren Verträge dann mit unbestimmter Laufzeit und einfachen Ausstiegsmöglichkeiten abgeschlossen wurden. Im Zuge der Reformen unter *Thatcher*, vor allem der Agencification in den 1980er Jahren (siehe Kapitel 4.5.2), ist die Personalverantwortung im *civil service* weitgehend auf die mittlere und untere Führungsebene dezentralisiert worden, was Einstellung, Entlassung und Beförderung ebenso betrifft wie Leistungsbeurteilung, Durchführung disziplinarischer Verfahren, Personalplanung und -verlagerung sowie Entscheidungen über Bonuszahlung, Fortbildung und Arbeitszeitregelungen (Demmke 2006: 386)[137]. Bonuszahlungen sind zudem relativ kurzfristig und auch für ganze Teams möglich, was eine zeitnahe und flexible Anwendung durch die unmittelbaren Vorgesetzten sicherstellt. Im *Cabinet Office* beispielsweise basiert die Leistungsbezahlung auf einem jährlichen Beurteilungssystem, in welchem die Vorgesetzten ihre Mitarbeiter danach bewerten müssen, inwieweit sie die vorab vereinbarten (in der Regel vier bis sechs) Ziele erreicht haben und wie ausgeprägt sie damit bestimmte wesentliche Kompetenzen eingebracht haben, die anhand

Managerialisierung des Civil Service

Bonuszahlungen

---

[137] Interessanterweise ist die Entscheidung über die Bezahlung der Spitzenbeamten (SCS) nach wie vor beim *Minister for the Civil Service* zentralisiert.

eines „*Competency Framework*" zu beurteilen sind (Demmke 2007: 92 ff.). Auf dieser Grundlage müssen sie eine Bezahlungsempfehlung formulieren, die dem abschließend entscheidungsbefugten Lohnausschuss (*Pay Committee*) die Höhe der Boni vorschlägt (siehe Abbildung 79).

Abbildung 79: Praxisleitfaden zum Leistungslohn im Cabinet Office/UK

1. Performance Planning	2. Performance Review and Assessment	3. Performance Differentiation	4. Reward
Individual and line manager set the performance objectives in line with business goals	Individual and line manager meet in-year and end of year to review and assess:	Each individual is assessed on their relative contribution to the organisation, against peers:	Assessment leads to reward decisions in respect of Bonus:
• Business/delivery objectives, • Corporate objectives, • Capability objectives, • Personal development goals focussed on PSG. ➔ *Objectives are moderated for quality and*	• Delivery against business, capability and corporate objectives, • Leadership skills and behaviour shown, • Strengths and development areas. ➔ *Manager recommends provisional Performance Grouping for moderation*	• Best performers are identified and rewarded. • Weakest performers are identified and managed, • Everyone is rewarded relative to their colleagues.	• Bonus rewards in year performance against objectives. ➔ *Base salary rewards long term contribution*

Quelle: Demmke et al. 2007: 93 (m. w. N.)

Schweden: Leistungsorientierung, Flexibilisierung und Individualisierung der Arbeitsverhältnisse

Zunächst ist auf den Modernitätsvorsprung hinzuweisen, über den Schweden im Hinblick auf wesentliche Kriterien, die hier unter dem Aspekt der öffentlichen Dienst-Reformen diskutiert worden sind, verfügt. Zum einen gibt es – von den

Richtern abgesehen – keine Lebenszeitanstellung im öffentlichen Dienst, sondern kein
prinzipielle Kündbarkeit (mit Kündigungsfristen von zwischen zwei bis zwölf Lebenszeitprinzip
Monaten; Naschold et al. 1999: 41). Die Rekrutierung der Bediensteten erfolgt
positions- und nicht laufbahnbezogen (siehe auch Kapitel 3.3). Zum anderen
sind die Beschäftigungsverhältnisse im öffentlichen Dienst fast ausnahmslos
durch gesetzliche Bestimmungen und Vorschriften geregelt, die sich in Folge
einer weitgehenden Angleichung der Anstellungsverhältnisse zwischen privatem
und öffentlichem Sektor bereits während der 1960er Jahre (Montin 1999: 40
f.) kaum vom privaten Arbeitsrecht unterscheiden (lediglich die Richter haben
eine besondere öffentlich-rechtliche Stellung). Es wird von einem Beamtenanteil
von nur 1 % (Richter) ausgegangen (Demmke 2011: 323). Des Weiteren wurden kaum Beamte
schon in den 1960er Jahren die Barrieren beim Wechsel zwischen einzelnen
Dienstgraden und Gehaltsgruppen weitgehend beseitigt.

Seit Beginn der 1990er Jahre wurde die Personalverantwortung in der
Staatsverwaltung zunehmend dezentral organisiert. Zunächst (1993) wurden die
Chefs der quasi-autonomen Agencies (siehe dazu Kapitel 4.5.2), in denen 99 %
der insgesamt ca. 220.000 Staatsbediensteten beschäftigt sind, verantwortlich
für die Rekrutierung der Mitarbeiter und die Festsetzung der Qualifikationsanforderungen. Seit 1994 haben sie nunmehr umfassende Personalkompetenzen, einschließlich der Entscheidungsbefugnis über Einstufung, Bezahlung und
Entlassung (Naschold et al. 1999: 41; Tiessen 2007: 144 f.). Im Rahmen des
management by results-Systems wurde die personalrechtliche Flexibilität der
Agencies weiter ausgebaut (Montin 1999; Premfors 1998), insbesondere wurden
die ehemals mit Festvertrag ernannten Generaldirektoren nunmehr kündbar und
vormals unbefristete Leitungspositionen auf Zeit besetzt. Die Reformen von 1994
führten zu einer weitgehenden tarifrechtlichen Flexibilisierung mit der Folge,
dass die bis dahin zentral für alle Staatsbeschäftigten durch die Regierung und
für die Kommunalbeschäftigten durch die Kommunalen Spitzenverbände mit den
Gewerkschaften ausgehandelten Tarifabschlüsse nunmehr durch Agency- bzw.
kommunaleigene Haustarifverträge ersetzt wurden. Haustarifverträge

Zwar wurde konstatiert, dass die Einführung von Leistungselementen in der
Bezahlung aufgrund der tief verwurzelten (sozialdemokratisch inspirierten) *legacy* von Gleichbehandlung und -bezahlung im öffentlichen Dienst in Schweden
zunächst auf gewisse Vorbehalte und Widerstände stieß. Schließlich erblickten
aber die Gewerkschaften (in denen 90 % aller Schweden organisiert sind) darin
die Chance, Gehaltssteigerungen für die öffentlichen Bediensteten zu erreichen,
so dass sie die Reformen letztlich unterstützten. Inzwischen hat sowohl im
Staatssektor als auch in der Kommunalverwaltung (vgl. Häggroth et al. 1993: 94)
eine weitgehende Individualisierung der öffentlichen Beschäftigungsverhältnisse
und Entgeltregelungen stattgefunden, die stark vom Leistungsgedanken geprägt Leistungsgedanke
ist. Inwieweit allerdings das Legitimationsargument der schwedischen NPM- hält Einzug
Reformer, wonach die leistungsorientierte Bezahlung zur Produktivitätssteige-
rung im öffentlichen Dienst führe, dem Praxistest standhält, wurde inzwischen
– nicht nur in Schweden – in Zweifel gezogen (siehe weiter unten).

Ungarn: Öffentlich-rechtliches Laufbahnmodell zur Sicherung der Unabhängigkeit und Professionalität des öffentlichen Dienstes

Wie die anderen ehemals sozialistischen Länder Mittel-Osteuropas „erbte" auch Ungarn 1990 das im kommunistischen System einheitliche Arbeitsrecht, das für den öffentlichen und privaten Sektor gleichermaßen galt. Als erstes postsozialistisches Land verabschiedete Ungarn 1992 eine Gesetzgebung, durch die die Beschäftigten des öffentlichen Sektors einer eigenständigen Regelung (öffentliches Dienstrecht) unterworfen wurden. Hierbei wurde – dem deutschen Recht vergleichbar – die Unterscheidung zwischen einem öffentlich-rechtlichen Beamtenstatus (Ernennung, Unkündbarkeit, Laufbahn usw.) einerseits und einem privatrechtlichen Angestelltenverhältnis (vertragsbasierte Einstellung usw.) andererseits eingeführt. Die Entscheidung für das öffentlich-rechtliche Laufbahnmodell war wesentlich von der politischen und gesetzgeberischen Absicht bestimmt, hierdurch die politische Unabhängigkeit und Neutralität der im öffentlichen Dienst Beschäftigten sowie deren professionelle Ausbildung und Kompetenz zu sichern (vgl. Dexia 2006: 157). Während für Ungarn mit einem Beamtenanteil von 25 % und einem Angestelltenanteil von 75 % die Zweispurigkeit des öffentlichen Dienstes charakteristisch ist, haben andere MOE-Länder (z. B. Slowakei, Estland, Litauen) das öffentlich-rechtliche Laufbahnmodell in den Mittelpunkt gestellt. Eine weitere Gruppe von Transformationsländern geben der privatrechtlichen Vertragsregelung den Vorzug (Lettland, Polen, Rumänien, vgl. Demmke 2011: 323; Marcou/Wollmann 2008: 153).

duales öffentliches Dienstrecht

4.5.5 Ländervergleich: Konvergenz, Divergenz, Persistenz und Erklärungsfaktoren

Konvergenz, Divergenz, Persistenz

diskursive Konvergenz

Greift man auf die in Kapitel 2.3.4 eingeführte Unterscheidung zwischen *discursive convergence und practice convergence* zurück, so hat die Analyse gezeigt, dass diese Stufen im Politikzyklus im hier betrachteten Reformfeld eine sehr unterschiedliche Ausprägung von Konvergenz aufweisen. Ohne Zweifel ist seit den 1980er Jahren im Zeichen der internationalen NPM-Doktrin, der sich auch die europäische Politik in weiten Teilen verschrieben hatte, eine deutliche Konvergenz im Reformdiskurs und teils in den Reforminstrumenten zwischen den Ländern festzustellen (Christensen/Laegreid 2010). Die Einführung von ergebnisorientierter Steuerung, Leistungsmessung, Leistungsvergleich und Leistungsbezahlung, die Flexibilisierung und Individualisierung von Dienstverhältnissen, Dezentralisierung und organisatorische Verselbständigung von Verwaltungseinheiten, also ein ganzer „Baukasten" von NPM-inspirierten Reformelementen, waren in allen untersuchten Ländern zentrale Modernisierungsthemen – zumindest auf der Verlautbarungsebene (*talk*). Insoweit ist es zu *discursive convergence* gekommen, wofür als maßgebliche Erklärungsfaktoren zum einen die Konzeptdiffusion des NPM und die sich daraus ergebenden normativen Anpassungen in den nationalen Reformdiskursen (*normative isomorphism*) zu nennen sind. Hierin findet die Vermutung des Soziologischen Institutionalismus Bestätigung (siehe Kapitel 2.3.3), der von der Logik des angemessenen Verhaltens (*logic of appropriateness*) und der dadurch ausgelösten Anpassungsprozesse ausgeht. Denn das NPM wurde zum effektivsten Weg zur Modernisierung des Wohlfahrtsstaates erklärt (vgl. kritisch Naschold 1995: 69; siehe oben Kapitel 2.2.2), von dem abzuweichen als normativ nicht wünschenswert oder eben als „unangemessenes Verhalten" betrachtet wurde.

Allerdings wurden die NPM-Konzeptdiffusion und damit der normative erzeugte Anpassungsdruck in den nationalen Systemen durch einflussreiche internationale Organisationen, wie insbesondere die OECD, aber zunehmend auch die EU, vorangetrieben. Dies zeigt sich besonders deutlich in den neuen Beitrittsländern der EU, wie hier etwa im Falle Ungarns, wo der erwartete EU-Beitritt und die Übernahme des *acquis communautaire* dazu führten, dass sich auch dort – von westlichen Beratern zusätzlich befördert – der Modernisierungsdiskurs des NPM zunehmend geltend machte. Zudem kommt innerhalb der einzelnen Länder oft spezifischen Akteuren besondere Bedeutung bei der Diffusion von Ideen, Überzeugungen und Reformleitbildern zu. Somit ist die Wirksamkeit institutioneller und individueller Akteure – im Sinne des akteurzentrierten Institutionalismus – bei der NPM-Diskursentwicklung ebenfalls als hoch zu veranschlagen.

internationale Organisationen

Anknüpfend an den Ökonomischen Institutionalismus kann zudem argumentiert werden, dass sich im internationalen Reformdiskurs zunehmend ein Konsens unter den relevanten Akteuren dahingehend abzeichnete, Verwaltungsmodernisierung als Prozess der ökonomischen Optimierung zu verstehen und zu betreiben. Die an ökonomischer Effizienz zu messende Rationalität wurde zum entscheidenden Bewertungskriterium der Reformprogramme und bestimmte lange Zeit die verwaltungspolitischen Debatten.

Wie die hier präsentierten Länderanalysen gezeigt haben, kann jedoch im Bereich der konkreten Reformumsetzung und hinsichtlich der Ergebnisse und Wirkungen nur sehr bedingt von Konvergenz (*practice/result convergence*) die Rede sein (vgl. auch Christensen/Laegreid 2010). Im Bereich der Organisationsreformen kontrastiert der radikale britische Ansatz von Agencification, der die Umsetzung von NPM-Konzeptideen in „Reinform" anstrebte und zu einer regelrechten Transformation von Whitehall führte, mit der skandinavischen Variante von Agentur-Steuerung, die sich auf einen historisch entstandenen seit langem etablierten institutionellen „Eigenwuchs" (*ämbetsverk*) stützt und diesen „nur" durch neue Elemente des Resultat- und Kontraktsteuerung anreicherte, also im Ganzen viel stärker durch Kontinuität und eine behutsame NPM-Modernisierung geprägt war, was auch als „skandinavischer Regimetypus" im Gegensatz zum „angelsächsischen Regimetypus" der NPM-Reform bezeichnet worden ist (Schröter 2001: 438). In Kontinentaleuropa wiederum ist zwischen den föderalen und den unitarischen Ländern zu differenzieren. In Ersteren erwies sich – wie am deutschen Beispiel gezeigt wurde – aufgrund der ohnedies dezentralen Vollzugsstrukturen die Verwaltung von vornherein als weniger „agencifizierbar" (Döhler 2007), so dass die Agenturbildung im Ergebnis eher moderat ausfällt. In den unitarischen Ländern ist die Staatsverwaltung aufgrund der napoleonischen Verwaltungstradition, die durch den Dualismus von Staats- und Kommunalverwaltung und eine ausgeprägte territoriale Präsenz des Staates

nationale Varianten von Agencification

gekennzeichnet ist, bereits hochgradig dekonzentriert, so dass auch hier das Potenzial für zusätzliche Agency-Bildung begrenzt ist. Allerdings sind in Kontinentaleuropa – insoweit konvergierend zum Vereinigten Königreich und Schweden – zunehmend Versuche der NPM-inspirierten Ergebnis- und Kontrakt-Steuerung der dekonzentrierten Behörden, Anstalten, Einrichtungen und Agenturen zu erkennen. Diese hatten jedoch bislang eher eine begrenzte Durchschlagkraft, worin aber weniger *result convergence* als *persistence* sichtbar wird.

Auch im Bereich der Steuerungsinstrumente und Verfahrensinnovationen zeigt sich nur bedingt eine Konvergenz zwischen den Ländern. Dem Einsatz von Performance Management als staatliches Kontroll- und Interventionsinstrument im Vereinigten Königreich, das verpflichtend und in hohem Maße mit Sanktionen verknüpft ist, steht seine Handhabung als Verfahren freiwilliger Selbstbewertung und -optimierung im skandinavischen Kontext gegenüber. Auch ist hinsichtlich der Frage, ob Leistungsergebnisse veröffentlicht werden (Vereinigtes Königreich, Schweden) oder nicht (Deutschland, Frankreich), zwischen den Ländern bislang keine Konvergenz zu erkennen, sondern wiederum ein Festhalten (Persistenz) an überkommenen Traditionen von Informationsfreiheit, resp. -geheimhaltung. Last but not least, ist der Verbreitungsgrad dieses Reforminstruments in den europäischen Ländern höchst heterogen (Kuhlmann 2010 d). So finden sich in der institutionell fragmentierten französischen Verwaltungslandschaft, vor allem im kommunalen Raum, nur bedingt sinnvolle Anwendungsmöglichkeiten für Leistungsmessung, weil kaum Verwaltungshandeln stattfindet, während in Schweden und im Vereinigten Königreich die Verbreitung fast flächendeckend ist (für weitere Länderbeispiele siehe auch Christensen/Laegreid 2010). Deutschland, Italien und Ungarn nehmen mittlere Plätze ein. Im Vergleich der Ansätze von Performance Management fällt zudem auf, dass der den klassisch-kontinentaleuropäischen Verwaltungsregimen unterstellte Regel- und Verfahrensperfektionismus hier eher dem britischen Managerialismus eigen ist, der auf *procedures* (statt *outcomes*) und auf die Perfektionierung von *Performance-Indicator*-Systemen gerichtet ist, wohingegen beispielsweise die (größeren) französischen Verwaltungen auffällig pragmatisch, anpassungsflexibel und experimentell vorgehen (vgl. ähnlich Ashford 1982; Kuhlmann 2010 d).

Im Bereich des Personalwesens wurde anhand der Länderbeispiele ebenfalls deutlich, dass die konvergente Diskussion um Leistungsbezahlung im öffentlichen Dienst eine enorme Varianzbreite an nationalen und lokalen Lösungen hervorgebracht hat. So haben das Vereinigte Königreich und die skandinavischen Länder die konsequentesten Schritte zur Einführung leistungsbezogener Bezahlung im öffentlichen Dienst unternommen, womit die überkommenen Modelle der senioritätsbasierten Beförderung und Bezahlung teils vollkommen obsolet geworden sind. Dagegen nahmen die kontinentaleuropäischen Länder Leistungselemente eher maßvoll in die bestehenden Entgeltsysteme auf, bis hin zu ihrer Karikierung dergestalt, dass (fast) alle Beschäftigten – dem überkommenen Gleichheitsgrundsatz/*égalité* folgend – Leistungsprämien erhalten. Ungarn wiederum stellt einen vollkommen anders gelagerten Fall dar, da es zunächst darum ging, überhaupt einen rechtsstaatlichen öffentlichen Dienst und ein Laufbahnsystem für Beamte einzuführen, mit dem deren Neutralität und Professionalität sichergestellt werden sollte. Es stand also weniger die Managerialisierung des Personals als vielmehr der Aufbau einer klassischen Bürokratie im Mittelpunkt der Personalreformen, was man mit Blick auf die anderen Vergleichsländer als Divergenz interpretieren könnte. Eine markante Annäherung – Konvergenz – in Richtung des britischen und skandinavischen *position-based system*, in welchem auch die Abgrenzung zwischen öffentlichem und privatem Arbeitsrecht nicht vorhanden oder wenig ausgeprägt ist, hat Italien mit seiner Abkehr vom traditionellen *career-based system* und der Privatisierung der öffentlichen Dienstverhältnisse durchlaufen.

Abbildung 80: Praxisdivergenz der Binnenmodernisierung und Personalreformen im Ländervergleich

Quelle: eigene Darstellung

Als wesentliche Erklärung für die beobachtbaren Persistenzen und nur moderaten Konvergenzen im Bereich der Reformumsetzung und der Reformergebnisse kommen zuallererst historische Variablen und damit das Konzeptangebot des Historischen Institutionalismus in den Blick. Die sehr unterschiedliche Handhabung und Wirkung der hier diskutierten (ähnlichen) Reforminstrumente kann maßgeblich auf institutionelle Pfadabhängigkeiten sowie die Beharrungskraft gewachsener Verwaltungsstrukturen und verwaltungskultureller Prägungen zurückgeführt werden. So fügt sich die NPM-Doktrin nahtlos in die Public Interest-Kultur des Vereinigten Königreichs ein (vgl. König 2006), für die eine pragmatisch-instrumentelle Handhabung des Rechtsstaates und die Vorstellung der *stateless society* (siehe Kapitel 4.3.2) charakteristisch sind. Innerhalb der klassisch-kontinentaleuropäischen Rechtsstaats- und Verwaltungskultur dagegen bleibt Verwaltungshandeln in weiten Teilen noch immer konditionalprogrammierter Rechtsvollzug,

Management-Nähe der Public Interest-Kultur

was Kompatibilitätsprobleme mit managerieller Steuerung, Output-Orientierung und „Verbetriebswirtschaftlichung" aufwirft. Auch im Personalbereich zeigt sich, dass die jeweils überkommenen öffentliche Dienst-Systeme größtenteils nicht umgekrempelt worden sind, sondern NPM-Instrumente, wie Leistungslohn oder Zielvereinbarungen, meist in die gewachsenen Systeme eingebettet (und dadurch oftmals entschärft) worden sind.

Der Historische Institutionalismus gerät allerdings an Grenzen, wenn es darum geht, paradigmatische Wechsel in Verwaltungssystemen zu erklären, obgleich er hierfür einige nützliche Denkfiguren, wie *„critical junctures"* und *„external pressures"* (vgl. Steinmo et al. 1992), bereithält. Hier erweist sich der akteurzentrierte Institutionalismus als leistungsfähiger, der den handelnden Akteuren, deren Machtstreben und Politikstrategien im Modernisierungsprozess besondere Aufmerksamkeit schenkt. Dies liegt für das Vereinigte Königreich auf der Hand, wo die Managerialisierung von Whitehall und der „Krieg gegen die Kommunen" maßgeblich auf neo-konservative Politikstrategien der damaligen Premierministerin *Thatcher* zurückzuführen sind.

Auch in Italien kommt die Akteursvariable besonders sichtbar ins Spiel, wenn es darum geht, die verwaltungspolitischen Einschnitte, etwa im Bereich des öffentlichen Dienstes, und die beispiellose NPM-Gesetzesflut zu erklären. Hintergrund waren die politischen Konflikte oder – treffender formuliert – die „politischen Schocks" (Bobbio 2005: 34 ff.), die das Land seit Beginn der 1990er Jahre ereilt hatten. Die dadurch hervorgerufene tiefe politische Krise, in die Italien gestürzt war, resultierte in zahlreichen Reformanläufen und in dem Versuch, möglichst radikale Veränderungen herbeizuführen, was den besagten Paradigmenwechsel im Bereich des öffentlichen Dienstes, aber auch das Bemühen, Politik und Verwaltung zu entflechten, lokale Exekutiven zu stärken und dem Parteieneinfluss zu entziehen etc., erklärt. Konzeptionell lässt sich diese Entwicklung allerdings auch sehr gut mit der vom Historischen Institutionalismus vorgeschlagenen *critical juncture* beschreiben, an die die italienische Verwaltung infolge der Politikkrise gekommen war und die – befördert durch erheblichen Druck auf das gesamte System (*external pressure*) – zum Wandel führte.

Für Deutschland, Frankreich und Schweden waren Akteurskonstellationen insoweit von reformpolitischer Bedeutung, als die Umsetzung des NPM in diesen Ländern auf einen eher breiten Konsens relevanter Akteursgruppen und Reformbeteiligter angewiesen war. Hier bietet das Vorhandensein gewichtiger (teils verfassungsmäßig verankerter) Veto-Spieler und der dadurch erzeugte Zwang zur Konsensbildung eine (weitere) plausible Erklärung dafür, dass es zu einer eher behutsamen und maßvollen Umsetzung des Reformkonzeptes kam.

Abbildung 81: Theoretische Erklärung der Reformentwicklung im Bereich Binnenmodernisierung

Faktor	Erklärungsansatz	Neo-institutionalistische Theorierichtung
Exogene Erklärungsfaktoren (supra-/international)		
NPM-Diskursdominanz Wirtschafts- und Fiskalkrise Einfluss internationaler Organisationen/Akteure (EU, OECD)	Normative Pressure, Logic of appropriateness, Framing	Soziologischer Institutionalismus
Endogene Erklärungsfaktoren (national/lokal)		
Policy-Präferenzen der Akteure; Meinungsführerschaften im Reformprozess	Akteurskonstellationen; strategisches Handeln; Stimmenmaximierung	Akteurzentrierter Institutionalismus
(In-)Kompatibilität von Verwaltung und Management	Verwaltungs-/ Rechtskultur; kognitiv-kulturelle Prägungen der Verwaltung	Historischer Institutionalismus
Nationale Politikkrisen; Politische Schocks	Critical Junctures	

Quelle: eigene Darstellung

5. Zusammenfassung und Ausblick

> **Lernziele**
>
> Am Ende dieses Kapitels sollten Sie
> - Gemeinsamkeiten und Unterschiede in den verwaltungspolitischen Reformdiskursen der europäischen Länder kennen;
> - wissen, wie sich die Länder in der praktischen Reformumsetzung unterscheiden und aus vergleichender Sicht einordnen lassen;
> - die Reformentwicklungen von Konvergenz, Divergenz und Persistenz mit Hilfe neo-institutionalistischer Theorieansätze erklären können.

5.1 Verwaltungspolitische Reformdiskurse im Vergleich

Die vergleichende Analyse der Verwaltungssysteme und -reformen in Europa hat gezeigt, dass die Frage von Konvergenz, Divergenz und Persistenz je nach Reformfeld (Dezentralisierung/Föderalisierung, Territorialreform, Privatisierung, Binnenmodernisierung) und Reformphase (Diskurs, Entscheidung, Umsetzung, Wirkung) unterschiedlich zu beantworten ist. Auch verschiedene Verwaltungsebenen und -sektoren spielen als (intervenierende) Variablen eine wichtige Rolle, so dass eine offenkundige Konvergenz auf zentralstaatlicher/nationaler Ebene nicht automatisch mit Gleichläufigkeit auf der subnational/dezentralen Ebene verbunden ist. Gleiches trifft auf verschiedene Aufgabenbereiche der öffentlichen Verwaltung zu. So wurde deutlich, dass zwar im Bereich der Infrastrukturverwaltung und Netzwerkindustrie als traditionell öffentlichen Handlungsbereichen inzwischen EU-bedingt eine Annäherung in den Verwaltungsprofilen festzustellen ist (etwa im Energiesektor), jedoch die sozialen Dienste und die Ordnungsverwaltung noch stark persistente und teils divergente Institutionalisierungsmuster zeigen. Grundsätzlich treten konvergente Muster umso sichtbarer hervor, je mehr man sich im Bereich von Reformdiskursen, -konzepten und -leitbildern bewegt, und sie verblassen, je stärker es um konkrete verwaltungspolitische Entscheidungen, materielle Institutionalisierungen und praktische Umsetzungsmaßnahmen geht.

[Marginalien: Konvergenz variiert nach Phasen, Sektoren, Ebenen; Diskurskonvergenz besonders ausgeprägt]

Dies wird am Beispiel der internationalen NPM-Reformdoktrin deutlich, die sich zum dominanten Reformleitbild der 1980er (in den angelsächsischen und skandinavischen Ländern) sowie 1990er Jahre (in Kontinentaleuropa) entwickelt hatte. Sie ist in allen hier betrachteten Ländern aufgegriffen worden und hat zu einer offenkundigen Konvergenz im verwaltungspolitischen Reformdiskurs geführt. Allerdings zeigt die konkrete Umsetzung und Wirkungsweise des NPM in den verschiedenen Ländern sehr unterschiedliche (teils divergierende) Profile. Zudem haben bereits auf der Diskursebene einzelne Komponenten des NPM-Reformmodells eine durchaus unterschiedliche Ausprägung in den betrachteten Ländern und Ländergruppen erfahren. So stellten der Rückbau des Staates, seine Beschränkung auf eine Gewährleistungs- und Regulierungsfunktion und der Rückzug öffentlicher Anbieter aus der direkten Leistungserbringung zwar überall wesentliche Elemente des Politikdiskurses dar. Jedoch variieren die debattierten Varianten möglicher Privatisierungsschritte (formell/materiell/funktional), die anvisierte Reichweite von Privatisierungsmaßnahmen sowie die sich daraus ergebende Intensität des Privatisierungsdiskurses. Während im Vereinigten Königreich ein marktradikaler Reformdiskurs dominierte, der klar vom Slogan „private is better than public" angetrieben wurde, konnten solche extremen Entstaatlichungsdiskurse in Ländern, wie Schweden und Frankreich, die durch eine politisch und gesellschaftlich fest verwurzelte öffentliche Sektor-Tradition und die politikkulturell verankerte Vorstellung vom „starken Staat" gekennzeichnet sind, kaum Fuß fassen. In Deutschland dagegen ist die Diskursintensität im Bereich der nationalen Privatisierungspolitik als eher gering zu veranschlagen, was auch damit erklärt werden kann, dass es einerseits einen breiten Privatisierungskonsens unter den relevanten politischen und gesellschaftlichen Eliten gab und andererseits Maßnahmen der Binnenmodernisierung (etwa das NSM) nicht durch Privatisierungsdiskussionen gefährdet werden sollten; die Reichweite der tatsächlich realisierten Privatisierungsschritte ist allerdings beachtlich.

Privatisierungsdiskurs

Des Weiteren war der verwaltungspolitische Reformdiskurs in Europa durch die Konzepte der mikroökonomisch orientierten Binnenmodernisierung und des Managerialismus geprägt, bei denen es um eine betriebswirtschaftlich ausgerichtete Modernisierung der internen Verwaltungsstrukturen und -verfahren sowie die Ökonomisierung des Personalwesens ging. Im Bereich der Verwaltungsverfahren hatten dabei in allen Ländern Ansätze des Performanzmanagements, der Leistungsmessung und des Leistungsvergleichs Konjunktur. Der Hauptakzent bei den Organisationsstrukturen lag auf der Dekonzentration und Autonomisierung von Verwaltungsteilen, Hierarchieabbau und der Schaffung von kundenorientierten Dienstleistungszentren (*One-Stop-Agencies*). Im Bereich des Personalwesens wurden – neben Personalabbau – insbesondere die Einführung von Leistungsbezahlung sowie die Flexibilisierung und Individualisierung von Dienstverhältnissen diskutiert. Trotz dieser augenfälligen Gleichläufigkeiten in der europaweiten verwaltungspolitischen Debatte werden auch hier Länderunterschiede sichtbar. So konnte im Vereinigten Königreich der rasche Aufstieg des Managerialismus an die traditionelle Effizienzorientierung des verwaltungspolitischen Diskurses anknüpfen und wurde zudem von der neoliberalen Politikpräferenz für den privaten Sektor als nunmehr vorbildliches Referenzmodell angetrieben. In Schweden dagegen stützte sich der performance-orientierte Modernisierungsdiskurs, der vor allem als „Resultatsteuerung" diskutiert wurde, auf die „rationalistische" Evaluationskultur des Landes. In Frankreich, Deutschland und Italien wurde der verwaltungsinterne Managerialismus – bei fortwirkender Bestimmungskraft des traditionellen rechtsregel-gesteuerten Bürokratiemodells – ebenfalls vor allem in Varianten der Ergebnissteuerung und des Performanzmanagements aufgegriffen.

Performance Management-Diskurs

Darüber hinaus bildeten die Fragen der Dezentralisierung und Dekonzentration der politisch-administrativen Makrostrukturen ein Hauptthema des verwaltungspolitischen Diskurses, besonders ausgeprägt in den traditionell zentralisierten Ländern, wie Frankreich, Vereinigtes Königreich und Italien. Dabei

Dezentralisierungsdiskurs

lassen sich zwei deutlich unterschiedliche Grundmuster erkennen. Im Vereinigten Königreich (ähnlich auch in Neuseeland) ging es – unter neoliberaler Konzeptanleitung – um die administrative Dekonzentration im Wege der Übertragung von bislang von der zentralen Regierungsebene wahrgenommenen Aufgaben auf überwiegend mono-funktionale autonom operierende Organisationseinheiten (*executive agencies*) – außerhalb und unter bewusster Verdrängung der traditionellen (multi-funktionalen) kommunalen Selbstverwaltung. Im Gegensatz dazu handelt es sich in Frankreich seit den 1980er und in Italien seit den 1990er Jahren um eine (politische) Dezentralisierung, nämlich die Übertragung von staatlichen öffentlichen Aufgaben auf die lokalen Selbstverwaltungskörperschaften unter ausdrücklicher Verbreiterung von deren multi-funktionalem Aufgabenmodell und unter Stärkung der lokalen Autonomie. Die Tatsache, dass in Schweden und Deutschland, die beide bereits stark dezentralisiert sind, eine weitere Dezentralisierung durch (echte und unechte) Kommunalisierung staatlicher Aufgaben auch im jüngsten verwaltungspolitischen Diskurs ein Leitthema bildete, weist auf das langfristige und nachhaltige Prägemuster dieses traditionellen Reformdiskurses hin.

Abbildung 82: Themen und Inhalte verwaltungspolitischer Reformdiskurse

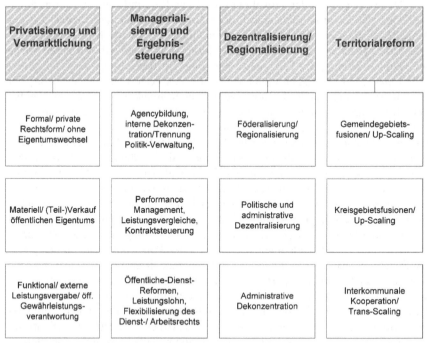

Quelle: eigene Darstellung

Territorialpolitikdiskurs

In der konzeptionellen Anleitung der auf die kommunalen Ebenen gerichteten „Territorialpolitik" sind vor allem zwei – je unterschiedliche Phasen bestimmende – reformpolitische Diskurse zu erkennen. Die erste Phase der territorialen Reformen, insbesondere während der 1960er und 1970er Jahre, war durch das verwaltungspolitische Leitbild einer radikalen Maßstabsvergrößerung kommunaler Strukturen gekennzeichnet. Vor allem in UK/England und Schweden dominierte die – dem „rationalistischen" Zeitgeist der Periode verschriebene – institutionenpolitische Absicht, die operative Leistungsfähigkeit der kommunalen Ebenen im Dienste des auf- und auszubauenden nationalen Sozial- und Interventionstaats durch *economy of scale* zu stärken. In der neueren Phase (seit den 1990er Jahren) steht der Reformdiskurs zunehmend im Bann der Europäisierung und ist vom Leitgedanken bestimmt, zum einen die Handlungsfähigkeit der subnationalen Verwaltungseinheiten (Regionen, Kommunen) im europäischen und internationalen Wettbewerb um Standorte sowie EU-Fördermittel zu verbessern. Zum anderen dreht er sich um verwaltungspolitische Lösungsansätze für eklatante demographische, sozio-ökonomische, fiskalische und Koordinationsprobleme im kommunalen Raum, die neue Gebietszuschnitte und/oder Kooperationsformen erzwingen.

5.2 Reformmaßnahmen und Modernisierungspraxis im Vergleich

Zeigt der verwaltungspolitische Reformdiskurs damit eine Reihe von Konvergenzen und Ähnlichkeiten zwischen den Ländern, obzwar mit Nuancierungen im Einzelnen, ergibt ein Blick auf die tatsächliche Maßnahmenumsetzung und die Reformpraxis in den Ländern ein stärker differenziertes Bild. Zwar werden auch hier einige konvergente Entwicklungslinien sichtbar, jedoch treten institutionelle Divergenzen und Persistenzen, die auf nachhaltige länder- bzw. ländergruppenspezifische Eigenheiten und Pfadabhängigkeiten verweisen, deutlicher hervor.

Persistenz und Divergenz der Reformpraxis

Bei den (vertikalen) Verwaltungsreformen im Mehrebenensystem stellt die dezentralisierende Grundtendenz in der Staatsmodernisierung und Verwaltungspolitik zweifelsohne einen generellen „Mega-Trend" in den europäischen Ländern dar, von dem es nur wenige „Abweichler" gibt. Zu diesen *deviant cases*, die vom grundsätzlichen verwaltungspolitischen Trend divergieren, gehört das Vereinigte Königreich (England), wo es nicht – wie ansonsten überwiegend in Europa – zur Stärkung der dezentral-lokalen Ebene, sondern zur „Entmachtung der Kommunen" kam. Inzwischen wurden auch in Ungarn frühere Dezentralisierungsmaßnahmen wieder zurückgenommen, so dass dieses Land in jüngerer Zeit von den anderen europäischen Ländern (außer UK) divergiert. Frankreich stellt innerhalb der napoleonischen Ländergruppe dahingehend einen abweichenden Fall dar, dass es auf der Meso-Ebene lediglich die „einfache" Regionalisierung – und nicht (Quasi-)Föderalisierung wie in Italien, Spanien, Belgien – zuließ. Divergenz und Persistenz sind ferner hinsichtlich der in den Ländern verfolgten Kommunalisierungsstrategien (unterhalb der Meso-Ebene) festzustellen. Während in Schweden durchweg „echt" kommunalisiert wird und die Form der politischen Dezentralisierung vorherrscht, folgt Deutschland, vor allem im Verhältnis der Landes- zur Kreisebene, in erheblichem Maße der Variante einer „unechten" Kommunalisierung oder administrativen Dezentralisierung.

„deviant cases"

Bei den territorialen Reformen sind zwar die charakteristischen Muster, nach denen sich die Länder in drei Gruppen (nord-, südeuropäisch, hybrid) einteilen lassen, nach wie vor sichtbar. So ist innerhalb der Gruppe jener Länder, die in den 1960er und 1970er Jahren dem nordeuropäischen Reformmuster des *Up-Scaling* folgten, eine gleichläufige Entwicklung hin zu großmaßstäblichen Gemeindestrukturen zu beobachten, die letztlich durch verbindliche Parlamentsentscheidung durchgesetzt wurde. Dagegen unterblieben in den Ländern des südeuropäischen Reformmusters kommunale Gebietsreformen und wurden – in einem für diese Ländergruppe ebenfalls gleichläufigen Entwicklungspfad – interkommunale Formationen zur operativen Unterstützung der fortbestehenden kleinen und kleinsten Gemeinden geschaffen (*Trans-Scaling*). In der jüngeren Phase ist jedoch das Profil großräumiger Gemeinden und Städte verbreiteter hervorgetreten und inzwischen auch in solchen Ländern (wie Griechenland und Portugal) aufgegriffen worden, die traditionell dem südeuropäischen Reformpfad zuzuordnen waren. Zudem zeichnet sich eine Annäherung der beiden territorialen Organisationsmuster dadurch ab, dass die interkommunalen Strukturen durch territorial konsolidierte Gemeinden zunehmend ersetzt werden (so in den ostdeutschen Ländern) oder sich auf eine funktional und finanziell integrierte kommunale Organisationsform (so im Falle Frankreichs) zubewegen.

Annäherung territorialer Organisationsmuster

Auch die Privatisierung, Vermarktlichung und Kommerzialisierung öffentlicher Leistungen stellen wesentliche „Mega-Trends" der Verwaltungsreform im europäischen und internationalen Kontext dar. Es lässt sich eine Gleichläufigkeit zwischen den Verwaltungssystemen dahingehend feststellen, dass nationalisierte Industrien und kommunalisierte Unternehmen privatisiert, vermehrt privat-gewerbliche Leistungsanbieter einbezogen und öffentliche Institutionen auf eine „Gewährleistungsfunktion" beschränkt werden. Die formale und (teilweise) materielle Privatisierung von Staatsbetrieben, die Ausgründungen von Gesellschaften privaten Rechts im kommunalen Raum (*corporatization*) und die Einbindung privater Leistungsanbieter über Leistungsverträge (*purchaser-provider-split*) sind als Reforminstrumente der öffentlichen Verwaltung europaweit aufgegriffen worden. Im Ergebnis hat sich die Akteurslandschaft der öffentlichen Aufgabenerledigung erheblich ausdifferenziert und im kommunalen Raum ein „shift from a system of local government to a system of local governance" (Stoker 1999: 41) stattgefunden. Es ist mithin ein „Satelliten-Modell" entstanden, in dem sich die institutionell schrumpfende Kernverwaltung mit einem expandierenden Kranz von monofunktional agierenden privaten und Non-Profit-"Erfüllungsgehilfen" umgibt mit dem Ergebnis, dass eine übergreifende gebietsbezogene Steuerung immer schwieriger wird.

Akteursvielfalt durch Marktöffnung

Allerdings gibt es durchaus „divergence within convergence", da sich die Länder unterschiedlichen Reformtypen zuordnen lassen und zudem innerhalb der Länder noch einmal nach Verwaltungsebenen und/oder Sektoren zu differenzieren ist. Anknüpfend an seinen pointiert neoliberalen Politikdiskurs verfolgte das Vereinigte Königreich das marktradikalste Privatisierungsprogramm mit den – im europäischen Vergleich – dramatischsten Auswirkungen, umfassendsten Eigentumsveränderungen und zudem – wiederum als britische Singularität – stark zentralisierenden Effekten. Diesem Modell eines *marketizer* und *minimizer* haben sich inzwischen – zumindest auf nationaler Ebene – auch Deutschland und Italien schrittweise angenähert, so dass hier Konvergenz sichtbar wird, was auch

Konvergenz zum marketizing

an der vergleichsweise moderaten und in Deutschland sogar deutlich rückläufigen Staatsbeschäftigtenquote abzulesen ist, die hier wie dort unter jener des Vereinigten Königreichs liegt. Die forcierte Privatisierungspolitik, die in beiden Ländern unabhängig von der politischen Couleur der Regierungen im Verlaufe der 1990er Jahre verfolgt wurde, führte dazu, dass sich in Deutschland – als „fleißigem Übererfüller" europäischer Liberalisierungsvorgaben – von den großen staatlichen Infrastrukturunternehmen heute nur noch die Bahn zu 100 % in Staatsbesitz befindet und in Italien das europaweit umfangreichste Privatisierungsprogramm in jenem Jahrzehnt implementiert wurde. Dagegen weist die Kommunalwirtschaft (Stadtwerke/*municipalizzate*) stärkere Persistenz und Überlebenskraft auf, da sie bisher weniger massiv von materiellen Privatisierungen erfasst wurde und sogar Rückkäufe von Vermögen, allerdings auch zahlreiche funktionale und formale Privatisierungen stattfinden. Anknüpfend an Pollitt/Bouckaert sind Schweden und Frankreich als *modernizer* einzustufen. Sie weisen (untereinander) eine Konvergenz im Reformverlauf dahingehend auf, dass die Privatisierung maßvoller, teils auch verspätet erfolgte und in die jeweils bestehende Verwaltungskultur und Wohlfahrtsstaatstradition eingebettet wurde. In Schweden ist dies als „Wettbewerbsmodernisierung des Wohlfahrtsstaates" beschrieben worden, welche durch Anbieterpluralisierung, soziale Re-Regulierung und Nutzerdemokratie gekennzeichnet ist und bei der eine materielle Privatisierung nur sehr begrenzt stattfand. In Frankreich wurde ebenfalls versucht, an der französischen Tradition des *Service Public* festzuhalten und diese zu verteidigen, was die vergleichsweise späte Wettbewerbsöffnung auf nationaler Ebene erklärt, wohingegen die Kommunen seit langem mit *purchaser-provider-split* (*délégation*) arbeiten, so dass man hier auch von *maintaining* (Persistenz) sprechen kann. Im ungarischen Transformationsfall markierten die Auflösung der kommunistischen Staatswirtschaft und die materielle Privatisierung zahlreicher Wirtschaftssektoren nach 1990 zweifelsohne einen radikalen Bruch. Jedoch gab es auch (Wieder-)Anknüpfungen an das habsburgisch-ungarische Verwaltungs- und Kommunalmodell. So ging die Privatisierung der zentralistischen Staatswirtschaft mit einer fast vollständigen Kommunalisierung der öffentlichen Dienstleistungen und dem Versuch einher, bei der Modernisierung des Staates vorkommunistische rechtsstaatliche Verwaltungstraditionen „wiederzubeleben". Insoweit lässt sich Ungarn trotz seiner Besonderheiten als Transformationsfall gemeinsam mit Schweden und Frankreich eher den *modernizer*-Typus zuordnen.

Die Länderbeispiele verdeutlichen also, dass von einer allgemeinen Konvergenz in Richtung eines minimalistisch-marktradikalen angelsächsischen und EU-präferierten Staats- und Verwaltungsmodells nicht die Rede sein kann.

Bei der Binnenmodernisierung der Verwaltung ist es zu Konvergenz insoweit gekommen, als insbesondere die Konzepte der Performanz- und Agentursteuerung in allen hier betrachteten Ländern aufgegriffen worden sind. Allerdings zeigen sich Schweden, Deutschland, Frankreich, Italien und Ungarn bei der Agenturbildung deutlich persistenter als das Vereinigte Königreich, wo im Zuge einer radikalen Agencification die gesamte Whitehall-Bürokratie transformiert wurde. Schweden stützt sich bei der Agentur-Steuerung auf sein historisch begründetes *ämbetsverk*, das mit der Einführung von Resultat- und Kontraktsteuerung eher maßvoll managerialisiert wurde. Deutschland ist wegen der föde-

— Persistenzen der Kommunalwirtschaft

— modernizing/ maintaining

— keine Konvergenz zum Minimalstaat

— kaum Praxiskonvergenz von Performanz- und Agentursteuerung

ralstaatlich bedingten Abschichtung des Verwaltungsvollzugs auf die Länder von vornherein weniger „agencifizierbar" (Döhler 2007), so dass auch hier *practice convergence* nur bedingt festzustellen ist. Für die napoleonisch geprägten Länder ist die Dekonzentration des Staates im Territorium ohnedies kennzeichnend und das *agency fever* angelsächsischer Provenienz somit ebenfalls eher unbekannt, wenngleich im Zuge der EU-Integration neue Regulierungsagenturen geschaffen worden sind.

Auch bei der Umsetzung und Anwendung neuer ergebnisorientierter Steuerungsinstrumente in der öffentlichen Verwaltung zeigt sich nur bedingt eine Konvergenz zwischen den Ländern. Zwar gibt es überall entsprechende Reformansätze und -maßnahmen; jedoch offenbart allein schon der Blick auf den Verbreitungsgrad von Performance Management erhebliche Varianzen. Während Frankreich nach wie vor hinterherhinkt, was auch mit der geringen Verwaltungskraft der vielen Kleinstkommunen zu tun hat, für die sich ein aufwändiges Performanzmanagement-System nicht „lohnt", ist die Verbreitung in Schweden und im Vereinigten Königreich fast flächendeckend. Deutschland und Italien weisen einen mittleren Verbreitungsgrad auf. Während Performance Management im Vereinigten Königreich zudem verpflichtend ist und vor allem als staatliches Kontrollinstrument eingesetzt wird, folgt Schweden im kommunalen Raum dem Grundsatz der freiwilligen Selbstbewertung und -optimierung. Ähnliches trifft auf die Veröffentlichungspflichten von Performanzdaten der Verwaltung zu, die im Vereinigten Königreich und Schweden, nicht aber in Deutschland, Frankreich und Italien bestehen, was auf persistente Muster in der Informationsfreiheits- bzw. -geheimhaltungskultur und -praxis hinweist. Für die kontinentaleuropäische Ländergruppe ist zudem nach wie vor die Einbettung von Performance Management in das überkommene System der Rechts- und Regelsteuerung kennzeichnend und insoweit ein wichtiges (persistentes) Distinktionsmerkmal, insbesondere im Vergleich zum angelsächsischen Verwaltungskontext. Die diskursive und instrumentelle Konvergenz in der Verwaltungspolitik ist hier also offenkundig nicht in gleichem Maße mit *practice/result convergence* verbunden.

divergierende Umsetzungen des Leistungslohns

Die länderübergreifende Diskussion um Leistungsbezahlung im öffentlichen Dienst führte ebenfalls zu variierenden und teils divergierenden nationalen und lokalen Umsetzungen. Die senioritätsbasierte Beförderung und Bezahlung ist inzwischen im Vereinigten Königreich und in den skandinavischen Ländern, die am konsequentesten leistungsbezogene Elemente eingeführt haben, weitgehend obsolet geworden. Dagegen kam es in den kontinentaleuropäischen Ländern teils zur Pervertierung dieses Reformansatzes, da bisweilen die komplette Belegschaft der Verwaltung – an den Gleichheitsgrundsatz anknüpfend – mit Leistungsprämien „belohnt" wird. Insgesamt wurde also die Idee von Leistungselementen in den Verwaltungssystemen Kontinentaleuropas eher zurückhaltend umgesetzt und

kontinentaleuropäische Beharrungsmuster

sind Leistungsanteile eher zögerlich in die bestehenden Entgeltsysteme aufgenommen worden. Italien weicht allerdings vom kontinentaleuropäischen Beharrungsmuster insoweit ab, als es – im Unterschied zu Frankreich und Deutschland – im öffentlichen Dienst einen regelrechten „Systemwechsel" durchlaufen hat, indem es vom traditionellen *career-based system* abrückte und die öffentlichen Dienstverhältnisse „privatisierte". Dies kann als konvergierende Entwicklung in Richtung des britischen und skandinavischen Modells interpretiert werden,

Zusammenfassung und Ausblick

in denen ebenfalls das *position-based system* dominiert und die Abgrenzung zwischen öffentlichem und privatem Arbeitsrecht nicht vorhanden oder wenig ausgeprägt ist.

Versucht man, das Gewicht, das die hier untersuchten Reformkomponenten in der verwaltungspolitischen Modernisierungspraxis der Länder hatten, in einem (konzeptionell groben) Bewertungsverfahren abzubilden, so ergibt sich das folgende Rating:

Abbildung 83: Verwaltungsreformpraxis im Vergleich – Länder-Rating

	Deutschland	Frankreich	Italien	UK	Schweden	Ungarn
Verwaltungsreform zwischen Staat und Markt/Privatisierung/Vermarktlichung						
Formale Privatisierung	1	1	1	0	2	1
Materielle Privatisierung	2	0	2	2	0	1
Funktionale Privatisierung	1	1	1	2	1	1
Binnenmodernisierung/Managerialisierung/Ergebnissteuerung						
Agenturbildung	0	0	0	2	1	0
Performance Management	1	1	1	2	2	1
Leistungslohn im öff. Dienst	0	0	1	2	2	0
Flexibilisierung öff. Dienstverhältnisse	0	0	2	1	1	0
Verwaltungsreform im Mehrebenensystem/Dezentralisierung/Regionalisierung						
Regionalisierung/ Föderalisierung	0	0	2	1	0	0
Kommunalisierung	2	2	1	0	2	1
Territorialreformen						
Gebietsfusionen	1	0	0	0	0	0
Interkommunale Kooperation	1	2	1	0	0	1
Reformindex	9	7	12	12	11	6

Legende: bezogen auf den Umsetzungsgrad des jeweiligen Reformelements wurde folgende Kodierung vorgenommen: 0 = gering; 1 = mittel; 2 = hoch (komparative Einschätzung durch die Verf. anhand der qualitativen Länderanalysen)
Quelle: eigene Darstellung

5.3 Erklärungsfaktoren für Konvergenz, Divergenz, Persistenz

Im Folgenden sollen die institutionellen Entwicklungen in den Verwaltungssystemen der betrachteten Länder aus Sicht verschiedener neo-institutionalistischer Denkansätze erklärt werden. Dabei wird von der Grundannahme ausgegangen, dass sich die komplexen Prozesse von Wandel und Kontinuität politisch-administrativer Institutionen nicht mit einem einzigen Denkmodell hinreichend erfassen und erklären lassen. Aufgrund der Multikausalität von Institutionengenese, -entwicklung und -persistenz scheint es angemessen, auf sozial-kognitive, ökonomisch-rationale und historisch-zeitbezogene Faktoren zurückzugreifen und die entsprechenden Institutionalismen komplementär als Erklärungsmodelle zu nutzen.

Multikausalität der Institutionenentwicklung

Soziologischer Institutionalismus – Anpassung durch Zwang, normativen Druck und Nachahmung

Zur kausalen Erklärung der in den betrachteten Reformfeldern identifizierten konvergenten Entwicklungsmuster wurden verschiedene Ansätze des Neuen Institutionalismus herangezogen. Anknüpfend an den Soziologischen Institutionalismus kann die Annäherung im verwaltungspolitischen Reformdiskurs, die bei der Dezentralisierung (mit Ausnahme des Vereinigten Königreichs) und beim NPM – wenn auch mit länderspezifischen Nuancierungen und Akzentuierungen – grundsätzlich zu beobachten war, einerseits damit begründet werden, dass Reformen „nachgeahmt" werden (*mimetic isomorphism*), entweder weil sie sich anderswo als erfolgreich erwiesen haben oder weil eine Abweichung von anderen als verwaltungspolitisch „unkorrekt" angesehen wird. Die nationalen Akteure sehen sich normativ unter Druck, es anderen Reformern „gleichzutun" (*normative pressure*), da dies der Handlungslogik des „angemessenen Verhaltens" entspricht (*logic of appropriateness*). Besonders ausgeprägt wurde *normative pressure* im Rahmen des europäischen Integrationsprozesses, vor allem von der Europäischen Kommission in jenen Handlungsbereichen erzeugt, in denen es ihr an eigenen Regulierungskompetenzen mangelt. Den öffentlichen Akteuren der Mitgliedsländer wurden normative Konzepte über die bevorzugte Art und Weise der Leistungserbringung und spezifische Techniken (*OMK, Benchmarking, Peer review*) zum „wechselseitigen Erlernen" (*policy learning*) nahegelegt, die die mimetische Nachahmung beispielsweise von Privatisierung und wettbewerbszentrierter Steuerung beförderten, was auch als *framing* bezeichnet wird.

Nachahmung von Reformen

normative Konzepte

Im Denkansatz des Soziologischen Institutionalismus kommt als Erklärung für konvergente Entwicklungen ferner exogen erzeugter Zwang (*coercive isomorphism*) in Betracht. Dieser ging ebenfalls besonders wirkungsvoll von der EU-Politik aus, die isomorphe Anpassungen aufgrund von Rechtspflichten generierte. Dies wurde im Reformbereich der Privatisierungspolitik besonders deutlich, in welchem die EU über Richtlinien, sektorspezifische Regulierungen, Beihilfe- und Binnenmarktpolitik, Wettbewerbs- und Vergaberecht, ferner durch die Rechtsprechung des EuGH sowie die Konvergenzkriterien der Wirtschafts- und Währungsunion unmittelbar und mittelbar rechtlichen Anpassungsdruck in

Rechtspflichten

den öffentlichen Sektor-Systemen der Mitgliedsländer – wenn auch wiederum je nach Ausgangsbedingung und Politikkontext unterschiedlich stark – erzeugte. In den nationalen Mehrebenensystemen sorgte ferner die EU-Strukturförderung zumindest mittelbar für *coercive pressure* dergestalt, dass sich die bislang zentralistisch verfassten Staaten veranlasst sahen, dezentrale/regionale Institutionen zu installieren, da andernfalls direkte oder indirekte Sanktionen zu erwarten waren. So wurde etwa in Ungarn und Polen in der Bildung von EU-adäquaten NUTS-Regionen eine Voraussetzung gesehen, die Chancen der Beantragung und Gewährung von EU-Mitteln zu verbessern. Somit ist Konvergenz in der verwaltungspolitischen Debatte und Reformpraxis der EU-Mitgliedsstaaten zu wesentlichen Teilen exogen und *top down* durch die EU-Institutionen angestoßen bzw. beschleunigt worden. Dies ist in der Europäisierungsforschung auch als *downloading* bezeichnet worden, also als Übernahme von EU-Vorgaben in die nationalen Systeme und deren dadurch bedingte (von oben angestoßene) Anpassung.

Sanktionserwartungen

Rational Choice oder akteurzentrierter Institutionalismus: funktionale Anpassung, Veto-Spieler-Konfigurationen und Stimmenmaximierung

Aus Sicht des Rational Choice bzw. akteurzentrierten oder auch Ökonomischen Institutionalismus lässt sich Konvergenz im verwaltungspolitischen Diskurs und Handeln daraus erklären, dass die nationalen Akteure in Europa vor ähnlichen externen Herausforderungen standen und auf diese mit ähnlichen Lösungsstrategien reagierten. In der ökonomischen Denkweise wird dies mit der Maximierung des individuellen Nutzens und Annäherung an ein (ökonomisches) Optimum begründet. So kann etwa der Regionalisierungstrend in Europa mit den funktionalen Notwendigkeiten, vor allem den (urbanisierungs-, industrialisierungs- und wohlfahrtsstaatsbedingt) wachsenden territorialen Koordinations-, Planungs- und Steuerungserfordernissen, erklärt werden, welche die europäischen Länder veranlassten, auf der Meso-Ebene eine neue administrative Handlungs- und Planungsebene einzuziehen.

funktionale Notwendigkeiten

Auch die territoriale Konsolidierung der kommunalen Ebenen war von dem Bestreben nach funktionaler Optimierung und institutioneller „Rationalisierung" bestimmt. Zum einen sollte die Leistungsfähigkeit der Meso-Ebene (*counties*, Kreise, *landsting kommuner* usw.) mit Blick auf den internationalen ökonomischen Standortwettbewerb im Sinne der vom Europäischen Rat 2000 proklamierten „*Lisbon Strategy*" gestärkt werden. Dabei erschien die Anpassung an die regionalen NUTS 2 Gebietskategorien der EU als rationale institutionenpolitische Strategie, um die Zugriffschancen auf EU-Förderprogramme zu erhöhen. Zum anderen war in den Ländern des nordeuropäischen Reformpfades die Erzielung von *economy of scale* durch radikale gebietliche Maßstabsvergrößerung auf der unteren kommunalen Ebene eine wesentliche Handlungsabsicht der nationalen Akteure. Die demographische und ökonomische Erosion der ländlichen Gebiete sowie die funktionalen Defizite, die sich in den Ländern des südeuropäischen Reformmusters im Hinblick auf deren intermunizipale Strukturen zeigten, haben auch dort seit den 1990er Jahren Strategien der institutionellen Optimierung

institutionelle Rationalisierung

ausgelöst. Die sich hieraus ergebende Annäherung an die nordeuropäische Ländergruppe stellt aus Sicht des Ökomomischen Institutionalimus eine folgerichtige Reaktion der nationalen Akteure auf ähnliche externe Herausforderungen und funktionale Notwendigkeiten dar.

Diese Feststellung findet auch mit Blick auf die betriebswirtschaftlichen Reformideen und die Privatisierungs- und Marktöffnungspolitik Bestätigung. Da alle hier betrachteten Länder mit wirtschaftlichen Krisenerscheinungen und Finanzierungsproblemen des Wohlfahrtsstaates zu kämpfen hatten, galten der Staatsrückbau und Wettbewerbsöffnung als verwaltungspolitische Konzepte, die aus Sicht der Akteure Vorteilsmaximierung und Nachteilsminimierung versprachen. Die an ökonomischer Effizienz zu messende Rationalität wurde zum maßgeblichen Kriterium der Gestaltung politisch-administrativer Institutionen und brachte insoweit gleichläufige betriebswirtschaftlich-manageriell geprägte Reformdiskurse und (teils)-praktiken mit sich.

Rationalität ökonomischer Effizienz

Darüber hinaus erwiesen sich die verwaltungspolitischen Strategiewahlen der Akteure und die Vetospielerkonfigurationen in den einzelnen Reformfeldern als wesentliche Erklärungsvariablen für konkrete Institutionalisierungsentscheidungen und -verläufe. Für die EU-Politik, vor allem im Bereich der Wettbewerbsöffnung und Liberalisierung, wurde gezeigt, dass die nationalen Regierungen „Europa" strategisch nutzten, um bestimmte Politikpräferenzen im eigenen Land besser durchsetzen zu können, was aus akteurzentrierter Sicht als „*usage of Europe*" (vgl. Goetz 2006) bezeichnet worden ist. Die EU-Politik hat beispielsweise die deutschen Privatisierungspläne (abgesehen vom Energiesektor) nur zusätzlich legitimiert und gab diesen weiteren Auftrieb bis hin zur „fleißigen Übererfüllung" europäischer Vorgaben. Deutschland avancierte zu einem der Promotoren der europäischen Liberalisierungsbewegung, die dann wiederum auf andere Länder ausstrahlte und in diesen Anpassungs-(Konvergenz –)Druck erzeugte. Aber auch das Beispiel des Vereinigten Königreichs belegt, wie stark die verwaltungspolitischen Strategiewahlen einzelner nationaler Akteure (dort vor allem der *Thatcher*-Regierung) die EU-Agenda beeinflusst haben und vermittelt über diese auf ihre Mitgliedsstaaten einwirkten. Konvergenz ist also auch durch *bottom up*-Prozesse zu erklären, die in den verwaltungspolitischen Wahlhandlungen nationaler Akteure (endogen) wurzelten, auf EU-Ebene übernommen wurden (*uploading*) und sodann (exogen) „europäisierend" wirkten.

usage of Europe

Ferner erklären nationale und lokale Reformkoalitionen die Diffusion und Konvergenz von bestimmten Verwaltungspolitikmustern. So gab es in vielen Ländern (teils fortdauernd, teils zeitweilig) breite „Privatisierungskoalitionen", die die ideologische Öffnung zum Marktmodell und zur Liberalisierungspolitik förderten. Die ideologische Wende der großen Volksparteien und die insgesamt geringe Mobilisierung von Seiten der Gewerkschaften erwiesen sich beispielsweise in Deutschland als „privatisierungsfreundliche" Vetospielerkonfiguration, die zu einem weitgehenden Privatisierungskonsens führte. Ähnliche parteienübergreifende Einigkeit in Fragen der Privatisierung gab es in Italien, wo diese in der Politik- und Wirtschaftskrise als wählerwirksame Strategie (*vote-seeking*) verfolgt wurde, um den Staatshaushalt zu konsolidieren und die in der Öffentlichkeit diskreditierten engen Beziehungen zwischen dem Management der Staatsbetriebe und der politischen Klasse zu lösen. Augenfällig ist die Bestimmungskraft von

Reformkoalitionen

vote-seeking

Akteuren und deren Politikstrategien auch im Falle des Vereinigten Königreichs, wo Privatisierung und Agenturbildung gezielt eingesetzt worden sind, um – etwa im lokalen Raum – die Opposition zu schwächen und die (*Labour*-dominierten) öffentlichen Dienst-Gewerkschaften zu fragmentieren.

Auch die konvergierenden Dezentralisierungs- und Regionalisierungsprozesse in Europa haben in den einzelnen Ländern endogene Bestimmungsfaktoren und können als das Ergebnis politik-strategischer Wahlhandlungen der nationalen/lokalen Akteure betrachtet werden. So war für die Föderalisierung und Regionalisierung in den unitarischen Ländern vielfach das Bestreben der nationalen Politikakteure ausschlaggebend, die politischen Konflikte, die sich aus einer mangelnden Selbstbestimmung regionaler Akteure ergaben und die teils in tiefe politische Krisen mündeten (Italien, Belgien), einzudämmen. Dieses Bestreben nach Konfliktschlichtung im eigenen Land veranlasste die Zentralregierungen, den Regionen teils sehr weitreichende Autonomierechte und einen Handlungsraum politisch-demokratischer und kultureller Selbstbestimmung zu gewähren. Auch die subnationalen und lokalen Akteure selbst erwiesen sich als Initiatoren und Promotoren nationaler Dezentralisierungspolitiken. Dies ist besonders auffällig in Frankreich, wo die Dezentralisierung massiv durch die lokalen Notabeln vorangetrieben und bestimmt wurde, da diese nationale und lokale Politikmandate kumulierten und so den gesamtstaatlichen Politik- und Gesetzgebungsprozess entscheidend beeinflussen konnten.

strategische Wahlhandlungen

Die handelnden Politik- und Verwaltungsakteure sind aber auch eine wesentliche Erklärungsvariable für die hier festgestellte Persistenz und teils Divergenz (*divergence within convergence*) in der Verwaltungsentwicklung. So lassen sich die unterschiedlichen NPM-Pfade und die Ausprägung von verschiedenen NPM-Reformtypen (*minimizer/modernizer*), maßgeblich darauf zurückführen, dass die verwaltungspolitischen Akteure über erhebliche Wahlfreiheiten verfügen. Dies gilt für die Initiierung oder auch Verhinderung von verwaltungspolitischen Reformmaßnahmen ebenso wie für die Umsetzung oder Über- oder auch Nichterfüllung europäischer Vorgaben. So erklärt sich die Einordnung des Vereinigten Königreichs als *minimizer/marketizer* wesentlich aus der marktliberalen Politikideologie der *Thatcher*-Regierung im Zusammenspiel mit dem britischen Politikstil einer „*elective dictatorship*" (Rose 1982). Das weitgehende Fehlen von Veto-Spielern innerhalb des konkurrenzdemokratischen Regierungssystems ist aus akteurzentrierter Sicht eine wesentliche Ursache dafür, dass die *Thatcher*-Regierung einen beispiellosen Umbau des überkommenen Verwaltungsmodells herbeiführen konnte.

Reformideologien und Politikstile

Dagegen gab es in anderen Ländern Akteurskoalitionen, die solche radikalen Reformeinschnitte verhinderten. Dies trifft etwa auf Deutschland im Bereich der Binnenmodernisierung und teils der Privatisierungspolitik zu. Denn der deutsche föderalstaatliche Verfassungskontext beinhaltet zahlreiche Vetopunkte, die abrupte und radikale verwaltungspolitische Wechsel nach etwa britischem Muster erschweren. Zudem wurde die Liberalisierungspolitik auf der kommunalen Ebene deshalb etwas abgefedert, weil sich zwischenzeitlich eine Unterstützerkoalition aus Bundesregierung, EU-Kommission und Kommunen gebildet hatte, die darauf zielte, die kommunalen Stadtwerke vor allzu großem Wettbewerbsdruck zu schützen. Außerdem waren wahltaktische Überlegungen der kommunalen

Vetopunkte im Politiksystem

Politikakteure (*vote-seeking*) dafür ausschlaggebend, dass es zu Re-Kommunalisierungen oder zur Rücknahme von Privatisierungsplänen kam, was auch durch das neue direktdemokratische Umfeld (Antiprivatisierungsbegehren) begünstigt wurde. Privatisierungsbremsende Vetospielerkonfigurationen haben sich auch in Frankreich und Schweden etablieren können, so dass materielle Privatisierungen entweder nur im Kompromiss und dadurch verzögert bzw. abgeschwächt (Frankreich) oder überhaupt nur in Ausnahmefällen zustande kamen (Schweden).

Historischer Institutionalismus: Zeitlichkeit, Pfadabhängigkeit und Persistenz von Verwaltungskultur

Wie oben ausgeführt, lenkt das Konzept des Historischen Institutionalismus die analytische Aufmerksamkeit auf Bestimmungsfaktoren, deren Entstehung in der Vergangenheit liegt und die prägend auf den weiteren Gang und Kurs von Verwaltungsreformen einwirken. So lassen die Mikro-Entwicklungen, die in den Verwaltungssystemen der einzelnen Länder unterhalb der konvergenten Makro-Trends zu beobachten sind, erhebliche länderspezifische Unterschiede und Divergenzen erkennen. Diese haben eine wesentliche Ursache in den historisch bedingten, pfadabhängig fortwirkenden Besonderheiten der jeweiligen Verwaltungssysteme und -kulturen. Exemplarisch ist dies wiederum an dem unterschiedlichen Durchdringungs- und Verwirklichungsgrad der Modernisierungsbotschaft des New Public Management zu verdeutlichen. So konnte die an den privaten Sektor angelehnte NPM-Lehre im angelsächsischen Verwaltungskontext auch aufgrund historisch eingeprägter rechts- und verwaltungskultureller Eigenheiten verhältnismäßig leicht und rasch Eingang finden. Die Übertragung von privatwirtschaftlichen Prinzipien auf den öffentlichen Sektor erwies sich innerhalb der britischen Public Interest-Kultur und *Common Law*-Tradition, die die rechtliche und konzeptionelle Unterscheidung zwischen dem öffentlichen und dem privatem Sektor nicht kennt, als deutlich reibungsloser als in der römisch-rechtlich geprägten Verwaltungstradition der kontinentaleuropäischen Länder, wo sie auf spätere und merklich geringere Akzeptanz stieß. In diesen ist Verwaltungshandeln noch immer von der Vorstellung des konditionalprogrammierten Rechtsvollzugs geprägt und damit nur bedingt zugänglich für managerielle Steuerung und Output-Orientierung. Ähnliches gilt für die klassisch-kontinentaleuropäischen öffentlichen Dienst-Systeme, die größtenteils nicht umgekrempelt worden sind, sondern in denen ökonomische Anreizinstrumente (Leistungslohn, Zielvereinbarungen etc.) oftmals eher symbolisch implementiert wurden.

Institutionelle Pfadabhängigkeiten und Hinterlassenschaften werden aber auch im vertikalen Verhältnis von Staat und kommunaler Selbstverwaltung augenfällig. Während in der schwedischen Verwaltungspolitik am dezentralisierenden Grundzug institutioneller Entwicklung festgehalten worden ist, kann in Deutschland eine historische Hinterlassenschaft der autoritär-obrigkeitsstaatlichen Staatsform des 19. Jahrhunderts darin gesehen werden, dass die in der deutsch-österreichischen Verwaltungsgeschichte wurzelnde Dualität des kommunalen Aufgabenmodells weiterbesteht (vgl. Wollmann 1999 a: 51 ff., 2010a). Schließlich lässt sich auch die festgestellte Privatisierungsvarianz zwischen den Ländern aus ihren jeweiligen Verwaltungs- und Public Sector-Traditionen heraus erklären. Trotz des (ähnlichen) europäischen und internationalen Privatisierungsdrucks haben einige Länder marktradikale und andere Länder moderatere Schritte unternommen und teils eher konservierende Strategien verfolgt. In der konsensbasierten Staatstradition eines schwedischen „Volksheims" sind Radikalprivatisierungen nur schwer durchsetzbar; ähnliches lässt sich für die französische Verwaltungskultur des gesellschaftsintegrierend wirkenden *Service Public* feststellen. Als vergleichsweise widerstands- und überlebensfähig hat sich aber auch die deutsche Verwaltungstradition der kommunalen Stadtwerke und jene der italienischen *municipalizzate* erwiesen. Auch hierin findet also die These des Historischen Institutionalismus Bestätigung, dass die gegebenen institutionellen Strukturen und Verwaltungskulturen nachfolgende Institutionalisierungsentscheidungen und -verläufe in erheblichem Maße präkonfigurieren.   *Fortbestand von Public Sector-Traditionen*

Es kann demnach resümiert werden, dass institutionelle Arrangements, wenn sie erst einmal entstanden sind, eine erhebliche Beharrungskraft (*inertia*) haben. Diese rührt von den Konflikten und Konfliktentscheidungen, die historisch der Institutionenbildung in der Regel zugrunde liegen und deren Änderung jeweils einen erneuten Aufwand an Konfliktregelung zwischen den beteiligten Interessen (*stakeholders*) erfordert. Pfadabhängigkeit hat vielfach restriktive und konservierende Wirkung, die dazu führt, dass der bisherige Entwicklungsgang eher verlängert, wenn nicht perpetuiert wird. Es wird also deutlich, dass Zeit als Variable einen wesentlichen Unterschied für den weiteren Lauf der Institutionenentwicklung macht. Je länger eine Institution besteht, desto schwieriger ist es, sie radikal zu verändern und desto wahrscheinlicher werden eher inkrementelle Anpassungen oder Erhalt des Status quo (Pierson 2004: 147), da die Kosten von Veränderungen dann höher ausfallen. Denn später entstehende, weniger basale Institutionen – man könnte auch sagen „Institutionen zweiten Grades" (oder „*less foundational institutional arrangements*", Pierson 2004: 150) – bauen auf den früher entstandenen auf, so dass diese weiter zementiert werden.   *Zeit macht einen Unterschied*

Um einen historisch ausgestanzten Entwicklungskorridor zu verlassen, bedarf es einer mit dem bisherigen Entwicklungspfad entschlossen brechenden Entscheidung von politischen Akteuren, wie sie vom Konzept des akteurzentrierten Institutionalismus in den analytischen Blick gehoben werden. Steigt zudem der externe Problemdruck und greifen die Akteure diesen in ihrem Agenda-Setting auf, so gerät das institutionelle Gleichgewicht ins Wanken (*punctuated equilibrum*) und es öffnen sich verwaltungspolitische „Gelegenheitsfenster" (*policy windows/windows of opportunity*; Kingdon 1995), die zu neuen institutionellen Weichenstellungen (*critical junctures*) führen können. Die politisch-ideologische, konzeptionelle und institutionelle „Wende", die von der konservativen Regierung unter *Margaret Thatcher* nach 1979 vollzogen wurde, bietet in der jüngeren Verwaltungsgeschichte das international wohl spektakulärste Beispiel für einen solchen machtpolitisch durchgesetzten Ausbruch aus einer pfadabhängigen Entwicklung.   *institutionelle Weichen und Gelegenheitsfenster*

Ausbruch aus Pfadabhängigkeit

6. Perspektiven der vergleichenden Verwaltungswissenschaft

> **Lernziele**
>
> Am Ende dieses Kapitels sollten Sie
> - wissen, welche Kritik an der vergleichenden Verwaltungswissenschaft in konzeptioneller, methodischer und inhaltlicher Hinsicht zu üben ist;
> - Einblicke in zukünftige Herausforderungen und Aufgaben der vergleichenden Verwaltungswissenschaft gewonnen haben;
> - erste Lösungsvorschläge zur Behebung der angesprochenen Kritikpunkte und Forschungslücken kennen.

Zu Beginn dieses Lehrbuchs wurde darauf verwiesen, dass sich die vergleichende Verwaltungswissenschaft einer Reihe von Problemen gegenübersieht, welche zum Teil ihre begrenzte Theorie- und Konzeptbildung und den konstatierten Mangel an „echten" Verwaltungsvergleichen erklären. Vor diesem Hintergrund sei abschließend die Frage aufgegriffen, vor welchen Herausforderungen und Perspektiven die zukünftige vergleichende Verwaltungswissenschaft und -forschung stehen. Dabei scheinen die folgenden vier Aspekte besonders dringlich:

mehr Institutionen- und Kontextwissen

(1) Vergleichendes Wissen über Verwaltung: Nach wie vor scheint das substanzielle Wissen über die Strukturen, Funktionsweisen und Kulturmerkmale unterschiedlicher Verwaltungssysteme Europas – von jenen im außereuropäischen Raum ganz zu schweigen – „ausbaufähig". Das Vergleichen in der Verwaltungswissenschaft verlangt noch immer „substantial greater contextual and institutional knowledge" (Peters 1996: 18). Zur Erklärung von Strukturen und Funktionsweisen administrativer Institutionen ist ein hochgradig nuanciertes Wissen unerlässlich, da subtile Unterschiede große Bedeutung für Verständnis von Verwaltungssystemen haben können. Allerdings erweist sich der Versuch, ein solches Kontext-, Institutionen und Verwaltungskulturwissen zu generieren, nicht nur als ein empirisch aufwändiges und zeitintensives Unterfangen, sondern

Überwindung von Sprach- und Kulturbarrieren

es setzt auch einen Zugang zum Untersuchungsfeld – nicht zuletzt in Überwindung sprachlicher und kultureller Barrieren – voraus. Hier mag eine wichtige (forschungspragmatische) Erklärung für den Mangel an „echten" Verwaltungsvergleichen liegen, an welcher der weitere Ausbau der Forschungsrichtung (auch) ansetzen müsste. Ferner wurde weiter oben auf das bekannte *travelling problem* hingewiesen, wonach sich gerade im Bereich der öffentlichen Verwaltung das Problem der Übertragbarkeit von Konzepten und Begriffen zwischen unterschiedlichen sprachlichen und kulturellen Kontexten besonders vehement

Mut zur Abstraktion

stellt. Dessen unbeschadet, setzt jeder Vergleich den Mut zur Abstraktion voraus, weil andernfalls überhaupt keine vergleichenden Aussagen möglich wären. Die vergleichende Verwaltungswissenschaft muss sich in diesem Streit zwischen den „Länderspezialisten" einerseits und den „Vergleichern" anderseits bemühen, ein hinreichend spezifisches Kontext- und Institutionenwissen mit dem notwendigen Maß an komparativer Generalisierung zu verknüpfen, worin sie zugegebenermaßen einen schwierigen Balanceakt zu bewältigen hat. Hierzu muss einerseits zwangsläufig von bestimmten empirischen Details der Untersuchungsländer und -fälle abstrahiert werden, um Theorien generieren zu können. Andererseits kann erst auf der Grundlage einer angemessen spezifischen Länderkenntnis überhaupt sinnvoll darüber entschieden werden, welche Details zu Vergleichszwecken vernachlässigt werden können und welche Eigenheiten der Untersuchungsfälle als unverzichtbar für das Verwaltungsverständnis anzusehen sind.

(2) Theorie- und Konzeptbildung: Was für die politikwissenschaftliche Verwaltungsforschung insgesamt konstatiert wurde (Benz 2003; Bogumil/Jann 2009: 302), gilt für die vergleichende Verwaltungswissenschaft in noch stärkerem Maße: für die weitere Profilierung der Forschungsrichtung sowie eine bessere Anerkennung innerhalb der Politikwissenschaft wäre eine stärkere theoretische Fundierung und Konzeptentwicklung wünschenswert. Zum einen aufgrund der trans- und interdisziplinären Ausrichtung und zum anderen infolge der internationalen Vergleichsperspektive stößt diese Forderung jedoch auf noch größere Barrieren als in anderen vergleichenden Teildisziplinen der Politikwissenschaft. Eingangs wurde darauf hingewiesen, dass „Verwaltung" als Forschungsgegenstand einen Rückgriff auf mehrere wissenschaftliche Teildisziplinen (Politik-, Rechts-, Wirtschafts-, Geschichtswissenschaften, Soziologie, Psychologie) verlangt und daher eine Einbeziehung unterschiedlicher disziplinärer Zugänge erfordert. Dies wiederum erschwert aber die Konzept- und Theoriebildung und macht eine Abgrenzung und Konsolidierung von Wissensbeständen und Theorien schwierig. In Kapitel 2.3 dieses Lehrbuchs wurde gezeigt, dass sich zum einen der Neo-Institutionalismus als ein nützlicher Ansatzpunkt für die weitere theoretische Profilierung der vergleichenden Verwaltungswissenschaft erwiesen hat. „Institutionen" bieten den unterschiedlichen verwaltungswissenschaftlich orientierten Teildisziplinen eine transdisziplinäre Brücke und können zwischen ihnen gewissermaßen als einende Klammer dienen. Zum anderen liegt in der Verknüpfung von Policy- und Institutionenforschung (vgl. Jann 2001) ein konzeptionelles Potenzial, das für die weitere Theoriebildung in der vergleichenden Verwaltungswissenschaft genutzt werden kann. Hierzu wäre allerdings die Forderung einzulösen, verwaltungswissenschaftliche Vergleiche noch stärker policy-orientiert anzulegen und die bislang dominierende, eher generelle Sicht auf Verwaltungsreformen durch den Blick auf konkrete Aufgabenfelder der Verwaltung zu erweitern. Drittens schließlich ist eine Verknüpfung der unterschiedlichen vergleichenden Forschungsstränge in der Verwaltungswissenschaft (siehe Kapitel 2.1) anzustreben, um gegenseitige Synergieeffekte für die weitere Theoriebildung zu erhalten (vgl. Jann 2009). Nach wie vor nehmen sich die Vertreter der unterschiedlichen Forschungsschwerpunkte, etwa der vergleichenden Kommunalforschung, der Ministerial- und Verwaltungselitenforschung oder der Europäisierungsforschung, wechselseitig zu wenig wahr. Da sich ihre empirische Anschauung jedoch immer nur auf bestimmte Ebenen oder Bereiche des Verwaltungssystems (EU, Ministerialverwaltung, Kommunen) konzentriert und einengt, ist die Reichweite von Schlussfolgerungen und Theorien als begrenzt einzuschätzen. Vor diesem Hintergrund wurde kritisiert, dass die vergleichende Verwaltungsforschung zu

Marginalien: theoretische Fundierung; Institutionen als transdisziplinäre Brücke; Policy-Orientierung

stark fragmentiert sei, sowohl in inhaltlicher und geographischer Hinsicht, etwa zwischen „Western CPA" und „Non-Western/development CPA" (Raadschelders 2011: 832), als auch in methodischer Hinsicht. Daher wird dringend eine stärkere Verknüpfung der verschiedenen Ansätze gefordert. Aber auch der stärkere Austausch zwischen Wissenschaft und Praxis könnte dazu beitragen, diese Fragmentierung zu überwinden. Für die weitere Theorie- und Konzeptentwicklung in der verwaltungswissenschaftlichen Komparatistik wäre daher ein verstärkter Austausch zwischen den unterschiedlichen Forschungsfeldern nützlich und wichtig.

Austausch zwischen Forschungszweigen

(3) Methodische Profilierung: Eine wesentliche Aufgabe der vergleichenden Verwaltungswissenschaft ist in der methodischen Weiterentwicklung zu sehen. Hier muss es darum gehen, tragfähige Indikatoren für vergleichende Analysen zu erarbeiten und empirisch zu testen. Dieser Bereich ist – ungeachtet der durch die NPM-Reform verbreiteten Indikatoren- und Kennzahlendiskussion in der öffentlichen Verwaltung – nach wie vor besonders unterentwickelt, so dass systematische Verwaltungsvergleiche auf erhebliche Probleme stoßen. Dieses Defizit erklärt sich daraus, dass die üblichen, in der vergleichenden Politikwissenschaft gebräuchlichen (vielfach quantitativen) Variablen und Indikatoren für Verwaltungsvergleiche nur bedingt taugen. Teilweise mangelt es aber auch schlicht an einschlägigen Daten und Informationen (etwa über Behördenzahlen, -zuständigkeiten etc.), die nötig wären, um an sich sinnvolle Indikatoren für Verwaltungsvergleiche empirisch zu füllen. Sowohl die Indikatorenbildung und -validierung als auch die empirische Datensammlung und -analyse müssen demnach durch die vergleichende Verwaltungswissenschaft verstärkt in Angriff genommen werden.

Indikatorenbildung

empirische Datensammlung und -analyse

Dies sollte aber nicht als Plädoyer für eine primär quantitative Ausrichtung der Disziplin missverstanden werden. Ganz im Gegenteil muss sich die vergleichende Verwaltungswissenschaft gegenstandsbedingt vom Mainstream der zunehmend quantifizierend arbeitenden empirischen Sozialforschung abheben. Verwaltungsvergleiche setzen eine Nähe zum Untersuchungsobjekt voraus, da es nicht nur um statische Systembeschreibungen (wie in der „klassischen" vergleichenden Regierungslehre) oder um statistisch signifikante Aussagen zu bestimmten Handlungsdispositionen (wie etwa in der politischen Kulturforschung) geht, sondern um konkrete institutionelle Veränderungen, komplexe Wandlungsprozesse und um „Realakte" in Organisationen. Fragestellungen der empirischen Verwaltungsforschung sehen sich somit regelmäßig einer Untersuchungssituation gegenüber, die mit der Faustformel „viele Variablen, wenige Untersuchungsfälle" beschrieben werden kann. Daraus folgt, dass Untersuchungsansätze, die quantifizierbare und aggregierbare Daten bezüglich vieler Fälle und weniger Variablen voraussetzen (large n-Design, also statistische Verfahren, aber auch Quasi-Experimente) für Verwaltungsvergleiche nur eingeschränkt brauchbar und diese in der Regel auf die Durchführung von Fallstudien angewiesen sind. Die bekannten methodischen Grenzen von Einzel-Fallstudien (insbesondere ihre eingeschränkte Verallgemeinerbarkeit) können jedoch dadurch überwunden werden, dass nach Möglichkeit Mehrere-Fälle-Untersuchungen in Form von vergleichenden Fallstudien angestrebt werden. So kann eine methodisch tragfähige und analytisch ergiebige Annäherung an ein „quasi-experimentelles" Untersuchungsdesign erreicht

Nähe zum Untersuchungsobjekt

Fallstudien und Verwaltungsvergleiche

werden. Dessen Potenzial, zur Validierung von Kausalaussagen beizutragen, ist umso höher einzuschätzen, je stärker sie durch Hypothesen gestützt werden, welche theoretisch abgeleitet und empirisch (sekundäranalytisch) informiert sind. Auf diese Weise ließe sich die für die vergleichende Verwaltungswissenschaft geforderte methodologische Dialektik einlösen, die darin besteht, dass man „aus der dünnen Luft der Verallgemeinerung (...) immer wieder in die stärkende Nähe des beobachteten Einzelsachverhalts im Leben der Verwaltung zurückkehren (muss), weil nur aus der Ermittlung dessen, was ist, ein vertrauenswerter Weg in die Verallgemeinerung möglich scheint" (Morstein-Marx 1965: 117). Die logische Konsequenz aus dieser Feststellung dürfte die Methodenkombination sein, die zwar immer wieder proklamiert, aber selten systematisch umgesetzt wird: „scholars should use multimethod approaches instead of only talking about them" (Raadschelders 2011: 833). Realität von Verwaltung

(4) Leistung von Verwaltung und Wirkungen von Verwaltungsreformen: Die vergleichende Analyse der Leistung unterschiedlicher Verwaltungsmodelle sowie der Wirkungen von Verwaltungsreformen, also die evaluative Verwaltungsforschung, ist nach wie vor konzeptionell wie methodisch und empirisch unterentwickelt, auch wenn es inzwischen einige Ansätze gibt, dieses Defizit zu beheben. Dabei wird gerade hierin eine der zentralen Stärken der CPA gesehen, da durch das Aufzeigen alternativer Verwaltungslösungen institutionelle Optionen für Leistungsverbesserungen präsentiert werden können (Jreisat 2011: 834). Im nationalen wie im internationalen Kontext sind jedoch systematische Wirkungsanalysen zu Verlauf und Ergebnis der Verwaltungsreformen und zu Performanzvergleichen unterschiedlicher Verwaltungslösungen nach wie vor rar. Dieses Defizit ist um so auffälliger, als die Schaffung von Transparenz der Wirkungen, Kosten und Nutzen des Verwaltungshandelns eine Kernbotschaft der Verwaltungsmodernisierung ist, die sich damit zuvörderst auch selber zum Gegenstand von Wirkungsanalysen machen sollte. Damit bleibt auch die Frage, wie sich verschiedene Verwaltungskonfigurationen und Institutionalisierungslösungen auf die Verwaltungsleistung (Performanz) auswirken, bislang ein Forschungsdesiderat für zukünftige vergleichende Studien. Aufgabe der Verwaltungswissenschaft sollte es daher sein, einen empirisch informierten Diskurs über die Leistungskraft von Verwaltung und die Wirksamkeit von Verwaltungspolitik in ländervergleichender Perspektive zu organisieren. Denn der Beitrag der vergleichenden Verwaltungswissenschaft sollte auch darin bestehen, auf komparativer Grundlage allgemeine Aussagen über erfolgreiche und weniger erfolgreiche Verwaltungslösungen zu erarbeiten (Jreisat 2011: 834). Hierbei ist der Pluralität von Bewertungskriterien des Verwaltungshandelns (Legalität, Effizienz, demokratische Legitimation, professionelle Qualität etc.) Rechnung zu tragen, die in den jeweiligen nationalen und lokalen Verwaltungskontexten oftmals unterschiedlich gewichtet sind und in der Regel nicht gleichzeitig optimiert werden können *(trade off)*. Ferner müssen für eine solche evaluative Verwaltungsanalyse auch die Transaktionskosten von Veränderungen berücksichtigt werden, um zu einer realitätsgerechten Kosten-Nutzen-Bilanz von Verwaltungsreformen zu kommen (Kuhlmann/Wollmann 2006), worin in der empirischen Forschung ebenfalls Nachholbedarf besteht. Notwendig sind also vergleichende Analysen der Leistungskraft und Wirksamkeit unterschiedlicher Verwaltungsarrangements

evaluative Verwaltungsforschung

Verwaltungskonfigurationen und Performanz

Transaktionskosten von Reformen

| Verwaltungsforschung und Verwaltungspolitik | und Verwaltungspolitiken. Diese in Angriff zu nehmen, stellt eine wesentliche Herausforderung der zukünftigen vergleichenden Forschung und die Voraussetzung für eine sachliche Diskussion über die Stärken und Schwächen einzelner Verwaltungsmodelle dar, deren Ergebnisse in Vorschläge zur Optimierung bestehender Verwaltungsstrukturen einfließen können.

Literatur

Aberbach, J.D./Putnam, Robert D./Rockman, B.A., 1981: Bureaucrats and Politicians in Western Democracies. Cambridge/Mass.

Adler, E./Haas, P.M., 1992: Conclusion. Epistemic communities, world order, and the creation of a reflective research program. In: International Organization, vol. 46, no. 1, S. 367-390.

Alam, M.M., 1998: Public Personnel Policy in Europe. A Comparative Analysis of Seven European Countries. Helsinki.

Alba, A., 1998: Re-Employment Probabilities of Young Workers in Spain. In: Investigaciones Económicas, vol. 22, no. 2, S. 201-224.

Alba, C./Navarro C., 2003: Twenty-five years of democratic government in Spain. In: Kersting, N./Vetter A. (Hrsg.): Reforming Local Government in Europe. Opladen, S. 197-221.

Alesina, A./Spolarole, E., 2003: The Size of nations. Cambridge.

Andrews, C./De Vries, M., 2007: High Expectations, Varying Outcomes. Decentralization and Participation in Brazil, Japan, Russia and Sweden. In: International Review of Administrative Sciences, vol. 73, no. 3, S. 424-451.

Archambault, E., 1997: The nonprofit sector in France. Manchester/New York.

Arndt, C., 2008: The Politics of Governance Ratings. In: International Public Management Journal, vol. 11, no. 3, S. 1-23.

Ashford, D.E., 1982: British Dogmatism and French Pragmatism. Central-Local Policymaking in the Welfare State. London.

Askim, J./Fimreite, A.L./Mosley, A./Pedersen L.H., 2011: One Stop Shop for Social Welfare. The Adaption of an Organizational Form in Three Countries. In: Public Administration, vol. 89, no. 4, S. 1451-1468.

Association of Public Service Excellence – APSE 2011: UNISON insourcing update. The value of returning local authority services in-house in an era of budget constraints. http://www.unison.org.uk/acrobat/20122.pdf.

Auer, A./Demmke, C./Polet, R., 1996: Civil Service in the Europe of Fifteen. Current Situation and Prospects. Maastricht.

Baar, K.K., 2001: Open Competition, Transparency, and Impartiality in Local Government Contracting Out of Public Services. In: Horvath, T.M./Peteri, G. (Hrsg.): Navigation to the market. Regulation and Competition in Local Utilities in Central and Eastern Europe. Budapest, S. 99-140.

Bach, S./Winchester, D., 2003: Industrial relations in the Public Sector. In: Edwards, P. (Hrsg.): Industrial relations. Theory and practice. 2. Auflage. Oxford u.a., S. 285-312.

Bach, T./Fleischer, J./Hustedt, T., 2010: Organisation und Steuerung zentralstaatlicher Behörden. Agenturen im westeuropäischen Vergleich. Berlin.

Bach, T./Jann, W., 2010: Animals in the administrative zoo. Organizational change and agency autonomy in Germany. In: International Review of Administrative Sciences, vol. 76, no. 3, S. 443-468.

Bäck, H./Heinelt, H./Magnier, A. (Hrsg.), 2006: The European Mayor. Wiesbaden.

Baldersheim, H./Illner, M./Offerdal, A./Rose, L.E./Swianiewicz, P. (Hrsg.), 1996: Local Democracy and the Processes of Transformation in East-Central-Europe. Boulder.

Baldersheim, H./Rose, L.E., 2010a: Territorial Choice. Rescaling Governance in European States. In: Baldersheim, H./Rose, L.E. (Hrsg.): Territorial Choice. Houndmills, S. 1-20.

Baldersheim, H./Rose, L.E., 2010b: A Comparative Analysis of Territorial Choice in Europe- Conclusions. In: Baldersheim, H./Rose, L.E. (Hrsg.): Territorial Choice. Houndmills, S. 234-259.

Baldersheim, H./Rose, L.E. (Hrsg.), 2010c: Territorial Choice. Houndmills.

Banner, G., 2007: Leistungstransparenz durch interkommunalen Haushaltsvergleich. Der Kommunalindex für Wirtschaftlichkeit (KIWI). In: Brüggemeier, M./Schauer, R./Schedler, K. (Hrsg.): Controlling und Performance Management im öffentlichen Sektor. Festschrift für Dietrich Budäus. Bern, S. 101-109.

Bardhan, P./Mookherjee, D., 2006: Decentralization, Corruption and Government accountability. An overview. In: Rose-Ackerman, S. (Hrsg.): International Handbook on the Economics of corruption. Cheltenham, S. 161-188.

Bastida, B./Benito, B., 2007: Central Government Budget Practices and Transparency. An International Comparison. In: Public Administration, vol. 85, no. 3, S. 667-716.

Basle, M., 2003: Les pratiques évaluatives des villes de plus de 50.000 habitants. In: Pouvoirs Locaux, vol. 57, no. 2, S. 42-44.

Batt, J., 1991: East Central Europe from reform to transformation. London.

Bauer, M./Bogumil, J./Knill, C./Ebinger, F./Krapf, S./Reißig, K., 2007: Modernisierung der Umweltverwaltung. Reformstrategien und Effekte in den Bundesländern. Berlin.

Beckmann, J., 2008: Die Entkernung des Service Public in Frankreich. In: Bieling, H.-J./Deckwirth, C./Schmalz, J. (Hrsg.): Liberalisierung und Privatisierung in Europa. Münster, S. 126-151.

Behnke, N., 2010: Politische Dezentralisierung und administrative Dekonzentration in Italien. In: Bogumil, J./Kuhlmann, S. (Hrsg.): Kommunale Aufgabenwahrnehmung im Wandel. Kommunalisierung, Regionalisierung und Territorialreform in Deutschland und Europa. Wiesbaden, S. 301-324.

Bekke, H.A.G.M./Perry, J.L./Toonen, T.A.J. (Hrsg.), 1996: Civil Service Systems in Comparative Perspective. Bloomington/Ind.

Bekke, H.A.G.M./van der Meer, F.M. (Hrsg.), 2000: Civil Service Systems in Western Europe. Cheltenham u.a.

Beksta, A./Petkevicius, A., 2000: Local Government in Lithuania. In: Horváth, T.M. (Hrsg.): Decentralization. Experiments and Reforms. Budapest, S. 165-217.

Benedetti, A., 1996: Le privatizzazioni in Italia. Quaderni del pluralismo, vol. 1, S. 29-78.

Bennet, R. (Hrsg.), 1989: Territory and Administration in Europe. London/New York.

Benz, A., 2002: Die territoriale Dimension von Verwaltung. In: König, K. (Hrsg.): Verwaltung am Beginn des 21. Jahrhunderts. Baden-Baden, S. 207-228.

Benz, A., 2003: Status und Perspektiven der politikwissenschaftlichen Verwaltungsforschung. In: Die Verwaltung, 36. Jg., Nr. 3, S. 361-388.

Benz, A., 2004a: Path-Dependent Institutions and Strategic Veto Players: National Parliaments in the European Union. In: West European Politics, vol. 27, no. 5, S. 875-900.

Benz, A., 2004b: Institutionentheorie und Institutionenpolitik. In: Benz, A./Siedentopf, H./Sommermann, K.-P. (Hrsg.): Institutionenwandel in Regierung und Verwaltung. Festschrift für Klaus König zum 70. Geburtstag. Berlin, S. 19-31.

Benz, A./Scharpf, F.W./Zintl, R., 1992: Horizontale Politikverflechtung. Zur Theorie von Verhandlungssystemen. Frankfurt a.M./New York.

Bertelsmann Stiftung, 2010: Leistungsvergleiche in der öffentlichen Verwaltung. Aktionsplan zur Umsetzung von Art. 91 d GG. Unveröff. Foliensatz vom 5. Februar 2010.

Berti, L., 1998: Affari di fine secolo. Le privatizzazioni in Italia. Rom.

Bieling, H.-J./Deckwirth, C./Schmalz, S. (Hrsg.), 2008: Liberalisierung und Privatisierung in Europa. Die Reorganisation der öffentlichen Infrastruktur in der Europäischen Union. Münster.
Blatter, J., 2006: Governance – Theoretische Formen und historische Transformationen. Baden-Baden.
Blauberger, M./Töller, A.E., 2011: Competition Policy. In: Knodt, M./Heinelt, H. (Hrsg.): Policyfields in the European Multi-Level System. Instruments and Strategies of European Governance. Baden-Baden, S. 123-152.
Bobbio, L., 2005. Italy. After the storm. In: Denters, B./Rose, L.E. (Hrsg.): Comparing Local Governance. Trends and Developments. Houndmills, S. 29-46.
Bogumil, J., 2001: Modernisierung lokaler Politik. Kommunale Entscheidungsprozesse im Spannungsfeld zwischen Parteienwettbewerb, Verhandlungszwängen und Ökonomisierung. Baden-Baden.
Bogumil, J./Ebinger, F., 2005: Die Große Verwaltungsstrukturreform in Baden-Württemberg. Ibbenbüren.
Bogumil, J./Grohs, S., 2010: Möglichkeiten und Grenzen von Regionalverwaltungen. In: Bogumil, J./Kuhlmann, S. (Hrsg.): Kommunale Aufgabenwahrnehmung im Wandel. Kommunalisierung, Regionalisierung und Territorialreform in Deutschland und Europa. Wiesbaden, S. 89-110.
Bogumil, J./Grohs, S./Kuhlmann, S./Ohm, A., 2007: Zehn Jahre Neues Steuerungsmodell. Eine Bilanz kommunaler Verwaltungsmodernisierung. Berlin.
Bogumil, J./Holtkamp, L., 2002: Liberalisierung und Privatisierung kommunaler Aufgaben – Auswirkungen auf das kommunale Entscheidungssystem. In: Libbe, J./Tomerius, S./Trapp, J.-H. (Hrsg.): Liberalisierung und Privatisierung kommunaler Aufgabenerfüllung. Soziale und umweltpolitische Perspektiven im Zeichen des Wettbewerbs. Berlin, S. 71-87.
Bogumil, J./Holtkamp, L., 2013: Kommunalpolitik und Kommunalverwaltung. Eine praxisorientierte Einführung. Bundeszentrale für politische Bildung, Bonn.
Bogumil, J./Jann, W., 2009: Verwaltung und Verwaltungswissenschaft in Deutschland. Einführung in die Verwaltungswissenschaft. 2. überarb. Auflage. Wiesbaden.
Bogumil, J./Kottmann, S., 2006: Verwaltungsstrukturreform – die Abschaffung der Bezirksregierungen in Niedersachsen. Schriftenreihe der Stiftung Westfalen-Initiative, Band 11. Ibbenbüren.
Bogumil, J./Kuhlmann, S., 2007: Public Servants at Sub-national and Local Levels of Government. A British-German-French Comparison. In: Raadschelders, J.C.N./Toonen, T.A.J./van der Meer, F.M. (Hrsg.): Comparative Civil Service Systems in the 21st Century. Houndmills, S. 137-151.
Bogumil, J./Schmid, J., 2001: Politik in Organisationen. Organisationstheoretische Ansätze und praxisbezogene Anwendungsbeispiele. Opladen.
Bönker, F./Hill, M./Marzanati, A., 2010: Towards marketization and centralization? The changing role of local government in long-term care in England, France, Germany and Italy. In: Wollmann, H./Marcou, G. (Hrsg.): The Provision of Public Services in Europe. Between state, local government and market. Cheltenham/Northampton, S. 97-119.
Borraz, O./Le Galès, P., 2005: France. The inter-municipal revolution. In: Denters, B./Rose, L.E. (Hrsg.): Comparing Local Governance. Trends and Developments. Houndmills, S. 12-28.
Bossaert, D./Demmke, C., 2002: Der öffentliche Dienst in den Beitrittsstaaten. EIPA. Maastricht.

Bouckaert, G., 2006: Auf dem Weg zu einer Neo-Weberianischen Verwaltung. New Public Management im internationalen Vergleich. In: Bogumil, J./Jann, W./Nullmeier, F. (Hrsg.): Politik und Verwaltung. PVS-Sonderheft, Nr. 37. Wiesbaden, S. 354-372.

Bouckaert, G./Halligan, J., 2008: Managing Performance. International Comparisons. New York.

Bouckaert, G./van de Donk, W. (Hrsg.), 2010: The European Group for Public Administration (1975-2010). Perspectives for the Future. Bruxelles.

Boyne, C.A./Farrell, C./Law, J./Powell, M./Walker, R., 2003. Evaluating Public Management Reform: Principles and Practice. Buckingham.

Bordonneau, M.-A./Canneva, G./Orange, G./Gambier, D., 2010: Le changement de mode de gestion des services d'eau. In: Droit et Gestion des Collectivités territoriales. Annuaire 2010. Paris, S. 131-147.

Brändli-Traffelet, S., 2004: Verwaltung des Sonderfalles. Plädoyer für eine Verwaltungskulturgeschichte der Schweiz. In: Revue Suisse d'histoire, vol. 54, no. 1, S. 79-89.

Briški, A., 2003: Public Services on the Local and Regional Level. Workshop Summary Reforms of Public Services Experiences of Municipalities and Regions in South-East Europe. Zagreb, S. 93-98.

Brunsson, N., 1989: The Organization of Hypocrisy. Talk, Decision and Actions in Organizations. Chichester u.a.

Brusis, M., 2010: Regionalisierung in Mittel- und Osteuropa. Ursachen, Formen und Effekte. In: Bogumil, J./Kuhlmann, S. (Hrsg.): Kommunale Aufgabenwahrnehmung im Wandel. Kommunalisierung, Regionalisierung und Territorialreform in Deutschland und Europa. Wiesbaden, S. 325-349.

Brunazzo, M., 2010: Italian Regionalism. A Semi-Federation is Taken Shape – Or is it? In: Baldersheim, H./Rose, L.E. (Hrsg.): Territorial Choice. Houndmills, S. 180-196.

Bull, H.P., 2008: Kommunale Gebiets- und Funktionalreform – aktuelle Entwicklung und grundsätzliche Bedeutung. In: der moderne staat (dms), 1. Jg., Nr. 3, S. 285-302.

Bull, M., 2007: The Constitutional Referendum of June 2006. End of the „Great Reform" but not of reform itself. In: Briquet, J.-L./Mastropaolo, A. (Hrsg.): Italian Politics. The Centre-Left's Poisoned Victory. vol. 22, New York/Oxford, S. 99-118.

Bulpitt, J., 1983: Territory and Power in the United Kingdom. An interpretation. Manchester.

Bundesverband der deutschen Gas- und Wasserwirtschaft – BGW 2005: Branchenbild der deutschen Wasserwirtschaft 2005.
http://www.bgw.de/pdf/0.1_resource_2006_3_8_1.pdf, 10.12.2006.

Burgi, M., 2009: Kommunalisierung als gestaltungsbedürftiger Wandel von Staatlichkeit und von Selbstverwaltung. In: Die Verwaltung, 42. Jg., Nr. 2, S. 155-177.

Burgi, M., 2010: Kommunalisierung staatlicher Aufgaben – Möglichkeiten, Grenzen und Folgefragen aus rechtlicher Sicht. In: Bogumil, J./Kuhlmann, S. (Hrsg.): Kommunale Aufgabenwahrnehmung im Wandel. Kommunalisierung, Regionalisierung und Territorialreform in Deutschland und Europa. Wiesbaden, S. 23-46.

Burns, T./Baumgartner, T./Deville, P., 1985: Man, Decisions, Society. London/New York.

Campbell, C., 1983: Governments Under Stress: Political Executives and Key Bureaucrats in Washington, London and Ottawa. Toronto.

Capano, G., 2003: Administrative traditions and policy change. When policy paradigms matter. The case of Italian administrative reform during the 1990s. In: Public Administration, vol. 81, no. 4, S. 781-801.

Cassese, S., 2002: Is There Really a ‚Democratic Deficit' In: Cassese, S./Cananea, G.D. (Hrsg.): Institutional reforms in the European Union – Memorandum for the Convention. Rome, S. 19-30.

Chandler, J.A. (Hrsg.), 2000: Comparative Public Administration. London.

Chardon, M., 2009: Wahlen im Auge des Hurrikans. Die Positionierung der flämischen Parteien vor den Regionalwahlen im Juni 2009. In: Europäisches Zentrum für Föderalismus-Forschung Tübingen (Hrsg.): Jahrbuch des Föderalismus 2009. Föderalismus, Subsidiarität und Regionen in Europa. Baden-Baden, S. 251-263.

Christensen, T./Lægreid, P., 2001a: A Transformative Perspective on Administrative Reforms. In: Christensen, T/Lægreid, P. (Hrsg.): New Public Management. The Transformation of Ideas and Practice. Aldershot, S. 13-43.

Christensen, T./Lægreid, P., 2001b: New Public Management – Undermining Political Control? In: Christensen, T./Lægreid, P. (Hrsg.): New Public Management. The Transformation of Ideas and Practice. Aldershot, S. 93-120.

Christensen, T./Lægreid, P., 2005: Autonomization and Policy Capacity – the Dilemmas and Challenges Facing Political Executives. In: Painter, M./Pierre, J. (Hrsg.): Challenges to State Policy Capacity. London, S. 137-163.

Christensen, T./Lægreid, P. (Hrsg.), 2010: New Public Management. London u.a.

Christmann, C., 2004: Liberalisierung von Monopolmärkten. Frankfurt a.M.

Citroni, G., 2010: Neither state nor market. Municipalities, corporations and municipal corporatization in water services – Germany, France and Italy compared. In: Wollmann, H./Marcou, G. (Hrsg.): The Provision of Public Services in Europe. Between state, local government and market. Cheltenham/Northampton, S. 191-216.

Colino, C., 2009: Keine Ruhe nach dem Sturm? Neuere Entwicklungen im spanischen Föderalismus. In: Europäisches Zentrum für Föderalismus-Forschung Tübingen (Hrsg.): Jahrbuch des Föderalismus 2009. Föderalismus, Subsidiarität und Regionen in Europa. Baden-Baden, S. 312-325.

Comité Balladur, 2009: Comité pour la réforme des collectivités locales. http://www.reformedescollectiviteslocales.fr/home/index.php.

Confservizi, 2006: Annuario associate 2006. Le gestioni del sistema Confservizi, Roma.

Connolly, T./Conlon, E.J./Deutsch, S.J., 1980: Organizational effectiveness. A multiple-constituency approach. In: Academy of Management Review, vol. 5, no. 2, S. 211-217.

Cristofoli, D./Macciò, L./Pedrazzi, L., 2011: Managing successful networks. A „managerial style" for each season? The case of inter-municipal collaboration in Switzerland. Paper presented at the 2011 IRSPM Conference.

Crozet, P./Desmarais, C., 2004: Les habits neufs de la gestion des ressources humaines dans les villes depuis les lois de décentralisation. In: Revue Politiques et Management Public, vol. 22, no. 2, S. 55-75.

Crozier, M., 1964: The Bureaucratic phenomenon. Chicago.

Dahl, R.A./Tufte, E.R., 1973: Size and democracy. Stanford.

Dansbo, E./Wallner, O., 2008: Sweden's Privatization Program. In: The PB Report. A Publication of Privatization Barometer. http://www.privatizationbarometer.net, S. 29-33.

Davies, K., 1995: Local Government in Hungary. In: Coulson, A. (Hrsg.): Local government in Eastern Europe. Establishing Democracy at the Grassroots. Cheltenham, S. 57-74.

Davis, H./Downe, J./Martin, S., 2001: External Inspection of local government. Driving improvement or drowning in detail? Layerthorpe, York.

Davis, G./Weller, P./Craswell, E./Eggins, S., 1999: What Drives Machinery of Government Change? Australia, Canada and the United Kingdom. In: Public Administration, vol. 77, no. 1, S. 7-50.

De Lancer, J.P., 2009: Perfomance-Based Management Systems Effective Implementation and Maintenance. Boca Raton.

Deckwirth, C., 2008: Der Erfolg der Global Player. Liberalisierung und Privatisierung in der Bundesrepublik Deutschland. In: Bieling, H.-J./Deckwirth, C./Schmalz, S. (Hrsg.): Liberalisierung und Privatisierung in Europa. Die Reorganisation der öffentlichen Infrastruktur in der Europäischen Union. Münster, S. 64-95.

Demmke, C., 2006: Europäisierung der Personalpolitiken in Europa. Die öffentlichen Dienste zwischen Tradition, Modernisierung und Vielfalt. In: Bogumil, J./Jann, W./Nullmeier, F. (Hrsg.): Politik und Verwaltung. PVS-Sonderheft, Nr. 37. Wiesbaden, S. 373-396.

Demmke, C., 2007: Leistungsbewertung im öffentlichen Dienst in den Mitgliedsstaaten der EU. Maastricht.

Demmke, C., 2009: Leistungsbezahlung in den öffentlichen Diensten der EU-Mitgliedstaaten – Eine Reformbaustelle. In: der moderne staat (dms), 2. Jg., Nr. 1, S. 53-71.

Demmke, C., 2011: Öffentliche Dienste im Vergleich. In: Blanke, B./Nullmeier, F./Reichard, C./Wewer, G. (Hrsg.): Handbuch zur Verwaltungsreform. 4. Auflage. Wiesbaden, S. 321-329.

Demmke, C./Hammerschmid, G./Meyer, R.E., 2007: Dezentralisierung und Verantwortlichkeit als Schwerpunkte der Modernisierung der öffentlichen Verwaltung: Herausforderungen und Folgen für das Personal-Management. Maastricht/Brüssel.

Deporcq, D./Géraud, P./Paisley, J./Poiget, M., 2003: Code pratique des sociétés d' économie mixte locales. Paris.

Derlien, H.-U., 1988: Innere Struktur der Landesministerien in Baden-Württemberg. Baden-Baden.

Derlien, H.-U., 1992: Observations on the State of Comparative Administrative Research in Europe – Rather Comparable than Comparative. In: Governance, vol. 5, no. 3, S. 279-311.

Derlien, H.-U., 1994: Karrieren, Tätigkeitsprofil und Rollenverständnis der Spitzenbeamten des Bundes – Konstanz und Wandel. In: Verwaltung und Fortbildung, Nr. 22, S. 255-274.

Derlien, H.-U., 1996: Zur Logik und Politik des Ressortzuschnitts. In: Verwaltungsarchiv, 36. Jg., Nr. 4, S. 548-580.

Derlien, H.-U., 1997: Die Entwicklung von Evaluation im internationalen Kontext. In: Bussmann, W./Klöti, U./Knoepfel, P. (Hrsg.): Einführung in die Politikevaluation. Basel/Frankfurt a.M., S. 4-12.

Derlien, H.-U., 2002: Öffentlicher Dienst im Wandel. In: König, K. (Hrsg.): Deutsche Verwaltung an der Wende zum 21. Jahrhundert. Baden-Baden, S. 229-254.

Derlien, H.-U./Peters, G.B. (Hrsg.), 2009: The State at Work. Public Sector Employment in Ten Western Countries, vol. 1. Cheltenham/Northampton.

Deutsches Institut für Urbanistik – DIfU/Bundesministerium für Verkehr, Bau- und Wohnungswesen – BMVBW, 2005: Public Private Partnership. Eine aktuelle Bestandsaufnahme in Bund, Ländern und Kommunen. Im Auftrag der PPP Task Force im BMVBW. Kurzfassung. Berlin.

De Vries, M., 2000: The rise and fall of decentralization. A comparative analysis of arguments and practices in European countries. In: European Journal of Political Research, vol. 38, no. 2, S. 193-224.

Dexia, 2006: Les fonctions publiques locales dans les 25 pays de l'Union Européenne. Paris.

Dexia, 2008: Sub-national governments in the European Union. Organisation, responsibilities and finance. Paris.

Dexia Crédit Local/AMGVF, 2004: Les Services Publics Locaux. Grandes Villes et Groupements. March. http://www.grandesvilles.org/article.php3?id_article¼4178.

Dickhaus, B./Dietz, K., 2004: Private Gain – Public Loss? Folgen der Privatisierung und Liberalisierung öffentlicher Dienstleistungen in Europa. Berlin.
DiMaggio, P.J./Powell, W.W., 1991: The new institutionalism in organizational analysis. Chicago.
Dimitrov, V./Goetz, K.H./Wollmann, H., 2006: Governing After Communism. Institutions and Policymaking. Lanham u.a.
Dipartimento della Funzione Pubblica, 2006: L'esternalizzazione strategica nelle amministrazioni pubbliche. Catanzaro.
Döhler, M., 2007: Vom Amt zur Agentur? Organisationsvielfalt, institutioneller Anpassungsdruck und Wandlungsprozesse im deutschen Verwaltungsmodell. In: Jann, W./Döhler, M. (Hrsg.): Agencies in Westeuropa. Wiesbaden, S. 12-47.
Döhler, M., 2008: Regieren mit Agenturen – Strategien und Interessen im exekutiven Binnenverhältnis. In: Jann, W./König, K. (Hrsg.): Regieren zu Beginn des 21. Jahrhunderts. Tübingen, S. 259-289.
Döhler, M./Jann, W., 2007: Vorwort. In: Jann, W./Döhler, M. (Hrsg.): Agencies in Westeuropa. Wiesbaden, S. 7-11.
Dowding, K., 1995: Interpreting Formal Coalition Theory. In: Dowding, K./King, D. S. (Hrsg.): Preferences, Institutions, and Rational Choice. Oxford, S. 43-59.
Dowding, K./King, D. (Hrsg.), 1995: Preferences, Institutions and Rational Choice. Oxford.
Downs, A., 1957: An Economic Theory of Democracy. New York.
Drews, K., 2008: Großbritannien. „TINA" oder Paradigma einer gescheiterten Reorganisation? In: Bieling, H.-J./Deckwirth, C./Schmalz, S. (Hrsg.): Liberalisierung und Privatisierung in Europa. Die Reorganisation der öffentlichen Infrastruktur in der Europäischen Union. Münster, S. 34-63.
Dreyfus, M./McEldowney, J./Ianello, C./Töller, A.E., 2010: Comparative Study of Local Service. Waste Management in France, Germany, Italy and UK. In: Wollmann, H./Marcou, G. (Hrsg.): The Provision of Public Services in Europe. Between state, local government and market. Cheltenham/Northampton, S. 146-165.
Dunleavy, P., 1991: Democracy, Bureaucracy and Public Choice. London.
Dunleavy, P./Magretts, H./Bastow, S./Tinkler, J., 2006: Digital Era Governance. IT Corporations, the State and e-Government. Oxford.
Duval, C., 2006: L'Offre Communale de Service Public. L'Exemple Français de l'Eau'. Unpublished Discussion Paper presented to the Conference on Public Service Delivery in Cross-Country Comparison. Menaggio.
Dyson, Kenneth H.F., 1980: The State Tradition in Western Europe, Dyson, K./Goetz, K.H., 2003: Living with Europe. Power, Constraint and Contestation. In: Dyson, K./Goetz, K.H. (Hrsg.): Germany, Europe and the Politics of Constraint, Oxford, S. 3-36.
Oxford: Robertson.
Dwivedi, O.P./Henderson, K.M. (Hrsg.), 1990: Public Administration in World Perspective. Ames/Iowa.
Easton, D. A., 1965: A Framework for Political Analysis. Englewood Cliffs.
Ebinger, F., 2010: Aufgabenkommunalisierungen in den Ländern. Legitim – Erfolgreich – Gescheitert? In: Bogumil, J./Kuhlmann, S. (Hrsg.), Kommunale Aufgabenwahrnehmung im Wandel. Kommunalisierung, Regionalisierung und Territorialreform in Deutschland und Europa. Wiesbaden, S. 47-66.
Edeling, T., 1999: Einführung. Der Neue Institutionalismus in Ökonomie und Soziologie. In: Edeling, T./Jann, W./Wagner, D. (Hrsg.): Institutionenökonomie und Neuer Institutionalismus. Überlegungen zur Organisationstheorie. Opladen, S. 7-15.

Eisen, A., 1996a: Institutionenbildung im Transformationsprozess. Der Aufbau der Umweltverwaltung in Sachsen und Brandenburg. Baden-Baden.

Eisen, A., 1996b: Institutionenbildung und institutioneller Wandel im Transformationsprozess. Theoretische Notwendigkeiten und methodologische Konsequenzen einer Verknüpfung struktureller und kultureller Aspekte des institutionellen Wandels. In: Eisen, A./Wollmann, H. (Hrsg.): Institutionenbildung in Ostdeutschland. Zwischen externer Steuerung und Eigendynamik. Opladen, S. 33-61.

Ellwein, T., 1982: Verwaltungswissenschaft: Die Herausbildung der Disziplin. In: Hesse, J.J. (Hrsg.): Politikwissenschaft und Verwaltungswissenschaft. Opladen, S. 34-54.

Ellwein, T., 1997: Verwaltung und Verwaltungswissenschaft. In: Staatswissenschaft und Staatspraxis, Nr. 8, S. 5-18.

Engartner, T., 2009: Kehrt der Staat zurück? Rekommunalisierung in den Aufgabenbereichen Entsorgung und Gebäudereinigung. In: Zeitschrift für öffentliche und gemeinnützige Unternehmen, 32. Jg., Nr. 4, S. 339 -355.

Enticott, G., 2004: Multiple Voices of Modernization. Some methodological Implications. In: Public Administration, vol. 82, no. 3, S. 743-756.

Ernst & Young, 2007: Privatisierungen und ÖPP als Ausweg? Kommunalfinanzen unter Druck – Handlungsoptionen für Kommunen. Stuttgart.

Esping-Andersen, G., 1990: The Three Worlds of Welfare Capitalism, Cambridge.

Falkner, G./Treib, O./Hartlapp, M./Leiber, S., 2005: Complying with Europe. EU Harmonisation and Soft Law in the Member States. Cambridge.

Färber, G., 2006: Finanzkontrolle. In: Voigt, R./Walkenhaus, R. (Hrsg.): Handwörterbuch zur Verwaltungsreform. Wiesbaden, S. 112-117.

Fargion, V., 1997: Social Assistance and the North-South Cleavage in Italy. In: Rhodes, M. (Hrsg.): Southern European Welfare States. Between Crisis and Reform. London, S. 135-154.

Fedele, P./Galli, D./Ongaro, E., 2007: Disaggregation, autonomy, contractualisation. A clear trend or a blurred mix? The agencification of the Italian public sector. In: Public Management Review, vol. 9, no. 4, S. 557-585.

Fievet, F./Laurent, P., 2006: Faut-il une LOLF pour les collectivités locales? In: Revue Française de Finances Publiques, vol. 95, no. 1, S. 129-145.

Fisch, S., 2010: „The Speyer Conference" – Some Origins of EGPA/GEAP before 1975. In: Bouckaert, G./van de Donk, W. (Hrsg.): The European Group for Public Administration (1975-2010). Perspectives for the Future. Bruxelles, S. 7-10.

Fitzpatrick, J./Goggin, M./Heikkila, T./Klingner, D/Machado, J./Martell, C., 2011: A New Look at Comparative Public Administration. Trends in Research and an Agenda for the Future. In: Public Administration Review, vol. 71, no. 6, S. 821-830.

Flynn, N./Strehl, F. (Hrsg.), 1996: Public sector management in Europe. Hemel-Hempstead.

Forest, V., 2008: Performance-related pay and work motivation. Theoretical and empirical perspectives for the French civil service. In: International Review of Administrative Sciences, vol. 74, no. 2, S. 325-339.

Forsthoff, E., 1938: Die Verwaltung als Leistungsträger. Stuttgart.

Füzesi, Z./Ivády, V./Kovácsy, Z./Orbán, K., 2005: Hungarian Healthcare Reforms in the 1990s. In: Shakarishvili, G. (Hrsg.): Decentralization in Healthcare Analyses and Experiences in Central and Eastern Europe in the 1990s, Local Government and Public Service Reform Initiative. Budapest, S. 276-312.

Garlatti, A./Pezzani F., 2000: I sistemi di programmazione e controllo negli enti locali. Milan.

Gayl, J. Frhr. v., 2010: Kreisgebietsreform in Mecklenburg-Vorpommern. In: Bogumil, J./Kuhlmann, S. (Hrsg.): Kommunale Aufgabenwahrnehmung im Wandel. Kommunalisierung, Regionalisierung und Territorialreform in Deutschland und Europa. Wiesbaden, S. 125-142.

Getimis, P./Hlepas, N., 2010: Efficiency Imperatives in a Fragmented Polity. Reinventing Local Government in Greece. In: Baldersheim, H./Rose, L.E. (Hrsg.): Territorial Choice. Houndmills, S. 198-213.

Goetz, K.H., 1995: Ein neuer Verwaltungstyp in Mittel- und Osteuropa? Zur Entwicklung der post-kommunistischen öffentlichen Verwaltung. In: Wollmann, H./Wiesenthal, H./Bönker, F. (Hrsg.): Transformation sozialistischer Gesellschaften. Am Ende des Anfangs. Opladen, S. 538-553.

Goetz, K.H., 2003: The Federal Executive. Bureaucratic Fusion versus Governmental Bifurcation. In: Dyson, K.H.F./Goetz, K.H. (Hrsg.): Germany, Europe and the Politics of Constraint. Oxford, S. 55-72.

Goetz, K.H., 2006: Europäisierung der öffentlichen Verwaltung – oder europäische Verwaltung? In: Bogumil, J./Jann, W./Nullmeier, F. (Hrsg.): Politik und Verwaltung. PVS-Sonderheft, Nr. 37. Wiesbaden, S. 472-490.

Goetz, K.H./Wollmann, H., 2001: Governmentalizing central executives in post-communist Europe. A four-country comparison. In: Goetz, K.H. (Hrsg.): Executive Government in Central and Eastern Europe. Special issue of Journal of European Public Policy, vol. 8, no. 6, S. 864-887.

Göhler, G., 1987: Institutionenlehre und Institutionentheorie in der deutschen Politikwissenschaft nach 1945. In: Göhler, G. (Hrsg.): Grundfragen der Theorie politischer Institutionen. Forschungsstand – Probleme – Perspektiven. Opladen, S. 15-47.

Goodin, R.E., 1996: The Theory of Institutional Design. Cambridge.

Goldsmith, M.J./Page, E.C., 2010: Changing Government Relations in Europe. From Localism to Intergovernmentalism. London/New York.

Grémion, P., 1976: Le pouvoir périphérique. Bureaucrates et notables dans le système politique français. Paris.

Gray, A./Jenkins, B./Segsworth, B. (Hrsg.), 1993: Budgeting, auditing and Evaluation. Functions and Integration in Seven Governments. London.

Grohs, S., 2010: Modernisierung kommunaler Sozialpolitik. Anpassungsstrategien im Wohlfahrtskorporatismus. Wiesbaden.

Grohs, S./Bogumil, J./Kuhlmann, S., 2012: Überforderung, Erosion oder Aufwertung der Kommunen in Europa? Eine Leistungsbilanz im westeuropäischen Vergleich. In: der moderne staat (dms), 5. Jg., Nr. 1, Special Issue „Die armen Städte" (hrsg. v. Holtkamp, L./Kuhlmann, S.), S. 125-148.

Grossi, G., 1999: The Phenomenon of Group in the Italian Municipalities. The Experience of Rome. Siena.

Grossi, G./Mussari, R., 2008: Effects of Outsourcing on Performance Measurement and Reporting. The Experience of Italian Local Governments. In: Public Budgeting & Finance, vol. 28, no. 1, S. 22-38.

Grossi, G./Marcou, G./Reichard, C., 2010: Comparative aspects of institutional variants for local public service provision. In: Wollmann, H./Marcou, G. (Hrsg.): The Provision of Public Services in Europe. Between state, local government and market. Cheltenham/Northampton, S. 217-239.

Grossi, G./Reichard, C., 2008: Municipal Corporatization in Germany and Italy. In: Public Management Review, vol. 10, no. 5, S. 597-618.

Gruner, R./Klippel, B./Wißkirchen, F., 2009: Das Pendel schwingt zurück. In: Recycling Magazin, 5. Jg., Nr. 7, S. 34-35.

Grunow, D., 2006: Auswirkungen der europäischen Integration auf die Rolle der Kommunen im politischen Mehrebenensystem. In: DIfU (Hrsg.): Brennpunkt Stadt. Lebens-

und Wirtschaftsraum, gebaute Umwelt, politische Einheit. Festschrift für Heinrich Mäding zum 65. Geburtstag. Berlin, S. 137-153.

Guérin-Schneider, L./Lorrain, D., 2003: Note de recherché sur une question sensible. Les relations puissance publique – firmes dans le secteur de l'eau et de l'assainissement. In: Flux, no. 52/53, S. 35-54.

Häggroth, S./Kronvall, K./Riberdahl, C./Rudebeck, K., 1993: Swedish Local Government. Traditions and Reform. Stockholm.

Hailsham, L., 1978: The Dilemma of Democracy. Diagnosis and Prescription. London.

Hajnal, G., 2008: Public Management Reforms. Hungary. In: Bouckaert, G./Nemec, J./Nakrošis, V./Hajnal, G./Tõnnison, K. (Hrsg.): Public Management Reforms in Central and Eastern Europe. Bratislava, S. 121-150.

Hajna, G., 2010: Central government organization in times of crisis. Administrative policy on non-departmental public bodies 2002-2009. Budapest.

Hajnal, G./Kádár, K., 2008: The agency landscape in Hungary. An empirical survey of non-departmental public bodies 2002-2006, Budapest: Institute for Economic Analysis and Informatics.

Hall, P.A./Taylor, R.C.R., 1996: Political Science and the Three New Institutionalisms. In: Political Studies, vol. 44, no. 5, S. 936-957.

Halligan, J., 2003: Anglo-American civil service systems: an overview. In: Halligan, J. (Hrsg.): Civil Service Systems in Anglo-American Countries. Cheltenham, S. 1-10.

Hartmann, J., 2005: Westliche Regierungssysteme. Parlamentarismus, präsidentielles und semi-präsidentielles Regierungssystem. 2. aktualisierte Auflage. Wiesbaden.

Heady, F., 1960: Recent Literature on Comparative Public Administration. Administrative Science Quarterly, vol. 5, no. 1, S. 134-154.

Heady, F., 1996: Configurations of Civil Service Systems. In: Bekke, H./Perry, J./Toonen, T. (Hrsg.): Civil Service Systems in Comparative Perspective. Bloomington, S. 207-226.

Heady, F., 2001: Public Administration. A Comparative Perspective. 6th edition. New York.

Hecking, C., 2003: Das politische System Belgiens. Opladen.

Heclo, H./Wildawsky, A.B., 1974: The private government of public money. Community and policy inside British politics. Berkeley.

Heinelt, H./Hlepas, N.-K., 2006: Typologies of Local Government Systems. In: Bäck, H./Heinelt, H./Magnier, A. (Hrsg.): The European Mayor. Wiesbaden, S. 21-42.

Henningsen, B., 1986: Der Wohlfahrtsstaat Schweden. Baden-Baden.

Héritier, A./Knill, C./Lehmkuhl, D./Teutsch, M./Douillet, A.-C., 2001: Differential Europe. The European Union Impact on National Policymaking. Lanham.

Hesse, J.J./Sharpe, L.J., 1991: Local Government in international perspective. Some comparative observations. In: Hesse, J.J. (Hrsg.): Local Government and Urban Affairs in International Perspective. Baden-Baden, S. 603-621.

Hill, H. (Hrsg.), 2009: Verwaltungsmodernisierung im europäischen Vergleich. Baden-Baden.

Hlepas, N.-K., 2003: Local government reforms in Greece. In: Kersting, N./Vetter, A. (Hrsg.): Reforming Local Government in Europe. Wiesbaden, S. 221-241.

Hlepas, N.-K., 2010: Incomplete Greek Consolidation. In: Local Government Studies, vol. 36, no. 2, S. 223-251.

Hlepas, N.-K./Getimis, P., 2010: Impacts of local government reforms in Greece. An interim assessment. In: Local Government Studies, vol. 37, no. 5, October 2011, Special Issue on Evaluating Functional and Territorial Reforms in European Countries (hrsg. V. Kuhlmann, S./Wollmann, H.), S. 517-532.

Hoffmann-Martinot, V., 2003: The French Republic. One yet Divisible? In: Kersting, N./Vetter, A. (Hrsg.): Reforming Local Government in Europe. Closing the Gap between Democracy and Efficiency? Opladen, S. 157-182.
Hoffmann-Martinot, V., 2006: Reform and Modernization of Urban Government in France. In: Hoffmann-Martinot, V./Wollmann, H. (Hrsg.): State and Local Government Reforms in France and Germany. Divergence and Convergence. Wiesbaden, S. 231-251.
Holmes, M./Shand, D., 1995: Management reform. Some practitioner perspectives on the past ten years. In: Governance, vol. 8, no. 4, S. 551-578.
Holtkamp, L., 2008: Das Scheitern des Neuen Steuerungsmodells. In: der moderne staat (dms), 1. Jg., Nr. 2, S. 423-446.
Hood, C., 1991: A Public Management for all Seasons? In: Public Administration, vol. 69, no. 1, S. 3-19.
Hood, C./Lodge, M., 2006: The Politics of Public Service Bargains. Reward, Loyalty, Competency and Blame. Oxford.
Horn, M., 1995: The political economy of public administration. Cambridge.
Horváth, T.M., (Hrsg.), 2000: Decentralization. Experiments and Reforms. Budapest.
Horvath, T., 2008: Le cas de modernisation administrative dans les collectivités locales hongroises. In: Marcou, G./Wollmann, H. (Hrsg.): Annuaire 2008 des Collectivités Locales. Paris, S. 225-241.
Hösch, U., 2000: Die kommunale Wirtschaftstätigkeit. Teilnahme am wirtschaftlichen Wettbewerb oder Daseinsvorsorge. Beiträge zur Ordnungstheorie und Ordnungspolitik. Tübingen.
Hrast, M.F./Somogyi, E./Teller, N., 2009: The Role of NGOs in the Governance of Homelessness in Hungary and Slovenia, Centre for Welfare Studies, Faculty of Social Sciences, Metropolitan Research Institute. Budapest.
Hughes, J./Sasse, G./Gordon, C., 2004: Conditionality and Compliance in the EU's Eastward Enlargement. Regional Policy and the Reform of Sub-national Government. In: Journal of Common Market Studies, vol. 42, no. 3, S. 523-551.
Hulst, R./Montfort, A. v. (Hrsg.), 2007: Inter-municipal cooperation in Europe. Dordrecht.
Iannello, C., 2007: L'emergenza dei rifiuti in Campania. I paradossi delle gestioni commissariali. In: Rassegna di Diritto Pubblico Europeo, no. 2, S. 137-178.
Illner, M., 2003: The Czech Republic 1990-2001. Successful reform at the municipal level and a difficult birth of the intermediary government In: Baldersheim, H./Illner, M./Wollmann, H. (Hrsg.): Local Democracy in Post-Communist Europe. Opladen, S. 61-91.
Illner, M., 2010: The voluntary union of municipalities. Bottom-up consolidation of local government in the Czech Republic. In: Swianiewicz, P. (Hrsg.): Territorial Consolidation Reforms in Europe. Budapest, S. 219-236.
Immergut, E., 1992: Health care policies. Ideas and institutions in Western Europe. Cambridge.
Institut für den öffentlichen Sektor, 2011: Rekommunalisierung in der Energieversorgung. In: Public Governance, Frühjahr 2011, S. 6-11.
Jaedicke, W./Thrun, T./Wollmann, H., 2000: Modernisierung der Kommunalverwaltung. Evaluierungsstudie zur Verwaltungsmodernisierung im Bereich Planen, Bauen und Umwelt. Stuttgart.
Jäkel, T./Kuhlmann, S., 2012: Kann man von der Schweiz lernen? Leistungsvergleiche kommunaler Finanzkennzahlen in föderalen Ländern. In: Verwaltung & Management, 18. Jg., Nr. 3, S. 131-135.

Jann, W., 1983: Politische Programme und „Verwaltungskultur". Bekämpfung des Drogenmissbrauchs und der Jugendarbeitslosigkeit in Schweden, Großbritannien und der Bundesrepublik Deutschland im Vergleich. Opladen.

Jann, W., 2001: Verwaltungsreform als Verwaltungspolitik. Verwaltungsmodernisierung und Policy-Forschung. In: Schröter, E. (Hrsg.): Empirische Policy- und Verwaltungsforschung. Lokale, nationale und internationale Perspektiven. Opladen, S. 279-303.

Jann, W., 2002: Der Wandel verwaltungspolitischer Leitbilder. Von Management zu Governance? In: König, K. (Hrsg.): Deutsche Verwaltung an der Wende zum 21. Jahrhundert. Baden-Baden, S. 279-303.

Jann, W., 2006: Die skandinavische Schule der Verwaltungswissenschaft. Neo-Institutionalismus und die Renaissance der Bürokratie. In: Bogumil, J./Jann, W./Nullmeier, F. (Hrsg.): Politik und Verwaltung. PVS-Sonderheft, Nr. 37. Wiesbaden, S. 121-148.

Jann, W., 2009: Policy-Analyse und Verwaltungsforschung: 50 Jahre praktische Fragen und theoretische Antworten. In: PVS 50 (2009) 3, S. 474-503.

Jann, W./Jantz, B., 2008: A Better Performance of Performance Management. In: KPMG (Hrsg.), Holy Grail or Achievable Quest? International Perspectives on Public Sector Performance Management. KPMG International, S. 11-28.

Jeffery, C., 2009: Devolution in the United Kingdom. Ever Looser Union? In: der moderne staat (dms), 2. Jg., Nr. 1, S. 207-218.

Jenei, G., 2009: A Post-accession Crisis? Political Developments and Public Sector Modernization in Hungary. Working Paper. Bamberg.

Jenei, G./Kuti, E., 2003: Duality in the Third Sector. The Hungarian Case. In: Asian Journal of Public Administration, vol. 25, no. 1, S. 133-157.

John, P., 2001: Local Government in Western Europe, London.

John, P., 2010: Larger and larger? The endless search for efficiency in the U.K. In: Baldersheim, H./Rose, L.E. (Hrsg.): Territorial Choice. Houndmills, S. 101-117.

Jreisat, J.E., 2011: Commentary. Comparative Public Administration. A Global Perspective. In: Public Administration Review, vol.71, no. 6, S. 834-838.

Kaiser, A., 1999: Die politische Theorie des Neo-Institutionalismus. James March und Johan Olsen. In: Brodocz, A./Schaal, G.S. (Hrsg.): Politische Theorien der Gegenwart. Opladen, S. 189-211.

Kaltenbach, J., 1990: Die Entwicklung der kommunalen Selbstverwaltung in Ungarn. In: Jahrbuch für Ostrecht, 31. Jg., Nr. 1, S. 77-93.

Kassim, H./Peters, B.G./Wright, V. (Hrsg.), 2000: The National Co-ordination of EU Policy. The Domestic Level. Oxford.

Kastendiek, H./Stinshoff, R./Sturm, R. (Hrsg.), 1999: The Return of Labour – A Turning Point in British Politics? Berlin/Bodenheim.

Katzenstein, P.J., 1987: Policy and politics in West Germany. The growth of a semisovereign state. Philadelphia.

Keen, L./Vickerstaff, S.A., 1997: „We're all Human Resource Managers Now". Local Government Middle Managers. In: Public Money & Management, vol. 17, no. 3, S. 41-46.

Kempf, U., 2003: Das politische System Frankreichs. In: Ismayr, W. (Hrsg.): Die politischen Systeme Westeuropas. 2. Auflage. Opladen, S. 301-347.

Kerrouche, E., 2010: France and its 36.000 communes. An impossible reform? In: Baldersheim, H./Rose, L.E. (Hrsg.): Territorial Choice. Houndmills, S. 160-179.

Kersting, N./Vetter, A. (Hrsg.), 2003: Reforming Local Government in Europe. Opladen.

Kickert, W.J.M. (Hrsg.), 1997: Public management and administrative reforms in Western Europe. Cheltenham.

Kickert, W.J.M. (Hrsg.), 2008: The Study of Public management in Europe and the US. London.

Kickert, W.J.M., 2011: Public management reform in Continental Europe. National Distinctiveness. In: Christensen, T./Lægreid, P. (Hrsg.): The Ashgate research companion to new public management. Aldershot, S. 97-112.

Kingdon, J.W., 1995: Agendas, Alternatives and Public Policies. 2. Auflage. New York.

Knill, C., 2001: The Europeanisation of National Administrations. Patterns of Institutional Change and Persistence. Cambridge.

Kogan, M. (Hrsg.), 1989: Evaluating Higher Education. London.

Kommunale Gemeinschaftsstelle für Verwaltungsmanagement – KGSt, 1993: Das Neue Steuerungsmodell. Begründung, Konturen, Umsetzung. Bericht 1993, Nr. 5. Köln.

König, K., 1993: Die Transformation der öffentlichen Verwaltung. In: Pitschas, R. (Hrsg.): Verwaltungsintegration in den neuen Bundesländern. Berlin, S. 29-46.

König, K., 2002: Zwei Paradigmen des Verwaltungsstudiums – Vereinigte Staaten von Amerika und Kontinentaleuropa. In: König, K. (Hrsg.): Deutsche Verwaltung an der Wende zum 21. Jahrhundert. Baden-Baden, S. 393-423.

König, K., 2006: Öffentliches Management in einer legalistischen Verwaltungskultur. In: Jann, W./Röber, M./Wollmann, H. (Hrsg.): Public Management. Grundlagen, Wirkungen, Kritik. Festschrift für Christoph Reichard zum 65. Geburtstag. Wiesbaden, S. 23-34.

König, K., 2007: Verwaltungskulturen und Verwaltungswissenschaften. In: König, K./Reichard, C. (Hrsg.): Theoretische Aspekte einer managerialistischen Verwaltungskultur. Speyerer Forschungsberichte 254. Speyer, S. 1-24.

König, K., 2008: Moderne öffentliche Verwaltung. Studium der Verwaltungswissenschaft. Berlin.

König, K./Füchtner, N., 2000: Schlanker Staat – eine Agenda der Verwaltungsmodernisierung im Bund. Baden-Baden.

Kollmorgen, R., 2009: Postsozialistische Wohlfahrtsregime in Europa. Teil der „Drei Welten" oder eigener Typus? Ein empirisch gestützter Rekonzeptualisierungsversuch. In: Pfau-Effinger, B./Magdalenic, S.S./Wolf, C. (Hrsg.): International vergleichende Sozialforschung. Wiesbaden, S. 65-92.

Kopányi, M./El Daher, S./Wetzel, D./Noel, M./Papp, A., 2000: Modernizing the Subnational Government System. Paper prepared for the World Bank. Washington D.C.

Kopecký, P./Mair, P., 2012: Party Patronage as an organizational Resource: Introduction. In: Kopecký, P./Mair, P./Spirova, M. (Hrsg.): Party Government and Party Patronage. Public Appointments and Political Control in European Democracies. Oxford, S. 3-16.

Kovács, I.P., 2012: Roots and Consequences of Local Government Reforms in Hungary, unpubl. Ms.

Krasner, S., 1984: Approaches to the State. Alternative Conceptions and Historical Dynamics. Comparative Politics, vol. 16, no. 2, S. 223-246.

Kropp, S., 2006: Ausbruch aus „exekutiver Führerschaft"? Ressourcen- und Machtverschiebungen im Dreieck von Regierung, Verwaltung und Parlament. In: Bogumil, J./Jann, W./Nullmeier, F. (Hrsg.): Politik und Verwaltung. PVS-Sonderheft, Nr. 37. Wiesbaden, S. 275-298.

Kropp, S., 2010: Kooperativer Föderalismus und Politikverflechtung. Wiesbaden.

Kropp, S./Ruschke, M., 2010: Parlament und Verwaltung in Rollenpartnerschaft vereint? Ein Plädoyer für die Verknüpfung von Parlaments- und Verwaltungsforschung. In: Zeitschrift für Parlamentsfragen, 41. Jg., Nr. 3, S. 654-676.

Kuhlmann, S., 2003: Rechtsstaatliches Verwaltungshandeln in Ostdeutschland. Eine Studie zum Gesetzesvollzug in der lokalen Bauverwaltung. Opladen.

Kuhlmann, S., 2004: Interkommunaler Leistungsvergleich in deutschen Kommunen. Zwischen Transparenzgebot und Politikprozess. In: Kuhlmann, S./Bogumil,

J./Wollmann, H. (Hrsg.): Leistungsmessung und -vergleich in Politik und Verwaltung. Wiesbaden, S. 94-120.

Kuhlmann, S., 2006a: Kommunen zwischen Staat und Markt. Lokalmodelle und -reformen im internationalen Vergleich. In: Deutsche Zeitschrift für Kommunalwissenschaft, 45. Jg., Nr. 2, S. 84-102.

Kuhlmann, S., 2006b: Öffentlicher Dienst in Deutschland: Reformfähig oder -resistent? In: Kißler, L./Lasserre, R./Pautrat, H. (Hrsg.): Öffentliche Beschäftigung und Verwaltungsreform in Deutschland und Frankreich. Frankfurt a.M./New York, S. 71-96.

Kuhlmann, S., 2007a: Trajectories and driving factors of local government reforms in Paris-city. A „deviant case" of institutional development? In: Local Government Studies, vol. 33, no. 1, S. 7-26.

Kuhlmann, S., 2007b: Performance Management und Leistungsmessung im internationalen Kontext. Was können die deutschen Kommunen lernen? In: Bogumil, J./Holtkamp, L./Kißler, L./Kuhlmann, S./Reichard, C./Schneider, K./Wollmann, H.: Perspektiven lokaler Verwaltungsmodernisierung. Berlin, S. 75-84.

Kuhlmann, S., 2008: Dezentralisierung in Frankreich. Ende der unteilbaren Republik? In: der moderne staat (dms), 1. Jg., Nr. 1, S. 201-220.

Kuhlmann, S., 2009a: Politik- und Verwaltungsreform in Kontinentaleuropa. Subnationaler Institutionenwandel im deutsch-französischen Vergleich. Habilitationsschrift an der Universität Potsdam. Baden-Baden.

Kuhlmann, S., 2009b: Die Evaluation von Institutionenpolitik in Deutschland. Verwaltungsmodernisierung und Wirkungsanalyse im föderalen System. In: Widmer, T./Beywl, W./Carlo, F. (Hrsg.): Evaluation. Ein systematisches Handbuch. Wiesbaden, S. 371-380.

Kuhlmann, S., 2010a: Vergleichende Verwaltungswissenschaft: Verwaltungssysteme, Verwaltungskulturen und Verwaltungsreformen in internationaler Perspektive. In: Lauth, H.-J. (Hrsg.): Vergleichende Regierungslehre. Wiesbaden, S. 140-160.

Kuhlmann, S., 2010b: Siegeszug der Territorialität? Dezentralisierungsprofile und -wirkungen in Westeuropa. In: Schimanke, D. (Hrsg.): Verwaltung und Raum – Zur Diskussion um Leistungsfähigkeit und Integrationsfunktion von Verwaltungseinheiten. Wiesbaden, S. 101-126.

Kuhlmann, S., 2010c: „Interkommunale Revolution" in Frankreich? Reformschritte, Effekte und Schwächen territorialer Konsolidierung ohne Gebietsfusion. In: Bogumil, J./Kuhlmann, S. (Hrsg.): Kommunale Aufgabenwahrnehmung im Wandel. Kommunalisierung, Regionalisierung und Territorialreform in Deutschland und Europa. Wiesbaden, S. 277-298.

Kuhlmann, S., 2010d: Performance Measurement in European local governments. A comparative analysis of reform experiences in Great Britain, France, Sweden and Germany. In: International Review of Administrative Sciences, vol. 76, no. 2, S. 331-345.

Kuhlmann, S., 2011: Messung und Vergleich von Verwaltungsleistungen. Benchmarking-Regime in Westeuropa. In: Die Verwaltung, Jg. 44, Nr. 2, S. 155-178.

Kuhlmann, S./Bogumil, J., 2010: Kommunalisierung, Regionalisierung, Kooperation – die „neue Welle" subnationaler Verwaltungsreform. In: Bogumil, J./Kuhlmann, S. (Hrsg.): Kommunale Aufgabenwahrnehmung im Wandel: Kommunalisierung, Regionalisierung und Territorialreform in Deutschland und Europa. Wiesbaden, S. 11-22.

Kuhlmann, S./Bogumil, J./Ebinger, F./Grohs, S./Reiter, R., 2011: Dezentralisierung des Staates in Europa: Auswirkungen auf die kommunale Aufgabenerfüllung in Deutschland, Frankreich und Großbritannien. Wiesbaden.

Kuhlmann, S./Bogumil, J./Grohs, S., 2008: Evaluating administrative modernization in German local governments: success or failure of the „New Steering Model"? In: Public Administration Review, vol. 68, no. 5, S. 851-863.

Kuhlmann, S./Fedele, P., 2010: New Public Management in Continental Europe: Local Government Modernization in Germany, France and Italy from a Comparative Perspective. In: Wollmann, H./Marcou, G. (Hrsg.): The Provision of Public Services in Europe. Between state, local government and market. Cheltenham/Northampton, S. 49-74.

Kuhlmann, S./Röber, M. 2006: Civil Service in Germany. Between Cutback Management and Modernization. In: Hoffmann-Martinot, V./Wollmann, H. (Hrsg.): State and Local Government Reforms in France and Germany. Divergence and Convergence. Wiesbaden, S. 89-110.

Kuhlmann, S./Wollmann, H. 2006: Transaktionskosten von Verwaltungsreformen – ein „missing link" der Evaluationsforschung. In: Jann, W./Röber, M./Wollmann, H. (Hrsg.): Public Management. Grundlagen, Wirkungen, Kritik. Festschrift für Christoph Reichard zum 65. Geburtstag. Berlin, S. 371-390.

Kuhlmann, S./Wollmann, H., 2011: The Evaluation of institutional reforms at sub-national government level. A still neglected research agenda. In: Local Government Studies, vol. 37, no. 5, Special Issue on Evaluating Functional and Territorial Reforms in European Countries (hrsg. v. Kuhlmann, S./Wollmann, H.), S. 479- 494.

La Porta, R./Lopez-de-Silanes, F./Shleifer, A./Vishny, R., 1999: The quality of government. In: Journal of Law, Economics and Organization, vol. 15, no. 1, S. 222-279.

Lachaume, J.-F., 1996: Les modes de gestion des services publics. In: Les Notices de la Documentation Française. Notice 11, S. 63-69.

Lachaume, J.-F., 1997: L'administration communale. 2. Auflage. Paris.

Lane, J.-E. (Hrsg.), 1997: Public sector reform – rationale, trends and problems. London.

Larsson, T./Trondal, J., 2005: After Hierarchy? The Differentiated Impact of the European Commission and the Council of Ministers on Domestic Executive Governance. Oslo.

Laux, E., 1999: Erfahrungen und Perspektiven der kommunalen Gebiets- und Funktionalreformen. In: Wollmann, H./Roth, R. (Hrsg.): Kommunalpolitik. 2. Auflage. Opladen, S. 168-185.

Leach, R./Percy-Smith, J., 2001: Local Governance in Britain. Houndmills.

Leemans, A. R., 1970: Changing Patterns of Local Government. The Hague.

Leibfried, S., 1992: Towards a European welfare state? On integrating Poverty Regimes into the European Community. In: Ferge, Z./Kolberg, J.E. (Hrsg.): Social Policy in a Changing Europe. Frankfurt a.M., S. 245-279.

Lehmbruch, G., 1993: Institutionentransfer. Zur politischen Logik der Verwaltungsintegration in Deutschland. In: Seibel, W./Benz, A./Mäding, H. (Hrsg.): Verwaltungsreform und Verwaltungspolitik im Prozess der deutschen Einigung. Baden-Baden, S. 42-66.

Lehmbruch, G., 1996: Die ostdeutsche Transformation als Strategie des Institutionentransfers. Überprüfung und Antikritik. In: Eisen, A./Wollmann, H. (Hrsg.): Institutionenbildung in Ostdeutschland. Zwischen externer Steuerung und Eigendynamik. Opladen, S. 55-72.

Lemmet, J.-F./Creignou, C., 2002: La fonction publique locale. Paris.

Lepsius, M.R., 1995: Institutionenanalyse und Institutionenpolitik. In: Nedelmann, B. (Hrsg.): Politische Institutionen im Wandel. Opladen, S. 392-403.

Libbe, J./Trapp, J.-H./Tomerius, S., 2004: Gemeinwohlsicherung als Herausforderung – umweltpolitisches Handeln in der Gewährleistungskommune. DIfU Networkpapers, Heft 8. Berlin.

Libbe, J./Hanke, S./Verbücheln, M., 2011: Rekommunalisierung – Eine Bestandsaufnahme. DIfU-Papers. Berlin.

Liedtke, B.H./Tepper, A., 1989: Sozialverträglicher Technikeinsatz in der Kommunalverwaltung. Erfahrungen mit einem kommunalen Bürgeramt. GMD Bericht Nr. 177. München/Wien.

Linder, W., 2009: Das politische System der Schweiz. In: Ismayr, W. (Hrsg.): Die politischen Systeme Westeuropas. 4. Auflage. Frankfurt a.M., S. 567-605.

Lidström, A., 2010: The Swedish Model under Stress. The Waning of the Egalitarian, Unitary State? In: Baldersheim, H./Rose, L.E. (Hrsg.), Territorial Choice. Houndmills, S. 61-79.

Lijphart, A., 1971: Comparative Politics and the Comparative Method. In: The American Political Science Review, vol. 65, no. 3, S. 682-693.

Lijphart, A., 1984: Democracies. Patterns of Majoritarian and Consensus Government in Twenty-One Countries. New Haven/London.

Lijphart, A., 1999: Patterns of Democracy. Government Forms and Performance in Thirty-Six Countries. New Haven.

Lippert, I., 2005: Öffentliche Dienstleistungen unter EU-Einfluss. Liberalisierung – Privatisierung – Restrukturierung – Regulierung. Berlin.

Lippi, A., 2003: As a voluntary choice or as a legal obligation? Assessing New Public Management Policy in Italy. In: Wollmann, H. (Hrsg.): Evaluation in Public Sector Reform. Concepts and Practice in International Perspective. Cheltenham, S. 140-168.

Lippi, A./Giannelli, N./Profeti, S./Citroni, G., 2008: Adapting public-private governance to the local context. In: Public Management Review, vol. 10, no. 5, S. 619-640.

Local Government Pay Commission, 2003: Report of the Local Government Pay Commission. October 2003. http://www.lgpay.org.uk/Documents/lgpayreportoct03.pdf.

Lodge, M., 2007: Next Steps und zwei Schritte zurück? Stereotypen, Executive Agencies und die Politik der Delegation in Großbritannien. In: Jann, W./Döhler, M. (Hrsg.): Agencies in Westeuropa. Wiesbaden, S. 48-78.

Loewenstein, K., 1969: Verfassungslehre. Tübingen.

Longo, F./Plamper H., 2004: Italiens Staats- und Managementreformen am Beispiel der Controllingsysteme und der Leistungsvergleiche. In: Kuhlmann, S./Bogumil, J./Wollmann, H. (Hrsg.): Leistungsmessung und -vergleich in Politik und Verwaltung. Wiesbaden, S. 323-340.

Lorrain, D., 1995: France. Le changement silencieux. In: Lorrain, D./Stoker, G. (Hrsg.): La privatisation des services urbains en Europe. Paris, S. 105-129.

Loughlin, J./Hendriks, F./Lidström, A. (Hrsg.), 2010: The Oxford Handbook on Local and Regional Democracy. Oxford.

Löffler, E./Vintar, M. (Hrsg.), 2004: Improving the Quality of East and West European Public Services. Aldershot.

Löwe, J., 2003: Ökonomisierung der öffentlichen Wirtschaft und die EU-Wettbewerbspolitik. In: Harms, J./Reichard, C. (Hrsg.): Die Ökonomisierung des öffentlichen Sektors. Instrumente und Trends. Baden-Baden, S. 183-201.

Lynn, Jnr., L., 2006: Public Management. Old and New. London.

Mabileau, A./Sorbets, C. (Hrsg.), 1989: Gouverner les villes moyennes. Paris.

Mabileau, A., 1996: Kommunalpolitik und -verwaltung in Frankreich. Das lokale System Frankreichs. Basel.

Magnier, A., 2003: Subsidiarity: fall or premise of local government reforms. The Italian case. In: Kersting, N./Vetter, A. (Hrsg.): Reforming Local Government in Europe. Opladen, S. 183-196.

Manow, P., 2002: Was erklärt politische Patronage in den Ländern Westeuropas? Defizite des politischen Wettbewerbs oder historisch-formative Phasen der Massendemokratisierung. In: Politische Vierteljahresschrift, Jg. 43, Nr. 1, S. 20-45.

March, J.G./Olsen, J.P., 1984: The New Institutionalism: Organizational Factors in Political Life. In: American Political Science Review, vol. 78, no. 3, S. 734-749.

March, J.G./Olsen, J.P., 1989: Rediscovering institutions: The organizational basic of politics. New York.

Marcou, G., 2000: La réforme de l'intercommunalité. In: Marcou, G. (Hrsg.): Annuaire 2000 des Collectivités Locales. La réforme de l'Intercommunalité. Paris, S. 3-10.

Marcou, G., 2010: La réforme territoriale. Analyse du nouveau projet de réforme des collectivités territoriales. In: Némery, J.-C. (Hrsg.): Quelle nouvelle réforme pour les collectivités territoriales françaises? Paris, S. 21-80.

Marcou, G./Wollmann, H., 2008: Chapter. Europe. In: UCLG 2008, Decentralization and local democracy in the world. „GOLD-Report". Barcelona. http://www.citieslocalgovernments.org/gold/Upload/gold_report/gold_report_en.pdf, S. 129-169.

Mark, K./Nayyar-Stone, R., 2002: Assessing the Benefits of Performance Management in Eastern Europe. Experience in Hungary, Albania, and Georgia. Unpublished Paper (NISPAcee Annual Conference).

Maurer, A., 2003: Germany. Fragmented Structures in a Complex System. In: Wessels, W./Maurer, A./Mittag, J. (Hrsg.): Fifteen into One? The European Union and its Member States. Manchester, S. 115-149.

Mayer, F., 2006: Vom Niedergang des unternehmerisch tätigen Staates. Wiesbaden.

Mayntz, R./Derlien, H.-U. 1989: Party Patronage and Politicization of the West German Administrative Elite 1970-1987. Towards Hybridization? In: Governance, vol. 2, no. 4, S. 384- 404.

Mayntz, R./Scharpf, F. W., 1975: Policy-making in the German federal bureaucracy. Amsterdam.

Mayntz, R./Scharpf, F.W. (Hrsg.), 1995: Gesellschaftliche Selbstregelung und politische Steuerung. Frankfurt a.M.

Mc Cubbins, M.D./Page, T., 1987: A Theory of Congressional Delegation. In: McCubbins, M.D./Sullivan, T. (Hrsg.): Congress. Structure and Policy. Cambridge, S. 409-425.

Mehr Demokratie e.V., 2003: 1. Volksentscheid-Ranking – Die direktdemokratischen Verfahren der Länder und Gemeinden im Vergleich. Berlin.

Meininger, M.-C., 2000: The Development and Current Features of the French Civil Service System. In: Bekke, H./van der Meer, F.M. (Hrsg.): Civil Service Systems in Western Europe. Cheltenham, S. 188-211.

Meneguzzo, M., 1997: Ripensare la modernizzazione amministrativa e il NPM. L'esperienza italiana: innovazione dal basso e sviluppo della governance locale. In: Azienda Pubblica, vol. 10, no. 6, S. 587-606.

Mény, Y., 1988: France. In: Rowat, D.C. (Hrsg.): Public administration in developed democracies. New York/Basel, S. 273-293.

Mény, Y., 1992: La corruption de la république. Paris.

Mergel, T, 2005: Großbritannien seit 1945. Göttingen.

Merton, R. K., 1957: Social theory and social structure. Glencoe.

Meyer-Sahling, J.-H./Veen, T., 2012: Governing the Post-Communist State. Government Alternation and Senior Civil Service Politicisation in Central and Eastern Europe. In: East European Politics, vol. 28, no. 1, S. 1-19.

Meyssonnier, F., 1993: Quelques enseignements de l'étude du contrôle de gestion dans les collectivités locales. In: Revue Politiques et Management Public, vol. 11, no. 1, S. 129-145.

Montin, S., 1999: Central State Government Reforms. Country report on Sweden, Unpubl. Ms.

Montin, S./Amnå, E., 2000: The local government act and municipal renewal in Sweden. In: Amnå, E./Montin, S. (Hrsg.): Towards a New Concept of Local Self-Government. Bergen, S. 157-185.

Montin, S., 2011: Swedish local government in multi-level governance. In: Reynaert, H./Steyvers, K./Van Bever E. (Hrsg.): The Road to Europe. Main Road or Backward Alley for Local Government in Europe. Brugge, S. 71-92.

Moravcsik, A., 1994: Why the European Union Strengthens the State. Domestic Politics and International Cooperation. Cambridge.

Moreno, A.M. (Hrsg.), 2012: Local Government in the Member States of the European Union. A Comparative Legal Perspective. Madrid.

Moran, M./Wood, B., 1993: States, Regulation and the Medical Profession. Buckingham.

Morstein-Marx, F., 1959: Einführung in die Bürokratie. Eine vergleichende Untersuchung über das Beamtentum. Neuwied, Berlin, Darmstadt.

Morstein-Marx, F., 1962: Control and responsibility in administration. Comparative aspects. Ann Arbor.

Morstein-Marx, F., 1965: Verwaltung in ausländischer Sicht. Ein Querschnitt durch das Schrifttum. In: Verwaltungsarchiv, 56. Jg., Nr. 2, S. 105-122.

Mouritzen, P.E./Svara, J.H., 2002: Leadership at the Apex. Politicians and Administrators in Western Local Governments. Pittsburgh.

Mouritzen, P.E., 2010: The Danish Revolution in Local Government. How and Why? In: Baldersheim, H./Rose, L.E. (Hrsg.): Territorial Choice. Houndmills, S. 21-41.

Mühlenkamp, H., 2010: Was bewirkt die Karotte vor der Nase? – Ein kritischer Blick auf anreizorientierte Entgeltsysteme im öffentlichen Sektor. In: Gourmelon, A./Mroß, M. (Hrsg.): Führung im öffentlichen Sektor. Baden-Baden, S. 131-146.

Müller, W.C., 2001: Patronage by National Governments. In: Blondel, J./Cotta, M. (Hrsg.): The Nature of Party Government. Basingstoke u.a., S. 141-160.

Münter, M., 2005: Verfassungsreform im Einheitsstaat. Die Politik der Dezentralisierung in Großbritannien. Wiesbaden.

Naschold, F., 1995: Ergebnissteuerung, Wettbewerb, Qualitätspolitik. Berlin.

Naschold, F./Bogumil, J., 2000: Modernisierung des Staates. New Public Management in deutscher und internationaler Perspektive. 2. Auflage. Opladen.

Naschold, F./Jann, W./Reichard, C., 1999: Innovation, Effektivität, Nachhaltigkeit. Internationale Erfahrungen zentralstaatlicher Verwaltungsreform. Berlin.

Naulleau, G., 2003: La mise en œuvre du contrôle de gestion dans les organisations publiques: les facteurs de réussite. In: Revue Politiques et Management Public, vol. 21, no. 3, S. 135-147.

Nemec, J., 2008a: Public Management Reforms in CEE. Lessons learned. In: Bouckaert, G./Nemec, J./Nakrošis, V./Hajnal, G./Tõnnison, K.: Public Management Reforms in Central and Eastern Europe. Bratislava, S. 343-372.

Nemec, J.-C., 2008b: Public Management Reform. Slovakia. In: Bouckaert, G./Nemec, J./Nakrošis, V./Hajnal, G./Tõnnison, K.: Public Management Reforms in Central and Eastern Europe. Bratislava, S. 287-316.

Némery, J.-C. (Hrsg.), 2010: Quelle nouvelle réforme pour les collectivités territoriales françaises? Paris.

Niskanen, W.A., 1971: Bureaucracy and representative government. Chicago.

Norton, A., 1994: International Handbook of Local and Regional Government. A Comparative Analyses of Advanced Democracies. Aldershot.

Oates, W., 1972: Fiscal federalism. New York.

OECD, 1995: Governance in transition. Public management in OECD countries. Paris.

OECD, 1998: Economic Outlook, no. 64. Paris.

OECD, 2000: Regulatory Reform in Hungary, Paris: OECD.

OECD, 2003: Fiscal Relations across government levels. Paris.
OECD, 2005: Performance-related Pay Policies for Government Employees. Paris.
OECD, 2008: Public-Private Partnerships. In Pursuit Of Risk Sharing And Value For Money. Paris.
OECD, 2009: Government at a Glance 2009. Paris.
OECD, 2011: Economic Outlook, vol. 2011/1 u. 2. Paris.
Offe, C., 1991: Die deutsche Vereinigung als „natürliches Experiment". In: Giesen, B./Leggewie, C. (Hrsg.): Experiment Vereinigung. Ein sozialer Großversuch. Berlin, S. 77-86.
Offe, C., 1994: Der Tunnel am Ende des Lichts. Erkundungen der politischen Transformation im Neuen Osten. Frankfurt a.M./New York.
Olsen, J.P./Peters, B.G. (Hrsg.), 1996: Lessons from experience. Experimental learning in administrative reform in eight countries. Oslo.
Olsson, J./Aström, J., 2003: Why Regionalism in Sweden? In: Regional & Federal Studies, vol. 13, no. 3, S. 66-89.
Olsson, J./Aström, J., 2004: Sweden. In: Dosenrode, S./Halklev, H. (Hrsg.): The Nordic Regions and the European Union. Aldershot, S. 77-92.
Ongaro, E., 2009: Public Management Reform and Modernization. Trajectories of Administrative Change in Italy, France, Greece, Portugal and Spain. Cheltenham/Northampton.
Ongaro, E./Valotti, G., 2008: Public management reform in Italy. Explaining the implementation gap. In: International Journal of Public Sector Management, vol. 21, no. 2, S. 174-204.
Oppen, M., 1997: Der Bürger und Kunde als ProMotor im Modernisierungsprozess – Kundenorientierte Dienstleistungsgestaltung in internationaler Perspektive. In: Naschold, F./Oppen, M./Wegener, A.: Innovative Kommunen. Internationale Trends und deutsche Erfahrungen. Stuttgart u.a., S. 231-268.
Ostrom, E./Gardner, R./Walker, J., 1994: Rules, Games, and Common-Pool Resources. Ann Arbor, MI.
Page, E.C., 1992: Political Autonomy and Bureaucratic Power. A Comparative Analysis. 2. Auflage. Brighton.
Page, E.C./Goldsmith, M.J. (Hrsg.), 1987: Central and Local Government Relations. A Comparative Analysis of West Euopean Unitary States. London.
Page, E.C./Wright, V. (Hrsg.), 1999: Bureaucratic Elites in Western European States. Oxford.
Page, E.C., 2010: Has the Whitehall Model survived? In: International Review of Administrative Sciences, vol. 76, no. 3, S. 407-423.
Painter M./Peters, B.G., 2010: Administrative Traditions in Comparative Perspective: Families, Groups and Hybrids. In: Painter M./Peters, B.G. (Hrsg.): Tradition and Public Administration. Basingstoke, S. 19-30.
Palermo, F., 2005: Italy's long devolutionary path towards federalism. In: Ortino, S./Zagar, M./Vojtech, M. (Hrsg.): The changing faces of federalism. Institutional reconfiguration in Europe from East to West. Manchester, S. 182- 201.
Peters, B.G., 1995: The Politics of Bureaucracy, an introduction to comparative public administration. 4th ed. White Plains.
Peters, B.G., 1996: Theory and Methodology. In: Bekke, H.A.G.M./Perry, J.L./Toonen, T.A.J. (Hrsg.): Civil Service systems in comparative perspective. Bloomington, S. 13-41.
Peters, B.G., 1999: Institutional Theory in Political Science. The „New Institutionalism". London/New York.

Peters, B.G., 2008: The Napoleonic Tradition. In: International Journal of Public Sector Management, vol. 21, no. 2, S. 118-132.
Peters, B.G., 2009: The Politics of Bureaucracy. An Introduction to Comparative Public Administration. London.
Peters, B.G./Pierre, J., 2004: Politicization of the Civil Service. The Quest for Control. London.
Peters, B.G./Pierre, J. (Hrsg.), 2007: Handbook of Public Administration, London u.a.
Peters, B.G./Savoie, D.J., 1998: Taking stock – assessing public sector reforms. Montreal u.a.
Petersson, O., 1994: Swedish Government and Politics. Stockholm.
Pfeil, E., 2010: Hungarian Public Service Reform. Multipurpose Microregional Associations. In: Swianiewicz, P. (Hrsg.): Territorial Consolidation Reforms in Europe. Budapest, S. 255-264.
Pierre, J., 1994: Den lokala staten. Den communala sjalvstyrelsens forutsattningar och restriktioner. Stockholm.
Pierre, J., 1995a: Bureaucracy in the modern state. An introduction to comparative public administration. Aldershot.
Pierre, J., 1995b: Governing the welfare state. Public administration, the state and society in Sweden. In: Pierre, J. (Hrsg.): Bureaucracy in the modern state. An introduction to comparative public administration. Aldershot, S. 140-160.
Pierre, J., 2010: Administrative Reform in Sweden. The Resilience of Administrative Tradition. In: Painter, M./Peters, B.G. (Hrsg.): Tradition and Public Administration. Basingstoke, S. 191-202.
Pierson, P., 2004: Politics in Time. History, Institutions, and Social Analysis, Princeton/Oxford.
Pleschberger, W., 2009: Die Modernisierung der kommunalen Verwaltung. Outsourcing kommunaler Aufgaben im Vormarsch. Österreichische Gemeinde-Zeitung 12-2009/01-2010, S. 33-35.
Pohl, H., 1991: Entwicklung des Verwaltungsrechts. In: König, K. (Hrsg.): Verwaltungsstrukturen der DDR. Baden-Baden, S. 235-249.
Pollack, M.A., 1997: Delegation, Agency and Agenda Setting in the European Community. In: International Organization, vol. 51, no. 1, S. 99-134.
Pollitt, C., 2001: Clarifying Convergence. Striking similarities and durable differences in public management reform. In: Public Management Review, vol. 4, no. 1, S. 471-492.
Pollitt, C., 2005: Decentralization. A Central Concept in Contemporary Public Management. In: Ferlie, E./Lynn, Jnr., L./Pollitt, C. (Hrsg.): The Oxford Handbook of Public Administration. Oxford, S. 371-397.
Pollitt, C., 2010: Riggs on comparative public administration. Looking back half a century. In: International Review of Administrative Sciences, vol. 76, no. 4, S. 761-766.
Pollitt, C., 2011: Not odious but onerous. Comparative public administration. In: Public Administration, vol. 89, no. 1, S. 114-127.
Pollitt, C./Bathgate, K./Caulfield, J./Smullen, A./Talbot, C., 2001: Agency Fever? Analysis of an International Policy Fashion. In: Journal of Comparative Policy Analysis, vol. 3, no. 3, S. 271-290.
Pollitt, C./Birchall, J./Putman, K., 1998: Decentralising public service management. The British experience. Basingstoke.
Pollitt, C./Bouckaert, G., 2004: Public Management Reform. A Comparative Analysis. Oxford.
Pollitt, C./Bouckaert, G., 2009: Continuity and Change in Public Policy and Management. Cheltenham.

Pollitt, C./Bouckaert, G., 2011: Public Management Reform. A Comparative Analysis – New Public Management, Governance, and the Neo-Weberian State. 3rd ed. Oxford.

Pollitt, C./Talbot, C./Caulfield, J./Smullen, A., 2004: Agencies. How Governments do Things through Semi-autonomous Organizations. Basingstoke.

Premfors, R., 1998: Reshaping the Democratic State. Swedish Experiences in a Comparative Perspective. In: Public Administration, vol. 76, no. 1, S. 141-159.

Proeller, I./Siegel, J.P., 2009: Performance Management in der deutschen Verwaltung – eine explorative Einschätzung. In: der moderne staat (dms), 2. Jg., Nr. 2, S. 455-474.

Promberger, K./Bernhart, J./Früh, G./Niederkofler, R. 2000: New Public Management in Italien. Bozan: European Academy Bozen/Bolzano (EURAC).

PWC – PriceWaterhouseCoopers, 2008: Leistungsorientierte Bezahlung in deutschen Kommunalverwaltungen. Lohn für Leistung statt Dienst nach Vorschrift. Berlin.

Quack, S., 2005: Zum Werden und Vergehen von Institutionen – Vorschläge für eine dynamische Governanceanalyse. In: Schuppert, G.F. (Hrsg.): Governanceforschung. Vergewisserung über Stand und Entwicklungslinien. Baden-Baden, S. 346-370.

Raadschelders, J.C.N., 2011: Commentary – Between „Thick Description" and Large N-studies. The fragmentation of Comparative Research. In: Public Administration Review, vol. 71, no. 6, S. 831-833.

Raadschelders, J.C.N./Rutgers, M.R., 1996: The Evolution of Civil Service Systems. In: Bekke, H.A.G.M./Perry, J.L./Toonen, T.A.J. (Hrsg.): Civil Service Systems in Comparative Perspective. Bloomington, S. 67-99.

Raadschelders, J.C.N./Toonen, T.A.J./van der Meer, F.M. (Hrsg.), 2007: Comparative Civil Service Systems in the 21st Century. Houndmills u.a.

Reichard, C., 1994: Umdenken im Rathaus. Neue Steuerungsmodelle in der deutschen Kommunalverwaltung. Berlin.

Reichard, C., 2001: Strategisches Management in der Kernverwaltung. In: Eichhorn, P./Wiechers, M. (Hrsg.): Strategisches Management für Kommunalverwaltungen. Baden-Baden, S. 80-91.

Reichard, C., 2002: Institutionenökonomische Ansätze und New Public Management. In: König, K. (Hrsg.): Deutsche Verwaltung an der Wende zum 21. Jahrhundert. Baden-Baden, S. 585-603.

Reichard, C., 2006: New Institutional Arrangements of Public Service Delivery. In: Reichard, C./Mussari, R./Kupke, S. (Hrsg.): The Governance of Services of General Interest between State, Market and Society. Berlin, S. 35-47.

Reimer, S., 1999: „Getting by" in Time and Space. Fragmented Work in Local Authorities. Economic Geography, vol. 75, no. 2, S. 157-177.

Rein, M./Schön, D.A., 1977: Problem Setting in Policy Research. In: Weiss, C.H. (Hrsg.): Using Social Research in Public Policy Making. Lexington, S. 235-250.

Rein, M./Schön, D.A., 1993: Reframing Policy Discourse. In: Fischer, F./Forester, J. (Hrsg.): The Argumentative Turn in Policy Analysis and Planning. Durham, S. 145-166.

Reiners, M., 2008: Verwaltungsstrukturreformen in den deutschen Bundesländern. Radikale Reformen auf der Ebene der staatlichen Mittelinstanz. Wiesbaden.

Reiter, R., 2010: Zwei Schritte vor, einer zurück? – Dezentralisierung der Sozialhilfepolitik in Frankreich. In: Bogumil, J./Kuhlmann, S. (Hrsg.): Kommunale Aufgabenwahrnehmung im Wandel. Kommunalisierung, Regionalisierung und Territorialreform in Deutschland und Europa. Wiesbaden, S. 255-278.

Reiter, R./Grohs, S./Ebinger, F./Kuhlmann, S./Bogumil, J., 2010: Impacts of decentralization. The French experience in a comparative perspective. In: French Politics, vol. 8, no. 2, S. 166-189.

Rhodes, R.A.W./Wanna, J., 2009: Bringing the Politics Back In. Public Value in Westminster Parliamentary Government. In: Public Administration, vol. 87, no. 2, S. 161-183.

Rhodes, R.A.W./Wanna, J./Weller, P., 2010: Comparing Westminster. Oxford.

Ricciardi, A., 2010: Das deutsche und italienische Wohlfahrtsstaaten-Modell. Konservative Regime? Köln.

Richter, P., 2009: Auswirkungen der baden-württembergischen Verwaltungsstrukturreform am Beispiel des versorgungsamtlichen Schwerbehindertenfeststellungsverfahrens mit vergleichender Perspektive zur Schulaufsichtsverwaltung. Potsdam.

Richter, P., 2010: Kommunalisierung der Schulaufsicht – Erfahrungen aus der baden-württembergischen Verwaltungsstrukturreform. In: Bogumil, J./Kuhlmann, S. (Hrsg.): Kommunale Aufgabenwahrnehmung im Wandel. Kommunalisierung, Regionalisierung und Territorialreform in Deutschland und Europa. Wiesbaden, S. 67-88.

Richter, P./Edeling, T./Reichard, C., 2006: Kommunale Betriebe in größeren Städten. Ergebnisse einer empirischen Analyse der Beteiligungen deutscher Städte über 50.000 Einwohner. In: Killian, W./Richter, P./Trapp, J.-H. (Hrsg.): Ausgliederung und Privatisierung in Kommunen. Empirische Befunde zur Struktur kommunaler Aufgabenwahrnehmung. Berlin, S. 56-84.

Richter, R./Furubotn, E.G., 1996: Neue Institutionenökonomik. Tübingen.

Ridley, F.F., 2000: The Public Service in Britain. From Administrative to Managerial Culture. In: Wollmann, H./Schröter, E. (Hrsg.): Comparing Public Sector Reform in Britain and Germany. Aldershot u.a., S. 132-152.

Riegler, C./Naschold, F. (Hrsg.), 1997: Reformen des öffentlichen Sektors in Skandinavien. Baden-Baden.

Riggs, F.W., 1954: Notes on Literature Available for the Study of Comparative Public Administration. In: The American Political Science Review, vol. 48, no. 2, S. 515-537.

Riggs, F.W., 1976: The Group and the Movement. Notes on Comparative Development Administration. In: Public Administration Review, vol. 36, no. 6, S. 648-654.

Riggs, F.W., 2010: Trends in the comparative study of public administration. In: International Review of Administrative Sciences, vol. 76, no. 4, S. 750-760.

Ritz, A., 2003: Evaluation von New Public Management. Bern u.a.

Röber, M., 2009: Privatisierung adé? Rekommunalisierung öffentlicher Dienstleistungen im Lichte des Public Managements. In: Verwaltung & Management, 15. Jg., Nr. 5, S. 227-240.

Röber, M./Schröter, E., 2000: Local Government Services in Britain and Germany. In: Wollmann, H./Schröter, E. (Hrsg.): Comparing Public Sector Reform in Britain and Germany. Aldershot, S. 171-197

Röber, M./Schröter, E., 2004: Europäische Metropolen im Vergleich. Institutionenentwicklung zwischen Konvergenz und Divergenz. In: Deutsche Zeitschrift für Kommunalwissenschaft, 43. Jg., Nr. 2, S. 129-158.

Rodden, B., 2002: The Dilemma of Fiscal federalism. Grants and Fiscal Performance around the World. In: American Journal of Political Science, vol. 46, no. 3, S. 670-687.

Rokkan, S., 1970: Citizens, Elections, Parties. Approaches to the comparative study of the processes of development. Oslo.

Rose, R., 1982 Understanding the United Kingdom. The Territorial Dimension in Government. London.

Rose, R., 1993: Lesson Drawing in Public Policy. A Guide to Learning Across Time and Space. Chatham.

Roseveare, D./Jorgensen, M./Goranson, L., 2004: Product Market Competition and Economic Performance in Sweden. Economic Department Working Paper Nr. 388; http://www.olis.oecd.org/olis/2004doc.

Rouban, L., 1999: The Senior Civil Service in France. In: Page, E.C./Wright, V. (Hrsg.): Bureaucratic Elites in Western European States. A Comparative Analysis of Top Officials. Oxford, S. 65-89.

Rudzio, W., 2003: Das politische System der Bundesrepublik Deutschland. 6. Auflage. Opladen.

Saatweber, V.-S., 2004: Das europäische Selbstbewertungsinstrument Common Assessment Framework (CAF). In: Kuhlmann, S./Bogumil, J./Wollmann, H. (Hrsg.): Leistungsmessung und -vergleich in Politik und Verwaltung. Wiesbaden, S. 227-249.

Sabatier, P.A., 1993: Advocacy-Koalitionen, Policy-Wandel und Policy-Lernen. Eine Alternative zur Phasenheuristik. In: Héritier, A. (Hrsg.): Policy-Analyse. Kritik und Neuorientierung. PVS-Sonderheft, Nr. 24. Opladen, S. 116-148.

Sack, D., 2006: Liberalisierung und Privatisierung in den Kommunen – Steuerungsanforderungen und Folgen für Entscheidungsprozesse. In: Deutsche Zeitschrift für Kommunalwissenschaften, 45. Jg., Nr. 2, S. 25-38.

Sadran, P., 2006: The evolution of public personnel systems in France. Structure and reforms. In: Hoffmann-Martinot, V./Wollmann, H. (Hrsg.): State and Local Government Reforms in France and Germany. Divergence and Convergence. Wiesbaden, S. 75-88.

Sahlin-Andersson, K., 2001: National, International and Transnational Constructions of New Public Management. In: Christensen, T./Lægreid, P. (Hrsg.): New Public Management. The Transformation of Ideas and Practice. Aldershot, S. 43-72.

Santini, A., 1990: Préface. In: Michel, J.-C.: Les sociétés d'économie mixte locales. Paris.

Sausman C./Locke R., 2007: The Changing Role of the British Senior Civil Service. Challenge and Reformin. In: Page, E.C./Wright, V. (Hrsg.): From the Active to the Enabling State. The changing role of top officials in European Nations. Basingstoke, S. 89-207.

Schäfer, R., 2007: Daseinsvorsorge kommunal oder privat? Erfolgreiche Kommunalisierung der Abfallentsorgung in Bergkamen. Unveröff. Diskussionspapier im Rahmen der 16. Kölner Abfalltagung.

Schalauske, J./Streb, S., 2008: Schweden. Wettbewerbsmodernisierung im Wohlfahrtsstaat. In: Bieling, H.-J./Deckwirth, C./Schmalz, S. (Hrsg.): Liberalisierung und Privatisierung in Europa. Die Reorganisation der öffentlichen Infrastruktur in der Europäischen Union. Münster, S. 215-244.

Scharpf, F.W., 1999: Regieren in Europa. Effektiv und demokratisch? Frankfurt a.M./New York.

Scharpf, F.W., 2000: Interaktionsformen. Akteurzentrierter Institutionalismus in der Politikforschung. Opladen.

Scharpf, F.W./Reissert, B./Schnabel, F., 1976: Politikverflechtung. Theorie und Empirie des kooperativen Föderalismus in der Bundesrepublik. Kronberg/Ts.

Schedler, K., 2008: The study of public management in Switzerland. In: Kickert, W.J.M. (Hrsg.): The Study of Public management in Europe and the US. London, S. 144-166.

Schedler, K./Proeller, I., 2000: New Public Management. Bern.

Scheele, U./Sterzel, D., 2000: Öffentlicher Personennahverkehr zwischen Gemeinwohlinteressen und Markt. Baden-Baden.

Schefold, D., 2007: Verfassungs- und Verwaltungsrecht. In: Grundmann, S./Zaccaria, A. (Hrsg.): Einführung in das italienische Recht. Frankfurt a.M., S. 22-118.

Schmid, J./Frech, S. (Hrsg.), 2004: Der Sozialstaat. Reform, Umbau, Abbau? Schwalbach/Ts.
Schmidt, M.G., 2000: Demokratietheorien. 3. Auflage. Wiesbaden.
Schmidt, S.K., 2004: Rechtsunsicherheit statt Regulierungswettbewerb. Die nationalen Folgen des europäischen Binnenmarktes für Dienstleistungen, Habilitationsschrift, FernUniversität Hagen.
Schmidt, S.K., 2008: Beyond Compliance. The Europeanization of Member States through Negative Integration and Legal Uncertainty. In: Journal of Comparative Policy Analysis, vol. 10, no. 3, S. 297-306.
Schmidt, V., 2008: Discursive Institutionalism. The Explanatory Power of Ideas and Discourse. In: Annual Review of Political Science, vol. 11, no. 1, S. 303-326.
Schmidt-Eichstaedt, G., 1999: Autonomie und Regelung von oben. In: Wollmann, H./Roth, R. (Hrsg.): Kommunalpolitik. 2. Auflage. Opladen, S. 323-337.
Schnapp, K.-U., 2004: Ministerialbürokratien in westlichen Demokratien. Eine vergleichende Analyse. Opladen.
Schnapp, K.-U., 2006: Comparative Public Administration. In: Bogumil, J./Jann, W./Nullmeier, F. (Hrsg.): Politik und Verwaltung. PVS-Sonderheft, Nr. 37. Wiesbaden, S. 327-353.
Schröter, E., 2001: Staats- und Verwaltungsmodernisierung in Europa. Internationale Trends und nationale Profile. In: Schröter, E. (Hrsg.): Empirische Policy- und Verwaltungsforschung. Lokale, nationale und internationale Perspektiven. Opladen, S. 421-451.
Schröter, E., 2011: New Public Management. In: Blanke, B./Nullmeier, F./Reichard, C./Wewer, G. (Hrsg.): Handbuch zur Verwaltungsreform. 4. Auflage. Wiesbaden, S. 79-89.
Schultz, R./Harrison, S., 1986: Physician Autonomy in the Federal Republic of Germany, Great Britain and the United States. In: International Journal of Health Care Planning and Management, vol. 1, no. 5, S. 335-355.
Schuster, F., 2003: Der interkommunale Leistungsvergleich als Wettbewerbssurrogat. Berlin.
Schwanke, K./Ebinger, F., 2006: Politisierung und Rollenverständnis der deutschen Administrativen Elite 1970 bis 2005 – Wandel trotz Kontinuität. In: Bogumil, J./Jann, W./Nullmeier, F. (Hrsg.): Politik und Verwaltung. PVS-Sonderheft, Nr. 37. Wiesbaden, S. 228-249.
Segal, L., 1997: The pitfalls of decentralization and proposals for reforms. In: Public Administration Review, vol. 57, no. 2, S. 141-149.
Selden, S.C., 2007: Innovations and Global Trends in Human Resource management Practices. In: Peters, B.G./Pierre, J. (Hrsg.): Handbook of Public Administration, London u.a., S. 62-71.
Selznik, P., 1957: Leadership in Administration. New York.
Sharpe, L.J., 1993: The United Kingdom: The Disjointed Meso. In: Sharpe, L.J. (Hrsg.): The Rise of Meso Government in Europe. London u.a., S. 246-295.
Sharpe, L.J., 2000: Regionalism in the United Kingdom. The role of social federalism. In: Wollmann, H./Schröter, E. (Hrsg.): Comparing Public Sector Reform in Britain and Germany. Aldershot u.a., S. 67-84.
Shonfield, A., 1965: Modern Capitalism. Oxford.
Singer, O., 1993: Policy Communities und Diskurs-Koalitionen. Experten und Expertise in der Wirtschaftspolitik. In: Héritier, A. (Hrsg.): Policy-Analyse. Kritik und Neuorientierung. PVS-Sonderheft, Nr. 24. Opladen, S. 149-174.
Skelcher, C., 1998: The Appointed State. Quasi-governmental Organizations and Democracy. Buckingham.

Skelcher, C., 2000: Advance of the Quango State. London.
SKF/SCB (Svenska Kommunförbundet/Statistiska Centralbyrån), 2004: Vad kostar verksamheten i Din kommun? (Was kosten die Tätigkeiten in Deiner Kommune?), Bokslut 2003. Stockholm.
Smullen, A., 2010: Translating agency Reforms. Rhetoric and Culture in Comparative Perspective. Basingstoke.
Sommermann, K.-P., 2002: Verwaltung und Governance im Mehrebenensystem der Europäischen Union – Resümee und Perspektiven. In: Magiera, S./Sommermann, K.-P. (Hrsg.): Verwaltung und Governance im Mehrebenensystem der Europäischen Union. Berlin, S. 193-196.
Soós, G., 2003: Local government reforms and the capacity for local governance in Hungary. In: Kersting, N./Vetter, A. (Hrsg.): Reforming Local Government in Europe. Wiesbaden, S. 241-260.
Sotiropoulos, D.A., 2009: Southern European Bureaucracies in Comparative Perspective. In: West European Politics, vol. 27, no. 3, S. 405-422.
SOU, 2007a: Hållbar samhällsorganisaton med utvecklingskraft. Anvarskommitténs slutbetänkande (Nachhaltige Sozialstaatsorganisation und Innovationskraft. Schlussbericht, Feb. 2007). http://www.regeringskansliet.se/sb/d/8728/a/77520.
SOU, 2007b: Anvarskommitténs, slutbetänkande, English language summary.
Spanou, C., 2001: Permanent Challenges? Representing Greece in Brussels in the National Coordination of EU Policy. Oxford.
Speer, B., 2002: Governance, Good Governance und öffentliche Verwaltung in den Transformationsländern Mittel- und Osteuropas. In: König, K. et al. (Hrsg.): Governance als entwicklungs- und transformationspolitisches Konzept. Berlin, S. 207-275.
Special Eurobarometer 307, 2009: Rolle und Einfluss lokaler und regionaler Gebietskörperschaften innerhalb der Europäischen Union. http://ec.europa.eu/public_opinion/archives/ebs/ebs_307_de.pdf.
Steffani, W. (Hrsg.), 1995: Demokratie in Europa. Zur Rolle der Parlamente. Opladen.
Stegmann McCallion, M., 2008: Tidying Up? ‚EU'ropean Regionalization and the Swedish ‚Regional Mess'. In: Regional Studies, vol. 42, no. 4, S. 579-592.
Steinkämper, B., 1974: Klassische und politische Bürokraten in der Ministerialverwaltung der Bundesrepublik Deutschland. Eine Darstellung sozialstruktureller Merkmale unter dem Aspekt politischer Funktionen der Verwaltung. Dissertation an der Universität Köln.
Steinmo, S. (Hrsg.), 1992: Structuring politics. Historical institutionalism in comparative analysis. Cambridge.
Stellermann, R./Jaitner, A./Kuhlmann, S./Schneider, G., 2009: Evaluation der Erfahrungen mit dem Leistungsentgelt nach TVöD im Bundesbereich. Berlin.
Stewart, J., 2000: The Nature of British Local Government. Houndmills.
Stewart, J., 2003: Modernising British Local Government. Basingstoke.
Stoker, G., 1991: The politics of local government. 2. Auflage. Hampshire u.a.
Stoker, G., 1998: British Local Government. Under New Management. In: Grunow, D./Wollmann, H. (Hrsg.): Lokale Verwaltungsmodernisierung in Aktion. Basel u.a., S. 371-385.
Stoker, G., 1999: Quangos and Local Democracy. In: Flinders, M.V./Smith, M.J. (Hrsg.): Quangos, Accountability and Reform. The Politics of Quasi-Government. Basingstoke, S. 40-54.
Strid, L., 2004: Comparative Municipal Quality Networks in Sweden. In: Kuhlmann, S./Bogumil, J./Wollmann, H. (Hrsg.): Leistungsmessung und -vergleich in Politik und Verwaltung. Wiesbaden, S. 267-276.

Strömberg, L./Engen, T., 1996: Sweden. In: Albaek, E./Rose, L.E./Strömberg, L./Ståhlberg, K. (Hrsg.): Nordic Local Government. The Association of Finish Local Authorities. Helsinki, S. 235-270.

Struyk, R. J., 2003: Contracting With NGOs For Social Services. Building Civil Society and Efficient Local Government in Russia. The Urban Institute.

Sturm, R., 2002: Devolutions- und Verfassungsreformprozesse in Großbritannien. In: Margedant, U. (Hrsg.): Föderalismusreform. Föderalismus in Europa II. St. Augustin, S. 48-63.

Sturm, R., 2003: Das politische System Großbritanniens. In: Ismayr, W. (Hrsg.): Die politischen Systeme Westeuropas. 2. Auflage. Opladen, S. 225-262.

Sturm, R., 2006: Staatsaufbau und politische Institutionen. In: Kastendiek, H./Sturm, R. (Hrsg.): Länderbericht Großbritannien. 3. Auflage. Berlin, S. 135-163.

Suleiman, E. N., 1974: Politics, power, and bureaucracy in France. The administrative elite. Princeton.

Suleiman, E.N. (Hrsg.), 1984: Bureaucrats and policy making. A comparative overview. New York.

Sundström, G., 2004: Management by Measurement. Its Origin and Development in the Case of Sweden. Working Paper 2004. Stockholm.

Swianiewicz, P., 2003: Public perception of local government. 2. Auflage. Budapest.

Swianiewicz, P., 2010 (Hrsg.): Territorial Consolidation Reforms in Europe. Budapest.

Talbot, C., 2004: The Agency Idea. Sometimes Old, Sometimes New, Sometimes Borrowed, Sometimes Untrue. A critical Analysis of ther Global Trend to Agencies, Quangos and Contractualisation. London, S. 3-21.

Teller, N./Somogyi, E., 2005: Public Services in Hungary. http://www.fes.hr/E-books/pdf/ Reforms%20of%20Public%20Services/05.pdf.

Temesi, I., 2000: Local Government in Hungary. In: Horváth, T. (Hrsg.): Decentralization. Experiments and Reforms. Budapest, S. 343-285.

Temesi, I., 2003: Transfer of Municipal Property in Hungary. In: Péteri, G. (Hrsg.): From Usage to Ownership Transfer of Public Property to Local Governments in Central Europe. Budapest, S. 27-44.

Thedieck, F., 1992: Verwaltungskultur in Deutschland und Frankreich. Dargestellt am Beispiel von französischen und deutschen Gemeindeverwaltungen und unteren staatlichen Verwaltungsbehörden. Baden-Baden.

Thoenig, J.-C., 2005: Territorial Administration and Political Control: Decentralization in France. In: Public Administration, vol. 83, no. 3, S. 685-708.

Tiebout, C., 1956: A Pure Theory of Local Expenditures. In: Journal of Political Economy, vol. 64, no. 5, S. 416-424.

Tiessen, J., 2007: Die Resultate im Blick. Kontraktsteuerung in Schweden. In: Jann, W./Döhler, M. (Hrsg.): Agencies in Westeuropa. Wiesbaden, S. 138-171.

Tittor, A., 2008: Privatisierung von Staatsbetrieben in Ungarn. Vom „Gradualismus" zur Europäisierung. In: Bieling, H.-J./Deckwirth, C./Schmalz, S. (Hrsg.): Liberalisierung und Privatisierung in Europa. Münster, S. 277-305.

Töller, A.E., 2010: Measuring and Comparing the Europeanization of Public Policies. In: Journal of Common Market Studies, vol. 48, no. 1, S. 413-440.

Tondorf, K., 2006: Diskriminierungsmechanismen beim Leistungsentgelt. In: Baer, S./Englert, D. (Hrsg.): Gender Mainstreaming in der Personalentwicklung. Bielefeld, S. 76-102.

Trapp, J.-H./Tomerius, S./Libbe, J., 2002: Liberalisierung und Privatisierung kommunaler Aufgabenerfüllung – strategische Steuerung statt operatives Management? In: Dies. (Hrsg.): Liberalisierung und Privatisierung kommunaler Aufgabenerfüllung. Soziale

und umweltpolitische Perspektiven im Zeichen des Wettbewerbs. Reihe DIfU-Beiträge zur Stadtforschung, Bd. 37. Berlin, S. 241-252.
Trench, A., 2009: Das Vereinigte Königreich. Die zweite Stufe der Devolution. In: Jahrbuch des Föderalismus. Föderalismus, Subsidiarität und Regionen in Europa. Baden-Baden, S. 138-152.
Treisman, D., 2007: The architecture of government. Rethinking political decentralization. Cambridge u.a.
Tsebelis, G., 2002: Veto players. How Political Institutions Work. Princeton.
Tullock, G., 1965: The politics of bureaucracy. Washington.
Ullrich, C.G., 2005: Soziologie des Wohlfahrtsstaates. Eine Einführung. Frankfurt a.M.
Universität Potsdam/KGSt, 2003: Kommunale Betriebe in Deutschland. Ergebnisse einer empirischen Analyse der Beteiligungen deutscher Städte der GK 1-4. Abschlussbericht. Potsdam.
Valentiny, P., 2007: Les services locaux et nationaux de l'énergie en Hongrie. In: Marcou, G./Wollmann, H. (Hrsg.): Annuaire 2007 des Collectivités Locales. Paris, S. 173-192.
Van Dooren, W./van de Walle, S., (Hrsg.), 2008: Performance information in the Public Sector: How it us used. London.
Van Otter, C., 1999: Öffentlicher Sektor im Wohlfahrtsstaat. In: Riegler, C./Schneider, O. (Hrsg.): Schweden im Wandel – Entwicklungen, Probleme, Perspektiven. Berlin.
Vandenabeele, W./van de Walle, S., 2008: International Differences in Public Service Motivation. Comparing Regions across the World. In: Perry, J./Hondeghem, A. (Hrsg.): Motivation in Public Management. The Call of Public Service. Oxford, S. 223-244.
Van de Waale, S./Roosbroek, S./Bouckaert, G., 2008: Trust in the Public Sector. Is there any evidence for a long Term Decline? In: International Review of Administration, vol.74, no. 1, S. 47-64.
Varga, Z., 2006: Die Verwaltungsmodernisierung in Ungarn. In: Hill, H. (Hrsg.): Verwaltungsmodernisierung in den Staaten Europas – Länderberichte II. Speyer, S. 695-737.
Verband kommunaler Unternehmen (VKU), 2009: VKU Kompakt. Berlin.
Ver.di, 2005: Steuerung und Mitbestimmung im Konzern Stadt. Leitfaden. Berlin.
Verbuecheln, M., 2009: Rückübertragung operativer Dienstleistungen durch Kommunen am Beispiel der Abfallwirtschaft. DIfU-Papers. Berlin.
Verschuere, B./Barbieri, D., 2009: Investigating the „NPM-ness" of Agencies in Italy and Flanders. In: Public Management Review, vol. 11, no. 3, S. 345-373.
Vesselin, D./Goetz, K.H./Wollmann, H., 2006: Governing after communism. Institutions and policymaking. Lenham.
Vetter, A./Kersting, N., 2003: Democracy versus Efficiency? Comparing local government reforms across Europe. In: Kersting, N./Vetter, A. (Hrsg.): Reforming Local Government in Europe. Opladen, S. 11-28.
Vrangbaek, K., 2010: Structural Reform in Denmark 2007-09. Central Reform Processes in a Decentralized Environment. In: Local Government Studies, vol. 36, no. 2, S. 205-222.
Wagener, F., 1976: Typen der verselbständigten Erfüllung öffentlicher Aufgaben. In: Wagener, F. (Hrsg.): Verselbständigung von Verwaltungsträgern. Bonn, S. 31-51.
Walter-Rogg, M., 2010: Multiple Choice. The Persistence of Territorial Pluralism in the German Federation. In: Baldersheim, H./Rose, L.E. (Hrsg.): Territorial Choice. Houndmills, S. 138-159.
Waiz, E., 2009: Daseinsvorsorge in der Europäischen Union – Etappen einer Debatte. In: Krautscheid, A. (Hrsg.): Die Daseinsfürsorge im Spannungsfeld von europäi-

schem Wettbewerb und Gemeinwohl. Eine sektorspezifische Betrachtung. Wiesbaden, S. 41-76.
Wallace, H., 2005: An institutional anatomy and five policy modes. In: Wallace, H./Wallace, W./Pollack, M.A. (Hrsg.): Policy Making in the European Union. 5th ed. Oxford, S. 49-90.
Weber, M., 1921: Wirtschaft und Gesellschaft. Tübingen.
Wegener, A., 2004: Benchmarking-Strategien im öffentlichen Sektor. Deutschland und Großbritannien im Vergleich. In: Kuhlmann, S./Bogumil, J./Wollmann, H. (Hrsg.): Leistungsmessung und -vergleich in Politik und Verwaltung. Wiesbaden, S. 251-266.
Wegrich, K., 2009: Better Regulation? Grundmerkmale moderner Regulierungspolitik im internationalen Vergleich. Zukunft Regieren. Beiträge für eine gestaltungsfähige Politik 2009, Nr. 1, Bertelsmann Stiftung. Gütersloh.
Wehner, E., 2005: Von der Bundespost zu den Global Players Post AG + Telekom AG. Profiteure und Verlierer der Privatisierung. München.
Weingast, B.R., 1995: The Economic Role of Political Institutions. Market-Preserving Federalism and Economic Development. In: Journal of Law, Economics and Organization, vol. 11, no. 1, S. 1-31.
Wilcox, M./Bugaj, M., 2004: Evaluating Performance in Local Government. A comparison of Polish and UK councils. EGPA: Working Paper.
Williamson, O.E., 1985: The economic institutions of capitalism. Firms, markets, relational contracting. New York.
Wilson, D./Game, C., 2006: Local Government in the United Kingdom. 4. Auflage. Houndmills.
Wilson, D./Game, C., 2011: Local Government in the United Kingdom. 5. Auflage. Houndmills.
Wilson, W., 1941: The Study of Administration. In: Political Science Quarterly, vol. 56, no. 4, S. 481-506.
Winchester, D./Bach, S., 1999: Britain. The transformation of public service employment relations. In: Bach, S./Bordogna, L./Della Rocca, G./Winchester, D. (Hrsg.): Public Service Employment Relations in Europe. Transformation, modernization or inertia? London/New York, S. 22-55.
Wittrock, B./Wagner, P./Wollmann, H., 1991: Social Science and the Modern State. Policy Knowledge and Political Institutions in Western Europe and the United States. In: Wagner, P./Hirschon Weiss, C./Wittrock, B./Wollmann, H. (Hrsg.): Social Sciences and Modern States. Cambridge, S. 28-85.
Wright, V., 1990: The administrative machine. Old problems and new dilemmas. In: Hall, P.A./Hayward, J./Machin, H. (Hrsg.): Developments in French Politics. Houndmills, S. 114-132.
Wollmann, H., 1995: Variationen institutioneller Transformation in sozialistischen Ländern. In: Wollmann, H./Wiesenthal, H./Bönker, F. (Hrsg): Transformation sozialistischer Gesellschaften. Am Ende des Anfangs. Opladen, S. 554-570.
Wollmann, H., 1996a: Institutionenbildung in Ostdeutschland. Neubau, Umbau und „schöpferische Zerstörung". In: Kaase, M./Eisen, A./Gabriel, O.W./Niedermayer, O./Wollmann, H.: Politisches System. Opladen, S. 47-153.
Wollmann, H., 1996b: Ausgangsbedingungen und Diskurse der kommunalen Verwaltungsmodernisierung. In: Reichard, C./Wollmann, H. (Hrsg.): Kommunalverwaltung im Modernisierungsschub? Opladen, S. 1-50.
Wollmann, H., 1997a: Transformation der ostdeutschen Kommunalstrukturen. Rezeption, Eigenentwicklung, Innovation. In: Wollmann, H./Derlien, H.-U./König, K./Renzsch, W./Seibel W. (Hrsg.): Transformation der politisch-administrativen Strukturen in Ostdeutschland. Opladen, S. 259-329.

Wollmann, H., 1997b: „Echte Kommunalisierung" und Parlamentarisierung. Überfällige Reformen der kommunalen Politik- und Verwaltungswelt. In: Heinelt, H./Mayer, M. (Hrsg.): Modernisierung der Kommunalpolitik. Opladen, S. 235-245.

Wollmann, H., 1999a: Kommunalvertretungen. Verwaltungsorgane oder Parlamente? In: Wollmann, H./Roth, R. (Hrsg.): Kommunalpolitik. Politisches Handeln in den Gemeinden. Opladen, S. 50-72.

Wollmann, H., 1999b: Entwicklungslinien lokaler Demokratie und kommunaler Selbstverwaltung im internationalen Vergleich. In: Wollmann, H./Roth, R. (Hrsg.): Kommunalpolitik. Politisches Handeln in den Gemeinden. Opladen, S. 186-205.

Wollmann, H., 2000a: Evaluierung und Evaluierungsforschung von Verwaltungspolitik und -modernisierung – zwischen Analysepotenzial und -defizit. In: Stockmann, R. (Hrsg.): Evaluationsforschung. Opladen, S. 195-233.

Wollmann, H., 2000b: Comparing institutional development in Britain and Germany. (Persistent) divergence or (progressing) convergence? In: Wollmann, H./Schröter, E. (Hrsg.): Comparing Public Sector Reform in Britain and Germany. Aldershot u.a., S. 1-26.

Wollmann, H., 2002a: Verwaltungspolitische Reformdiskurse und -verläufe im internationalen Vergleich. In: König, K. (Hrsg.): Deutsche Verwaltung an der Wende zum 21. Jahrhundert. Baden-Baden, S. 489-524.

Wollmann, H., 2002b: Die traditionelle deutsche kommunale Selbstverwaltung – ein Auslaufmodell? In: Deutsche Zeitschrift für Kommunalwissenschaften, 41. Jg., Nr. 1, S. 24-51.

Wollmann, H., 2003a: Evaluation in public sector reform: towards a „third wave" of evaluation? In: Wollmann, H. (Hrsg.): Evaluation in Public-Sector Reform. Cheltenham/ Northampton, S. 1-11.

Wollmann, H., 2003b: Evaluation and public sector reform in Germany. Leaps and lags. In: Wollmann, H. (Hrsg.): Evaluation in Public-Sector Reform. Cheltenham/Northampton, S. 118-139.

Wollmann, H., 2003c: Evaluation in Public Sector Reform. Trends, Potentials and Limits in International Perspective. In: Wollmann, H. (Hrsg.): Evaluation in Public-Sector Reform. Cheltenham/Northampton, S. 231-258.

Wollmann, H., 2004: Local Government Reforms in Great Britain, Sweden, Germany and France. Between Multi-function and Single Purpose Organisations. In: Local Government Studies, vol. 20, no. 4, S. 639-665.

Wollmann, H., 2006: Staatsorganisation zwischen Territorial- und Funktionalprinzip im Ländervergleich. Varianten der Institutionalisierung auf der dezentral-lokalen Ebene. In: Bogumil, J./Jann, W./Nullmeier, F. (Hrsg.): Politik und Verwaltung. PVS-Sonderheft, Nr. 37. Wiesbaden, S. 424- 452.

Wollmann, H., 2008: Reformen in Kommunalpolitik und -verwaltung. England, Schweden, Deutschland und Frankreich im Vergleich. Wiesbaden.

Wollmann, H., 2009: The Ascent of the Directly Elected Mayor in European Local Government in West and East. In: Reynaert, H./Delwit, P./Pilet, J.-B./Steyvers, K. (Hrsg.): Local Political Leadership in Europe. Brugge, S. 115-148.

Wollmann, H., 2010a: Das deutsche Kommunalsystem im europäischen Vergleich – Zwischen kommunaler Autonomie und „Verstaatlichung"? In: Bogumil, J./Kuhlmann, S. (Hrsg.): Kommunale Aufgabenwahrnehmung im Wandel. Kommunalisierung, Regionalisierung und Territorialreform in Deutschland und Europa. Wiesbaden, S. 223-252.

Wollmann, H., 2010b: La réforme des collectivités locales. Vers un „big bang" ou une autre „mini"-réforme? In: Némery, J.-C. (Hrsg.): Quelle nouvelle réforme pour les collectivités territoriales françaises? Paris, S. 349-359.

Wollmann, H., 2010c: Territorial local level reforms in the East German regional States (Länder): Phases, Patterns and Dynamics. In: Local Government Studies, vol. 36, no. 2, S. 251-270.

Wollmann, H., 2011: Provision of Public Services in European Countries. From Public/ Municipal to Private and Reverse? In: Croatian and Comparative Public Administration, vol. 11, no. 4, S. 880-910.

Wollmann, H., 2013: Schwedische Verwaltung im skandinavischen Kontext. Zwischen Beharrung und Wandel. In: König, K./Kropp, S./Kuhlmann, S./Reichard, C./Sommermann, K.-P./Ziekow, J. (Hrsg.): Verwaltungskultur. Interdisziplinäre Analysen und Perspektiven. Tübingen, (i.E.).

Wollmann, H./Balboni, E./Gaudin, J.-P./Marcou, G., 2010: The multi-level institutional setting in Germany, Italy, France and the U.K. A comparative overview. In: Wollmann, H./Marcou, G. (Hrsg.): The Provision of Public Services in Europe. Between State, Local Government and Market. Cheltenham/Northampton, S. 15-48.

Wollmann, H./Baldersheim, H./Citroni, G./Marcou, G./McEldowney, J., 2010: From public service to commodity: the de-municipalization of energy provision in Germany, Italy, France, the UK and Norway. In: Wollmann, H./Marcou, G. (Hrsg.): The Provision of Public Services in Europe. Between state, local government and market. Cheltenham/Northampton, S. 168-190.

Wollmann, H./Bouckaert, G., 2006: State Organisation in France and Germany between Territoriality and Functionality. In: Hoffmann-Martinot, V./Wollmann, H. (Hrsg.): State and Local Government Reform in France and Germany. Wiesbaden, S. 11-37.

Wollmann, H./Lankina, T., 2003: Local Government in Poland and Hungary. From postcommunist reform towards EU accession. In: Baldersheim, H./Illner, M./Wollmann, H. (Hrsg.): Local Democracy in post-communist Europe. Opladen, S. 91-122.

Wollmann, H./Marcou, G., 2010: From public sector-based to privatized service provision. Is the pendulum swinging back again? Comparative summary. In: Wollmann, H./Marcou, G. (Hrsg.): The Provision of Public Services in Europe. Between State, Local Government and Market. Cheltenham/Northampton, S. 240-260.

Wollmann, H./Schröter, E. (Hrsg.), 2000: Comparing Public Sector Reform in Britain and Germany. Key traditions and trends of modernisation. Aldershot.

Ziekow, J. (Hrsg.), 2003: Verwaltungswissenschaften und Verwaltungswissenschaft. Forschungssymposium anlässlich der Emeritierung von Klaus König. Speyer.

Zohlnhöfer, R., 2001: Die Wirtschaftspolitik der Ära Kohl. Eine Analyse der Schlüsselentscheidungen in den Politikfeldern Finanzen, Arbeit und Entstaatlichung, 1982-1998. Opladen.

Zürn, M., 1992: Interessen und Institutionen in der internationalen Politik. Grundlagen und Anwendungen des situationsstrukturellen Ansatzes. Opladen.

Zürn, M., 1998: Regieren jenseits des Nationalstaates. Globalisierung und Denationalisierung als Chance. Frankfurt a.M.

Zürn, M., 2000: Democratic Governance Beyond the Nation-State. The EU and Other International Institutions. In: European Journal of International Relations, vol. 6, no. 2, S. 183-221.

Autorenhinweise

Sabine Kuhlmann, geb. 1970, Prof. Dr. phil., 1990 bis 1995 Studium der Sozialwissenschaften an der Humboldt-Universität zu Berlin; bis 2007 wissenschaftliche Mitarbeiterin an den Universitäten Potsdam, Ruhr-Universität Bochum, Konstanz und Humboldt-Universität zu Berlin; Promotion 2002 (HU Berlin), 2005 Forschungsstipendiatin des Maison des Sciences de l'Homme am Centre National de la Recherche Scientifique (CNRS)/Centre de Sociologie des Organisations Paris; Habilitation 2007 (Potsdam); 2007 bis 2009 Gast-/Vertretungsprofessur für Verwaltungswissenschaft an der Humboldt-Universität zu Berlin; 2009 Vertretungsprofessur für Innenpolitik und öffentliche Verwaltung an der Universität Konstanz; 2009-2013 Universitätsprofessorin für Vergleichende Verwaltungswissenschaft, insbesondere Verwaltung in Europa, an der Deutschen Universität für Verwaltungswissenschaften Speyer; seit 2013 Inhaberin des Lehrstuhls für Politikwissenschaft, Verwaltung und Organisation an der Universität Potsdam; seit 2009 Sprecherin der Sektion Policy-Analyse und Verwaltungswissenschaft der Deutschen Vereinigung für Politische Wissenschaft (DVPW); seit 2011 Mitglied im Nationalen Normenkontrollrat der Bundesregierung; seit 2012 Vizepräsidentin der European Group for Public Administration (EGPA); seit 2011 Mitherausgeberin der Zeitschrift für Public Policy, Recht und Management „der moderne staat" (dms).

Arbeits- und Forschungsschwerpunkte:

- Vergleichende Verwaltungswissenschaft;
- Verwaltungsmodernisierung/Public Sector-Reforms (international);
- Vergleichende Kommunal- und Regionalforschung;
- Dezentralisierung, Mehrebenensysteme;
- Verwaltungspolitik und Evaluationsforschung.

Ausgewählte Veröffentlichungen:

- Dezentralisierung des Staates in Europa: Auswirkungen auf die kommunale Aufgabenerfüllung in Deutschland, Frankreich und Großbritannien. Wiesbaden: VS-Verlag, 2011 (zus. mit Jörg Bogumil, Falk Ebinger, Stephan Grohs, Renate Reiter);
- Evaluating Functional and Territorial Reforms in European Countries. Special Issue der Zeitschrift Local Government Studies, vol. 37, no. 5, October 2011 (Hrsg. zus. mit Hellmut Wollmann);
- Messung und Vergleich von Verwaltungsleistungen: Benchmarking-Regime in Westeuropa. In: Die Verwaltung, Bd. 44, Heft 2/2011, S. 155-178;

- New Public Management for the „Classical Continental European Administration": Modernization at the Local Level in Germany, France, and Italy. In: Public Administration, vol. 88, no. 4, 2010, S. 1116-1130;
- Politik- und Verwaltungsreform in Kontinentaleuropa. Subnationaler Institutionenwandel im deutsch-französischen Vergleich. Habilitationsschrift an der Universität Potsdam. Baden-Baden: Nomos-Verlag. Reihe „Staatslehre und Politische Verwaltung", 2009;
- Zehn Jahre Neues Steuerungsmodell. Eine Bilanz kommunaler Verwaltungsmodernisierung. 2. Auflage. Berlin: Ed. Sigma, 2008 (zus. mit Jörg Bogumil, Stephan Grohs und Anna Ohm; erste Auflage 2007).

Hellmut Wollmann, geb. 1936; Studium der Rechtswissenschaft und Politikwissenschaft an den Universitäten Heidelberg und Freie Universität Berlin sowie (als Fulbright Student) Wesleyan University, Conn. USA; Studienstiftung des Deutschen Volkes; 1. und 2. Juristisches Staatsexamen (1962/67); Dr. jur. (1967); Wiss. Assistent an der Universität Heidelberg; Kennedy Memorial Fellow an der Harvard University (1970/71); Professor für Verwaltungswissenschaft an der FU Berlin (1974-93) und an der Humboldt-Universität zu Berlin (1993-2001); Mitgründer und Gesellschafter des Instituts für Stadtforschung und Strukturpolitik, Berlin (1974 ff.); Mitgründer (1972) und Leiter (1975-85) des Arbeitskreises für Lokale Politikforschung in der Deutschen Vereinigung für Politische Wissenschaft (DVPW); Mitgründer und Präsident (1998-99) der European Evaluation Society; Chairman des Research Committee on the Comparative Study of Local Politics and Government in der International Political Science Association (1975-96), Mitglied des Conseil Scientifique du Groupe de Recherche sur l'Administration Locale en Europe (GRALE), Paris (2003 ff.); Gastprofessuren an zahlreichen Universitäten (unter anderem Moskau, Peking, Tokio, Paris, Bordeaux, Florenz, Göteburg usw.); Herausgeber der Schriftenreihe „Stadtforschung aktuell" (120 Bände seit 1983) und „Urban and Regional Research International" (12 Bände seit 2002).

Arbeits- und Forschungsschwerpunkte:

- Vergleichende Politik- und Verwaltungsforschung (Fokus subnationale/lokale Ebene);
- Evaluationsforschung.

Ausgewählte Veröffentlichungen:

- The Provision of Public Services in Europe, 2010. Cheltenham u.a.: Elward Elgar, 2010 (Hrsg. zus. mit Gérard Marcou);
- Local Governance Reform in Global Perspective. Wiesbaden: VS Verlag, 2009 (zus. mit N. Kesting/J. Caulfield/A. Nickson/D. Olowu);
- Reformen in Kommunalpolitik und -verwaltung. England, Schweden, Frankreich und Deutschland im Vergleich. 2008; Wiesbaden: VS Verlag;

- Local Governance in Central and Eastern Europe. Comparing Performance in the Czech Republic, Hungary, Poland and Russia. Houndmills: Palgrave Mcmillan, 2008 (zus. mit T. Lankina und A. Hudalla);
- The Comparative Study of Local Government and Politics: Overview and Synthesis. Opladen: Barbara Budrich Pub., 2006 (Hrsg. zus. mit H. Baldersheim);
- Governing after Communism. Institutions and Policymaking. Rowman & Littlefield, 2003 (zus. mit V. Dimitrov und K. H. Goetz).

Empfohlene Literatur

Baldersheim, Harald/Rose, Lawrence E. (Hrsg.), 2010: Territorial Choice. The Politics of Boundaries and Borders, Houndmills: Palgrave.

Der Sammelband gibt einen Überblick über die territoriale Ausgestaltung der lokalen Ebene in Europa. Auf der Grundlage von elf Länderstudien werden Unterschiede in der Zahl und Größe von kommunalen Gebietskörperschaften in den einzelnen Staaten aufgezeigt. Im Mittelpunkt des Bandes stehen dabei weniger die Vor- und Nachteile von großen oder kleinen Gebietseinheiten, sondern vielmehr die territorialen Politiken selbst, d.h. die unterschiedlichen Strategien und deren Ergebnisse in den verschiedenen Ländern sowie die Suche nach Erklärungen für stattgefundene oder gescheiterte Gebietsreformen. Am Ende des Bandes führen die Herausgeber die Ergebnisse in einer fünf Fälle umfassenden Typologie zusammen.

Chandler, Jim A. (Hrsg.), 2000: Comparative Public Administration, New York/ London: Routledge.

Der von Chandler herausgegebene Sammelband bietet dem Leser/der Leserin eine Einführung in die öffentlichen Verwaltungs- und Managementsysteme unterschiedlicher demokratischer Staaten. Dabei werden westeuropäische Länder, die Vereinigten Staaten von Amerika und Japan in den Blick genommen und deren Verwaltungssysteme in separaten Länderkapiteln mit weitgehend einheitlichem Analyseraster vorgestellt. Auf diese Weise arbeiten die Autoren Gemeinsamkeiten und Unterschiede zwischen den einzelnen Systemen heraus, wobei ein besonderer Schwerpunkt der Abhandlungen auf den verwaltungsprägenden Auswirkungen von Globalisierungsprozessen und internationalen Entwicklungen liegt. Ferner wird der Einfluss politischer Akteure und der öffentlichen Meinung auf Strukturen und Handlungspraxis der öffentlichen Verwaltung in den untersuchten Ländern analysiert.

Christensen, Tom/Lægreid, Per (Hrsg.), 2011: The Ashgate Research Companion to New Public Management, Farnham: Asghate.

Das Buch liefert einen aktuellen und umfassenden Überblick zum dominanten Reformtrend des New Public Managements (NPM). Zunächst wird das Konzept des NPM dargestellt und diskutiert. Ferner werden Konvergenzen und Divergenzen im Reformprozess zwischen verschiedenen Ländern analysiert sowie einzelne Politikbereiche und NPM-Bausteine in Einzelbeiträgen näher untersucht. Schließlich wird in dem Buch auch der schwierigen Frage nach den Effekten und Implikationen von NPM auf den Grund gegangen und darauf aufbauend ein Ausblick auf künftige Entwicklungen in der öffentlichen Verwaltung gegeben.

Derlien, Hans-Ulrich/Peters, B. Guy (Hrsg.), 2009: The State at Work (vol. 1), Cheltenham: Elgar.

Der Sammelband von Derlien/Peters hat den öffentlichen Dienst in zehn Ländern zum Gegenstand, wobei sowohl anglo-amerikanische als auch europäische Länder vertreten sind. Gegenstand der einzelnen Länderkapitel ist die Entwicklung der Beschäftigung im öffentlichen Dienst, die Verteilung der Beschäftigten auf die einzelnen Verwaltungsebenen, aber auch die Zusammensetzung und Rekrutierung des Verwaltungspersonals. Zugleich werden der Personalanteil an einzelnen Politikfeldern analysiert und Einflüsse von Reformtrends, wie dem New Public Management, unter die Lupe genommen. Durch die Analyse der öffentlichen Beschäftigung gelingt es, einzelne Reformtrends, wie etwa Dezentralisierung oder Privatisierung, anhand einschlägiger Personalentwicklungstendenzen in der Verwaltung sichtbar zu machen.

Dyson, Kenneth H.F., 1980: The State Tradition in Western Europe, Oxford: Robertson.

In dem Band werden die Staatsverständnisse und Entstehungszusammenhänge verschiedener Verwaltungstraditionen in Westeuropa analysiert. Im Mittelpunkt stehen zum einen das britische und das kontinental-europäische Staatsverständnis. Zum anderen geht der Autor auf Unterschiede im deutschen und französischen Verständnis von Staatlichkeit ein. Hierzu werden in den einzelnen Kapiteln die historische Entwicklung, verschiedene theoretische Begründungen sowie normative und analytische Zugänge zu Staatstraditionen vorgestellt. Das Abschlusskapitel widmet der Autor den Bedingungen und Voraussetzungen demokratischer Ordnung und Staatlichkeit. Das Buch von Dyson ist für den staatstheoretischen Zugang zu Verwaltungstraditionen in Westeuropa nach wie vor unverzichtbar.

Goldsmith, Michael. J./Page, Edward C., 2010: Changing Government Relations in Europe. From localism to intergovernmentalism, London/New York: Routledge.

Die Europäische Integration brachte für die Verwaltungssysteme der einzelnen europäischen Länder bedeutsame Veränderungen mit sich. Der Sammelband dient einer vergleichenden Betrachtung von jüngsten Entwicklungen in verschiedenen ost- und westeuropäischen Ländern von Belgien bis Ungarn. Ein besonderer Schwerpunkt liegt auf der Bedeutung dieser Veränderungen für die Beziehungen zwischen lokaler, nationaler und supranationaler Ebene. Die Publikation baut auf dem Band derselben Herausgeber aus dem Jahr 1987 „Central and Local Government Relations" in westeuropäischen Staaten auf, welcher als bahnbrechend für die vergleichende Forschung über intergouvernementale Beziehungen zwischen Staat und subnationalen Gebietskörperschaften angesehen werden kann.

Heady, Ferrel, 2001: Public Administration. A comparative perspective, New York: CRC Press.

Bereits in der sechsten Auflage werden in diesem wichtigen Grundlagenwerk der Comparative Public Administration nationale Verwaltungssysteme verglichen, wobei in der aktualisierten Fassung aus dem Jahr 2001 insbesondere eine Aktualisierung hinsichtlich der Verwaltungsentwicklung der ehemaligen Sowjetunion, osteuropäischer Staaten und weiterer junger Demokratien vorgenommen wurde. Anliegen des Autors ist es, zunächst möglichst sämtliche Facetten der höchst unterschiedlichen nationalen Verwaltungssysteme zu beschreiben. Sodann werden landesspezifische Eigenheiten der Bürokratien näher betrachtet und schließlich das Verhältnis zwischen nationaler Bürokratie und dem Typus des politischen Regimes analysiert, um so die wesentlichen Länderunterschiede zu erklären. Die Stärke des Titels liegt nicht zuletzt darin, Verwaltungs- und Politiksysteme auf allen Kontinenten zu betrachten und hierbei auch konzeptionelle Grundlagen für das Vergleichen in der Verwaltungswissenschaft zu legen.

John, Peter, 2001: Local Government in Western Europe, London: SAGE.

Das Werk hat für die vergleichende Kommunalforschung nach wie vor große Relevanz. Ausgehend von klassischen Typologien der Lokalforschung greift die Monographie Entwicklungstrends, wie New Public Management, Europäisierung, Regionalisierung und Demokratiereformen, auf lokaler Ebene auf. Zentrale These des Buches ist, dass durch die angesprochenen Reformtrends ein Übergang von local government zu local governance einsetzt. Durch die Ausrichtung nach Themenfeldern gelingt es, die einzelnen westeuropäischen Länder thematisch zu vergleichen und Gemeinsamkeiten und Unterschiede herauszuarbeiten. Als Einführung in die Kommunalsysteme westeuropäischer Länder und deren vergleichende Diskussion ist die Schrift sehr geeignet.

Kuhlmann, Sabine, 2009: Politik- und Verwaltungsreform in Kontinentaleuropa. Subnationaler Institutionenwandel im deutsch-französischen Vergleich, Baden-Baden: Nomos.

Die Monographie untersucht die subnationale Verwaltung sowie Politik- und Verwaltungsreformen in Deutschland und Frankreich. Sie stellt damit die in der vergleichenden Verwaltungsforschung oft vernachlässigten klassisch-kontinentaleuropäischen Staaten ins Zentrum der Analyse. Die Studie widmet sich vier Feldern subnationaler Institutionenpolitik: Dezentralisierung und Territorialreform, Privatisierung und Leistungstiefenpolitik, Managementreformen sowie Politik- und Demokratiereformen. Hervorzuheben ist, dass hierbei nicht nur der institutionelle Wandel, sondern auch die Reformwirkungen und weiterreichenden Effekte vergleichend betrachtet werden. Dadurch gelingt es, Gemeinsamkeiten und Unterschiede der jüngeren Verwaltungs- und Politikreformen im deutsch-französischen Vergleich umfassend darzustellen.

Loughlin, John/Hendriks, Frank/Lidström, Anders (Hrsg.), 2010: The Oxford Handbook of Local and Regional Democracy in Europe, Oxford: Oxford University Press.

Der in der renommierten Oxford-Handbook-Serie herausgegebene Sammelband liefert einen wichtigen Beitrag zur Dokumentation der lokalen und regionalen Demokratie in Europa. Stärken des Bandes liegen in der umfassenden Länderauswahl, die alle 27 Mitgliedsstaaten der Europäischen Union sowie Norwegen und die Schweiz umfasst. Die Darstellung der lokalen Demokratie und direktdemokratischer Reformen wird in den einzelnen Länderkapiteln eingebettet in die Beschreibung des subnationalen Verwaltungsaufbaus, sodass der Leser/die Leserin auch einen guten Überblick über die Stellung der lokalen Ebene im intergouvernementalen System des jeweiligen Landes erhält. Zudem werden die Ergebnisse in einem Abschlusskapitel länderübergreifend systematisch zusammengefasst.

Norton, Alan, 1994: International Handbook of Local and Regional Government. A Comparative Analysis of Advanced Democracies, Aldershot: Edward Elgar.

Das von Alan Norton 1994 veröffentlichte Werk ist längst ein „Klassiker" und für vergleichende Studien und Forschungen zu den Kommunalsystemen nach wie vor unentbehrlich. Das Buch enthält zehn Länderkapitel, die (einer einheitlichen Gliederung folgend) neben wichtigen europäischen Ländern in einem bemerkenswert „weltweiten" Zugriff auch die USA, Canada und Japan zum Gegenstand haben. Innerhalb der Länderkapitel sind nicht zuletzt die jeweiligen kenntnis- und einsichtsreichen Abschnitte zu „history and traditions" sowie „concepts and values" hervorzuheben. Das ausführliche einleitende ebenso wie das zusammenfassende Kapitel ist von der stupenden vergleichenden Kenntnis des Autors über die behandelten zehn Länder durchdrungen und macht das Werk damit auch zu einem unverzichtbaren Quellenbuch.

Painter, Martin/Peters, B. Guy (Hrsg.), 2010: Tradition and public administration, Basingstoke: Palgrave Macmillan.

Verwaltungssysteme unterliegen dauerhaft teils massiven Veränderungen. Die internationalen Entwicklungen der letzten Jahre hin zur Globalisierung, Europäisierung oder auch zum New Public Management können Faktoren dafür sein, dass sich die öffentlichen Verwaltungssysteme verschiedener Länder schneller angleichen oder zumindest annähern. In dem Band über Verwaltungstraditionen gehen die Autoren dieser Vermutung nach und stellen die Frage, ob bestimmte Verwaltungsmodelle, -traditionen und -besonderheiten trotz des Drucks zur Vereinheitlichung fortbestehen oder wie sich diese an externe Veränderungen anpassen. Hierzu werden zunächst unterschiedliche Gruppen von Verwaltungstraditionen dargestellt. Sodann erfolgt über Fallstudien eine tiefgehende Analyse von Verwaltungstraditionen in verschiedenen Ländern. Abschließend werden die Auswirkungen von bestehenden Verwaltungstraditionen auf aktuelle Reformversuche ausführlich diskutiert.

Peters, B. Guy/Pierre, Jon (Hrsg.), 2004: Politicization of the civil service in comparative perspective. The quest for control, London: Routledge.

In diesem Band werden die öffentlichen Dienst-Systeme und die unterschiedlichen Politisierungsgrade von Ministerialbürokratien in zwölf Länderbeiträgen dargestellt. In ihren Analysen zeigen die Autoren, welche Auswirkungen variierende Formen und Grade der Politisierung auf die Funktionsweise und Ausgestaltung von Ministerialverwaltungen haben. Art und Ausmaß der Politisierung öffentlicher Verwaltung werden dabei herangezogen, um Prozesse und Strukturen in den Ministerialbehörden der jeweiligen Länder zu erklären. Es wird gezeigt, wie Politik- und Verwaltungsakteure interagieren und wie dies den unterschiedlichen Entwicklungsstand – etwa Intensität von Verwaltungsreformen (z.B. NPM) – beeinflusst.

Peters, B. Guy, 2010: The Politics of Bureaucracy. An introduction to comparative public administration, London: Routledge.

Dass das Buch von Peters mittlerweile in der sechsten Auflage beim Routledge-Verlag vorliegt, verdeutlicht dessen herausragende Stellung in der vergleichenden Verwaltungsforschung. Der Titel behandelt alle wesentlichen Aspekte der vergleichenden Verwaltungsforschung; angefangen mit den verschiedenen Verwaltungskulturen, über das Personal und die Organisation der Verwaltung sowie die Rolle und Stellung der Bürokatie im politischen Prozess. Überdies werden die wesentlichen Reformtrends im öffentlichen Sektor beschrieben. Durch die informative und nie überladene Darstellung der verschiedenen Verwaltungsaspekte in vergleichender Perspektive ist dieses Buch als englischsprachiger Einstieg in die vergleichende Verwaltungsforschung zu empfehlen.

Pollitt, Christopher/Bouckaert, Geert, 2011: Public Management Reform, Oxford: Oxford University Press.

Das mittlerweile in der dritten Auflage erschienene Buch ist bereits ein „Klassiker" der vergleichenden Verwaltungswissenschaft. Diesen Status hat es seiner umfassenden und systematischen Untersuchung von (New) Public Management-Reformen in ländervergleichender Perspektive zu verdanken. Der Titel behandelt dabei die dominanten Reformkonzepte und deren Verbreitung in den letzten drei Jahrzehnten, entwickelt ein Modell zur Erklärung von Public Management-Reformen und weist auf die Bedeutung unterschiedlicher Verwaltungskulturtraditionen bei der Einführung, Umsetzung und Wirkung von Managementreformen hin. Zudem kommen auch die Grenzen, Paradoxien und Widersprüche solcher Reformansätze zur Sprache. Das Buch schließt im Anhang mit einer Zusammenfassung der einzelnen Länderprofile.

Raadschelders, Jos C.N./Toonen, Theo A.J./van der Meer, Frits (Hrsg.), 2007: The Civil Service in the 21st Century. Comparative Perspectives, Basingstoke: Palgrave Macmillan.

Der Band stellt weitere Ergebnisse des im Jahr 1990 begründeten Vergleichsprojekts einer international zusammengesetzten Forscher- und Autorengruppe vor, die sich mit dem Vergleich von öffentlichen Dienst-Systemen (Comparative Civil Service Systems) in Afrika, Asien, Europa und Nordamerika sowie in der Region Australasien befasst. Die in dem Band versammelten Beiträge behandeln die Entwicklung des öffentlichen Dienstes in ländervergleichender Perspektive, wobei den Aspekten von Globalisierung, Leistungsfähigkeit und Legitimität besondere Aufmerksamkeit gewidmet wird. Ferner werden der Einfluss subnationaler Ebenen des öffentlichen Dienstes und variierende Grade der Verrechtlichung herangezogen, um die Unterschiede der nationalen öffentlichen Dienst-Systeme zu erhellen.

Schnapp, Kai-Uwe, 2004: Ministerialbürokratien in westlichen Demokratien. Eine vergleichende Analyse, Opladen: Leske + Budrich.

Ministerialbürokratien sind unerlässliche Funktionsbestandteile demokratischer Regierungssysteme und unmittelbar an politischen Gestaltungsprozessen beteiligt. Der Autor widmet sich in seiner Studie der Frage, auf welche Weise und in welchem Ausmaß Ministerialbürokratien politische Entscheidungsprozesse beeinflussen können. Mit Blick auf die Strukturmerkmale von 21 westlichen Ländern wird das Einflusspotenzial von Ministerialbürokratien in der vorpolitischen, der politischen sowie der Implementationsphase beleuchtet. Er arbeitet in seiner Arbeit drei Modelle der potenziellen politischen Einflussnahme von Bürokratien im Zusammenspiel mit den politischen Akteuren heraus, die in den unterschiedlichen Phasen politischer Prozesse stattfinden.

Van der Meer, Frits (Hrsg.), 2011: Civil Service Systems in Western Europe, Cheltenham: Elgar.

Der niederländische Autor Frits M. van der Meer bringt in dem Sammelband namhafte Autoren aus Westeuropa zusammen, die über die Struktur und Entwicklung des öffentlichen Dienstes in ihren Heimatländern berichten. Die einzelnen Beiträge befassen sich mit der Historie des öffentlichen Dienstes, dessen Aufbau und Einbettung in das politisch-soziale Umfeld sowie mit der Reform und Veränderung der jeweiligen „civil service systems". Durch die Behandlung verschiedener westeuropäischer Staaten gelingt es, sowohl Gemeinsamkeiten als auch Unterschiede im öffentlichen Dienst Westeuropas auszumachen, die auf gemeinsame Wurzeln einerseits und verschiedene Verwaltungstraditionen und nationale Besonderheiten andererseits zurückzuführen sind.

Wollmann, Hellmut, 2008: Reformen in Kommunalpolitik und -verwaltung. England, Schweden, Frankreich und Deutschland im Vergleich, Wiesbaden: VS Verlag.

In dem Buch werden die Politik- und Verwaltungsstrukturen der Kommunen und deren Reformen in England, Schweden, Frankreich und Deutschland vergleichend dargestellt. Hierbei werden wesentliche institutionelle Strukturen (unter anderem territoriale Gliederung, lokale Demokratie, politisch-administrative Führung, Verwaltung und Personal, Finanzen) herausarbeitet und am Beispiel zweier zentraler kommunaler Aufgabenfelder (kommunale Sozialpolitik und Planung) vertieft behandelt. Zusammenfassend wird eine vergleichende Einschätzung („ranking") der Funktionsstärke und -fähigkeit der vier ausgewählten Kommunalsysteme unternommen. Das Buch eignet sich als aktuelle vergleichende Einführung in die Kommunalsysteme der vier untersuchten Länder.

Wollmann, Hellmut/Marcou, Gérard (Hrsg.), 2010: The Provision of Public Services in Europe. Between State, Local Government and Market, Cheltenham: Edward Elgar.

Der Sammelband zielt darauf, die Erbringung sozialer/öffentlicher Dienstleistungen in einem breiten Spektrum relevanter Leistungsfelder (Jugendhilfe, Altenpflege, Gesundheitswesen, Abfallbeseitigung, Energie- und Wasserversorgung) im Vereinigten Königreich, Frankreich, Italien, Deutschland und Norwegen vergleichend zu analysieren. Die Beiträge, die von Experten der betreffenden Länder erarbeitet und verfasst wurden, sind von der Frage geleitet, ob und welche Veränderungen die Organisationsformen der Leistungserbringung (vom staatlichen/ kommunalen zum privaten Sektor und „zurück"?) in der historischen Entwicklung durchlaufen haben und ob sich hierbei Konvergenz oder Divergenz zwischen den Ländern (und Leistungssektoren) zeigt. Der Sammelband gibt einen aktuellen vergleichenden Einblick in die Entwicklung der diskutierten Politik- und Handlungsfelder.

Abbildungsverzeichnis

Abbildung 1:	Typen und Beispiele vergleichender verwaltungswissenschaftlicher	16
Abbildung 2:	Klassisch-kontinentaleuropäische Rechtsstaatskultur vs. angelsächsische Public Interest-Kultur	21
Abbildung 3:	Typologien des Verwaltungsvergleichs	24
Abbildung 4:	Verwaltungsprofile in Europa	29
Abbildung 5:	Fiskalautonomie der Kommunen in ausgewählten OECD-Ländern	32
Abbildung 6:	Dimensionen zum Vergleich von Kommunalsystemen – comparative local government	35
Abbildung 7:	Traditionelle Typen von Kommunalsystemen in vergleichender Perspektive	36
Abbildung 8:	Laufbahn- und Positionssysteme in Europa	37
Abbildung 9:	Beamtenanteile in den europäischen öffentlichen Diensten im Vergleich	39
Abbildung 10:	Vergleich öffentlicher Personalsysteme – comparative civil service systems	41
Abbildung 11:	Typologie von Verwaltungsreformen	46
Abbildung 12:	Das New Public Management als Reformleitbild	47
Abbildung 13:	Drei Schritte zur Analyse der Wirkungen von Verwaltungspolitik	48
Abbildung 14:	Analysedimensionen und Indikatoren zur Wirkungsanalyse von Verwaltungsreformen	50
Abbildung 15:	Neo-institutionalistische Erklärungsansätze von Verwaltungsreformen	58
Abbildung 16:	Verwaltung in Frankreich (Stand 2012)	68
Abbildung 17:	Verwaltung in Italien (Stand 2012)	73
Abbildung 18:	Verwaltung in Deutschland (Stand 2012)	80
Abbildung 19:	Verwaltung in Schweden (Stand 2012)	83
Abbildung 20:	Verwaltung im Vereinigten Königreich (Stand 2012)	92
Abbildung 21:	Verwaltung in Ungarn (Stand 2012)	97
Abbildung 22:	Traditionelle Staats- und Verwaltungsprofile in Europa	98
Abbildung 23:	Staatsquoten im internationalen Vergleich (Angaben in %)	100
Abbildung 24:	Staatsbeschäftigtenquoten im internationalen Vergleich (Angaben in %)	102
Abbildung 25:	Öffentliche Gesamtbeschäftigung im Ländervergleich (2000-2008)	103
Abbildung 26:	Öffentliche Beschäftigung nach Ebenen (in %)	105

Abbildung 27:	Subnationale Politik- und Verwaltungsebenen im Vergleich (Stand 2010-2012)	107
Abbildung 28:	Öffentliche Ausgaben nach Verwaltungsebenen (2005)	108
Abbildung 29:	Öffentliche Ausgaben nach Aufgabenbereichen und Ebenen in % des BIP (2008)	110
Abbildung 30:	Bestimmungskräfte des Verwaltungspolitikdiskurses	113
Abbildung 31:	Varianten der Staats- und Verwaltungsreform im Mehrebenensystem	118
Abbildung 32:	Verabschiedung der Regionalstatute in Italien (Stand 2010)	119
Abbildung 33:	Asymmetrische Devolution im Vereinigten Königreich	122
Abbildung 34:	Regionalkreisbildung in Mecklenburg-Vorpommern	126
Abbildung 35:	Varianten der „harten" und „weichen" einfachen Regionalisierung	128
Abbildung 36:	Föderalisierung und Regionalisierung in Europa	129
Abbildung 37:	Aufgabenmodelle und Dezentralisierung	130
Abbildung 38:	Vor- und Nachteile von Dezentralisierung	132
Abbildung 39:	Varianten der Verwaltungsstrukturreform in deutschen Bundesländern	137
Abbildung 40:	Quangos im Vereinigten Königreich (1996)	140
Abbildung 41:	Dezentralisierung und Kommunalisierung in Europa	141
Abbildung 42:	Territoriale Reformmuster in Europa	147
Abbildung 43:	Einwohnerzahlen schwedischer Gemeinden (2007)	150
Abbildung 44:	Entwicklung interkommunaler Kooperation in Frankreich 1993-2011	154
Abbildung 45:	Gemeindestrukturen in Deutschland	161
Abbildung 46:	Gemeindegebietsstrukturen in Europa	163
Abbildung 47:	Konvergenz und Divergenz der Territorialpolitik in Europa	164
Abbildung 48:	Theoretische Erklärung der Territorialreformen	166
Abbildung 49:	Privatisierung und Ausgliederung	169
Abbildung 50:	Privatisierung öffentlicher Unternehmen im Vereinigten Königreich nach Sektoren	171
Abbildung 51:	Privatisierung und Reorganisation öffentlicher Unternehmen in Schweden nach Sektoren	173
Abbildung 52:	Rechtsformen/Besitzverhältnisse in der kommunalen Daseinsvorsorge in Deutschland	181
Abbildung 53:	Modernizer und Minimizer in der Privatisierungspolitik	183
Abbildung 54:	Ausgangsbedingungen und Intensität materieller Privatisierung im Ländervergleich	184
Abbildung 55:	Personalabbau in britischen Kommunen im Zuge von CCT	186
Abbildung 56:	Funktionalprivatisierung im französischen Wassersektor (2000)	188

Abbildungsverzeichnis 311

Abbildung 57:	Betreiberstrukturen in der italienischen Wasserversorgung (1999)	190
Abbildung 58:	Funktionalprivatisierung im Bereich ambulanter Pflegedienste in Deutschland	191
Abbildung 59:	Ausgangsbedingungen und Richtung funktionaler Privatisierung im Ländervergleich	193
Abbildung 60:	Gründe von Rekommunalisierungsbestrebungen in der Energieversorgung	195
Abbildung 61:	Diskurskonvergenz und Praxisdivergenz der Privatisierung im Ländervergleich	203
Abbildung 62:	Theoretische Erklärung der Reformentwicklung im Bereich Privatisierung	207
Abbildung 63:	Gegenüberstellung von klassischer Verwaltung und NPM-Reformvorschlägen	209
Abbildung 64:	Vollzugsbehörde vs. Agentur	211
Abbildung 65:	Anzahl der Next Steps Agencies	212
Abbildung 66:	Reformverläufe der Agencification im Vergleich	214
Abbildung 67:	Ausbau der Kundenorientierung in deutschen Kommunen	215
Abbildung 68:	Varianten von One-Stop-Shops im Vergleich	218
Abbildung 69:	Varianten der Performanzsteuerung in der Verwaltung	220
Abbildung 70:	Auszug aus dem Annual Performance Assessment der Stadt Liverpool (Kinder- und Jugendhilfe, 2008)	221
Abbildung 71:	Zielhierarchien am Beispiel der schwedischen Naturschutzbehörde	225
Abbildung 72:	Interkommunaler Wettbewerb und Leistungsvergleiche in deutschen Kommunen	226
Abbildung 73:	Auszug aus dem Tableau de Bord der Stadt Le Havre, Standesamt (2004)	228
Abbildung 74:	Steuerung und Verbreitung von Performance Management auf der lokalen Ebene im Vergleich	231
Abbildung 75:	Leistungsorientierte Besoldungselemente in den EU-Mitgliedsstaaten (2006)	233
Abbildung 76:	Höhe des Leistungsentgelts in deutschen Bundesbehörden	235
Abbildung 77:	Personalmanagement in deutschen Kommunen	235
Abbildung 78:	Leistungsprämien im nicht-technischen Verwaltungsdienst der Stadt Rouen (2005)	237
Abbildung 79:	Praxisleitfaden zum Leistungslohn im Cabinet Office/UK	242
Abbildung 80:	Praxisdivergenz der Binnenmodernisierung und Personalreformen im Ländervergleich	247
Abbildung 81:	Theoretische Erklärung der Reformentwicklung im Bereich Binnenmodernisierung	249

| Abbildung 82: | Themen und Inhalte verwaltungspolitischer Reformdiskurse | 252 |
| Abbildung 83: | Verwaltungsreformpraxis im Vergleich – Länder-Rating | 257 |

Stichwortverzeichnis

A

Acte I (franz.) 131
Acte II (franz.) 131, 143
Agentur/Agency (u.k.) 14, 36, 88, 137, 154, 168, 208, 209, 210, 211, 212, 213, 215, 216, 236, 238, 239, 241, 243, 244, 253
–, agency fever 208, 209, 211, 254
–, Agency-Bildung 16, 209, 211, 244
–, Agency-Konzept 209, 211, 212
–, Agency-Modell 211
–, Agenturbildung 116, 208, 211, 243, 253, 255, 259
–, Agenturmodell 208, 211
–, Agentursteuerung 253
–, executive agencies 208, 211, 218, 250
–, Next Steps (u.k.) 209, 210
–, whole-of-government 211, 212
Akteurskonstellation 42, 51, 52, 57, 110, 112, 142, 246, 247
–, stakeholder 47, 261
allgemeine Zuständigkeit, -sklausel 31, 85
–, -sregel 31, 62
–, -svermutung 75, 83, 85, 119, 127
–, Allzuständigkeit 75, 120, 138
ämbetsverk (schwed.) 79, 81, 211, 223, 243, 253
Anbietermix 187, 214
–, Anbieterpluralisierung 184, 199, 215, 253
angelsächsisch 15, 17, 18, 20, 25, 26, 35, 44, 59, 99, 101, 110, 111, 112, 114, 165, 170, 243, 248, 253, 254, 260
Arbeitsrecht 35, 64, 88, 94, 236, 241, 242, 245, 255
–, Arbeitsbeziehung 229
Audit Commission (u.k.) 47, 219, 220
Aufgabenmodell 28, 29, 61, 87, 93, 127, 133, 136, 139, 141, 143, 250, 261
–, dualistisch 29, 32, 55, 64, 76, 127, 131, 133, 134, 139, 141

–, monistisch 29, 32, 87, 127, 129, 131, 136, 137, 141, 143
Ausbildung 36, 65, 77, 84, 183, 242
–, -sgänge 65
–, -sstätten 77
–, -sverlauf 64
–, Ecole Nationale d'Administration (ENA) 65
–, Fortbildung 65, 230, 239
Ausgliederung 166, 178
–, -sbewegung 178
–, -spolitik 167
–, Ausgründung 176, 180, 187, 198, 252
–, corporatization 176, 187, 198, 252
–, Satelliten 199, 252
Autonomie 28, 29, 30, 31, 80, 87, 92, 129, 151, 155, 212, 250
–, -rechte 119, 259

B

Bassanini 133, 221
Beamtentum 11, 16, 24, 25, 64
–, Beförderung 65, 72, 230, 232, 239, 244, 254
–, Dienstrecht 35, 36, 64, 70, 74, 81, 82, 88, 95, 231, 236, 242
–, hoheitlich 65, 70, 77, 95
–, Laufbahn 94, 242
–, Neutralität 34, 88, 242, 244
–, Senioritätsprinzip 35, 65, 232, 239
–, Statusgruppe 232
–, Statusrecht 77, 229, 231
Beihilfe 202
–, -politik 203, 256
–, -verbot 202
Benchmarking 14, 202, 206, 217, 222, 224, 225, 256
Best-Value (u.k.) 183
Bezahlung 65, 210, 230, 231, 232, 234, 237, 241, 244, 254
–, -ssystem 36, 230, 234, 239
–, leistungsorientierte 229, 230, 231, 232
Big Four 193, 194

Binnenmarkt 165, 202
–, -liberalisierung 41, 208
–, -öffnung 205
–, -politik 175, 203, 256
–, Elektrizitäts- 172
Binnenmodernisierung 42, 43, 109, 206, 248, 249, 253, 255, 259
Bruttoinlandsprodukt (BIP) 28, 84, 97, 107, 120
Bundesverwaltung 209, 225
Bürgeramt 216
–, -smodell 215
–, Einheitsschalter 214
–, Job-Center-Plus (u.k.) 215, 216
–, Maisons de Service Public (franz.) 214, 215
–, One-Stop-Agencies 213, 214, 249
–, Single-Window-Access 215
Bürgerbeteiligung 25
–, Bürgerbegehren 32, 197, 198, 204
–, Bürgerentscheid 196, 197, 198
–, Referendum 67, 192, 195, 196
–, Volksentscheid 67, 197, 198
Bürgerentscheid, Nutzerbeteiligung 222
Bürgermeister 32, 62, 64, 70, 76, 87, 94, 127, 128, 131, 139, 154, 155, 163
Bürokratie 9, 10, 23, 24, 25, 37, 38, 57, 245, 253
–, -theorie 10, 37
–, bürokratischer Teufelskreis 10
–, Re-Bürokratisierung 168

C

Capodistrias (griech.) 149
civil service 15, 25, 34, 35, 38, 49, 88, 89, 209, 238, 239
–, Britischer 210
–, career-based 35, 95, 230, 236, 245, 254
–, contract-based 35, 95
–, Personalsystem 17, 34, 35, 38, 65, 82
–, position-based 35, 82, 230, 237
–, senior 89
–, Senior 238
–, spoil system 36, 72

–, unpolitischer 36, 88
collectivités locales (franz.) 103, 121
–, collectivités territoriales 62, 103, 121, 152
–, conseil régional 62, 121
–, Départements 61, 62, 63, 68, 69, 92, 104, 115, 121, 125, 131, 132, 149, 153, 214
–, Generalrat 131
Common Law 18, 25, 88, 260
Comparative Public Administration 9, 10, 13, 15
–, Comparative Politics 12
–, travelling problem 12, 262
Controlling 206, 208, 221
Corps (franz.) 64, 65, 114
cumul des mandats (franz.) 64, 143

D

Daseinsvorsorge 75, 94, 165, 180, 187, 189, 190, 192, 197, 200
–, Fragmentierung der 190
–, kommunale 174, 186
–, lokale 75, 176, 178, 185, 202
–, öffentliche 175, 191
Dekonzentration 132, 133, 142, 249, 254
–, administrative 15, 85, 115, 126, 136, 137, 209, 250
–, deco(s) (ungar.) 92, 93, 134
Delegation 164, 166, 169, 186, 188, 189, 191, 196, 206, 230
Demokratie 28, 32, 63, 76, 82, 158, 197
–, Konkurrenz- 83
–, konsensuale 20
–, majoritäre 20
–, Mehrheits- 83
–, Westminster- 82, 83, 113, 119, 120
Deregulierung 172
–, -spolitik 171, 180
Devolution 43, 83, 118, 119, 120, 133, 140
–, Nordirland 83, 85, 103, 119, 120, 215, 216
–, Schottland 83, 85, 103, 118, 119, 120, 142, 195

–, Wales 83, 85, 103, 118, 119, 120, 170, 195

Dezentralisierung 15, 19, 29, 43, 53, 55, 60, 67, 68, 73, 83, 85, 93, 102, 114, 115, 119, 120, 122, 126, 128, 129, 131, 132, 134, 138, 140, 141, 142, 143, 208, 213, 220, 229, 242, 248, 249, 255, 256, 259
–, -seffekte 128, 136
–, -spolitik 128, 132, 140, 141, 176, 259
–, administrative 115, 127, 128, 134, 139, 141, 251
–, politische 115, 127, 128, 129, 131, 133, 136, 139, 209, 227, 250, 251
–, radikale 91

Diskursarena 110, 113, 114

Diskurskoalition 58, 113, 114

Diskurskonjunktur 58, 109, 164
–, neoliberale 202

E

Effektivität 48, 111, 130, 206
–, -ssteigerung 225

Einheitsstaat 41, 67, 79, 118

enchevêtrement (franz.) 121, 132

Energie 75, 165, 171, 176, 177, 178, 179, 193, 194, 203
–, -markt 176, 192, 194
–, -sektor 176, 180, 189, 192, 194, 248, 258
–, -unternehmen 192, 193, 194
–, -versorger 178, 194
–, -versorgung 86, 193, 194, 195

England 30, 85, 86, 102, 103, 104, 107, 120, 136, 138, 141, 144, 146, 147, 149, 161, 170, 195, 217, 218, 251

Entscheidungsprozesse
–, administrative 9
–, politische 10, 37

Europäische Integration 17, 39, 40, 217, 254
–, acquis communautaire 243
–, EU-Beitritt 124, 145, 171, 212, 243
–, EU-Dienstleistungsrichtlinie 213
–, EU-Mitgliedsstaaten 172, 230, 257

–, EU-Politik 40, 41, 141, 166, 200, 202, 203, 205, 217, 256, 258
–, EU-Recht 28, 75, 202, 213
–, EU-Richtlinie 171, 172, 202
–, EU-Strukturfondförderung 124
–, Europäischer Integrationsprozess 39, 40, 256
–, Maastricht-Kriterien 173

Europäische Kommission 41, 171, 194, 202, 203, 204, 256, 259

Europäischer Gerichtshof (EuGH) 202, 256

Europäisierung 39, 40, 53, 142, 251
–, -sforschung 15, 49, 257, 263

Evaluation 46, 47, 216, 217, 224
–, -sforschung 11, 46, 216
–, Selbst- 222, 223

F

Fallstudien 10, 211, 264
–, deviant cases 251

Finanzkrise 149, 161, 192
–, Finanzmarktkrise 165, 177, 192, 200

Föderalisierung 67, 114, 115, 117, 118, 119, 121, 125, 141, 142, 248, 255, 259
–, (Quasi-)- 15, 43, 67, 83, 85, 120, 121, 251

Föderalismus 74, 118
–, -reform 73, 74, 77, 225
–, Exekutiv- 73
–, kooperativer 73
–, Politikverflechtung 73

Freies Kommunen Experiment (schwed.) 129

Funktionalreform 43, 122, 139
–, Effizienzrendite 135, 136, 143

G

Gebietsreform 31, 80, 129, 135, 144, 145, 148, 149, 150, 154, 157, 158
–, Eingemeindung 149, 156, 157, 161, 162, 163
–, Einheitsgemeinde 31, 76, 156, 158
–, Gemeinde- 80, 158
–, Kommunal- 75
–, kommunale 76, 94, 104, 144, 145, 149, 153, 156, 159, 252

–, Kreis- 143, 157
–, Territorialreform 15, 43, 76, 109, 122, 144, 149, 151, 154, 161, 248, 255
–, volontariat (franz.) 150, 153, 163
Gemeinde 26, 31, 62, 63, 67, 68, 70, 74, 75, 76, 80, 81, 92, 93, 94, 103, 104, 115, 124, 129, 134, 135, 148, 149, 150, 151, 153, 154, 155, 156, 157, 158, 159, 161, 178, 180, 185, 186, 189, 190, 222, 236, 252
–, -vertretung 31, 62, 63, 94, 128, 149, 155, 190
–, Verbands- 145, 157, 158, 159
Gemeinwohl 63, 162
gemischtwirtschaftlich 174, 176, 180, 189, 201
–, -e Unternehmen 167, 174, 176, 201
–, Societés d'economie mixte (franz.) 174, 196, 200
Gewährleistung, -sfunktion 165, 198, 252
–, -skommune 191
–, -sstaat 184, 199, 208, 249
–, -sverantwortung 166, 182, 186
–, enabling 165, 182
Globalbudgetierung 133, 211, 221, 226, 227
–, Programmbudget 227
Globalisierung 14, 53, 57, 142
–, -skräfte 58

H

Habsburg 90, 253

I

Individualisierung 234, 240, 241, 242, 249
Infrastruktur 86, 132, 175, 178, 189, 197, 198, 203
–, -einrichtungen 167, 197
–, -sektor 187, 189
–, -unternehmen 169, 198, 200, 201, 203, 253
Institutionalismus 50, 51, 52, 57, 260
–, Akteurzentrierter 50, 142, 143, 163, 203, 204, 205, 243, 246, 247, 257, 261

–, critical juncture 53, 205, 246, 247, 261
–, Historischer 50, 52, 53, 58, 205, 245, 246, 247, 260, 261
–, logic of appropriateness 54, 141, 243, 247, 256
–, Neo- 49, 50, 263
–, Neuer 49, 50, 56, 57, 202, 256
–, Ökonomischer 142, 257
–, Soziologischer 50, 54, 55, 57, 141, 142, 202, 205, 243, 247, 256
Institutionenökonomik 10, 165, 199
–, principal-agent 113, 165, 182, 199
–, Public Choice 164
Institutionenpolitik 42
Interkommunale Kooperation 94, 144, 150, 154, 156, 255
–, consorzi (ital.) 154
–, intercommunalité (franz.) 63, 104, 121, 144, 145, 150, 151, 153, 154, 157, 164
–, interkommunale Verbände 104, 144, 153, 154, 155, 156, 157, 158, 161, 162, 163
–, Loi Chevènement (franz.) 151
–, syndicat (franz.) 104, 150
–, Verwaltungsgemeinschaften 154, 157, 158, 196
–, Zweckverband 179
Isomorphismus 57, 142
–, coercive isomorphism 57, 141, 202, 256
–, coercive pressure 202, 257
–, Diffusion 243, 258
–, framing 57, 163, 202, 256
–, mimetic isomorphism 57, 141, 256
–, normative isomorphism 57, 141, 242
–, normative pressure 203, 256

K

Kaderverwaltung
–, kommunistisch 26, 27, 90, 91, 94, 125, 145, 149, 155, 179, 180, 242, 253
–, real-sozialistisch 26, 179
–, real-sozialistische 26
–, Soviet Tradition 26, 90
–, stalinistisch 26

–, vor-kommunistisch 26, 90, 93
Kennzahlen 221, 223, 224, 244
–, -system 206, 216
Kernaufgabe 164
Klientelismus 24, 36, 67, 72
Kommerzialisierung 184, 198, 203, 252
Kommunale Selbstverwaltung 28, 29, 31, 41, 62, 80, 86, 93
Kommunalisierung 15, 43, 114, 115, 126, 135, 138, 166, 180, 192, 194, 196, 197, 204, 253, 255
–, -sstrategien 127, 143, 251
–, echte 115, 127, 128, 131, 250
–, politische 139
–, unechte 115, 127, 128, 130, 134, 135, 136, 139, 141, 250, 251
Kommunalsystem 15, 28, 30, 31, 32, 33, 80, 85, 86, 87, 93, 103, 104, 141, 144, 145, 146, 155, 185, 199, 260
–, dual polity (u.k.) 84, 86, 87, 88, 137
–, Funktionalprinzip 31, 61, 125
–, fused systems 29, 63
–, kommunaladministratives Integrationsmodell 29, 75
–, multi purpose model 24, 30, 31, 84, 126, 138
–, single purpose model 30, 31, 61, 126
–, staatsadministratives Integrationsmodell 29, 63
–, Territorialprinzip 24, 30
–, Trennmodell 29, 84, 132
–, ultra vires (u.k.) 31, 62, 84, 85, 86, 119, 138
Kommune 24, 28, 29, 30, 31, 32, 41, 64, 75, 107, 127, 128, 129, 139, 140, 144, 145, 148, 149, 150, 161, 162, 163, 166, 167, 171, 191, 193, 199, 204, 209, 251, 259, 263
–, britische 31, 84, 87, 89, 107, 136, 137, 141, 146, 183, 195, 215, 219, 222, 238, 239, 246, 251
–, deutsche 73, 74, 75, 134, 135, 136, 157, 178, 188, 189, 194, 197, 198, 213, 215, 223, 224, 231, 232, 233

–, französische 30, 61, 63, 64, 69, 121, 131, 150, 153, 174, 186, 194, 195, 196, 214, 225, 226, 227, 253
–, italienische 70, 121, 154, 155, 176, 187, 195, 221, 237
–, schwedische 30, 80, 81, 104, 123, 129, 148, 171, 184, 185, 222, 223
–, ungarische 91, 93, 95, 102, 104, 134, 143, 155, 190, 227
Kontinentaleuropa 19, 25, 31, 36, 88, 89, 170, 206, 215, 243, 248, 254
–, kontinentaleuropäisch-föderal 17, 24, 25, 32, 59
–, kontinentaleuropäisch-napoleonisch 17, 23, 31, 59
Kontrakt 206, 218, 222, 223
–, -steuerung 211, 243, 244, 253
–, Public Service Agreements (u.k.) 218, 219
Konvergenz 16, 45, 57, 58, 109, 140, 141, 142, 149, 161, 162, 198, 199, 203, 217, 242, 243, 244, 245, 248, 251, 252, 253, 254, 257, 258
–, -kriterien 175, 203, 256
–, -these 45, 57
–, diskursive 58, 202, 242, 254
Konzession 169, 187, 189, 190, 196, 202
–, -svertrag 166, 185, 186, 187, 193, 195, 196
–, gestion déléguée (franz.) 63, 185
Kosten- und Leistungsrechnung 206, 221, 224
Kreis 26, 74, 75, 76, 80, 92, 93, 94, 103, 115, 120, 122, 123, 124, 129, 134, 135, 136, 141, 148, 149, 157, 159, 180, 257
–, -angehörig 135
–, -aufgaben 76, 122, 148
–, -ebene 123, 134, 144, 251
–, -frei 76, 86, 93, 103, 123, 135, 136, 147, 148, 153
–, -status 93, 103
–, -verwaltung 74, 75, 122
–, Einkreisung 123, 147
–, Groß- 122, 123
–, Land- 123, 136
–, Regional- 122, 123

L

län (schwed.) 80, 122
Länderfamilien 17, 20
Landesverwaltung 74
–, Bezirksregierung 74, 136, 143
–, Mittelbehörde 74
–, Regierungspräsidium 74, 84, 116, 135
landsting 80
landsting kommuner 80, 107, 122, 144, 148, 257
Leistungsbeurteilung, Leistungselemente 231, 232, 244
Leistungsbezahlung 206, 230, 237, 238, 239, 242, 244, 249, 254
–, Entgeltsystem 230, 234, 244, 254
–, Gießkannenprinzip 232
–, Leistungsbeurteilung 230, 239
–, Leistungselemente 237, 241, 254
–, Leistungsprämie 65, 232, 234, 235, 244, 254
–, performance related pay (PRP) 238
–, Prämiensystem 234, 235
–, prime (franz.) 82, 234
Leistungsmessung 16, 211, 216, 217, 222, 226, 227, 228, 242, 244, 249
–, Wirkung von 217
Leistungsvergleich 74, 206, 217, 218, 219, 220, 223, 224, 225, 226, 227, 242, 249
–, IKO-Netz 224
–, Vergleichsring 224
Leistungsziel 133, 218, 226, 227, 237
–, Leistungsorientierung 230, 236, 239, 240
Liberalisierung 167, 169, 170, 172, 177, 203, 204, 258
–, -sbewegung 203, 258
–, -spolitik 168, 203, 258, 259
–, -svorgaben 174, 200, 253
–, debundling 193
local government (u.k.) 28, 31, 33, 85, 86, 87, 88, 104, 146, 147, 183, 187, 195, 199, 218, 239, 252
–, borough 86, 144, 146, 147
–, county 85, 86, 115, 137, 144, 145, 146, 147, 257
–, district 85, 86, 115, 137, 144, 145, 146, 147
–, Greater London Authority 86, 147
–, Greater London Council 83, 147
–, local authorities 85, 89, 136, 138, 183, 195
–, local council 87, 137, 219
–, single tier 85, 86, 147
–, two tier 85, 86, 147
–, unitary authority 85, 86, 103, 147, 153

LOLF – loi organique relative aux lois de finances (franz.) 132, 211, 225, 226, 227, 234

M

megyék (ungar.) 92, 93
–, Siedlungen 92, 94, 155
Mehrebenensystem 41, 43, 73, 102, 104, 109, 115, 136, 140, 162, 217, 251, 255, 257
Meso-Ebene 115, 124, 140, 141, 142, 251, 257
Ministerialverwaltung 36, 40, 133, 136, 208, 209, 211, 263
–, Ministerialbürokratie 34, 37, 38, 40, 84, 89, 209
–, Ministerialelite 34, 89
–, Ministerium 40, 41, 68, 79, 80, 84, 85, 88, 92, 114, 115, 132, 136, 208, 209, 212, 218, 227, 228, 234, 236, 238, 239
Mischsystem 28, 29, 36, 60, 63, 70, 87
MOE-Länder 38, 95, 145, 161, 242
–, negotiated transition 91

N

National Health Service (u.k.) 87, 89, 107
New Public Management (NPM) 14, 15, 16, 20, 25, 43, 44, 45, 49, 53, 55, 57, 84, 97, 109, 110, 111, 112, 113, 114, 116, 178, 182, 185, 187, 189, 205, 206, 207, 212, 216, 220, 221,

223, 227, 228, 236, 237, 238, 241, 242, 243, 245, 247, 256, 259, 260
–, Konzept des 111, 166, 184, 199, 206, 207, 211, 216, 225, 243, 246, 248, 260
–, maintainer 181, 200
–, Manageralisierung 206, 238, 239, 244, 246, 255
–, Managerialismus 114, 216, 244, 249
–, marketization 182, 189
–, marketizer 181, 199, 200, 252, 259
–, minimizer 178, 181, 199, 200, 252, 259
–, minimizing 168, 178, 199, 200, 201
–, modernizer 181, 199, 253, 259
–, Post- 97, 212
–, Umsetzung des 164, 166, 200, 204, 206, 208, 214, 215, 221, 222, 237, 242, 243, 244, 246, 248
–, Vermarktlichung 198, 252, 255
–, Vor- 216
–, Wirkung des 206, 208, 221, 246, 248, 264
New Public Management-Maximen 57
Non-Profit 165, 186, 187, 189, 190, 252
–, Zivilgesellschaft 164
Notar (ungar.) 93, 94

O

Oberbehörde 79, 80, 81, 92
OECD 15, 30, 35, 45, 58, 77, 84, 96, 97, 98, 99, 100, 107, 109, 111, 112, 167, 175, 189, 190, 200, 201, 215, 228, 230, 238, 243, 247
Öffentlicher Dienst 19, 64, 70, 77, 81, 88, 94
–, public service (u.k.) 88, 89, 218, 219, 238, 239
–, Vertragsbedienstete 36, 71, 82, 95
Output-Steuerung 206, 216, 223
–, Berichtswesen 206
–, dezentrale Ressourcenverantwortung 206
–, Ergebnisverantwortung 211
–, management by results 216, 223, 241

–, Resultatsteuerung 211, 223, 249
Outsourcing 89, 166, 182, 183, 187, 189, 191
–, Auslagerung 43, 164, 166
–, Auslagerungswelle 63
–, contracting out 63, 166, 182, 190

P

Parlamentssouveränität 31, 82, 83, 84, 86, 119
Patronage
–, -politik 67, 72
–, Ämter- 36
–, Partei- 23, 24, 72
Performanzsteuerung 206, 212, 216, 217, 218, 220, 222, 223, 224, 225, 226, 227, 228
–, Comprehensive Performance Assessment (CPA) (u.k.) 9, 11, 219, 264, 265
–, Comprehensive Performance Assessment (u.k.) 219
–, Instrumente der 223
–, piano esecutivo di gestione (PEG) (ital.) 221, 237
–, tableaux de bord (franz.) 226
–, Varianten der 217
Persistenz 16, 50, 57, 109, 133, 139, 140, 163, 198, 200, 205, 242, 244, 245, 246, 248, 251, 253, 259, 260
Personalentwicklung 99, 100, 228, 233
–, Degradierung 184, 238, 239
–, Flexibilisierung 214, 238, 240, 241, 242, 249, 255
–, Gewerkschaft 65, 70, 168, 198, 200, 204, 209, 241, 258, 259
–, Human Resource Management 233
–, Humanressource 228
–, Personalabbau 229, 249
–, Personalkompetenz 229, 230, 241
–, Personalmanagement 206, 233, 234
–, Personalreform 229, 233, 245
–, Rekrutierung 23, 35, 65, 77, 230, 236, 241
–, Verwaltungspersonal 65, 74, 81

Pfadabhängig 50, 52, 58, 120, 150, 163, 205, 260, 261
–, -keit 52, 53, 143, 205, 245, 251, 260, 261
Policy-Forschung 10, 41
–, policy learning 57, 110, 256
–, Policy Making 38
–, Politikbereich 40, 42
–, Politikfelder 40, 120
Politik 10, 11, 12, 15, 16, 18, 40, 41, 42, 45, 49, 51, 58, 64, 75, 79, 84, 91, 114, 117, 118, 124, 142, 165, 177, 198, 200, 203, 204, 206, 208, 220, 237, 242, 246, 258, 259, 263
–, -akteur 32, 87, 203, 204, 259, 260
–, -forschung 28
–, -wissenschaft 10, 12, 46, 49, 263, 264
–, Regional- 41, 69
–, Sozial- 107, 187, 198
Politisch-administratives System 33, 42, 46, 47, 52, 102, 140
Politisierung 15, 23, 34, 36, 37, 67, 72, 195
Präfekt 23, 61, 63, 68, 70, 84, 92, 125, 131, 132, 133, 134, 149, 151
–, -uren 68, 116, 149
–, prefetto (ital.) 68, 70, 133
–, tutelle (franz.) 63, 121, 131
Preußen 75, 90
Privatisierung 15, 21, 43, 109, 164, 167, 168, 169, 170, 172, 173, 175, 176, 178, 180, 182, 193, 195, 197, 198, 199, 201, 202, 203, 204, 208, 211, 236, 239, 245, 248, 252, 253, 255, 256, 258
–, -sdiskurs 170, 202, 203, 249
–, -sdruck 171, 175, 192, 200, 205, 261
–, -seffekte 168, 192
–, -skoalitionen 203, 205, 258
–, -skonsens 200, 204, 249, 258
–, -smaßnahmen 87, 204, 249
–, -spolitik 168, 170, 173, 175, 177, 180, 181, 200, 201, 202, 204, 205, 249, 253, 256, 259
–, -sprogramm 171, 175, 177, 200, 252, 253

–, -sschritte 169, 173, 181, 200, 205, 249
–, Formal- 174, 178, 201
–, formale 171, 172, 176, 178, 198, 252, 253, 255
–, Funktional- 166, 182, 184, 185, 190, 191, 200, 201
–, funktionale 63, 166, 167, 187, 190, 198, 199, 253, 255
–, materielle 171, 172, 175, 176, 178, 180, 187, 198, 200, 204, 252, 253, 255, 260
–, Organisations- 166, 167
–, Teil- 169, 173, 175, 200
Produktbudget 208
–, Produktkatalog 206, 224
Provinz 65, 67, 68, 69, 70, 80, 121, 122, 132, 154
–, province (ital.) 68, 70, 133, 144, 154
Public Administration 10, 11, 12
Public Interest 18, 25, 88, 110, 245, 260
Public-Private-Partnership (PPP) 43, 165, 166, 185, 189, 196, 198
purchaser-provider 182, 183, 184, 198, 201, 214, 215, 222, 252, 253

Q

quasi non-governmental organisations (Quangos) 138
quasi non-governmental organisations (Quangos) (u.k.) 137, 138

R

Rational Choice-Theorie 57
Rechtsstaat 244, 245, 253
–, -skultur 18, 24, 245
Reform 12, 16, 19, 20, 23, 35, 42, 43, 53, 55, 60, 68, 70, 74, 84, 89, 92, 93, 94, 101, 109, 110, 111, 114, 121, 123, 132, 135, 136, 137, 140, 146, 147, 148, 149, 151, 152, 155, 156, 158, 161, 163, 170, 182, 191, 211, 215, 216, 221, 225, 227, 229, 231, 234, 236, 238, 239, 240, 241, 243, 250, 251, 256, 264, 265
–, -anlauf 144, 150, 246

Stichwortverzeichnis

–, -ansatz 43, 206, 207, 216, 222, 254
–, -bereiche 15, 155, 202, 207, 214, 228, 256
–, -bewegung 44, 45, 215, 223, 229
–, -diskurs 15, 44, 46, 53, 58, 109, 206, 207, 242, 243, 248, 249, 251, 256, 258
–, -druck 149, 154
–, -effekt 42, 55, 58, 142
–, -entwicklung 125, 248
–, -gesetz 121, 132, 150, 153, 236, 237
–, -instrument 14, 53, 206, 221, 242, 244, 245, 252
–, -konzept 113, 156, 184, 213, 223, 246
–, -leitbild 43, 97, 243, 248
–, -maßnahmen 43, 46, 48, 52, 58, 215, 237, 259
–, -modell 14, 144, 156, 248
–, -muster 145, 154, 155, 156, 157, 161, 162, 252, 257
–, -paket 101, 122, 125, 154, 164
–, -pfad 161, 205, 252, 257
–, -profil 145, 161, 162
–, -programm 46, 51, 58, 101, 129, 132, 237, 243
–, -prozess 20, 42, 47, 51, 54, 58, 142, 158, 231, 247
–, -schritt 121, 148, 151, 153, 170, 207
–, -schub 146, 148, 149, 163, 211
–, -strategie 115, 126, 156, 158, 185
–, -typ 204, 252, 259
–, -typus 145, 148, 149, 156, 157
–, -umsetzung 243, 245, 248
–, -variante 122, 145, 156, 157
–, -verlauf 14, 212, 253
–, -weg 140, 141, 145
–, -welle 86, 158, 161, 163
–, Dezentralisierungs- 61, 62
Regie 75, 186, 196
–, -betrieb 166, 179, 185
–, régie (franz.) 174, 196, 201
Regionalisierung 15, 43, 85, 114, 115, 117, 120, 121, 122, 123, 124, 125, 140, 141, 142, 148, 251, 255, 259
–, -sbewegung 85, 121, 123
–, -spolitik 123, 141

Regionen 62, 67, 68, 69, 70, 92, 102, 103, 104, 115, 117, 118, 119, 120, 121, 122, 123, 125, 140, 141, 142, 147, 149, 153, 155, 165, 196, 214, 221, 223, 251, 259
–, comunidades autónomas (span.) 118, 155
–, Förder- 115, 125
–, Normalstatut (ital.) 67, 117
–, NUTS- 124, 125, 142, 149, 257
–, Planungs- 92, 119
–, Spezialstatut (ital.) 67
Regulierung 168, 171, 192, 199, 202, 203, 223, 237, 256
–, -sagentur 208, 254
–, -sbehörde 169, 172, 211
–, -sbürokratie 168
–, -skompetenz 171, 202, 256
–, Re- 166, 168, 192, 253

S

Senat 62, 68, 69
Service Public (franz.) 132, 173, 200, 205, 216, 253, 261
Sonderbehörde 74, 84, 93, 116, 134, 135, 136, 143
Soziale Dienste 86, 107, 190, 191, 195
–, Welfare-Mix 186
–, Wohlfahrtsverband 75, 188
Staatsquote 61, 97, 98, 99
–, Staatsbeschäftigtenquote 97, 99, 164, 200, 201, 253
Staatstätigkeit 20, 21
Staatsunternehmen 173, 175, 204
Staatsverwaltung 29, 61, 102, 115, 131, 132, 211, 215, 223, 226, 234, 241, 243
–, dekonzentrierte 31, 63, 80, 92, 107, 133, 134, 211, 227, 243
–, napoleonisch-zentralistische 163
–, sektorale 93, 136
–, Staatsbeschäftigte 99, 102, 133, 241
–, territoriale 85, 136
Stadtwerke 176, 178, 192, 193, 194, 197, 205, 253
–, kommunale 75, 194, 196, 259, 261

–, municipalizzate (ital.) 176, 205, 253, 261
–, public utilities 41, 191
Steuerung 43, 48, 92, 193, 199, 202, 206, 209, 210, 211, 212, 216, 217, 222, 225, 228, 242, 243, 246, 252, 253, 256, 260
–, -instrumente 43
–, -sinstrumente 207, 210, 216, 221, 244, 254
Subsidiarität 23, 188
–, -sprinzip 24, 75, 131, 188

T

Territorialisierung 132, 211
Transaktionskosten 163, 199, 220, 265
–, -analyse 165
Transformation 26, 27, 53, 91, 95, 125, 145, 179, 236, 243
–, -sländer 125, 145, 149, 155, 242
–, -sprozess 11, 212, 227
–, -sprozesse 56
–, Verwaltungs- 49, 55, 56
–, Wiedervereinigung 177
Transparenz 25, 48, 130, 217, 221, 222, 265

V

Verfassung 60, 62, 67, 68, 69, 70, 73, 76, 78, 82, 91, 117, 118, 133, 134
–, -sänderung 121, 131, 133, 225
–, -smodell 92
–, -sstaat 28, 91, 145, 179
–, Kommunal- 62, 76, 155, 180
Verfassungsgericht 67, 68, 69, 82, 91, 117
–, Bundes- 73
–, Landes- 123
Verstaatlichung 43, 134, 173, 195
Verwaltungsaufbau 19, 20, 23, 25, 59, 74, 79, 83
Verwaltungsgeschichte 69, 83, 143, 260, 261
Verwaltungshandeln 18, 20, 24, 25, 56, 130, 216, 223, 244, 245, 260, 265

Verwaltungskultur 15, 25, 53, 55, 67, 77, 89, 199, 205, 236, 245, 253, 260, 261
–, -kreise 18
Verwaltungsmodernisierung 47, 109, 111, 207, 217, 222, 225, 228, 233, 243, 265
Verwaltungspolitik 15, 42, 46, 58, 112, 113, 114, 143, 168, 220, 225, 251, 254, 260, 265, 266
Verwaltungsreform 9, 15, 17, 41, 42, 43, 44, 46, 47, 48, 49, 51, 52, 55, 56, 84, 102, 109, 113, 138, 158, 164, 182, 198, 251, 252, 255, 260, 263, 265
Verwaltungssystem 9, 10, 11, 13, 14, 15, 16, 17, 19, 20, 23, 24, 25, 36, 38, 39, 40, 45, 49, 52, 53, 55, 57, 59, 64, 67, 73, 74, 84, 92, 94, 97, 107, 109, 118, 134, 137, 140, 142, 143, 198, 214, 220, 222, 246, 248, 252, 254, 256, 260, 262, 263
Verwaltungstradition 15, 17, 18, 19, 20, 24, 25, 26, 29, 35, 58, 61, 84, 90, 93, 116, 243, 253, 260, 261
–, klassisch-kontinentaleuropäisch 18, 35, 61, 64, 66, 236, 244, 245, 260
–, mittel-osteuropäisch 17, 26, 29, 90, 124, 125, 155, 161
–, nordeuropäisch 28, 31, 32, 76, 86, 144, 145, 146, 148, 149, 150, 156, 158, 161, 162, 252, 257, 258
–, osteuropäisch 26, 33, 59, 190, 228
–, skandinavisch 15, 17, 18, 20, 24, 25, 32, 34, 59, 84, 98, 99, 107, 148, 170, 187, 214, 222, 223, 243, 244, 245, 248, 254
–, süd-osteuropäisch 17, 26, 27, 90
Verwaltungswissenschaft 9, 12, 16, 39, 49, 262, 265
–, Typologien 17, 18, 19, 21, 30, 33, 44, 181, 200
–, vergleichende 10, 11, 12, 14, 15, 16, 25, 28, 34, 35, 37, 262, 263, 264, 265
–, Vergleichsdimensionen 9, 18, 19, 28

–, Verwaltungsvergleich 9, 11, 12, 14, 17, 20, 59, 262, 264
Vetospieler 203, 205
–, -konfiguration 204, 205, 258, 260
–, Vetoakteur 38, 204

W

Wasser 63, 73, 75, 86, 165, 170, 176, 178, 179, 180, 186, 191
–, -betrieb 179, 190, 196
–, -sektor 154, 179, 186, 187, 195, 196
–, -versorgung 87, 154, 170, 171, 176, 186, 190, 195, 196
Weber 10, 37, 206
–, -'sches Modell 72
Wettbewerb 13, 44, 73, 88, 113, 130, 165, 168, 172, 183, 184, 185, 187, 208, 225, 251
–, -smodernisierung 171, 253
–, -söffnung 181, 184, 199, 200, 208, 253, 258
–, -spolitik 165
–, -sregeln 193, 202

–, competitive tendering (u.k.) 182, 183
–, Markt- 183, 184, 239
Whitehall (u.k.) 84, 89, 137, 209, 243, 246, 253
Wirkungen 9, 11, 12, 20, 40, 42, 44, 46, 48, 49, 52, 53, 55, 58, 123, 137, 138, 154, 158, 183, 199, 217, 222, 229, 243, 245, 248, 261, 265
–, Aus- 55, 203, 221, 230, 234, 237, 252
Wohlfahrtsstaat 20, 21, 34, 44, 45, 112, 148, 164, 170, 184, 191, 199, 202, 243, 253, 258
–, Volksheim (schwed.) 79, 261

Z

Zentralisierung 19, 43, 102, 104, 110, 134, 136, 137, 141, 142
–, -sgrad 104, 131
–, Zentralstaat 23, 41, 61, 62, 64, 102, 130, 131, 220, 226
Zielvereinbarung 206, 218, 221, 222, 230, 232, 234, 238, 239, 246, 260